Douglas Lockhart

WER DEN WIND REITET

Ein westlicher Weg zum Selbst

ÜBERSETZT VON
JOCHEN EGGERT

Eugen Diederichs Verlag

Die englische Originalausgabe erschien
unter dem Titel SONG OF THE MAN WHO CAME THROUGH
bei Element Books Ltd. Tisbury, Salisbury/Wiltshire

CIP-Kurztitelaufnahme der Deutschen Bibliothek
Lockhart, Douglas:
Wer den Wind reitet: e. westl. Weg zum Selbst
Douglas Lockhart. Übers. von Jochen Eggert.
1. Aufl. – Köln: Diederichs, 1984.
Einheitssacht.: Song of the man who came through ⟨dt.⟩
ISBN 3-424-00788-9

Erste Auflage 1984

Umschlaggestaltung: Eberhart May, Bergisch Gladbach
Umschlagbild: Claudius Karlinger, München
Satz: Froitzheim KG, Bonn
Druck und Bindung: Buch- und Offsetdruckerei Wagner GmbH, Nördlingen
ISBN 3-424-00788-9

Inhalt

SONG OF A MAN WHO HAS COME THROUGH

Nicht ich, nicht ich, nur der Wind, der mich durchweht!
Ein feiner Wind haucht den neuen Gang der Zeit.
Wenn ich mich nur tragen lasse, fortnehmen lasse von ihm, wenn er
mich nur fortnimmt!
Wenn ich nur empfänglich bin, leicht, oh, hauchzart, geflügelte
Gabe!
Wenn ich nur, tiefste der Freuden, mich gebe und genommen werde,
Von dem feinen, feinen Wind, der seinen Weg nimmt durch das
Chaos der Welt
Als ein feiner, geschliffener Meißel, als eindringender Keil;
Wenn ich nur scharf bin und fest wie die blanke Schneide eines
Meißels,
Den unsichtbare Schläge treiben,
So wird der Fels sich spalten, wir werden vor dem Wunder stehen,
die Hesperiden finden.
Oh, für das Wunder, das in meine Seele quillt,
Will ich gern Quelle sein, ein guter Brunnen,
In dem kein Flüstern verschwimmt, keine Regung entstellt wird.
Was ist das für ein Klopfen?
Was klopft da nächtens an die Tür?
Da ist jemand, der uns übel will.
Nein, nein, es sind die drei wundersamen Engel.
Laßt sie ein, laßt sie ein.

D.H. Lawrence

1. *Ein Ritual der Geduld*

Zeit und Ort spielen hier keine Rolle. Aber der Mann. Er wirkte ganz normal, wenn auch auf ungewöhnliche Weise, denn seine Züge waren die eines orientalischen Priesters, und Hände hatte er wie ein Arbeiter.

Ich erinnere mich nur, daß wir uns bei irgendeiner Gesellschaft zufällig begegneten und er mich auf eine Weise beiseitenahm, die ich erst später richtig verstehen und schätzen lernte.

»Sie scheinen sich hier nicht sehr wohl zu fühlen«, sagte er mit einem fast unmerklichen Akzent. »Mögen Sie Menschenansammlungen genauso wenig wie ich?«

»Allerdings«, erwiderte ich.

»Gehen wir ein paar Schritte?«

Ich nickte und sah mich nach den anderen Gästen um, in der leisen Befürchtung, sie könnten unser Weggehen bemerken und verstummen, aber sie redeten weiter. Am Fuß der breiten Steintreppe, wo es etwas kühler war, bot er mir eine türkisch aussehende Zigarette an.

»Ich bin schon vor einer Weile auf Sie aufmerksam geworden«, sagte er, als er mir Feuer gab. Ich sah ihn durch die Flamme an. »Und ich dachte mir – also, da ist mal einer, der Raum braucht.«

»Sie wissen gar nicht, wie recht Sie haben.«

»Wo kommen Sie her?«

»London.«

Er sah mich an, als enthielte diese Antwort eine überaus wichtige Information.

»Und Sie?« fragte ich.

»Griechenland.«

Sofort stieg ein vages Bild der Akropolis in mir auf.

»Aber ich war schon eine ganze Zeit nicht mehr zu Hause«, fügte er hinzu; dann sagte er: »Was bringt Sie nach Afrika?«

»Geschäfte.«

»Sie sehen aber nicht wie ein Geschäfts-Mann aus.«

Es amüsierte mich, wie er dieses Wort trennte. »So fühle ich mich im Moment auch nicht«, erwiderte ich.

Wir traten durch die breite Tür und standen auf der Vortreppe, er hoch aufgerichtet und mit leicht verschränkten Armen, die Zigarette locker zwischen den Fingerspitzen haltend.

»Ich war vor zwei Jahren hier«, sagte er, und dann nach einer Weile: »Sind Sie verheiratet?«
»Nicht mehr.«
»Es hat nicht funktioniert?«
»Kann man wohl sagen.«
Wir schwiegen einen Augenblick, und dann sagte er unvermittelt: »Ich bin auch Geschäfts-Mann.«
»Was produziert Ihre Firma?«
Er holte tief Luft. »Sehr teure Artikel. Kaum jemand kann sie sich leisten.« Er lachte dazu, als fände er das komisch.
»Was für Artikel?«
»Maschinen.« Ich wartete, doch er schien von sich aus nicht näher darauf eingehen zu wollen. Also fragte ich: »Generatoren und so?«
»Ja. Generatoren.«
Dieses Wort tönte mit einer weichen Resonanz aus seinem stämmigen Körper, als spräche er von etwas Geliebtem. Ich folgte ihm die Stufen hinunter, und wir gingen über den kurzgeschnittenen, frisch gesprengten Rasen.
»Ich liebe Afrika«, begann er wieder. »Es ist immer, als käme ich nach Hause.«
»Und Griechenland?«
»Oh... das ist auch mein Zuhause. Aber das hier«, er breitete die Arme aus, »ist meine Wahlheimat, wo ich mich gut fühle da drinnen.« Dabei stupste er mit zwei Fingern auf seinen Bauch.
Mich berührte die freie Gelöstheit seiner Gesten und Bewegungen; ich fühlte mich wohl in seiner Gegenwart. »Ich frage mich nur, wem von den Leuten da drinnen Sie einen Generator verkaufen wollen. Oder haben Sie schon einen verkauft?«
Er lachte leise, sah mich aber nicht an. »Nein, noch nicht. Ich bin auf der Suche nach einem Käufer, aber ich suche mir meine Kunden sehr sorgfältig aus.«
»Sie erhalten sicherlich Hinweise, bevor Sie in ein Land reisen.«
»Aber natürlich«, sagte er und drückte seinen Zigarettenstummel zu meiner Überraschung zwischen Daumen und Zeigefinger aus, um ihn dann in der Tasche verschwinden zu lassen. »Ich reise nie einfach ins Blaue.«
»Könnte ich das von mir doch auch behaupten.«
»Sie müssen ziemlich erfolgreich sein, wenn Sie hierher eingeladen werden.« Er sah mich forschend an. »Ihre Firma hat sicher großes Vertrauen zu Ihnen.«
»Ja, ich bin wohl recht erfolgreich«, sagte ich nachdenklich, doch in

meiner Stimme schwang unwillkürlich eine leise Hoffnungslosigkeit mit.
»Weshalb dann so traurig?«
Ich wußte nicht recht, was ich darauf antworten sollte. »Ach, ich weiß nicht ... was ich tue, befriedigt mich einfach nicht sonderlich.«
»Weshalb tun Sie es dann?«
»Ich tue es schon zu lange, um mich noch verändern zu können. Und außerdem kann ich nichts anderes.«
»Sie müssen doch noch was anderes können.«
»Verstehen Sie mich nicht falsch«, sagte ich, besorgt, er könne mich für unfähig halten. »Ich könnte natürlich meinen Job wechseln, aber was ändert das daran, wie ich mich fühle?« Ich lachte. »Müssen wohl die Wechseljahre sein.«
»Ja, ich verstehe, was Sie meinen«, sagte er.
»Geht es Ihnen auch so?«
»Nein.«
»Dann sind Sie gut dran.« Ich wußte nicht, ob ich ihm glauben sollte. »Mich scheint es ziemlich früh erwischt zu haben.«
»Was hat Sie erwischt?«
Ich schaute zum Himmel. »Der Überdruß, nehme ich an.«
»Aber Sie sind doch noch jung; jedenfalls im Vergleich zu mir.«
»Sie haben eben Glück gehabt.«
»Nein«, erwiderte er, »ich glaube nicht an das Glück der Welt.«
»Dann sind Sie zufällig so gebaut.«
Er lächelte und nickte eifrig. »Ja, ja, genau. Da kann ich nur zustimmen.« Dann wandte er sich jäh wieder von mir ab und sagte: »Letztes Jahr war ich in Amerika. Stellen Sie sich vor, ich habe keinen einzigen Kunden gefunden!«
»Ach, wirklich?«
»Es gab natürlich wie immer eine Reihe Interessenten, aber kein Mensch konnte eine Entscheidung fällen.«
»Oh, das kenne ich«, erwiderte ich. »Ich muß mich auch die meiste Zeit mit Mittelsmännern herumärgern, die mich nicht an die wirklich wichtigen Leute heranlassen wollen.«
»Genau, genau ...«
Als wir weitergingen, fiel mir auf, daß ich kaum mit ihm schritthalten konnte, denn in seinem Gang lag die Spannkraft der Jugend, eine Vitalität, mit der ich mich nicht messen konnte.
»Sie sind ganz schön fit«, sagte ich.
»Atmen.« Er sprach das Wort äußerst behutsam aus. »Ich atme richtig.«

»Ich wußte gar nicht, daß man auch falsch atmen kann.«
Er blieb stehen. »Lassen Sie mich sehen, wie Sie atmen«, sagte er, und es war ihm offenbar ernst, denn er schaute auf meinen Mund.
Ich atmete.
»Nein, nein«, winkte er ab. »Ganz falsch.«
»Was mache ich denn falsch?«
»Sie nehmen keine Luft auf.«
»Ich muß aber doch ...«
»Sie nehmen nicht genug Luft auf.«
»Ich lebe.«
»Gerade so.«
Wir lachten und gingen weiter. »Das ist etwas, was Sie lernen müssen«, sagte er ernst. »Nur wenige Menschen atmen richtig.«
»Und was hat man davon, wenn man richtig atmet?«
»Dann kann man zum Beispiel so laufen«, sagte er, und dann schoß sein schwerer Körper auch schon mühelos und wie gleitend über den Rasen davon. Bei einer Baumgruppe setzte er sich hin und rief: »Versuchen Sie es!«
Ich rannte in großen, knochenbrecherischen Schritten los und war völlig ausgepumpt, als ich ihn erreichte.
»Jetzt haben Sie ein Beispiel dafür, wie man nicht atmet«, strahlte er spitzbübisch. »Aber wenn Sie wollen, gebe ich Ihnen Ihre erste Lektion.«
»Ja, bitte.«
Er stand auf. »Zuerst müssen Sie lernen, die Luft anzugreifen – so ...« Sein Körper zog sich zusammen, und als er sich wieder dehnte, konnte ich geradezu sehen, wie seine Lunge sich bis in den letzten Winkel, bis zum Bersten mit dieser unsichtbaren Substanz füllte. Er atmete aus. »Das ist der erste Schritt. Die Lunge muß gesäubert werden.« Er winkte mir aufzustehen, und ich versuchte nachzumachen, was er gezeigt hatte.
Er lachte laut auf und rief: »Sie müssen *glauben*, daß Sie atmen!« Dann wieder ernst: »Sie müssen lernen, an die Luft zu glauben.«
»Tut mir leid, das versteh ich nicht.«
»Na, so«, sagte er, und sein Gesicht verzog sich zu einem grotesken Ausdruck. Er saugte an der Luft und zog sie in sich hinein, als sollte das seine letzte wichtige Aktion sein. Dann zeigte er auf seinen Mund und sagte: »Was da reingeht, ist wichtiger, als was rauskommt.«
Immer wieder sah ich ihm zu, wie er atmete. Es war faszinierend und beinah erschreckend. Beim Einatmen schien er zu wachsen, bis er plötzlich riesengroß war und ich wie ein Grashüpfer neben ihm.

»Langsam, langsam«, hörte ich ihn sagen, und er klopfte mir leicht mit dem Knöchel auf die Stirn. »Nicht übertreiben.« Ich lag im Gras, und er kniete neben mir.
»Was ist passiert?«
»Sie sind kurz weggetreten.«
»Das muß an der Hitze liegen«, sagte ich und schüttelte den Kopf, um wieder klar zu werden.
»Ich bin wohl in Ohnmacht gefallen.«
»Nein, nicht in Ohnmacht, sondern in einen Rhythmus. Sie haben wirklich geatmet.«
»Ich kann mich nicht daran erinnern.«
»Machen Sie sich deswegen keine Gedanken«, sagte er und nickte, als wüßte er nur zu genau, was passiert war. »Man verfängt sich leicht darin.« Er half mir auf. »Wir gehen jetzt, und Sie werden einen Schluck Eiswasser trinken.«
Wir gingen schweigend. Ich sah ihn von Zeit zu Zeit an und versuchte, immer noch benommen, herauszufinden, was unter den Bäumen geschehen war. »Übrigens«, sagte ich, »ich heiße Peter Derwent.«
»Und ich bin Alexis Sabazius«, gab er würdevoll zurück.
Im Haus hatte sich die Menge spürbar gelichtet, der lange Tisch mit dem kalten Buffet sah ziemlich abgeräumt aus. »Schauen Sie«, schnaubte Sabazius mit gespielter Entrüstung und zeigte auf einige afrikanische Delikatessen, »die guten Dinge des Lebens kennen sie nicht, nur die banalen!«
Ich sah zu, wie er aß. Plötzlich drehte er sich um und sah mich an. »Ich sagte, Sie müssen Eiswasser trinken.«
Ich goß mir etwas ein und nahm einen Schluck. Es durchfuhr mich wie ein eisiges Messer. »In welchem ... in welchem Hotel wohnen Sie?« fragte ich.
»Ich habe meine eigene Wohnung. Bescheiden, aber gemütlich.« Er ließ seinen Blick über den Tisch wandern, nahm ein paar Kräcker, einige Stückchen Schwarzbrot mit Räucherlachs, wickelte alles in eine Serviette und ließ es mit einer ungekünstelt graziösen Bewegung zu dem Zigarettenstummel in die Tasche gleiten. »Ich habe eine Katze«, sagte er lächelnd. »Die mag so was.«
Ich konnte mich des Gefühls nicht erwehren, daß irgend etwas an Alexis Sabazius seltsam war. Einerseits war er ein hochkarätiger Geschäftsmann von beträchtlichem Charme, und zum anderen wollte sich eine Fülle kleiner Merkwürdigkeiten überhaupt nicht in dieses Bild fügen.

»Kochen Sie für sich selbst?« fragte ich.
»Natürlich.«
»Finden Sie das nicht langweilig?«
Er sah mich durchdringend an. »Selbst zu kochen, heißt auf der Hut zu sein.«
»Wovor?«
»Trägheit.«
Es war fast so, als würde er sagen: »Sie sind träge.« Ich zuckte die Schultern, wendete mich ab, nahm eines der kleinen Vierecke, von denen er für seine Katze gehamstert hatte, und steckte es ganz in den Mund.
»Sie glauben mir nicht«, sagte er. »Sie glauben, Kochen ist Frauenarbeit, die Ihre Männlichkeit beflecken würde. Ist das nicht so?«
»Eigentlich nicht«, erwiderte ich. »Ich sehe einfach keinen Sinn darin, selbst zu kochen, wenn die Firma Leute bezahlt, die es für mich tun.«
»Ah!« rief er aus. »Sie meinen, Sie haben es gern, wenn solche Sachen für Sie gemacht werden.«
»Das habe ich nicht gesagt.«
»Das hab ich aber gehört!«
»Ich meine...« Ich war ganz durcheinander. »Ich meine nur, daß ich halt geschäftlich hier bin und nicht die Zeit habe.«
»Also kochen Sie doch?«
»Na ja, Rührei mit Schinken, Toast, oder mal ein Hühnchen, wenn ich Gäste habe...«
Er winkte ab. »Haben Sie schon mal die ganze Nacht durchgearbeitet, um ein Essen vorzubereiten?«
Ich lachte und starrte ihn an. »Noch nie!«
»Dann kochen Sie nicht«, sagte er mit Nachdruck. »Kochen ist ein Mysterium, ein Ritual der Geduld; Kochen ist etwas, das einen zum Mann macht.«
Ich wollte nicht verletzend werden und sagte nur: »Unsere Kulturen sind sehr verschieden.«
»Das hat mit Kultur nichts zu tun.«
»Da muß ich widersprechen.«
Er schlug mir leicht auf den Arm. »Jetzt sind Sie böse mit mir«, sagte er gutmütig. »Ich mag es, wenn jemand seinen Ärger zeigen kann.«
»Böse bin ich eigentlich nicht«, entgegnete ich und lächelte, um es zu beweisen. »Ich finde nur, daß Sie auf dem Holzweg sind.«
»Holzweg?«
»Sie sehen die Dinge anders.«

»Ja. Das stimmt.«
»Ich will es mal so ausdrücken«, sagte ich, entschlossen, die Sache mit ein bißchen Logik geradezurücken. »Haben Sie an Ihrem Haus einen Garten?«
»Ja, aber das ist nicht meiner. Ich habe ganz oben zwei Zimmer, damit ich die Stadt und den Himmel sehen kann.«
»Arbeiten Sie manchmal darin? Umgraben und so?«
»Nein.«
»Nun, sehen Sie«, sagte ich hocherfreut, »ich glaube, daß Umgraben einen eher zum Mann macht als Kochen.«
Er lachte so laut, daß die noch anwesenden Gäste sich umdrehten und uns anstarrten. »Ich grabe auch«, sagte er und runzelte die Stirn, »aber nicht, weil ich ein Mann werden will, sondern weil ich einer bin.«
»Das kann man vom Kochen auch sagen«, erwiderte ich hastig. »Wenn man schon ein Mann ist, dann ist alles, was man tut, männlich.«
Er nickte bedächtig und kaute an seiner Wange. »Aber Sie kochen nicht«, sagte er schließlich.
»Aber ich grabe!«
»Mit den Händen?« fragte er mit plötzlich absinkender Stimme und vorgebeugten Schultern, so daß ich fast erschrak.
»Natürlich nicht«, erwiderte ich, ohne zu wissen, worauf er hinauswollte. »Ich benutze einen Spaten oder eine Pflanzkelle.«
»Dann graben Sie auch nicht«, war seine Antwort.
Mir fehlten die Worte. Irgend etwas an dem, was er sagte, wurmte mich ganz entschieden, aber ich wußte nicht wieso und was es bedeutete. Er war Alexis Sabazius, und seine Gedankengänge schienen ganz anders zu verlaufen als meine.
Er spürte wohl, daß ich nicht weiterwußte, und sagte: »Wenn Sie verstehen, was kochen und graben bedeutet, werden Sie auch bald atmen lernen.« Die Erinnerung an mein »Wegtreten« stieg in mir hoch. »Alle Dinge sind auf subtile Weise miteinander verbunden«, fuhr er fort, »das ist die Grundlage für *Weltanschauung*.«
»Oh«, sagte ich.
»Sie verstehen mich?«
In diesem Augenblick war er für mich nur noch ein verschrobener Wirrkopf, und nicht nur weil das deutsche Wort »Weltanschauung« so seltsam aus unserem englisch geführten Gespräch herausstach, sondern weil es auf irgendeine Lebensphilosophie anspielte und Sabazius die seine offenbar für die beste hielt.

»Ja, ich glaube, ich verstehe jetzt«, sagte ich und sah ihn mit rapide schwindendem Interesse an. »Sie haben sich eine Art philosophischen Orientierungsrahmen fürs Leben ausgearbeitet.«
Er gab keine Antwort.
»Es sind schrecklich viele solcher Orientierungsrahmen im Umlauf«, spann ich meinen Faden weiter und gewann zum ersten Mal ein Gefühl der Sicherheit in seiner Gegenwart. »Jeder Hans und Franz hat einen, aber sie sind doch alle ziemlich subjektiv.«
»Sie haben sich verändert«, sagte er plötzlich in einem ganz anderen Tonfall.
»Wie denn?«
»Ich sehe das Eisen.«
Ich sah in fragend an.
»Wenn ich Eisen sage, meine ich innere Leere. Die Leere fortgesetzter Ablehnung.«
»Man muß eine Menge von Dingen aus logischen Gründen ablehnen«, entgegnete ich mit einem halben Lächeln, »finden Sie nicht auch?«
»Aber natürlich.«
»Und da es nicht viel Akzeptierbares gibt, wird man automatisch leer, um Ihren Ausdruck zu gebrauchen.«
Er stand da und sah mich an, eine Ewigkeit, wie mir schien. Dann sagte er ohne jede Spur von Gehässigkeit: »Leere Töpfe tönen am lautesten.«
»Fast so laut wie die Töpfe, die sich für voll halten«, gab ich zurück, ohne ihn verletzen zu wollen, aber doch in dem Bestreben, meinen Standpunkt zu wahren. Dann sagte ich einlenkend: »Sie sind eine sonderbare Mischung. Möchte wissen, wie Sie dazu kommen, Maschinen zu verkaufen.«
»Ich mache auch Teppiche.«
Ich sah ihn verdutzt an. »Sie wollen mir etwas mitteilen«, sagte ich, »aber ich verstehe es nicht.«
»Natürlich nicht«, antwortete er trocken. »Wenn Sie verstünden, wären Sie vorhin als erster bei den Bäumen gewesen.«
»Aber ...«
»Nein, nein«, schnitt er mir das Wort ab, »Sie hören nicht zu, das ist Ihr Problem.« Plötzlich war etwas Scharfes in seiner Stimme. »Sie glauben, ich will Ihnen eine Privatphilosophie aufschwätzen, aber dem ist nicht so!« Er musterte mich aufmerksam. »Ich sehe schon, ich werde an den Verstand appellieren müssen«, sagte er, als sei das ein Gebiet, das ihn nicht sonderlich interessierte. »Wenn ich sage, daß

alle Dinge miteinander verbunden sind, in Beziehung stehen, dann ist das keine bloße Idee. Ich spiele damit auf ›fließende‹ Wahrnehmung an: auf die Fähigkeit zu sehen, was wirklich da ist. Wenn Sie sagen, daß Sie etwas verstehen, dann meinen Sie, daß Sie es als Ganzes erfassen, nicht wahr?«

»Ja, ich glaube schon.«

»Aber um etwas als Ganzes zu sehen, müssen Sie über alle relevanten Details verfügen, richtig?«

»Ja.«

»Und weil ich Ihnen nicht die Details meiner Wahrnehmung genannt habe, weisen Sie zurück, was ich sage.«

Ich nickte.

Das Lächeln, das er mir zuwarf, war eine Mischung aus Applaus und Spott. Er drehte sich um, lehnte sich an den Tisch und ließ den Blick durch das breite Panoramafenster hinauswandern. »Was sehen Sie da draußen?« fragte er.

»Gras und ein paar Bäume.«

»Was noch?«

»Viel Himmel und einen Mann, der über den Rasen geht.«

»Gehen Sie zu ihm hin.«

»Wozu?«

»Nicht physisch. Gehen Sie im Geist zu ihm; werden Sie er, schauen Sie zurück zum Haus, zu diesem Fenster.«

Ich war nahe daran zu sagen, solch eine Übung sei albern, bloße Einbildung, als ich spürte, wie etwas aus mir herauswuchs. Ich war zugleich im Haus und davor, sah einmal den Mann und im nächsten Moment Sabazius und mich. Plötzlich wurde mir schwindelig.

»Gehen Sie noch einmal!« sagte Sabazius.

Das Gefühl kehrte zurück. Ich hatte den flüchtigen Eindruck, durch die Augen dieses Mannes zu sehen, zu sehen, was er sah, und in diesem Sehen doch auf merkwürdige Art »ich selbst« zu sein. Ich erschauderte und wendete mich ab.

Sabazius lachte und versetzte mir wieder einen leichten Schlag. »Ich wußte es«, rief er aus. »Sie haben einfach das Gespür dafür!«

»Wofür?«

»Für Weltanschauung natürlich!« Er fixierte mich, wie um mein Schweigen und mein Erstaunen auszurichten. Dann sagte er: »Erklären Sie das mit Logik, wenn Sie können.«

2. *Die Welt einschalten*

Ich verbrachte den Rest des Abends mit Alexis Sabazius. Wir fuhren zu seiner Wohnung, und er stellte mich in aller Form seiner einohrigen Katze vor. »Katze!« rief er. »Das hier ist Peter Derwent.« Ich beugte mich hinunter in der Annahme, sie würde schnurrend zu mir kommen. Sie tat es nicht.

»So sind sie nun mal«, sagte Sabazius.

»Sie macht einen etwas verwilderten Eindruck.«

Er nickte, nahm sie hoch und rieb seine Nase hinter ihrem einen Ohr. »Das mag sie«, sagte er. »Sie beißt schon mal, wenn man sich mit der Hand nähert, aber fürs Nasenkraulen ist sie immer gern zu haben.« Er gab sie mir. »Versuchen Sie's mal.«

Ich hielt sie, so gut ich konnte, und näherte mich ihr mit der Nase. Sie hob beide Pfoten und schlug sie mir blitzschnell wie ein Boxer um die Ohren. Ich ließ sie augenblicklich fallen.

Sabazius erstickte fast vor Lachen.

»Sie mag mich wohl nicht«, sagte ich.

»Nein, nein.« Er lächelte mich freundlich an. »Es lag nur an der Art Ihrer Annäherung. Sie haben sich so eckig wie ein Roboter bewegt.«

»Ich hatte noch nie eine Katze.«

Er zeigte auf sie. Sie saß still vor meinen Füßen und schaute hoch, als wollte sie sagen: »Na, was jetzt?« Ich beugte mich hinunter, aber Sabazius sagte: »Ich zeige es Ihnen.« Er ging auf die Knie und beugte den Kopf ganz hinunter. »Kommen Sie«, sagte er, »kommen Sie in ihre Welt.« Ich kniete mich neben ihn. »Jetzt passen Sie auf, was ich tue.« Er näherte sich ihr mit zur Seite gelegtem Kopf, doch ohne sie direkt anzusehen. Dann drehte er den Kopf ein wenig und bot ihr eine Wange. Sie schmiegte sich an ihn, den Kopf in der gleichen Neigung. Mit einer kreisförmigen Bewegung hob er das Kinn und grub seine Nase sanft in ihr Genick. »Verstehen Sie?« sagte er leise. »Sie müssen mit Behutsamkeit und Respekt zu ihr kommen, so wie sie zu Ihnen kommt. Keine schnellen oder ruckartigen Bewegungen, alles ganz sanft und weich.« Er sprach fast flüsternd.

»Darf ich auch mal?«

»Ja, ja...« Er stand auf und setzte sich ein paar Schritte entfernt hin. Ich folgte getreu seinem Beispiel und näherte mich ihr. Sie sah mich an. Ich neigte meinen Kopf leicht und bot ihr die Wange. Sie erhob sich und kam langsam auf mich zu. Ich hörte Sabazius im Hinter-

grund tief atmen. Dann spürte ich ihr Fell, die Wärme ihres Körpers, der sich an mich drängte. Ich hob den Kopf mit derselben kreisförmigen Bewegung und legte meine Kinnspitze an ihren Hals. Sie wandte sich mir direkt zu, sah mich an, und schlug mir dann so plötzlich die Pfoten abermals um die Ohren, daß ich umfiel.
Ich stand tief entrüstet auf. Sabazius saß vollkommen still und sah mich an.
»Was hab ich falsch gemacht?«
»Sie haben zuviel darüber nachgedacht.«
»Was soll man denn sonst tun?«
»Wenn man mit Tieren umgeht, braucht man nicht zu denken«, sagte er und fügte erläuternd hinzu: »Wenn Sie mit einer Katze umgehen, müssen Sie lernen, wie eine Katze zu denken.«
»Geht denn das?«
»O ja. Wie ein Tier denken, heißt, sich wie ein Tier zu bewegen. Für Tiere ist das ein und dasselbe.«
»Woher wissen Sie das?«
»Erfahrung.« Er strahlte mich an. »Wenn Sie es nochmal versuchen, dann lassen Sie sich ganz gedankenleer werden, denken Sie an nichts, nähern Sie sich ihr, als wären Sie auch eine Katze. Sie wird es verstehen.«
»Wir lassen uns in England nicht so sehr auf die Katzen ein«, sagte ich. »Wir machen eine Menge Getue um sie, aber damit hat es sich auch schon.«
»Das liegt daran, daß ihr ein rationales Volk seid. Ihr reduziert alles auf das Niveau einer Dekoration.«
Als wir später im Dämmerlicht seines Wohnzimmers saßen, sagte er: »Für rationale Menschen ist es sehr schwer, sich in Tiere zu verwandeln.«
Ich verstand nicht, was er meinte, und starrte ihn an.
»Ich meine natürlich keine totale Verwandlung«, sagte er, als er meinen Blick bemerkte. »Für einen Moment in einen primitiven Zustand einzutreten, das meine ich.«
»Kann man das denn wirklich?«
»Haben Sie schon mal Menschen im Kampf gesehen?«
»Ja.«
»Dann haben Sie das animalische Bewußtsein in Aktion erlebt.« Er blies eine lange Rauchfahne in die Luft und atmete gleich darauf tief ein. »Aber das stimmt noch nicht ganz«, fuhr er fort, »denn das animalische Bewußtsein ist weder gewalttätig noch passiv. Es ist eher ›abwartend‹, unaufhörliche Wachsamkeit.« Ich wartete ab, bis er

weitersprach. »Es ist auch ein Zustand vollkommener Konzentration«, sagte er und kratzte, um ein Beispiel zu geben, am Stoff seines Sessels. Sofort hob sie den Kopf. »Jetzt passen Sie auf«, sagte er. »Je nachdem wie ich kratze, wird sie zuerst nur mehr oder weniger lange herstarren. Dann wird sie in Angriffstellung gehen, den Bauch auf dem Boden, den Kopf ganz tief und die Hinterpfoten sprungbereit. Wenn ich dann mein Kratzen verändere, wird sie springen.«

Ich drehte langsam den Kopf und sah sie an. Ihre weit geöffneten Augen starrten unverwandt auf seine Finger. Er kratzte stärker. Sie hob den Körper leicht vom Boden ab, ohne den Blickkontakt zu verlieren. Jetzt zog er die Nägel mit einem reißenden Geräusch langsam über den Stoff, und augenblicklich schnellte sie vor, um ihre Zähne in seine Hand zu graben.

Er ließ sie ohne jede Abwehrbewegung gewähren.

»Tut sie Ihnen denn nicht weh?«

»Es ist ein Spiel«, sagte er. »Sie weiß, daß es nicht ernst ist.«

Wie um diese Aussage zu bestätigen, ließ sie sich zurück auf den Boden fallen, leckte sich ein paarmal und legte sich wieder hin.

»Nehmen Sie sie überallhin mit?«

»Ich nehme sie nie mit.«

»Ja, wie ...« Wieder war ich völlig verblüfft. »Wie erinnert sie sich denn nach zwei Jahren noch an Sie?«

»Zwei Jahre, zwanzig Jahre«, sagte er achselzuckend, »was heißt das schon?«

»Aber wer kümmert sich um sie?«

»Niemand, so weit ich weiß.«

Ich spürte, wie ich wieder einmal in die Welt seiner Geheimnisse hineingezogen wurde. »Wollen Sie damit sagen«, fragte ich ungläubig, »daß Sie immer wieder mal in dieses Land kommen, und daß sie dann einfach auftaucht?«

»So ungefähr.«

»Da kann ich Ihnen nicht ganz folgen.«

»Ich meine«, sagte Sabazius, »jedesmal, wenn ich in dieses Land komme, erscheint eine Katze. Das ist alles.«

»Oh.« Ich lachte erleichtert.

Er musterte mich amüsiert. »Schon wieder gehen Sie der Logik auf den Leim. Die Dinge sind nicht so säuberlich in Schubläden untergebracht, das müssen Sie lernen.«

Da er diesen Faden offenbar nicht weiter verfolgen wollte, saßen wir schweigend da inmitten der Nachtgeräusche, die durch das offene Fenster hereindrangen. Irgend etwas an diesem Zimmer ließ den

Wunsch zu denken in mir einschlafen. Sabazius hatte die Augen geschlossen, und ich saß nur da und beobachtete ihn. Sein Atem kam und ging in gleichmäßigem Strom. Ich lauschte. Jeder seiner Atemzüge war lang und strömte durch leicht geöffnete Lippen. Dann schaute ich zur Katze hinüber, denn sie klappte im Schlaf mit den Kiefern. Als ich selbst meine Augen gerade geschlossen hatte, sagte Sabazius:

»Fühlen Sie es?«

»Was?«

Er stand auf und ging zum Fenster. »Ich möchte Ihnen etwas Wichtiges zeigen«, sagte er leise. »Kommen Sie, stellen Sie sich neben mich.«

Ich schaute aus dem Fenster. Johannesburg sah wie jede andere Stadt aus.

»Schauen Sie«, sagte Sabazius.

»Was soll ich denn anschauen?«

»Sie ist groß.«

Ich betrachtete die Silhouetten der Gebäude.

»Schauen Sie keine Dinge an«, sagte er ungeduldig. »Einfach nur schauen.«

Ich gab fast sofort auf und sah ihn an. »Was soll ich denn sehen?«

Er dachte einen Moment nach, schloß dann das Fenster und zog den Vorhang zu. Das Zimmer lag in tiefer Dunkelheit. »Drehen Sie sich zum Fenster«, sagte er.

Ich tat es.

Mit einem dramatischen Ruck zog er den Vorhang weg und riß das Fenster auf. »SCHAUEN SIE!« brüllte er.

Dieser jähe Ansturm heftete meine Aufmerksamkeit an das, was draußen war. Einen Augenblick lang spürte ich Panik und war sicher, daß ich nicht sehen würde, was ich sehen sollte. Dann hörte ich meine eigene Stimme sagen: »Die Welt?«

Erst nach einigen Sekunden sagte er leise: »Kostet es Sie so viel Mühe, die Welt zu sehen?«

»Wenn Sie mir gesagt hätten ...«

»Traurig, daß ich überhaupt etwas sagen mußte«, erwiderte er. »Ein Mensch, der fühlt, ein ›Fühlender‹, sieht die Welt immer.«

»Aber jeder sieht oder fühlt sie«, gab ich irritiert zurück. »Daran ist doch nichts Neues.«

»Eben nicht!« Großer Nachdruck lag in seiner Stimme. »Die Leute sehen Gras und Bäume, Flüsse und Berge, aber das heißt noch nicht, die Welt ›fühlen‹, die Welt ›sehen‹.«

Für einen Moment spürte ich vage, was er sagen wollte.
»Ich denke, Sie verstehen mich jetzt«, sagte er und gewährte mir ein Lächeln. »Schauen Sie noch einmal.«
Wieder die gleiche zerrissene Silhouette.
»Fühlen Sie es!« drängte er.
Ich starrte hinaus, aber nichts geschah.
Er schlug mir leicht mit dem Knöchel auf den Kopf. »Sie sollen es nicht zu einer Idee reduzieren, sondern FÜHLEN!«
Ich gab mir Mühe, nichts im Besonderen anzusehen, sondern einfach zu spüren, was da draußen war. Sabazius stand hinter mir, tief atmend. Dann plötzlich eine nadelstichfeine Empfindung irgendwo in meinem Kopf. Ich richtete meinen Blick wieder aus und schaute hinaus. Das Gefühl verschwand und hinterließ eine eigenartige Leere in mir. Ein paar Sekunden später kam es wieder, diesmal stärker, deutlicher. Ich zwang mich, nicht darüber nachzudenken, sondern es ungestört wachsen zu lassen, doch es verflüchtigte sich wieder, und ich wollte mich schon nach Sabazius umdrehen.
»Schauen Sie«, sagte er wieder.
Ich zitterte. Ein Schauer lief mir den Rücken hinauf und verwandelte sich im Nacken in eine winzige elektrische Ladung. Plötzlich fühlte ich es durch das Fenster hereinbranden, eine riesige, überwältigende, strahlende Kraft, zugleich ein beseeltes Wesen, herrlich und voller Leben.
»Sie lebt!« sagte ich.
Sabazius lachte leise in sich hinein, nahm mich sanft am Arm und führte mich ins Zimmer zurück. »Sie brauchen jetzt nicht mehr aus dem Fenster zu starren«, sagte er. »Die Welt läuft nicht weg.«
Sie war nicht länger ein dunkler Kulissenhorizont, sie war ein Lebewesen, unbegreiflich und doch erfahrbar. Ich saß einige Minuten schweigend da, staunte, daß Sabazius solche Dinge wußte und rätselte, warum er sie gerade mir mitteilte.
»Warum ich?« fragte ich.
Er neigte den Kopf zur Seite und sah mich stirnrunzelnd an, als verstünde er meine Frage nicht. Dann sagte er: »Weil ich glaube, daß Sie der Richtige sind.«
»Richtig wofür?«
»Ein Fühlender müßte das nicht fragen.«
»Ich bin aber noch nicht ein Fühlender.«
»Nur ein Fühlender würde sagen ›noch nicht‹.«
Ich lachte und lehnte mich in den Sessel zurück. »Sie geben allem so einen geheimnisvollen Anstrich«, sagte ich. »Sie *sind* ein Mann des Geheimnisvollen.«

»Nur für Sie«, sagte Sabazius. »Das Geheimnisvolle, das Sie an mir sehen, ist in Ihnen, nicht in mir.«
Ich antwortete nicht gleich. Ich umkreiste seine Worte mit meinen Gedanken, analysierte sie eingehend und kam zu dem Schluß, er meine wohl, daß ich meine eigene Anschauung auf ihn projizierte. Ich fragte ihn, ob das richtig sei.
»Richtig schon, aber noch nicht vollständig«, erwiderte er. »Ihre Anschauung ist die Zusammenfassung von etwas anderem: sie beruht darauf, wie Sie mich interpretieren.«
»Aber meine Interpretation beruht auf augenscheinlichen Tatsachen.«
»Was für Tatsachen?«
»Ihr Verhalten: was Sie tun und sagen.«
»Und was an dem, was ich tue oder sage, macht die Dinge so geheimnisvoll?« Bevor ich antworten konnte, sagte er: »Ich habe Sie aufgefordert, richtig zu atmen und aus dem Fenster zu schauen. Was ist daran geheimnisvoll?«
»Sie haben einfach eine merkwürdige Art, ganz normale Dinge von mir zu verlangen.«
»Vielleicht sind sie gar nicht so normal wie Sie meinen.«
»Eben deshalb wirken Sie so geheimnisvoll«, sagte ich schnell. »Weil Sie gewöhnliche Dinge so außergewöhnlich sehen, entsteht bei mir der Eindruck des Geheimnisvollen.«
»Das ist wieder mal Ihre Interpretation«, erwiderte er. »Für mich bedeutet atmen Bewegung, und sehen heißt, die Welt zu fühlen. In Wirklichkeit sind *Sie* ungewöhnlich, denn Sie entwerten alles und machen es dadurch bedeutungslos.«
Noch vor einer Stunde hätte ich ihn für solch eine Aussage subjektiv genannt, aber wie ich jetzt so dasaß und ihn ansah, konnte ich die Welt fühlen, ihren dynamischen Charakter, ihre gewaltige Gegenwart spüren.
»Sie haben ganz perplex dreingeschaut«, sagte Sabazius.
»Ich begreife nicht, daß ich das noch nie gefühlt habe«, sagte ich leise. »Es erscheint mir jetzt so naheliegend.«
Er stand auf. »Ich mache jetzt einen Kaffee«, sagte er. »Es ist nicht gut, sich in solchen Dingen zu sehr hineinzulassen. Nehmen Sie alles, wie es kommt, genießen Sie es, und lassen Sie dann wieder davon ab. So geht ein Fühlender vor.«
»Wie kann ich von der Welt ablassen?«
»Indem Sie sie sein lassen, wie sie ist. Unseligerweise sind sich die Menschen der Welt entweder gar nicht oder zu sehr bewußt. Die

ersteren halten sie für ein unbelebtes Ding, die anderen glauben, sie sei das Ganze. Das ist der Stoff der Dichter, kann aber auch ein Nährboden des Wahnsinns sein.«

»Mir ist gar nicht danach, sie abzuschalten.«

Er lachte kopfschüttelnd. »In Wahrheit liegt die Sache so, Peter, daß Sie gar nicht wissen, wie man sie abschaltet, so wenig Sie wußten, wie man sie einschaltet.«

Ich hatte dazu noch weitere Fragen, doch er wendete sich abrupt ab und ging in die Küche.

Ich hörte das Klappern der Tassen, das Rauschen des Wasserhahns. Alles schien ganz natürlich und war doch irgendwie mit Bedeutung durchtränkt. Er hatte recht. Wollte ich ständig in diesem Zustand leben, so würde es mich gewiß wahnsinnig machen – aber es war doch so verlockend...

Er kam mit dem Kaffee herein. »Jetzt werde ich mir selbst widersprechen«, begann er. »Hat ein Mensch die Welt erst einmal eingeschaltet, dann kann er sie nicht mehr abschalten, also muß er lernen, mit ihr zu leben, sie zu einem Teil eines noch größeren Bildes zu machen; wenn das geschafft ist, dann hat er die Kontrolle, allerdings nur, solange er bewußt bleibt.«

»Aber was kann größer als die Welt sein?«

»Das Universum.«

»Kann man das auch fühlen?«

»Aber ja. Doch zum Glück für Sie kann man es nicht fühlen, wie man die Welt fühlt; das erfordert eine intensive Schulung.«

»Können Sie das Universum fühlen?«

»Was ich fühle, geht Sie nichts an. Ich bin Alexis Sabazius, Sie sind Peter Derwent.« Das sagte er so bestimmt, daß ich das Thema nicht weiter verfolgte.

»Als Fühlender«, sagte er unvermittelt, »ist man in ständiger Gefahr. Man braucht dazu eine Haltung, die von Äußerlichkeiten nicht zu erschüttern ist. Ich meine damit folgendes: Die Welt zu fühlen, ist eine wunderbare Erfahrung, aber von ihr überschwemmt zu werden, bedeutet nur die Rückkehr in ein primitives Bewußtsein. Das dürfen Sie nie geschehen lassen.«

»Was kann man tun, um es zu verhindern?«

»Nichts.«

»Aber wenn ich nichts tue...«

Er brachte mich mit einer Handbewegung zum Schweigen. »Was ich mit ›nichts‹ meine und was Sie damit meinen, ist zweierlei. Nichts zu tun, bedeutet für die meisten Menschen, in eine Traumwelt zu

entschweben, ihrem privaten Gedankenfluß und ihren Assoziationen zu folgen. Für mich heißt es: ich selbst zu sein, in meine Mitte zu gelangen.«
»Wie macht man das?«
»Man ›macht‹ es nicht, es ›ist‹ einfach.«
Ich schwieg.
Er wartete ab, bis mein Gehirn sich in dem Versuch zu verstehen erschöpft hatte, und sagte dann: »Zuerst müssen Sie *werden*, was Sie wissen.«
Mein Gesichtsausdruck brachte ihn wieder zum Schmunzeln. »Vor einer Stunde«, fuhr er fort, »dachten Sie, daß Sie die Welt kennen. Dann haben Sie sie gefühlt, wie sie wirklich ist. Das meine ich mit ›werden‹.«
Ich nickte langsam.
Er lehnte sich wieder in seinen Sessel zurück. »Ein Fühlender *kennt* die Dinge nicht, er *ist* die Dinge.« Er streckte einen Arm aus. »Ich *habe* keinen Arm«, sagte er und sah mich eindringlich an, »ich *bin* ein Arm.« Er zeigte auf seinen Kopf. »Ich *habe* keinen Gedanken, ich *bin* Denken, und ich *habe* kein Lachen, ich *bin* Lachen. Können Sie mir folgen?«
»Ich denke, ja.«
»Sie *spüren*, was ich sage?«
»Ja.«
Der nächste Satz verschlug mir die Sprache.
»Wenn Sie all das zusammennehmen«, sagte er leise, »dann ist das nichts *tun*.«
Alles verflüchtigte sich, verwirrte sich zu einem Knäuel von Wörtern und Betonungen.
»Sie bestehen durch und durch aus Unglauben«, sagte Sabazius, »deshalb verstehen Sie nicht, was ich sage. Die Wahrheit dessen, was ich meine, ist zwar schon in Ihnen, aber verkehrt herum.«
»Sie meinen, daß ich die Welt früher nicht fühlen konnte, weil ich sie als von mir getrennt betrachtete?«
»Ganz recht.«
Etwas brach sich in mir Bahn. Ich war nicht mehr Peter Derwent, Sprachenexperte eines Touristikunternehmens, der Großbritannien an Ausländer verkaufte, ich war Peter Derwent, ein verdrehter Idiot, der in einer Welt verzerrter Wahrheiten zu leben versuchte.
Er schnipste mit den Fingern und zog mich aus meiner Gedankenwelt ins Zimmer zurück. »So müssen Sie leben«, sagte er und zeigte auf die Katze.

»Aber sie schläft doch.«
»Nein, nein ...« Er drehte verzweifelt den Blick zur Decke und kratzte dann noch einmal am Sesselstoff. Katze öffnete sofort die Augen. »Sie ist ganz Katze«, sagte er. »Sie IST!«
Ich erwog seine Worte eingehend und sagte dann: »Ich muß mich also völlig ausliefern ...«, aber ich brachte den Gedanken nicht zu Ende, denn er war urplötzlich mit einem Satz auf den Füßen und stand fast drohend über mir.
»Liefern Sie sich niemals aus – an nichts!«
»Aber es ist alles so phantastisch!«
»Und gefährlich«, ergänzte er. »Ein Mensch zu sein, ein wirklicher Mensch, heißt wach sein. Und wach sein heißt, wie eine Katze leben, ständig auf der Hut sein.«
»Manchmal sind Sie richtig zum Fürchten.«
Er lachte. »Sie wissen noch gar nicht, was Furcht ist.«
»Und wann werde ich Furcht empfinden können?«
»Wenn Sie ein Fühlender sind, natürlich.«
»Und wann wird das sein?«
»Vielleicht nie, vielleicht aber auch sehr bald.«
Plötzlich wurde ich wütend; es ärgerte mich, daß er so mit mir spielte. Welches Recht hatte er, von einem Wildfremden so viel zu verlangen? Na gut, er kannte seltsame Dinge, aber deswegen brauchte er sich mir gegenüber noch lange nicht als großer Meister aufzuspielen.
»Ich habe nicht vor, mich als Ihr Meister aufzuspielen«, sagte Sabazius, »aber Sie werden das bald alles verstehen und ganz klar sehen.«
»Jetzt liest er auch noch meine Gedanken!« rief ich verzweifelt.
Er sah mich voll an. »Ich lese nur, was man mir vor die Nase hält«, sagte er ungerührt, »also werfen Sie nicht damit um sich.«

3. *Ein Fühlender lebt JETZT*

Zwei Tage später kehrte ich nach London zurück. Jede freie Minute hatte ich in diesen Tagen mit Alexis Sabazius verbracht. Wir hatten über vieles gesprochen, waren uns viel näher gekommen, und er hatte mich immer wieder mit Proben seines Wissens in Erstaunen versetzt. Ein Wissen, so sollte ich hinzufügen, das der Erfahrung entsprang und aller Logik – meiner Logik – spottete. Die wichtigste Erkenntnis dieser Zeit war für mich, daß ich um des Widersprechens willen widersprach. Immer wenn ich in diese Rolle schlüpfte, zeigte er mit tödlicher Sicherheit meine heimlichen Motive auf, und schon am Nachmittag des zweiten Tages machte er mir klar, daß ich es war und nicht er, durch den solche Situationen so schmerzhaft wurden. Das Leben war anspruchsvoller, ja beschwerlicher geworden, als ich jetzt wieder in meiner Heimatstadt ankam: ich konnte nicht mehr an dem vorbeihören, was andere sagten, und ich konnte vor allem an mir selbst nicht mehr vorbeihören. Noch bevor ich das Flugzeug bestieg, hatte ich den Entschluß gefaßt, meine Stellung zu kündigen, und das war, wie sich zeigte, die tiefgreifendste und weitreichendste Entscheidung meines Lebens.

Sabazius hatte mich intensiv in der Kunst des Kochens unterwiesen, hatte mir gezeigt, wie man die Mengenverhältnisse und Zubereitungsarten »erspürt«. Beim Verzehren der Mahlzeiten verlangte er absolutes Schweigen. In London kaufte ich mir ein Kochbuch und alles, was man an Utensilien und Zutaten brauchte. Zwei Wochen verbrachte ich ganz allein, ging viel spazieren, kochte wie ein Wilder und aß alles, ob es gelungen war oder nicht. Zum ersten Mal in meinem Leben war ich ganz ich selbst.

Alexis Sabazius rief mich an einem Mittwochnachmittag um genau Viertel nach drei an. Er sei in London, sagte er, und werde einige Wochen bleiben.

»Wo steckst du denn?« fragte ich.

»Ich habe mir eine Wohnung in South Kensington gemietet«, sagte er. »Würde dir nicht gefallen.«

»Wieso nicht?«

»Weil sie ziemlich trist ist.«

»Weshalb nimmst du sie dann?«

»Weil sie mir gefällt.«

Schon war ich wieder mitten in seiner Welt.

»Warum hast du mir nicht gesagt, daß du kommst?« fragte ich vorwurfsvoll.

»Weil ich es bis heute morgen noch nicht sicher wußte.«

»Ein Kunde am Horizont?«

»Ja.«

Wir verabredeten uns.

Er erschien in einem dicken Astrachanmantel mit Pelzkragen. »Ah!« rief er, als ich ihm aufmachte. »Du hast *gearbeitet* beim Kochen.«

Ich lächelte stolz.

Wir aßen schweigend und tranken ein wenig trockenen Weißwein dazu. Er bot mir eine türkische Zigarette an und gab mir Feuer.
»Was gibt es Neues?« fragte er.
»Ich habe meinen Job gekündigt.«
Er nickte und nagte an seiner Unterlippe. »Und warum hast du das gemacht?«
»Weil ich Zeit brauchte, um Klarheit zu gewinnen.«
»Worüber?«
»Mein Leben; worum es überhaupt geht.«
»Und was hast du herausgefunden?«
»Bis jetzt noch nichts.«
Er lächelte. »Mein Nichts oder dein Nichts?«
»Meins«, gab ich zu.
»Hast du geschaut?«
»Ich hab's versucht.«
Er sah mich an und schüttelte dann den Kopf. »Das kann man nicht versuchen«, sagte er. »Entweder du schaust, oder du schaust nicht.«
»Es verschwimmt immer.«
»Dann bist du drauf und dran, in deine alte Welt zurückzukehren. Du mußt darum kämpfen, die Welt zu behalten, wie du darum kämpfen mußt, dich nicht von ihr überwältigen zu lassen.«
»Aber sagtest du nicht, daß man die Welt nicht abschalten kann?«
»Das stimmt.«
»Wie kann ich dann zu meinem alten Weltbild zurückkehren?«
»Weil du selbst wieder abschaltest. Du wirst in den Traum zurückgezogen.«
»Aber wie kämpft man darum, die Welt zu behalten?«
»Indem man stets schaut.«
»Hör zu«, sagte ich, in dem Wissen, daß es ein Schuß ins Blaue sein würde, »du bist für mich der erste Mensch, der in der Lage zu sein scheint, mir zu zeigen, was ich suche...« Ich zögerte, fühlte mich rot werden. »Hilfst du mir, ein Fühlender zu werden?«
Sein Gesicht verriet nichts.
»Ich meine es ernst!«
»Natürlich. Jeder meint es ernst, solange er voller Leidenschaft ist.«
»Was willst du damit sagen?«
»Ich will damit sagen, daß du mich jetzt zwar bittest, es dir aber später vielleicht wieder anders überlegst.«
»Das glaube ich nicht.«
»Du kannst das nicht wissen. Nur ein Fühlender weiß, womit es ihm wirklich Ernst ist.«

Ich saß da, starrte ihn an und wußte nicht, was ich sagen sollte.
»Aber es ist natürlich möglich, daß du aus deiner Mitte heraus gesprochen hast«, sagte er und machte mir neue Hoffnung. »Und wenn das der Fall ist, wirst du dabei bleiben.«
»Kannst du mir sagen, ob es meine Mitte ist?«
»Wenn du es nicht kannst, wie soll ich es dann können?«
Ich dachte einen Augenblick nach und sagte dann: »Wenn ich beweise, daß ich es ernst meine, willst du dann mein Lehrer sein?«
»Wie willst du denn so etwas beweisen?«
»Indem ich bedingungslos alles tue, was du sagst.«
Er schien diese Aussage abzuwägen und auszuloten, und ich hatte den Eindruck, daß er sich insgeheim darüber freute. Er stand auf und öffnete das Fenster. »Spring«, sagte er.
Ich erstarrte.
»Was ist los, machst du jetzt schon Rückzieher?«
Tränen traten mir in die Augen. Er setzte sich wieder an den Tisch und spielte mit der Gabel. »Das Leben eines Menschen ist sein eigen, Peter«, sagte er leise. »Er darf es niemals einem anderen überlassen.«
Das war meine erste richtige Lektion auf dem Weg, ein Fühlender zu werden. Sabazius erklärte sich schließlich einverstanden, mein Lehrer zu sein, aber unter einer Bedingung: einem Fühlenden, so sagte er, kann man jederzeit vertrauen, und so mußte ich lernen, ihm jederzeit zu vertrauen.
»Aber heißt das nicht, dir mein Leben zu überlassen?« fragte ich leicht verwundert.
»Nein, das ist nicht dasselbe. Worauf du hinauswolltest, war Auslieferung, und darüber habe ich ja schon mit dir gesprochen. Vertrauen ist etwas anderes, denn es bedeutet, zu spüren, daß der andere vertrauenswürdig ist. Die meisten Menschen wissen nicht mehr, was Vertrauen ist; sie verstehen darunter nur noch geschäftliche Zuverlässigkeit und haben den Blick fürs Ganze verloren. Aber Vertrauen, echtes Vertrauen, hat nichts mit Geld zu tun, sondern bezieht sich auf ein Bewußtsein, das frei von Fehlern und Vorurteilen in der Lage ist, anderen zu helfen.«
Die nächsten drei Tage sah ich Alexis Sabazius nicht. Er sagte, er habe einiges zu erledigen. Ich wußte nicht, was ich mit mir anfangen sollte, und machte mich an einem Nachmittag zum Hyde Park auf. Es war ein strahlender, kühler Septembertag. Fast eine Stunde stand ich an der Serpentine und schaute zum anderen Ufer. Wartete ich auf etwas? Plötzlich war mir, als schaute ich von hoch oben auf ein weites Meer hinunter. Dieses Gefühl hielt einige Minuten an und ließ dann

langsam nach. Als ich nach Hause kam, lag Alexis schlafend auf dem Sofa.

»Alexis?«

Kein Lebenszeichen. Ich wollte ihn nicht wecken, beziehungsweise stören (ich hatte ihn schon einmal so gesehen, und da hatte er nicht geschlafen) und ging in die Küche, um ein paar Käsehappen mit Tomaten anzurichten.

Als ich zurückkam, waren seine Augen offen.

»Ich weiß nie so genau, ob du nun schläfst oder nicht«, sagte ich.

»Ist das eine Frage?«

Ich nickte.

»Es ist etwa wie Schlaf«, sagte er sofort, »und doch nicht wie Schlaf.«

»Meditation?«

Er sah mich interessiert an. »Was weißt du von Meditation?«

»Eigentlich nicht viel. Ich habe gerade ein Buch darüber angefangen, aber erst die Einleitung gelesen.«

»Und was steht da drin?«

Mehr ratend als informiert sagte ich: »Den Geist leermachen?«

Er lachte, schwang die Beine auf den Boden und setzte sich ganz aufrecht hin. Er holte dreimal tief Luft, hielt sie beim letzten Mal einige Sekunden an und entspannte sich.

»Meditieren heißt leben«, sagte er.

Ganz so hatte es das Buch eigentlich nicht ausgedrückt.

»In dem Buch heißt es ...«

»Vergiß das Buch. Ich bin kein Buch.« Unvermittelt stand er auf, ging an mein Bücherregal und nahm ein Buch heraus. Dann kam er zurück, hielt es mir vors Gesicht und sagte: »Sieh es dir an.« Er riß es mitten durch und kommentierte: »Das ist der Unterschied zwischen einem Menschen und einem Buch.« Er reichte mir die Fetzen, und ich starrte sie verdutzt an.

»Ein Mensch hat keine Wörter in sich«, fuhr er fort, »er hat nur sich selbst. Ein Buch ist kein Buch ohne seine Wörter, und wenn es verlorengeht, sind auch die Wörter verloren.«

»Aber man kann sich an sie erinnern.«

»Gewiß. Aber sie werden vielleicht nicht verstanden. Ein Fühlender versteht immer.«

»Alles?«

»Man kann auch verstehen, daß man nicht versteht – das ist dann vollkommenes Verstehen. Auf dieser Basis lernt ein Fühlender, die richtigen Fragen zu stellen, und ist er erst bei der richtigen Frage angelangt, wird er auch zur Antwort geführt.«

Mir kam der Gedanke, daß Alexis Sabazius entweder wirklich sehr klug war oder der größte Egozentriker, den ich je getroffen hatte. Nun, jedenfalls hatte ich die Welt »gefühlt«, und er hatte mich dorthin geführt.

»Aber kommen wir zu deiner Frage«, fuhr er fort. »Was ich tue, ist äußerst einfach.« Er faßte mich sanft am Arm und führte mich zum Sofa. »Leg dich einen Moment hin und schließ die Augen.« Ich tat es. »Laß dich auf den Schlaf zutreiben, bleib dabei aber bewußt.«

»Das ist sehr schwierig.«

»Nein, ist es nicht. Du sollst ja nicht einschlafen, sondern dich dem Schlaf nähern und dabei *wissen*, daß du dich ihm näherst.«

»Ich bring's nicht fertig.«

»Hab ich was von fertigbringen gesagt?«

Ich lag zehn Minuten ganz still und vergaß allmählich, daß er neben mir stand. Dann sagte er plötzlich:

»Wo bist du?«

Ein leichter Schreck durchfuhr mich, und ich öffnete die Augen.

»Nun?«

Ich fühlte mich ertappt und sagte: »Ich glaube, ich bin eingenickt.«

»Denk mal zurück. War da nicht ein Punkt, wo du merktest, daß du einschläfst?« »Ja.«

»Diesen Punkt meine ich. Da mußt du haltmachen und bleiben. Du bist über den Rand gerutscht.«

»Wozu ist es gut, nicht über den Rand zu rutschen?«

»Das erklärt sich dann von selbst«, erwiderte er. »Wenn du es gemeistert hast, wirst du es wissen.«

»Und was werde ich dann wissen?«

Er seufzte und sah mich mit leidgeprüfter Miene an. »Wenn ich dir das sage, dann erklärt es sich doch nicht mehr von selbst.«

Als wir unseren Käse mit Tomaten gegessen und eine von seinen Zigaretten geraucht hatten, sagte er: »Du mußt dir eine Arbeit suchen.«

»Mir ist aber gar nicht nach arbeiten.«

»Warum nicht?«

Ich zögerte und überlegte, worauf er wohl abzielte.

»Jetzt bist du unschlüssig, ob du nun arbeiten sollst oder nicht, stimmt's?«

»Ich habe meine Arbeit aufgegeben, um mich um mein Leben zu kümmern.«

»Und was hättest du mit deinem Leben angefangen, wenn ich nicht nach London gekommen wäre?«

»Weiß ich nicht. Ich hatte ja keine Gelegenheit, das herauszufinden.«
»Dann will ich es dir sagen: du wärst vertrocknet wie ein Stock.«
»Vielleicht auch nicht.«
»Ah!« rief er. »Du hast mir die ganze Zeit verheimlicht, daß du schon ein Fühlender bist!«
»Ich bin kein Fühlender.«
»Vielleicht schon halb?«
»Ich verstehe immer noch nicht ganz, was du mit ›ein Fühlender‹ eigentlich meinst.«
Er beendete seinen Spott und wurde wieder ganz ernst. »Ein Fühlender«, sagte er langsam, »ist ein Mensch, der JETZT lebt. Er lebt nicht in einer potentiellen Zukunft und braucht auch nicht seine Reserven auf, um sich dann nach mehr umzusehen. Das wollte ich mit ›vertrocknen‹ sagen. Du hättest mit dir selbst gelebt und wärst mit dir selbst zu Ende gekommen; und das ist der allergefährlichste Zustand, denn er bedeutet geistige Leere. Wenn ein Mensch leer ist, wenn er nicht mehr die geistige Kraft hat zu arbeiten, zu denken, sich die Dinge zu erklären, zu entdecken, so ist er bei lebendigem Leibe tot – unfähig, zurück oder vorwärts zu gehen.«
»Aber ist es nicht möglich, den Fehler zu erkennen?«
»Doch, aber die Energie reicht nicht mehr für eine Richtungsänderung. Das ist ein merkwürdiger Tod. Ein Mensch, der diesen Tod gestorben ist, hat im allgemeinen versucht, ihn zu durchbrechen und zu überwinden. Es ist meist ein Mensch, der schon ein wenig davon weiß, was Fühlen bedeutet, ein Mensch wie du, aber dieses Wissen genügt nicht, denn es hat keine andere Grundlage als den Verstand, und der Verstand ist immer begrenzt.«
Verstehen konnte ich immer noch nicht ganz, was er sagen wollte, aber auf eine seltsame Art fühlte ich es.
»So ein Mensch«, fuhr er fort, »hat sich mit der Wahrheit selbst erdrosselt.«
In mir wurde es ganz still und reglos. Dann fragte ich: »Ist das immer so?«
»Nein, aber meistens. Manchmal hat ein Mensch rechtzeitig eine Vision von sich selbst und sieht, was geschieht, versteht den inneren Druck, die Wendungen und Drehungen, die auf die Leere zusteuern. Wenn das geschieht, kehrt das bloße Erkennen den Prozeß um und befreit ihn. Aber das Erkennen eines solchen Menschen ist ganzheitlich – er erkennt mit allem, was er ist, nicht nur mit dem Kopf. Solch ein Mensch entdeckt die Furcht.«
»Ich habe Furcht immer für eine emotionale Reaktion gehalten.«

Er lachte auf und löste den Bann seiner Worte. »Wenn du glaubst, daß Verstand und Emotion zweierlei sind, dann kramst du schon wieder in deinen Schubladen. Würdest du nur eine Minute lang in dich hineinschauen, dann würdest du weder Verstand noch Emotion finden. Du würdest nur dich selbst finden. Mit solchen Wörtern schmälerst du nur, was du *bist*. Du hast keine Psyche und keinen Körper; und du hast keinen Geist und keine Seele. Du *bist* einfach!«
»Das versteh ich nicht.«
»Weil du dazu erzogen worden bist, nicht zu verstehen«, erwiderte er. »Ich habe es ja schon gesagt: du *bestehst* aus Unglauben. Fühlende sind wie Tiere, sie unterscheiden nicht.«
Da ging es mir auf. »Sich bewegen *ist* denken«, sagte ich verwundert.
Sabazius schlug mir klatschend auf die Schulter, lachte laut heraus und applaudierte meiner plötzlichen Einsicht. »Jetzt fängst du an zu werden, was du bist!« rief er aus. Dann rundete er den Gedankengang zu einem vollen Kreis: »Arbeiten heißt *mit dem Körper denken.* Deshalb essen wir schweigend, denn sogar Essen ist Denken.«
Das war der Anfang. Ich sah jetzt deutlich, was ein Fühlender war und weshalb er so genannt wurde; und ich verstand auch, was er mit »Tod bei lebendigem Leibe« meinte: Die Herrschaft des verselbständigten und in »Schubladen« aufgeteilten Verstandes bedeutet die Zerstörung dessen, was der Mensch von Natur aus ist – eine Einheit.
»Was für Verpflichtungen hast du?« fragte Sabazius unvermittelt.
Ich zuckte die Achseln und versuchte mich zu erinnern. »Die Miete für diese Wohnung ist schon so ziemlich alles«, sagte ich, »und dann sind da noch ein paar Versicherungen, die weiterlaufen.«
»Wozu denn das?«
»Na ja, die Bude könnte doch mal abbrennen, und vor Unfällen ist man ja auch nicht sicher.«
»Weshalb sollte so etwas geschehen?«
»Es geschieht jeden Tag und den besten Menschen.«
»Um *Weltanschauung* zu verstehen, mußt du sie auf alles anwenden«, sagte Sabazius. »Entweder du bist wach oder du bist nicht wach.«
»Aber...«
»Wer sich mit so etwas den Rücken deckt, der schläft«, unterbrach er mich. »Wenn er über die Straße geht, ist er natürlich gefährdet, denn seine Versicherung erlaubt ihm ja, sich vor der Verantwortung für sein eigenes Leben zu drücken. Das Leben eines Menschen darf keine künstlichen Stützen haben: er muß ständig auf der Hut sein.«
»Wie kann er auf der Hut sein vor Menschen, die ihm das Haus anzünden?«

»Wenn ein Mensch die Bedingungen des Lebensprinzips erfüllt, sich also stets darum bemüht zu schauen und zu fühlen, dann wird sein Haus nicht abbrennen, und wenn es doch abbrennt, wird er wie durch ein Wunder sehr bald ein neues bekommen. Am universalen Gesetz verstehst du vieles noch nicht.«
»Ich kann das kaum glauben.«
Lachend sagte er: »Dein Unglaube ändert nichts an dem, was ich *weiß*.«
»Hast du Beweise für solch ein Gesetz?«
»Meine Beweise würden dir nicht genügen, denn solche Beweise kann nur erkennen und fühlen, wer wach ist. Das Gesetz des ›Ersetzens‹ arbeitet für Menschen, die bewußt dagegen ankämpfen zu schlafen.«
»Du scheinst sagen zu wollen, daß es im Universum etwas gibt, das für einige Auserwählte alle Situationen und Umstände automatisch regelt und bereinigt. Ist das nicht ein bißchen einseitig?«
»Ich habe nicht gesagt, daß irgendwas ›im‹ Universum ist und irgendwas *tut*.«
»Wodurch kommt dann die Ersetzung zustande?«
»Durch dich; durch das, was du *bist*.«
»Was ein Mensch ist, kann also das Universum beeinflussen!«
»Wie ein Mensch nicht Hände oder Füße außerhalb seiner selbst hat, sondern seine Hände und Füße *ist*, so gehört er auch zum Universum, ist nicht von ihm getrennt. Wenn er sich bewegt, verursacht er Ver-Setzung, wenn er denkt, verursacht er Ein-Setzung, und wenn er etwas wirklich braucht, verursacht er Er-Setzung.«
»Was ist Ein-Setzung?«
»Das ist Universum, zu Universum gefügt: Universum, das sich selbst begreift.«
»Dann ist also ein Fühlender selbst seine eigene Versicherung«, sagte ich, vertuschend, daß ich seine letzte Bemerkung nicht verstand.
»Richtig. Allerdings wird seine Aufgabe schwieriger, wenn er älter wird, denn es kommt vor, daß Alter oder zurückliegende Fehler seine Wachsamkeit schwächen und ihn verwundbar machen. Wenn aber seine Wahrnehmung richtig mit der Welt verbunden ist und sein Sein mit *Anderswo*, dann ist er sicher.«
»Was meinst du mit Anderswo?«
»Anderswo, das ist, wo Fühlende hingehen, wenn sie sterben.«
»So was wie der Himmel?«
Er lachte und sagte dann: »Wenn ein Fühlender stirbt, geht er ins Anderswo ein, weil es nichts gibt, wo er sonst noch hingehen kann.«
»Das klingt wie Nichts.«

»Es ist Nichts – aber es ist *sein* Nichts.«
Ich ärgerte mich über mich selbst. Gerade hatte ich begriffen, was ein Fühlender ist, und jetzt verstand ich nicht, wohin ein Fühlender ging.
»Denk nicht darüber nach, das geht nicht«, sagte Sabazius.
»Warum nicht?«
»Weil du in Wörtern denkst.«
Leicht ungeduldig wandte ich ein: »Aber es *ist* doch eine Abstraktion.«
»Wäre es eine bloße Abstraktion, dann hättest du es todsicher schon in der Tasche.«
Ich merkte, wie ich rot anlief.
»Um ein Fühlender zu werden, mußt du Anderswo erkennen«, sagte Sabazius. »Wenn der Körper verschwindet, verschwindet der Mensch. Dann ist nur noch sein Fühlen da, und das Fühlen ist Anderswo vom Körper.«
»Das versteh ich nicht.«
»Wer Anderswo finden will, muß damit anfangen, am Rande des Schlafes zu verharren. Wenn er das gemeistert hat, öffnet sich der Zugang zum Anderswo wie eine Blüte.«
»War es das, was du vorhin gemacht hast?«
Er nickte langsam und lächelte mich an. »Es ist zu finden«, sagte er, »es ist sogar überall zu finden.«

4. *Projizieren und reflektieren*

Verzweiflung. Alles, was ich in den nächsten Tagen unternahm, ging schief. Mein Wissen war mir irgendwie entglitten. Als ich Sabazius davon berichtete, antwortete er sehr wortkarg, und ich gewann den Eindruck, daß er mich bewußt schmoren ließ. Am Ende der ersten Woche, die wir zusammen verbrachten, bestätigte er diesen Eindruck.
»Du verzehrst dich selbst«, sagte er.
»Ich kann nichts daran machen.«
»Weil du dich bemühst, ein Fühlender zu werden. Ein Fühlender wird nicht gemacht, er geschieht.«
»Wozu muß man dann so hart arbeiten?«
»Wozu arbeiten Menschen überhaupt hart?« fragte Sabazius. »Um

etwas zu gewinnen; nur ist dieses Etwas in deinem Fall nicht greifbar.«
»Das weiß ich wohl.«
Er sah mich an, ging zum Fenster und starrte hinaus. »Als ich lernte, ein Fühlender zu sein«, sagte er, »dachte ich, es ginge darum, etwas zu vollbringen, irgendwo anzukommen. Erst nach langem Leiden wurde mir klar, daß es keinen Zielpunkt, kein Ende gibt, ja nicht einmal einen Anfang.« Er schwieg einige Sekunden und sagte dann: »Leer sein heißt unter Volldampf arbeiten.«
»Aber neulich hast du doch gesagt, daß Leersein ein gefährlicher Zustand ist, eine Art Tod bei lebendigem Leibe.«
»Ich meine jetzt etwas anderes«, erwiderte er. »Es gibt zwei Arten, leer zu sein, wie es auch zwei Arten, voll zu sein, gibt.«
»Worin bestehen sie?«
Er lachte und drehte sich nach mir um. »Darin zum Beispiel. Du machst dir schon Hoffnung, daß ich dir deine Leere mit dem Verstand fülle.«
»Das ist wahr«, gab ich zu.
»Ein Mensch wird deshalb leer, weil der Verstand ein Eliminierungsprozeß ist, der nur noch mehr Verstandestätigkeit nach sich zieht. Und das geht immer so weiter, solange dieser Mensch bereit ist zu folgen. Aber an bestimmten Punkten seines verstandesmäßigen Denkens erlebt er eine flüchtige Freude, denn dieses Denken bedeutet immer die Annäherung an ein Ende – wenn auch ein vorläufiges Ende. Sehr oft ist er also nicht leer, sondern vom Ende seines Denkens erfüllt, um dann allerdings festzustellen, daß er wieder von neuem beginnen muß.«
»Das muß es wohl sein«, sagte ich. »Vor ein paar Tagen war ich deprimiert, weil ich nicht mit dem Verstand erfassen konnte, wohin ein Fühlender geht, wenn er stirbt. Diese ganze Idee des Anderswo geht über meinen Verstand.«
»In der Tat, deswegen bist du leer geworden«, antwortete Sabazius. »Du hast versucht, Anderswo auf eine Idee zu reduzieren, konntest aber kein Ende, also keine Befriedigung darin finden.«
»Aber ich habe wegen dieser Leere nicht arbeiten können. Alles ist zum Stillstand gekommen.«
»Nicht ganz. Du bist schon auf dem Weg, ein Fühlender zu werden, und deshalb ist deine Leere anders, sie enthält ein Fühlen. Jetzt mußt du lernen, deine Leere zu fühlen, dann wirst du sie durchqueren können.«
»Wie fühlt man seine Leere?«

»Würdest du sie nicht fühlen, dann hättest du mir nicht davon erzählen können.«
»Dann fühlt jeder seine Leere«, sagte ich, ohne den feinen Unterschied zu bemerken, den er im Sinn hatte. »Ich habe meine Leere schon lange, bevor ich dich kennenlernte, gefühlt.«
»Mag sein, aber du hast das Fühlen nicht gefühlt.«
»Tut mir leid, da kann ich nicht mehr folgen.«
Er holte seine Zigaretten heraus und bot mir eine an. »Das Gefühl der Leere«, sagte er, »ist an den Körper gebunden, also ein recht handfester innerer Zustand: der Körper ist es, der diesen Zustand empfindet. Jeder fühlt das, wie du ganz richtig gesagt hast, aber bei dir war es anders, denn du hast das Gefühl der Leere gefühlt, und wenn du das erst richtig gelernt hast, wirst du es ganz von selbst in Fülle umwandeln.«
»Geschieht das einfach so?«
»Es kann nicht einfach geschehen, denn die Leere ist ein Zeichen deines inneren Seinszustands, ein Warnsignal und die Aufforderung, dich selbst anzuschauen.«
»Dann werde ich mich also immer noch leer fühlen, obgleich ich das Fühlen kann?«
»Wenn du dich leer fühlst und dich dann erinnerst, daß es das ist, was *du* bist, daß es dich auffordert anzuschauen, was du bist, dann wirst du deine Geschichte *sehen*, und dieses Sehen wird deine Leere auslöschen. Das ist das Gesetz.«
»Und was passiert dann?«
»Du wirst durch die Fülle zu neuer Leere gelangen, denn Leere ist die Quintessenz deiner Geschichte, ihr Sinn in jedem einzelnen Augenblick.«
Ein langes Schweigen trat ein, das vielleicht eine Stunde dauerte, während wir an entgegengesetzten Enden des Zimmers saßen.
»Wie war dein Lehrer?« fragte ich schließlich.
»Du meinst: ›Wie ist er?‹« war seine Antwort.
»Lebt er denn noch?«
»Ja.«
»Wann siehst du ihn?«
»Ständig.«
»Wie kann das sein?«
»Das kann sein«, sagte Sabazius und schien dem Lachen nahe, »weil ich selbst mein Lehrer bin.«
»Oh...«
»Glaubst du, man kann nicht sein eigener Lehrer sein?«

»Ich weiß nicht.«
»Und ich sage dir, es geht.«
»Aber wie kann man sich selbst etwas lehren, was man nicht weiß?«
»Meinst du mit lehren ›lernen‹?«
»Ja, ich glaube schon.«
»Was ein Mensch in sich selbst findet, ist nicht gelernt, sondern gefühlt und erfahren.«
»Aber du mußt doch irgendwo angefangen haben.«
»Natürlich – am Tag meiner Geburt.«
»Und du hattest einen Lehrer – außer dir selbst?«
»Ja.«
»Was hast du von ihm gelernt?«
»Daß er unnötig war.«
»Du meinst, du bist über ihn hinausgewachsen.«
»Nein. Er hat mich gelehrt, was nötig war, und dann war ich mein eigener Lehrer. Ein Lehrer, wenn er ein guter Lehrer ist, hört irgendwann auf. Er kann nicht weitergehen, denn alles weitere ist *in* dem Menschen, den er lehrt, und wartet darauf, gefühlt und erfahren zu werden.«
»Aber wie lernt man von sich selbst?«
Er musterte mich und sagte dann: »Du mußt aufhören, das Wort ›lernen‹ auf diese Art zu gebrauchen. Ein Mensch lernt nicht vom Selbst, denn er ist das Selbst.«
»Woher kommt dann das ›Erkennen‹?«
»Es kommt nirgendwoher, sondern erwächst aus dem Schauen und Fühlen.«
»Und was passiert dann?«
»Erst mal eine ganze Weile nichts.«
»Und dann?«
»Du fängst an zu sehen.«
»Was sieht man?«
»Dich selbst.«
»Ist das alles?«
»Es gibt sonst nichts.«
»Und sich selbst zu sehen, soll dasselbe sein wie die Welt sehen?«
»Ja. Wenn ein Fühlender die Welt anschaut, reflektiert sie ihm das Selbst zurück.«
»Weshalb sieht die Menschheit sich dann nicht selbst, wenn sie die Welt anschaut?«
»Weil die Menschheit so sehr damit beschäftigt ist, sich selbst auf die Welt zu projizieren«, antwortete Sabazius mit sichtlichem Vergnügen

am schnellen Wechselspiel unseres Gesprächs. »Erst wenn ein Mensch aufhört, sich selbst auf die Welt zu projizieren, kann die Welt reflektieren, ein Spiegel sein.«
»Was genau meinst du mit ›projizieren‹?«
»Wenn ein Mensch nicht *schauen* kann, dann übersieht er oder sieht vorbei. Er verfehlt die Welt, und da die Welt das Selbst reflektiert, übersieht und verfehlt er auch das Selbst.«
»Aus deinem Mund klingt das alles so einfach.«
»Es ist einfach.«
»Aber der Mensch ringt seit Beginn der Geschichte mit diesem Problem!« rief ich. »Und er scheint noch zu keiner zufriedenstellenden Antwort gekommen zu sein.«
»Eben weil er ›ringt‹«, erwiderte Sabazius grinsend. Dann drohte er mir mit dem Finger. »Und das Wort ›Geschichte‹, wie du es benutzt, ist der andere Grund.«
»Inwiefern?«
»Was hast du heute über Geschichte gelernt?«
Ein kurzer, eisiger Schreck, aber dann fiel es mir ein: »Geschichte ist das, was ich in Augenblicken der Leere bin.«
»Allerdings. Und das ist auch die Geschichte des Menschen«, sagte er leise. »Er glaubt, sie sei eine Kette von Ereignissen, aber sie ist nur die Aneinanderreihung und Aufzeichnung seiner Augenblicke der Leere.«
»Du meinst, die Geschichte ist eine Reflexion dessen, was der Mensch jeweils ist?«
»Ja.«
»Weshalb kann er seine Geschichte dann nicht lesen und verstehen?«
»Weil er die Geschichte – ebenso wie die Welt – dazu benutzt, sich selbst mit Blindheit zu schlagen. Wie könnte er seine Geschichte fortsetzen, wenn er nicht durch Übersehen blind wäre?« Ich muß traurig dreingeschaut haben, denn er fügte gleich hinzu: »Wenn du die Menschenwelt anschaust, Peter, dann gib acht, daß nicht das Mitleid von dir Besitz ergreift; ein Fühlender kennt kein Mitleid.«
»Aber Mitleid haben, bedeutet doch fühlen«, wandte ich ein.
»Mitleid haben«, erwiderte er, »bedeutet, sich in die Verzweiflung eines anderen verwickeln zu lassen, weil man selbst verzweifelt ist. Wenn ein Fühlender die Hilflosigkeit, Schwäche, Eifersucht, Furcht, das Unglück oder sogar den Tod eines anderen sieht, so steht er darüber – weil er weiß, warum er fühlt und was er ist.«
»Ich hätte gedacht, daß Menschen, die Mitleid zeigen, wissen, weshalb sie das tun.«

»Nur auf einer Ebene, und diese Ebene ist ohne Bedeutung. Wenn Menschen dieser Welt Mitleid miteinander haben, dann suchen sie – unwissentlich – Vergebung für ihre eigene Geschichte; tatsächlich machen sie sich aber nur selber weis, sie seien Menschen voller Gefühl und Verständnis. Mitleid ist für sie nur das Mittel, der Wirklichkeit auszuweichen und sich in einer Scheinsicherheit zu wiegen.«
»Aber wenn es kein Mitleid gäbe, wäre die Welt doch in einem noch viel schlimmeren Zustand.«
»Nein, eigentlich nicht. Der Mensch würde sich selbst und die Welt dann nur um so schneller zerstören; er würde das mit einem Schlag erledigen, anstatt es durch Mitleid in Raten zu erreichen. Mitleid ist das, was der Mensch sich selbst vor dem Mord entgegenbringt und anderen nachher. Es ist die Saat seiner Furcht, der Furcht vor dem, was er ist und was er noch wird. Mitleid kommt an die Oberfläche, wenn ein Mensch sich selbst nicht anschauen oder gar tief in sich hineinschauen will. Mitleid ist das Schlupfloch, durch das er dem Gewahrwerden seiner Mangelhaftigkeit entkommt, das ihm seinen Mangel an Liebe, seine Liebesunfähigkeit vor Augen führen würde. Deshalb verlegt der Mensch sich aufs Mitleid und erklärt es für so wichtig.«
Diese Interpretation beunruhigte mich zutiefst, denn seine letzte Bemerkung hatte meine Augen für etwas in mir selbst geöffnet, das ich gar nicht so unbedingt sehen wollte: Mein eigenes Bedürfnis, Mitleid zu zeigen, entstand daraus, daß ich nicht wußte, wie ich mit Liebe umgehen sollte, oder vielmehr, wie ich sie in mir selbst finden konnte.
»Alle Gesellschaften sind auf Mitleid aufgebaut«, fuhr Sabazius fort. »Deshalb sind die Armen arm und bleiben die Hilflosen hilflos. Mitleid verändert nichts, denn ihm fehlen die dazu nötigen Elemente; es ist immer nur ein Notbehelf, der aufgrund seiner Natur zu kurz greift; und die Natur des Mitleids ist die Natur des Menschen – des unentwickelten Menschen, der sich innerlich wandeln möchte, es aber nie recht zustandebringt.«
Ich schwieg und dachte über die Implikationen dieser Darstellung nach. Es war die einzige echte Antwort, die ich je gehört hatte, die einzige Erklärung dafür, daß das Lebenssystem des Menschen so unaufhaltsam zusammenbricht. Die Reichen bemitleiden die Armen, weil sie sie nicht lieben können, und die Armen, die es zu Wohlstand bringen, tappen sofort in dieselbe Falle.
Sabazius riß mich in seiner typischen Art aus diesen Grübeleien und

sagte plötzlich: »›Schauen‹ heißt wachsein, und wer im Augenblick des Todes wach ist, ist sein Meister.«
Ich brauchte einen Augenblick, um diesen neuen Faden des Gesprächs aufzunehmen; dann fragte ich: »Wie kann ein Mensch seinen eigenen Tod anschauen?«
»Wer seinen Tod anschaut«, sagte er, »tritt in voller Klarheit aus seiner Geschichte heraus; er *sieht* seine Geschichte, erkennt sie zum letzten Mal.«
Ich versuchte seine Worte in Zusammenhang mit dem zu bringen, was er zuvor gesagt hatte. »Dann ist der Tod Leere«, sagte ich, »die letzte Leere.«
Er lächelte mich an. »Jetzt hast du verstanden.« Dann fügte er hinzu: »Alle Menschen sehen beim Sterben ihre Geschichte, aber nur Fühlende verstehen ihre Geschichte, denn im Augenblick des Todes *sind* sie ihre Geschichte. Andere, die ihr Leben in Traum und Mitleid verbracht haben, sehen zwar auch, verstehen aber nicht mehr ganz, denn sie sind jetzt ohne Körper und können ihr Verstehen nicht mehr vertiefen.«
»Was geschieht mit ...«
»Schluß jetzt«, unterbrach er mich. »Jetzt suchst du wieder dein Vergnügen.«
»Aber es ist so faszinierend!«
»Fasziniertsein hat nichts mit Arbeiten zu tun, sondern zeigt nur, daß du ins Träumen abrutschst.« Er stand auf und kam auf mich zu. »Für heute hast du genug Fragen gestellt. Jetzt mußt du daran arbeiten, die Antworten zu *werden*.«
Er langte in seine Tasche und holte eine kleine, schwarze, silberbeschlagene Schachtel heraus. Er drehte sie um und zog mit den Fingernägeln ein Holzkästchen heraus. Nachdem er die Schachtel weggelegt hatte, zog er den papierdünnen Holzdeckel von dem Kästchen und zeigte mir seinen Inhalt.
»Was ist das?« fragte ich.
»Das sind die Pforten zur Geschichte.«
»Drogen?«
»Natürlich nicht! Ich hab doch gesagt, die Pforten zur Geschichte.«
Ich beäugte den Inhalt der Schachtel argwöhnisch.
»Was ist los mit dir?«
»Ich hab das Gefühl, daß du mich auffordern wirst, eins von diesen Dingern zu nehmen.«
»Und – ?«
»Ich mag nicht.«

»Warum nicht?«
»Weil ich gegen Drogen bin.«
»Bist du gegen Geschichte?«
»Nein.«
»Wie kannst du dann gegen die Pforte zur Geschichte sein?«
»Für mich ist es trotzdem eine Droge.«
»Laß mich dir mal was zeigen«, sagte er. »Streck deine Hand aus.« Er legte das Kästchen in meine Hand. »Halt es an deine Stirn.«
»So?«
Er nickte und sah mich aufmerksam an. Nach einigen Sekunden nahm er es zurück und ging zur anderen Seite des Zimmers. »Wie fühlst du dich jetzt?« fragte er.
»Erleichtert«, sagte ich und lachte.
Noch einmal ließ er mich das Kästchen an den Kopf halten. »Und jetzt?«
Ein Schauer lief mir von der Stirn die Wirbelsäule hinunter.
»Das«, sagte Sabazius mit Nachdruck, »ist deine Geschichte, die dich schüttelt.«
Mein Gesicht zog sich zusammen. »Was ist das eigentlich genau?«
»Der Erwecker.«
»Ein Anregungsmittel?«
»Ah, toll!« spottete er. »Jetzt hast du ein Wort gefunden, das dir keine Angst macht.«
»Na ja«, gab ich zu, »so klingt es schon ein bißchen mehr nach Kaffee oder Tee.«
»Wenn ich dir also sage, daß es bloß ein Anregungsmittel ist, dann nimmst du es?«
Ich zögerte.
»Sieh mal«, sagte er, holte eines der schwarzen Körnchen heraus und steckte es in den Mund. Dann verzog er das Gesicht. »Was wirst du mit meiner Leiche machen?« fragte er boshaft.
»Du würdest es nicht nehmen, wenn man davon stirbt!«
»Dann wirst du auch nicht davon sterben.«
»Es ist ja auch nur wegen der Wirkung«, sagte ich. »Ich habe von Leuten gehört, die von solchem Zeug den Verstand verloren haben.«
»*Gefunden*, meinst du.«
»Das kann dasselbe sein.«
»Allerdings. Wenn aber ein Mensch seinen Verstand findet und das so aussieht, als ob er ihn verliert, dann graut es diesem Menschen bloß vor seiner Geschichte.«
»Bloß?«

»Besser es graut dir vor deiner Geschichte, als du erfährst sie gar nicht«, sagte er leise und brachte das Problem auf den Punkt. »Hast du Angst vor deiner Geschichte?«

»Ich weiß nicht, ob ich sie haben sollte oder nicht.«

»Ein Fühlender stellt sich seiner Geschichte. Wenn du kein Fühlender sein willst, wirst du dich an deiner Geschichte vorbeidrücken.«

»Das ist eine plumpe Falle!«

»Natürlich; du mußt zusehen, wie du wieder herauskommst.«

Ich fühlte mein Herz schlagen. Mir kam es vor, als sei ich nur noch Herz. »Ich weiß nicht, was ich tun soll!«

»Fühl die Antwort.«

Ich holte tief Luft und atmete langsam aus. Ich zitterte sichtbar.

»Also?«

»Du hast mich in eine schreckliche Lage gebracht.«

»Ich habe nichts dergleichen getan. Du bist selbst deine Lage.«

»Aber es ist synthetisch.«

»Was ist synthetisch?«

»Was da in dem Kästchen ist.«

»Bin ich synthetisch?«

»Nein.«

»Ich bin in dem Kästchen.«

Ich sah ihn an und dann die Schachtel. »Du bist doch kein schwarzes Körnchen!«

»Du auch nicht. Du bist ein Mann, und ich bin ein Mann, und das schwarze Korn ist ein schwarzes Korn.«

»Was willst du damit sagen?«

»Ich will damit sagen, daß die Geschichte in *dir* ist, nicht da drin.«

Ich zögerte. Endlich drückte ich meinen Finger leicht auf eins der Körnchen und hob es heraus. Halb war es geschafft. Erstaunlicherweise war ich jetzt innerlich ganz ruhig, nur mein Körper war völlig verkrampft. Sabazius wartete.

Die Entscheidung, das Korn in den Mund zu nehmen, war wie aus dem Nichts plötzlich da, als hätte der Gehirncomputer das Problem irgendwo in seinen uneinsehbaren Schaltkreisen gelöst und grünes Licht gegeben.

»Runterschlucken«, sagte Sabazius.

Ich tat es.

Sabazius nahm das Kästchen aus meiner Hand und schob es wieder in die schwarze Schachtel.

»Wann werde ich merken, daß es losgeht?« fragte ich.

»Du meinst, wann wirst du merken, daß *du* losgehst«, erwiderte er.

Ich nickte und holte wieder Luft – nur daß ich sie diesmal unwillkürlich fast eine Minute lang anhielt.
»Siehst du?« sagte Sabazius. »Schon bist du ins Körperwissen eingetaucht: du atmest mit dem Herzen.«
Ich sah ihn verwundert an.
»Deine Lungen sind nur Kammern«, erläuterte er. »Eigentlich atmet aber das Herz, denn das Herz fühlt.«
»Wie kann das Herz fühlen?«
»Es fühlt, weil es der Puls des ganzen Menschen ist.«
Ich erinnerte mich an das Gefühl von vorhin. »So habe ich mir das Herz noch nie vorgestellt.«
»Versteh mich nicht falsch«, sagte er, »das Instrument als solches ist vergleichsweise unbedeutend; wichtig ist seine Lage und was hindurchgeht.«
»Das Blut?«
»Das ist dein Leben.«
»Was ist Blut?«
»Das Leben des Körpers.«
»Inwiefern?«
»Es trägt Lebensenergie in alle Körperteile.«
»Was ist Lebensenergie?«
Er lachte auf und schüttelte den Kopf. »Denkst du denn niemals selbst? Mußt du alles mit deinen haarspalterischen Fragen einkreisen, bis du es festnageln kannst?«
»Du hast gesagt, ich soll dir alles sagen, was ich denke.«
»Ganz recht; aber wenn du so fragst wie jetzt, dann denkst du nicht, sondern fragst einfach nur.«
Wir schwiegen. Ich wußte nichts mehr zu sagen. Was mochte jetzt wohl in mir geschehen? Würde plötzlich alles in einen bunten Funkenregen zerstieben? Oder würde ich vielleicht von irgendeinem dunklen Grauen verschluckt, dem Grauen meiner eigenen Geschichte? Sabazius legte sich auf das Sofa und schloß die Augen. Ich beobachtete ihn. Er atmete in einem stetigen, langsamen Rhythmus, seine Lunge füllte und leerte sich mühelos. Vor dem inneren Auge sah ich noch einmal, wie dieser schwere Körper über den Rasen schoß, die schwungvolle Wucht seiner Bewegung. Dann geschah etwas Erstaunliches: Ich war wieder in Afrika, aber nicht wie im Traum, sondern ich stand wirklich mit Sabazius dort unter den Bäumen, umgeben von gleißendem Sonnenlicht...
»Mann!« rief ich aus.
Sabazius rührte sich nicht.

»Alexis!«
»Ja.«
»Irgendwas passiert jetzt.«
»Was passiert?«
»Ich weiß nicht...«
Er lachte, öffnete aber die Augen nicht. »*Du* bist das, was da passiert«, sagte er beiläufig. »Du wirst dir jetzt bald ein paar Fragen stellen müssen.«

5. *Das Auge des Erweckers*

Das Gesicht des Menschen.
Überall Gesichter, von innerer Qual zerrissen; eine flüchtige Qual, die aufstieg wie ein Schatten, um die Schönheit und Würde des Menschen zu entstellen. Sabazius sagte nichts, und ich, fest vom Erwecker umschlossen, hatte anfangs auch kein Bedürfnis zu sprechen. Als wir uns so durch die Menschenmenge auf der Oxford Street schlängelten, tönte mein Hinterkopf wie eine Maultrommel. Weshalb gab es solches Elend? Weshalb standen so viele Menschen unter derartigen Spannungen, die ihre Gesichter und Körper so grotesk verzerrten? Ich sah die Angst wie Ölträhnen von ihnen abtropfen; Furcht lief in kleinen Wellen über ihre Haut; Begierden rissen an ihnen wie Raubtierzähne. Nicht einmal die Gesichter der Kinder waren davon ausgenommen. Eben noch unberührt von diesem Grauen, verwandelten sie sich im nächsten Moment in Ebenbilder ihrer Eltern, eine tiefe Angst in den Augen, als wüßten sie schon um ihre Zukunft.
»Das halt ich nicht aus«, sagte ich und sah Sabazius an. »Es ist unerträglich...«
»Das ist nur der Anfang«, war seine schockierende Antwort. »Der Erwecker hat drei Stufen.«
»Alle so schlimm wie diese hier?«
Er lachte und bugsierte mich durch ein Knäuel von Touristen. »Was du hier siehst, ist nicht ›schlimm‹«, sagte er leise, »es ist nur das, was ist.«
»Was beinhalten also die anderen Stufen?«
»Die anderen sind die natürliche Fortführung dessen, was du jetzt

siehst. Du kannst sie aber nur sehen und fühlen, wenn gewisse Dinge in dir sich zusammenfügen.«

Ich war überrascht gewesen, als er plötzlich vom Sofa aufgestanden war und gesagt hatte, wir würden nach draußen gehen. Als ich aufstand, knickten mir die Beine weg. Sabazius führte mich, in sich hineinkichernd, wie einen Betrunkenen im Zimmer herum und dirigierte mich mit Warnrufen an den Möbeln vorbei. Danach mußte ich nach seiner Hand boxen, um meinen Blick zu festigen und mein Orientierungsvermögen zurückzugewinnen. Nach zwanzig Minuten waren meine Bewegungen wieder koordiniert und normal.

»Wann komme ich in die zweite Stufe?« fragte ich jetzt.

»Wenn du schaust, natürlich.«

Ich ließ meine Augen sich an Dinge und Menschen heften, um jenseits des Sehens in sie einzudringen. »Sie sind immer noch genauso«, sagte ich, aber noch während diese Worte aus meinem Mund kamen, geschah etwas.

Eine hübsche junge Frau kam auf uns zu, groß und elegant, gute Figur und im Gesicht einen Ausdruck von Weltverachtung.

»Schau!« drängte Sabazius.

Plötzlich war sie nicht mehr da. Wo sie eben noch gewesen war, sah ich jetzt einen farbigen Ball, ein violettes Oval, aus dem grüne und rote Sprenkel in dichten Wolken herausschossen. Ich wäre stehengeblieben, doch Sabazius packte mich am Arm und zerrte mich weiter. Sie pulsierte vorbei.

»Ich konnte sie kaum noch sehen!« rief ich.

»Sie ist unter Eifersucht und Zorn begraben«, sagte er zu mir. »Das ist ihre Strafe.«

So oft ich mich dem Schauen öffnete, verwandelten sich die Menschen in farbige Ovale. Oxford Street war offenbar die Straße des Zorns.

»Das ist noch gar nichts«, sagte Sabazius plötzlich. »Wenn du die dritte Stufe erreichst, wirst du erfahren, was wirklich existiert.«

»Geschieht das auch durch Schauen?«

Er schwieg einige Sekunden und sagte dann: »Es geschieht durch Akkumulation und Schauen.«

»Was für eine Akkumulation?«

Er lachte und fuhr sich mit der Zunge über die Lippen. »Was du in jedem Augenblick *bist*, ist deine Akkumulation«, sagte er, »und wenn deine Akkumulation nicht ganz in Ordnung ist, wenn ihr wegen einer Blockierung etwas fehlt, dann erscheint die dritte Stufe nicht.«

»Dann ist meine Akkumulation meine Geschichte?«

»Richtig. Aber das heißt nicht automatisch, daß du schon jeder Teil und Abschnitt dieser Geschichte geworden bist. Das meine ich mit Akkumulation. Du *bist* deine Geschichte, aber du kennst oder erkennst sie noch nicht.«
»Nur teilweise.«
»Ja. Die dritte Stufe hängt davon ab, was du *geworden* bist, was du mit anderen Worten wahrhaft gefühlt hast. Die Erinnerung ist deine Geschichte im Detail. Du trägst sie immer bei dir, und in Augenblikken der Leere trittst du in sie ein oder wirst in sie hineingestoßen, siehst dies oder das, verbindest Abschnitte, die nichts miteinander zu tun zu haben schienen.«
»Und wenn du schließlich alles zugleich bist«, sagte ich, »dann bist du ein Fühlender.«
Er hielt mich fest und sah mich an. »Nein. Ein Fühlender versucht mehr als andere. Ein Fühlender, könnte man sagen, ist ständig dabei, ein Fühlender zu werden, während er seine Geschichte wird; andere, die noch nicht Fühlende sind, nähern sich diesem Zustand durch vorübergehende Einblicke in das, was sie sind, kontinuierlich an. Es gibt nicht nur *ein* ›Alles‹ – es gibt das Alles des Augenblicks und das Alles des Endes. Das zu werden, was du gemeint hast, bedeutet, das historische Ende, das Nichts des Seins zu erreichen.«
»Wie kann das sein?«
»Wenn du vollkommen deine Geschichte bist«, sagte er mit großer Eindringlichkeit, »dann erinnerst du sie nicht mehr, denn an dem Punkt hört die Akkumulation auf, und du gelangst mit einem Brüllen ins Anderswo.«
»Brüllen?«
»Nicht das Brüllen eines Tieres«, präzisierte er, »das Brüllen des befreiten Menschen.«
Wir überquerten Piccadilly Circus und Leicester Square und schlenderten langsam zur Themse hinunter. Ich hatte mich in die Frage vertieft, was er wohl mit dem Wort »Brüllen« meinte, als ich plötzlich ein großes, auf der Spitze stehendes Dreieck sah, in dem Blumen emporwuchsen und Blüten sich öffneten. Ich war wie betäubt.
Sabazius merkte, daß etwas geschehen war, und blieb still neben mir stehen.
»Es ist weg...«, sagte ich und beschrieb ihm schnell, was ich gesehen hatte.
Er sah mich verwundert an.
»Ist es ungewöhnlich, ein Dreieck zu sehen?« fragte ich.
»Nein, aber ich hätte nicht gedacht, daß du es so bald siehst.«

»Warum nicht?«
»Wie kann ich, Alexis Sabazius, die Richtung deines Willens bestimmen?« antwortete er geheimnisvoll. »Du bist weiter als ich dachte.«
Ich lächelte ihn an.
»Bilde dir nichts darauf ein«, warnte er, »oder es schmilzt.«
Ich verstand, was er meinte, und sagte: »Ich fühle mich, als hätte ich etwas um mich herumgebaut, Alexis. Ich fühle es beinah körperlich.«
»Gut.«
»Was ist es denn?«
»Du wirst eingenäht. Der Erwecker meint es gut mit dir.«
»Ist er nicht immer so?«
»Manchmal tötet er einen Menschen.«
»Warum?«
Er seufzte und legte den Kopf zur Seite. In seinem Gesicht war ein fast trauriges Lächeln. »Den Erwecker ohne Vorbereitung zu nehmen«, sagte er, »kann wie der Sprung in einen Hochofen sein. Das erfordert Mut und Wissen.« Als wir das Flußufer erreichten, sagte er: »Manchmal muß ein Mensch eine Entscheidung fällen, ohne das nötige Wissen zu besitzen; deshalb braucht er Mut. Aber dieser Mut muß aus früherem Wissen gemacht sein, aus dem Wissen um seine Geschichte und seinem Gefühl für den Weg.«
»Gibt es nur einen Weg?«
»Jeder Mensch ist sein eigener Weg, jeder Weg ist ein Mensch.«
»Dann sind Religionen also falsch«, sagte ich, fast hoffnungsvoll.
»Nichts ist falsch, wenn es einen Menschen ins Anderswo führt«, erwiderte Sabazius, »und selbst Dinge, die ihn von Anderswo wegführen, sind nicht falsch, sondern einfach sinnlos.«
»Wie erkennt man einen sinnlosen Weg?«
»Indem man den Blick auf ihn fixiert und schaut«, war seine Antwort. »Ein sinnloser Weg hat kein Leben.«
Ich mußte nicht mehr fragen, was er mit ›Leben‹ meinte, denn etwas in mir sagte: »Das Leben eines Weges ist Freude...«
Sabazius lachte und versetzte mir einen gewaltigen Schlag auf die Schulter: »Jetzt stellst du dir wirklich Fragen!« rief er. »Ich sehe es deinem Gesicht an.«
»Ich hab aber eigentlich gar nichts gefragt«, sagte ich. »Als du ›Leben‹ sagtest, war die Antwort plötzlich einfach da.«
»Du hast etwas sehr Wichtiges gelernt«, sagte Sabazius. »Du hast gelernt Fragen zu stellen, ohne zu fragen.«
»Wie kann man fragen, ohne zu fragen?«
»Du hast unmittelbar eine Antwort bekommen, weil du außerhalb

der Grenzen der Logik warst. Wenn das geschieht, dann ›erfährst‹ du die Antwort, wie du auch die Frage erfahren hast. Mit anderen Worten, du weißt und fühlst gleichzeitig.«

»Wie kommt es dann«, fragte ich und griff wieder auf die Logik zurück, die ich eben dispensiert hatte, »daß Erfahrung den Geist nicht immer erleuchtet?«

»Weil Erfahrung nicht mehr der Stoff des Lebens ist, sondern zu einem Herumspielen mit Erinnerungen verkommen ist. Sie ist nur noch eine Story, die man endlos seinen Freunden erzählt, ein dichtes Gestrüpp aus abgestandenen Informationen.«

Ich schüttelte staunend den Kopf, denn er hatte mit dieser unmittelbaren Antwort den Nagel auf den Kopf getroffen.

»Wir sollten jetzt zurückgehen«, sagte er.

»Werde ich die dritte Stufe nicht erreichen?«

»Sieht so aus.«

»Heißt das, daß irgendwas mit mir nicht stimmt?«

»Natürlich nicht. Es heißt lediglich, daß irgend etwas nicht zusammengekommen ist.«

»Ich habe das Dreieck gesehen.«

»Das ist was anderes. Auf der dritten Stufe gibt es keine Dreiecke.«

Wir gingen The Strand entlang in Richtung Trafalgar Square. Immer wenn ich den Blick auf jemanden fixierte, verwandelte er sich in einen farbigen Ball und rollte vorbei wie ein Feuerwerk auf Beinen. Irgendwie hatte der Erwecker meinen Gesichtssinn geöffnet, doch trotz dieses machtvollen Einflusses, bedurfte es immer wieder des visuellen Tricks, zu *sehen*, was da war. Die Tür war entriegelt, aber ich mußte sie noch selbst öffnen. Was mich immer wieder erstaunte, war mein Energieniveau. Der kleine Generator unter meinen Rippen schien eine wahre Flut von Kraft auszuströmen. Ich hatte keine Energie, ich war Energie. Und diese Energie, das spürte ich, war nicht nur in mir selbst, sondern überall um mich her, sie sprudelte aus jedem Stein und Baum. Ob Sabazius sich ständig so fühlte? Ich muß ihn wohl ziemlich unverhohlen gemustert haben, denn er sagte plötzlich:

»Was gibt es zu sehen?«

Ich berichtete ihm, was ich gedacht hatte.

»Ah«, sagte er, »du möchtest wissen, wie ich mich innerlich fühle.«

»Ja.«

Wir waren gerade bei einem Springbrunnen angekommen, und er hielt mich an. »Ich will dir mal was Besseres als Erklärungen bieten«, sagte er und grinste mich an.

»Ich werde es dir zeigen.«

»Schau mich an!« sagte er, hinter ihm die Wassernebel des Springbrunnens.
Anfangs sah ich ihn, wie ich ihn kannte, eingehüllt in seinen schwarzen Mantel, doch plötzlich schmolzen sein Gesicht und seine Hände weg, lösten sich auf und bildeten sich um zu einem verschlungenen Muster von Hieroglyphen. Er war nicht mehr Alexis Sabazius, er war ein »Wort«, eine eingemeißelte Botschaft von anderen Dingen.
»Das bin ich«, sagte er, als die Vision vergangen war. »Und ich *fühle*, was ich bin!«
»Du warst aus Stein!«
Er schmunzelte, und wir gingen weiter. »Ich habe dir meine Geschichte gezeigt«, sagte er, »und eines Tages wirst du mir deine zeigen.«
»Wann wird das sein?«
»Wenn du sie geworden bist.«
Plötzlich war ich traurig. »Vielleicht werde ich niemals fähig, dir meine Geschichte zu zeigen«, sagte ich, fast entmutigt vom Ausmaß der Aufgabe, die vor mir stand. »Anscheinend habe ich die geistige Kraft dazu nicht.«
Wieder blieb er stehen. »Aber du hast doch die Welt gesehen!« Er breitete die Arme aus, wie um sie zu umarmen. »Wenn ein Mensch die Welt sehen kann, dann ist er nicht schwach.«
Ich versuchte zu lächeln, aber das Gefühl blieb. Wie konnte ich hoffen, jemals wie Alexis Sabazius zu sein? Er war ein Mann der Kraft. Er hatte all die Aufgaben auf sich genommen, hatte sein Leben weggegeben, um es zu finden ... und er hatte es gefunden.
Wir gingen im Sturmschritt, so erschien es mir, zu meiner Wohnung zurück. Sabazius schwieg. Ich spielte halbherzig mit meiner neuentdeckten Art zu sehen, schaltete sie ein und aus, doch meine Stimmung sank unaufhaltsam, ich fühlte mich dumpf und leer und war entsetzt über das, was ich in mir entdeckte. Wir waren eben von der Oxford Street abgebogen, als es geschah. Ich konnte nur noch ein Winseln ausstoßen und blieb wie angewurzelt stehen. Sabazius wirbelte herum, sah mich scharf an, hob mich wortlos hoch und trug mich wie ein krankes Kind nach Hause. Das nächste, was ich wahrnahm, war, daß ich voll bekleidet in eine Wanne mit kaltem Wasser getaucht wurde. Ich strampelte, um Luft zu bekommen, aber er drückte mich immer wieder unter die Oberfläche.
»Wie fühlst du dich?« fragte er mehrmals.
»Alles ist verschwommen.«
Er tunkte mich wieder.

»Und jetzt?«
Ich öffnete die Augen und erkannte die grünen Kacheln des Badezimmers.
Er hob mich aus der Wanne, zog mich aus und frottierte mich ordentlich ab. Dann warf er mit dem Handtuch nach mir, lachte und ging ins Wohnzimmer. Als ich mich ein paar Minuten später im Morgenmantel zu ihm gesellte, hatte er eine große Kanne Kaffee aufgegossen.
»Du hast die dritte Stufe erreicht«, eröffnete er mir, bevor ich etwas sagen konnte.
»Ich weiß gar nicht so recht, was passiert ist.«
»Woran hast du unmittelbar vorher gedacht?«
»Ich fühlte mich miserabel. Ich war zu dem Schluß gekommen, daß ich dessen, was du zu tun versuchst, nicht würdig bin.«
»Und was versuche ich zu tun?«
»Du versuchst einen Fühlenden aus mir zu machen.«
»Tu ich nicht«, gab er streng zurück. »Ich führe dich an den Punkt, wo du aus eigenem freien Willen ein Fühlender werden kannst.«
Ich stand schweigend in der Mitte des Zimmers und sah ihn an. »Es waren keine Menschen mehr da«, sagte ich langsam, »nur noch ein wirres Durcheinander von hierhin und dahin schießender Energie.«
Sabazius wollte Genaueres wissen.
»Das ist alles, woran ich mich erinnere«, sagte ich.
Er schenkte mir Kaffee ein und ließ mich platznehmen. »Was für Energie?«
»Helle Energie.«
»Welche Farbe?«
»Es war alles irgendwie silbrig.«
»Irgendwelche Formen?«
»Nein...«
Er spitzte die Lippen und saugte an seinen Wangen. »Aber alles total verändert?«
»Ja.«
Er schien zufrieden. »Du hast gefunden, was den Weg blockiert«, sagte er und sah mich an. »Oder?«
Ich nickte und atmete tief durch, um ruhig zu werden. »Überheblichkeit«, sagte ich.
»Und eine so feine Überheblichkeit«, antwortete er. »Äußerlich so bescheiden, und hinter diesem Gesicht trieb ein mächtiger Hochmut sein Wesen.«
»Du hast es gewußt?«

»Ja, ich wußte es; aber ich konnte es dir nicht sagen. Du hättest nur Spielchen mit mir und dir selbst getrieben. Es wäre interessant gewesen, aber Zeitverschwendung.«

Als wir um die Ecke gebogen waren, hatte alles in mir sich zu einer monumentalen Anklage verdichtet. Ein schneidender Schmerz schoß kreuz und quer durch meinen Körper. Ich war meinem eigenen Blick völlig entblößt, und das Grauen würgte mich wie eine eiserne Hand. Teile von mir zeigten auf mich und lachten voller Häme. Und der Schmerz wühlte in meinen Eingeweiden, zerriß mich wie ein Stück Aas.

»Ich dachte, ich müßte sterben«, sagte ich und sah ihn direkt an. »Es war furchtbar.«

»Aber du bist nicht gestorben.«

Freiheit! Unendliche, grenzenlose Freiheit, ein Mensch zu sein! Etwas stieg in mir hoch, blendend, und sammelte sich in meinem Kopf. Die Menschen der Oxford Street verschwanden. Es gab keine Menschen ... hatte nie welche gegeben! Nur silbrige Energie, die sich in alle Richtungen ergoß; und vor mir Sabazius, Sabazius in seinem schwarzen Mantel, der mich anstarrte – unverändert!

»Was war das, was ich da gesehen habe?«

»An dem Tag, als wir uns trafen«, sagte Sabazius, »hast du die Welt gesehen und ihr riesenhaftes Sein gefühlt, wie es über den Horizont strahlte. Heute hast du die Bewohner dieser Welt gesehen, Manifestationen dieses Seins, Energiepartikel des Weltgeistes.«

»Aber sie waren keine Menschen mehr!«

»Sie sind, was sie sind«, erwiderte er. »Wenn du sie als oszillierende Energie gesehen hast, dann sind sie eben das.«

»Aber was ist mit ihrem Vermögen zu lieben, zu fühlen, zu ...?«

»Du magst es schrecklich finden, was ich jetzt sage, aber dieses Vermögen ist im allgemeinen nicht mehr als subtile Ausbeutung. Darunter summt eine gnadenlose Maschinerie, eine blinde elektrische Geschichte, die auf Zerstörung programmiert ist. Wäre der Mensch wach, dann würde er das sehen; aber er ist nicht wach, er schlafwandelt nur.«

»Wie ist das möglich?«

»Es ist möglich, weil er nicht *sieht*, wenn er schaut. Er stolpert auf dieser Welt herum, weil es kein Licht gibt, nur einen Schimmer, eine bloße Andeutung von Sehen. Könnte der Mensch sehen, dann würde er seine Zivilisationen einreißen und über Nacht neu aufbauen. Er würde den Hungrigen zu essen geben und die Armen kleiden, er würde seinen Nachbarn um Vergebung bitten und in Würde schlafen

anstatt in angstgepeitschten Träumen. Weil er nicht sieht, ja nicht einmal weiß, daß er sich selbst verloren hat, geht er in künstlichen Glanz gehüllt einem Tod ohne Brüllen entgegen.«
Ich war wie erschlagen.
»Dein Kaffee wird kalt«, sagte er.
Da mußte ich lachen.
Das Lachen kam tief aus mir heraus, fast wie ein Fremdkörper, stieg mir in den Mund und fiel heraus ins Zimmer. Meine Kiefer öffneten sich knirschend. Ich lachte mit dem ganzen Kopf. Ich drehte mich um, um etwas zu sagen, aber meine Worte erstarrten und kamen nicht heraus. Und dann war auf einmal ein kreisförmiger Regenbogen im Zimmer, ein heller, vielfarbiger Kreis mit einem schwarzen Zentrum, und das Zentrum war ein Auge – es blinzelte!
»Alexis!« schrie ich mit letzter Anstrengung.
Er hatte den Kopf in die Hände vergraben.
Das Auge kam langsam näher, bis es über dem kleinen Tisch hing. Dann fing es an zu vibrieren, wobei seine Farben sich mischten und wieder trennten wie auf einem Spielzeugkreisel. Wurde ich jetzt verrückt? Warum rührte Sabazius sich nicht?
Plötzlich machte es »plop«, und das Zimmer war leer. Als ich wieder zu Sabazius hinsah, trank er seinen Kaffee, als wäre nichts geschehen.
»Hast du das gesehen?« fragte ich.
»Was gesehen?«
»Das Auge!«
»Du hast ein Auge gesehen?«
»Ja, mitten in einem runden Regenbogen.«
»Ach.«
»Was war das denn?« fragte ich angstvoll.
Er konnte das Lachen kaum mehr an sich halten. »Das Auge des Erweckers«, antwortete er, als sei das die denkbar alltäglichste Sache. »Du hast mächtig Glück.«
Ich schloß die Augen, atmete einmal tief durch und sagte: »Wie kann eine Droge ein Auge haben?«
Er sah mich mit gut gespieltem Entsetzen an. »Glaubst du etwa, was du heute erlebt hast, sei das Ergebnis einer Droge?«
»Aber...«
»Es ist in *dir*!« polterte er, und für einen Moment glaubte ich einen Anflug von Zorn herauszuhören.
»Es tut mir leid...«
»Was tut dir leid?«
»Was ich gesagt habe.«

»Irrtum«, gab er zurück. »Du tust dir nur selber leid, weil du dein Erlebnis nicht in Schubladen unterbringen kannst. Durch den Erwekker hast du gesehen, was in der Welt existiert, und durch den Erwecker hast du sogar den Erwecker gesehen. Was willst du denn noch?«
Ich langte mit zitternder Hand nach meinem Kaffee und trank ihn aus. »Vielleicht hast du den falschen erwischt«, sagte ich.
Er dachte nach und sagte dann: »Als ich dich das erste Mal sah, warst du nichts als ein Ohr und ein verschwommenes Auge, das in der Energie zu erkennen war. Jetzt bist du schon ein halbes Gesicht.« Er ließ die Worte eine Weile wirken. »Du wirst geboren, Peter. Du tauchst auf aus dem Strom von Ursache und Wirkung ... also sprich nicht vom Sterben bei der Geburt.«

6. *Schachtelmacher – die Meditation des Tuns*

Es war Sabazius' Idee, eine Teilzeitarbeit in einer Kartonagenfabrik anzunehmen. Drei Tage die Woche sollte ich dort arbeiten – für zwölf Pfund. So einen Job hatte ich mein Lebtag noch nicht gehabt. Der Besitzer der Fabrik, ein hünenhafter Türke mit finsterem Gesicht und einem Mund voller Zahnruinen, musterte mich von Kopf bis Fuß, nagte an seiner dicken Lippe und befand mich für brauchbar. Mein früheres Arbeitsleben schmolz dahin, als ich durch das Fenster des winzigen Büros in die Werkhalle blickte und die Fließbänder mit den grauen und braunen Pappdeckeln sah, die von Männern und Frauen – alle etwa in meinem Alter – zu Kartons zurechtgedrückt wurden. Als ich in meine Wohnung zurückkam, wartete Sabazius auf mich.
»Na«, fragte er, »hast du die Stelle gekriegt?«
Ich bejahte, fügte aber hinzu, daß sie mich nicht im mindesten reizte.
»Aber warum denn nicht?«
»Das liegt doch wohl auf der Hand.«
»Aha!« sagte er. »Dein Stolz verträgt das nicht.«
»Ich bin Sprachenexperte«, klärte ich ihn auf. »Ich war fast zehn

Jahre bei der British Tourist Corporation angestellt. Ich habe die Welt erster Klasse bereist. Was erwartest du?«
»Ich erwarte, daß du die Kartons machst. Das ist nicht so albern, wie es dir erscheint.«
Ich zuckte die Schultern und ging in die Küche, um Kaffee zu machen. »Kennst du den Besitzer?«
»Ja«, rief er herüber, »schon seit vielen Jahren.«
»Wo habt ihr euch kennengelernt?«
»In Indien.«
»Soweit ich die Fabrik gesehen habe«, sagte ich sarkastisch, »könnte sie genauso gut in Indien stehen.«
Als ich mich umdrehte, stand Sabazius direkt hinter mir. Ich hatte ihn nicht kommen gehört.
»Ich möchte noch etwas von dir«, sagte er, meinen Schreck ignorierend. »Ich möchte, daß du in der Fabrik niemandem etwas über deine Vergangenheit erzählst. Falls sie dich direkt fragen, denn lenk davon ab und wechsle das Thema.«
»Warum?«
»Weil es so sein muß, jedenfalls fürs erste.«
»Aber sie werden denken, daß ich was zu verbergen habe.«
»Sollen sie es nur denken. Was geht dich das an?« Er machte eine Pause und fügte dann mit warnendem Unterton hinzu: »Und paß auf den Türken auf, reiz ihn nicht, ich hab mal gesehen, wie er mit einer Hand jemanden umgebracht hat.«
»In Indien?«
»Ja.«
»Und dann?«
»Nichts. Er wurde nicht verdächtigt.«
»Mein Arbeitgeber ist also ein Mörder!«
»Nur äußerlich betrachtet.«
»Das mußt du mir erklären.«
»Je weniger du weißt, desto besser«, sagte er und nahm mir die Kaffeekanne aus der Hand. »Wenn du die Geschichte eines Menschen nicht kennst, kannst du nicht über ihn urteilen.«
»Wohl wahr«, sagte ich, »aber was du mir gerade gesagt hast, ist ein Scheibchen Geschichte, das ich lieber nicht kennengelernt hätte.«
»Ich wollte nur verhindern, daß du Schwierigkeiten bekommst. Wenn du deine Arbeit tust und dich richtig verhältst, geht alles in Ordnung.«
Damit stand meine nähere Zukunft also fest. Ich würde Kartons falten, den Mund halten und meinen Schlagetot-Chef nicht ärgern.

Die Fabrik war für mich an diesem ersten Morgen mit ihren klatschenden Fließbändern aus Tuch und dem dröhnenden Generator ein einziger Alptraum. Ich mußte doch komplett verrückt sein, solch eine Arbeit zu tun! Weshalb nur hatte ich mich von Sabazius beschwatzen lassen? Der Türke, diese Masse Mensch in weißem Hemd und Hosenträgern, zeigte auf einen kleinen Mann mit hagerem Gesicht und sagte breit:
»So wird's gemacht.« Dann wies er mir meinen Platz an. »Sie werden das bald heraushaben.«
Das war meine Einarbeitung.
Das Kartonstück heranziehen, die flache Hand hineinschieben und die Pappe senkrecht stellen, die zweite Hand hineinschieben und die Pappe auseinanderziehen, die Klappen hereinziehen, bis die Einschnitte ineinandergreifen, die Klappen auf der anderen Seite auf und zurückbiegen, den fertigen Karton mit einer Drehung des Körpers auf das andere Band legen, das in die Gegenrichtung läuft. Binnen weniger Minuten hatte ich meine Technik so weit verfeinert, daß die Zahl der notwendigen Handgriffe auf ein Minimum reduziert war. Nach einer Stunde war ich schon Experte.
Um halb elf schrillte eine Glocke.
Das Band blieb stehen, und tiefe Stille trat ein. Der Hagergesichtige sah mich an, nickte, sagte, jetzt sei Teepause und ob ich eine Tasse habe.
»Nein«, sagte ich.
»Hat er Ihnen denn nichts gesagt?« Er meinte den Türken.
»Kein Wort.«
»Wie dumm. Bringen Sie morgen lieber eine mit.«
Ein kleiner Junge mit klaren, dunklen Augen und dunkelhäutigem Gesicht trug ein Tablett mit einem Sortiment von Tassen und Bechern herein. Die Schachtelmacher – so wurden wir genannt – nahmen einer nach dem anderen ihr persönliches Trinkgefäß und gingen still wieder an ihren Platz. Anstelle des üblichen aufgeregten Pausengeplauders, war hier nur ein Murmeln gedämpfter Stimmen zu hören. Hatten sie alle Angst vor dem Türken?
»Es ist sehr still hier«, sagte ich zu dem Hagergesichtigen.
»So ist es schon, seit ich hier bin.«
»Arbeiten Sie schon lange hier?«
»Ein paar Wochen.«
Ich nickte abwesend und sichtete meine Umgebung. Die Wände, rohe Ziegelmauern unter zerkratzter weißer Tünche, hatten dicht unterhalb der Dachschräge kleine Fenster. Sie waren geschlossen. Über den Arbeitsbänken hingen Neonröhren, zwei von ihnen flak-

kerten. Am anderen Ende der Halle, etwa zwanzig Schritt entfernt, saß der Türke mit dem Rücken zu uns. Neben ihm der Junge.
Kein Klingelzeichen kündete vom Ende der Pause, sondern plötzlich lief einfach das Band wieder an. Also weiter: das Kartonstück heranziehen, die flache Hand hineinschieben, und die Pappe senkrecht stellen und so weiter und dann wieder von vorn, wieder und wieder und wieder...
Sabazius, das sollte ich noch erwähnen, hatte mich mit sehr plausiblen kosmologischen Erwägungen zu dieser Arbeit überredet. Kartons falten und dergleichen, so hatte er gesagt, sei wie ein Urlaub vom vielschichtigen Ichbewußtsein. Anders als anspruchsvollere und kompliziertere Beschäftigungen, die persönliches Engagement oder hohe technische Konzentration verlangten, erzeuge das Schachtelnfalten einen Geisteszustand, der bewußter Meditation gleichkomme und sogar darüber hinausgehen könne. Das sei, so sagte er, ein vegetativer Zustand, aus dem man eine großartige Übung für die Selbstentdeckung machen könne. Alles in einem arbeitet dann. Der Intellekt wird durch Sammlung in Schach gehalten und der Körper durch den sich wiederholenden Ablauf fließender körperlicher Bewegungen. Das Wichtigste aber ist, daß die periphere Persönlichkeit jetzt keinen Ansatzpunkt mehr hat, sich einzumischen; dadurch wird das Selbst für den prüfenden Blick der Zentralen Persönlichkeit zugänglich und kann sich langsam manifestieren, wobei es an Intensität um so mehr zunimmt, je länger die Zyklen meditativer Sammlung durch fortwährende Übung werden.
Als ich an diesem Abend die Fabrik verließ, war ich deprimiert, aber um eine Erkenntnis reicher. Meine Versuche, das Selbst zu identifizieren, waren fehlgeschlagen. Ich hielt mich an Sabazius' Anweisungen und ertappte mich immer wieder bei irgendwelchen mentalen Schwelgereien. Ich reiste in die Karibik, unterhielt mich angeregt mit Freunden (über wichtige Dinge, versteht sich), führte Streitgespräche mit Gegnern, gab früheren Untergebenen Anweisungen, beförderte mich selbst zu führenden Positionen in der kosmologischen Struktur, kaufte und verkaufte imaginären Besitz, kehrte zu meinem alten Job und all seinen Sicherheiten zurück, flirtete mit orientalischen Mädchen, denen ich begegnet war, und übte mich in zahllosen geistigen Verrenkungen, über die ich lieber schweigen will – und alles nur, um dem eigentlichen Grund meines Hierseins zu entgehen: das Selbst zu erkennen. Ich war, vorsichtig ausgedrückt, eine Superniete.
Aber ich wußte es!
Nach drei Tagen hatte ich durch konzentriertes Bemühen und in

verschworener Gemeinschaft mit meiner Zentralen Persönlichkeit erreicht, daß meine Selbst-Erkenntnis intensiver wurde und ich zugleich die Kartons in meinen Händen *anschauen* konnte. Für insgesamt etwa acht Minuten, Einsprengsel in einer vierundzwanzigstündigen inneren Schlacht, erhaschte ich kurze Blicke auf das Selbst. Sie zeigten mir deutlich, daß ich die meiste Zeit in einer halbbewußten Traumwelt von innerem und äußerem Gerümpel herumschwirrte. Ich war ein Schatten, der die Möglichkeit hatte, fest zu werden. Am Freitagabend, der Regen prasselte in Wellen ans Fenster, wurde mir klar, wie recht Sabazius gehabt hatte, und zugleich bemerkte ich eine leichte Verschiebung in mir. Aber das war nur (nur?) ein Aufblitzen von Einsicht, ein Gewahrsein geistiger Dichte und daraus hervorgehend ein flüchtiges Erkennen. Als ich versuchte, das Selbst durch diese Dichte zu identifizieren, kam etwas wie eine doppelte Druckwelle, die den Kern der Persönlichkeit elektrisierte, von Selbst und Objekt zurück. Die Dichte, entstanden durch den Versuch der Selbst-Identifikation, wurde dabei noch verstärkt, so daß der nächste Anlauf – wenn ich ihn sofort machte – die Selbst-Bewußtheit steigerte und noch höhere Dichte erzeugte, wodurch der Kreis sich schloß. Natürlich ließ sich das nicht endlos fortsetzen, denn die peripheren oder Unter-Persönlichkeiten waren ebenfalls ständig in Aktion; sie erzeugten Kurzschlüsse in diesem subtilen psychischen Geschehen und brachten es unbemerkt zum Stillstand – worauf ich mich dann im Tagtraumland wiederfand. Als ich so in meinem Sessel saß und an diesen Prozeß dachte, überkam mich eine tiefe Mutlosigkeit, denn wenn das der Weg war, die Pforte, durch die man sich zwängen mußte, um das Selbst zu finden, dann bezweifelte ich, daß ich das je schaffen würde. Doch dann erinnerte ich mich, daß Sabazius ein Mensch wie ich war, ein Fühlender zwar, doch auch Fleisch und Blut, Knochen und Gewebe, Zelle und Atom – ein Mensch, aber kosmisch umgebildet durch Standhaftigkeit.

Ich würde standhaft bleiben.

Am nächsten Morgen um zehn klingelte es an der Tür. Ich ließ Sabazius herein und machte mein Frühstück fertig. Er schien guter Dinge zu sein, sagte aber wenig. Bei Zitronentee und Buttertoast teilte ich ihm meine Gedanken vom Vorabend mit.

»Du siehst das falsch«, sagte er. »Standhaft bleiben hat nichts mit Anstrengung zu tun. Du mußt das, was in dir ist, sanft heraus*lassen*. Wenn man ein Baby gewaltsam in diese Welt zerrt, verletzt man es, und wenn du aus ihr herausgezerrt wirst, ergeht es dir ebenso. Arbeiten heißt für einen Fühlenden, ständig Platz zu schaffen, worin das ›andere‹ sich manifestieren kann. Deshalb habe ich gesagt, daß Meditation Leben ist, denn ein Leben in beständigem Platzmachen ist tiefe Versenkung in das Selbst.«

»Aber es ist solch ein Willenskampf!«

Er nickte verstehend und sagte: »Wenn du verstehst, was ich mit ›Platzmachen‹ meine, bist du schon unterwegs zum Verständnis dessen, was Wille ist. Wille *ist* Platzmachen und hat nichts damit zu tun, den Geist zu strapazieren oder zu sprengen. Wille ist keine tobende Schlacht, sondern eine gewonnene Schlacht, denn der Mensch, der ihn benutzt, hat die Schlacht schon längst gewonnen. Er muß seinen Willen nicht mehr ins Werk setzen, denn er *ist* Wille.«

Ich seufzte. Hätte ich das, was ich über den Fühlenden schon wußte, auf das Problem angewendet, dann wäre mir die Antwort zugefallen: Ein Fühlender *hat* nicht, er *ist* einfach!

»Siehst du es jetzt?« fragte Sabazius.

»Ganz klar.«

»Was siehst du klar?«

»Daß Wille dynamische Passivität ist.«

»Ausgezeichnet!«

Ich war zufrieden mit mir.

»Weißt du, warum der Wille so sein muß?« fragte er.

»Nein.«

»Weil er der reinste Ausdruck des Anderswo ist, den der Mensch kennt. Wenn ein Mensch das Medium des Willens meistert, ist er ein wahrer Schöpfer – er interpretiert nicht mehr nur, was ist, sondern hat teil daran. Der letzte Sprung zum Fühlenden besteht darin, Wille zu *werden*, denn der Wille ist alles, was solch ein Mensch ist, gebündelt und an das Selbst übergeben. Er ist Meister des Selbst und zugleich vom Selbst gemeistert. Er ist fest und unerschütterlich.«

»Aber wie nähert man sich einem solchen Zustand an?«

»Es gibt keine Annäherung. Aber wenn du in Richtungen denken willst, dann ist der Zugang zum Willen identisch mit dem Zugang zum Selbst. Ich will dir ein Beispiel geben. Wenn du einen Kreis zeichnest, muß dein Stift notwendigerweise irgendwo ansetzen. Sobald aber der Kreis sich schließt, ist der Anfangspunkt weg, denn er war nur ein vorübergehender Anfang, eine Illusion. Der Kreis ist der Führer des Menschen zur Wahrheit. Eine Annäherung, wie du es nennst, gibt es demnach im kosmischen Sinne gar nicht. Der Wille ist schon immer vollkommen im Menschen vorhanden und muß nur noch durch das Selbst identifiziert werden.«

»Also habe ich jetzt einen vollkommenen Willen!«

»Nein. Das Selbst hat einen vollkommenen Willen. Deswegen mußt du das Selbst identifizieren.«
»Das klingt ziemlich mathematisch.«
Er lachte leise in sich hinein und schlürfte seinen Tee. »Es mag so aussehen, hat aber nichts mit der Mathematik zu tun, die du meinst. Das kosmische Gesetz ist vollkommen, weil es der Wille des Anderswo, manifest in der Zeit, ist. Aber der Wille des Anderswo läßt sich nicht direkt der menschlichen Logik numerischer Progression gleichsetzen, denn der Wille des Anderswo umspannt diese Progression in einem *immerfort begreifenden Willensakt*, der über mathematische Gesetzmäßigkeit weit hinausgeht.«
Ich war plötzlich von Ehrfurcht erfüllt. Die Idee des »immerfort begreifenden Willensakts« durchzitterte mich und ließ mich verstummen.
»Und das«, fügte Sabazius hinzu, »ist, was der Mensch die Gegenwart Gottes nennt.«
Was ich als von mir getrennt betrachtet hatte, Sabazius' fernes, unbegreifliches Anderswo, war jetzt hier im Zimmer – selbst-verständlich. Aus einem scheinbar so abstrakten Dialog entsprang das Wesen aller Dinge, die in vollkommener Harmonie aufeinander bezogen sind. Dinge, Menschen, Tiere, das Ganze Universum war in diesen Willen eingebettet. Er war allumspannend, eine sich dehnende kosmische Blase, fortwährend er-Selbst werdend, indem wir uns ganz dem Willen des Selbst auslieferten. Ganz aus der Tiefe meines Inneren stiegen die Worte auf: »Die Erde zu fühlen, heißt Zeuge des Willens zu sein...« Ich zitterte sichtbar, denn *ich* sprach die Worte zwar aus, doch ihr Ursprung war unbestreitbar mein Selbst. Zum zweiten Mal hatte ich erlebt, wie das Selbst in mir sprach.
Sabazius beobachtete mich genau. »Die Kartons, die du machst, werden irgendwann einmal etwas enthalten«, sagte er, »aber du bist kein Karton, so wenig ich ein Buch bin, und da wir weder Karton noch Buch sind, müssen wir ständig Raum für das andere schaffen.«
»Welches andere?«
»Das andere ist das sich entwickelnde Prinzip der Wahrheit.«
»Aber ist die Wahrheit nicht absolut?«
»Nein. Die Wahrheit, die ich ›das andere‹ nenne, ist ein zeitlicher Ausdruck des Anderswo. Sie entwickelt sich innerhalb des Prinzips des *immerfort begreifenden Willensakts*, der sich fortwährend im Universum entfaltet. Weder die Wahrheit noch das Anderswo können absolut sein, denn ›Absolutismus‹ ist die in Worte gefaßte begrenzte Sicht des Menschen.«

»Dann hat also die Wahrheit kein Ende.«
Er lachte und strahlte über das ganze Gesicht, als hätte ich einen kosmischen Witz gemacht. »Siehst du eins?« fragte er.
»Ich sehe kaum den Anfang«, antwortete ich. Alles, was ich erlebt hatte, seit ich diesem erstaunlichen Mann begegnet war, schien sich zu einer Folge von auseinander hervorgehenden Unbegreiflichkeiten zu verdichten.
Unvermittelt stand Sabazius auf. »Weißt du übrigens, daß die Sonne scheint?«
Ich sah zum Fenster. »Möchtest du rausgehen?«
»Ja.«
»Wohin sollen wir gehen?«
»Wohin möchtest du denn?«
»Hyde Park?«
»Ich habe eine bessere Idee. Wie wäre es mit den Rhodope-Bergen?«
»Mit den was?«
Mit einem strahlenden Lächeln sagte er: »Die Rhodope-Berge liegen über der thrakischen Ebene. Sie sind die Heimat der Sarakatsáns, der wahren Griechen. Ich bin ein Sarakatsán.«
Ich lachte unsicher. »Das wäre ganz nett, aber wir würden kaum zum Essen wieder hier sein«, sagte ich.
Immer noch starrte er mich an.
»Ich... verstehe nicht«, sagte ich stockend.
Sabazius zog Jacke und Hemd aus, stellte sich mitten ins Zimmer und streckte die Arme nach oben; dann atmete er tief ein und dehnte seinen ohnehin schon mächtigen Brustkasten noch einmal um mindestens zehn Zentimeter. Dann hielt er den Atem an, mehr als eine halbe Minute, wie mir schien, und atmete dann langsam bei teilweise verschlossener Kehle durch den Mund aus.
»Mach es mir nach«, sagte er.
»Was bewirkt das denn?«
Er gab keine Antwort, sondern wartete einfach ab, bis ich Schlips und Hemd ausgezogen hatte. Als ich mit der Übung fertig war, zeigte er mir noch andere Atemmethoden, manche einfach, andere unglaublich kompliziert; dann erklärte er, in welcher Reihenfolge und mit welcher Intensität ich sie üben sollte. Nach einer Stunde war ich erschöpft und benommen. Ich fühlte mich seltsam ver-rückt, nicht ganz bei oder in mir, fast wie nach einer Ohnmacht.
»So«, sagte Sabazius. »Jetzt streck dich auf dem Boden aus, mach es dir bequem, entspann dich, wie ich es dir gezeigt habe, und laß dich auf den Schlaf zutreiben. Aber nur bis zum Rand!«

Ich tat, was er sagte. Er legte sich neben mich und hakte seinen kleinen Finger in meinen.
»Stell dir vor, du wirst in deinen Kopf hinaufgezogen«, sagte er leise. »Und erschrick nicht, wenn du alles Körperempfinden verlierst. Das muß so sein und ist ganz natürlich.«
Da lagen wir nun also zusammen auf dem Boden, zwei Menschen, die mit uraltem Wissen experimentierten, mit einem ausgefeilten System, das aus grauer Vergangenheit überliefert war. Das letzte, was Sabazius zu mir sagte, war: »Ich bin mit dir verbunden, hab keine Angst.«
Die graue Zwielichtzone des Geistes stellte sich ein; ich lag vollkommen still und wartete. Anfangs geschah gar nichts, nur das weiche Aus- und Einströmen unseres Atems (wir waren durch die Übungen so mit Sauerstoff angefüllt, daß wir kaum zu atmen brauchten). Zweimal taumelte ich über den Rand, aber Sabazius verband mich durch einen sanften Fingerdruck wieder mit jener Region des schwebenden Gleichgewichts.
Und dann verschwand ganz langsam mein Körper!
Erst war es eine Art schleichende Taubheit, die mich von den Extremitäten her verschluckte, bis ich nur noch Kopf war; dann stieg das Gefühl über Kinn und Nase zu den Augen auf... und es machte wahrnehmbar »klick«.
Ein ungeheurer Druck in meinen Hinterkopf schien etwas von mir absprengen zu wollen. Ich fühlte wie mein Oberkörper sich mit einer sanften, schwingenden Bewegung langsam hob, bis ich auf den Füßen stand – so schien es wenigstens. Da fiel mir ein, daß ich mit Sabazius verbunden war, und als ich in seine Richtung schaute, sah ich ihn neben mir stehen – ein glitzernder Sabazius!
Freiheit!
Als ich mich zu bewegen versuchte, ging alles drunter und drüber. Ich schwankte, fiel ohne zu fallen, fühlte mich zurückgezogen, zurück in – ja, das wußte ich nicht.
Wir befanden uns immer noch im Zimmer, alles wie üblich, nur hatten wir selbst uns irgendwie verwandelt in... und hier stockte mir der Atem, denn zu meinen Füßen sah ich Füße, und diese Füße gehörten zu einem Körper, und der Körper war meiner!
Ich starrte mich an, starrte von irgendwo oberhalb auf mich herunter. Dann sah ich den anderen Körper an: auch Sabazius hatte sich aus seiner physischen Schale gelöst und ließ sich selbst friedlich auf meinem braunen Teppich liegen.
»Komm«, sagte er.
Immer noch an den kleinen Fingern verbunden, bewegten wir uns

quer durchs Zimmer und durch das Fenster hinaus in die helle Morgensonne, schwebend, frei wie Vögel, eine seltsame silbrige Linie wie ein Bergsteigerseil hinter uns herziehend.
Als ich etwas sagte, konnte ich meine Worte nicht hören, aber ich wußte, daß ich sie gesagt und Sabazius sie gehört hatte, denn er lächelte mir zu, ergriff meine beiden Hände und schloß die Augen.
Schwärze. Greifbare, leuchtende Schwärze und ein Gefühl von unglaublicher Geschwindigkeit. Eine Sekunde oder nur ein Sekundenbruchteil und dann Licht, blendendes und doch weiches Licht, das von unten kam und sich zu einem blaßblauen Horizont dehnte.
Die thrakische Ebene... und dahinter in voller Pracht die Rhodope-Berge.

7. Vom Wesen des Seins

Mazedonien, gedankenschnell!
Mit Sabazius verbunden wurde ich hierhin und dorthin getragen; einmal stand ich in einer Herde von Bergschafen und lauschte dem Gebimmel der Glocken.
Dann sah ich Menschen.
Die Sarakatsán sehen eher Mönchen als Schäfern ähnlich. Wir sahen hochgewachsene, hagere Männer mit Adlergesichtern und scharfen Augen. Wie Sabazius war ihnen eine tiefe Verbundenheit mit der Natur, mit Wind, Schnee, Regen und Sonne anzusehen.
In schwarzen Kapuzenumhängen standen sie da, bekleidet von den Tieren, die sie hüteten, in den Händen lange Hirtenstäbe, in die Schlangen, Drachen, Delphine und Widderköpfe eingeschnitzt waren. Wir huschten von Dorf zu Dorf, von den Bergfesten hinunter in die grünen Ebenen, und überall Schafe und Glocken und Gruppen kleiner kegelförmiger Hütten.
Von hoch oberhalb der Rhodope-Berge zeigte Sabazius mir den Umriß von Bulgarien, dann zur Linken Jugoslawien und rechts die Türkei. Wie war es möglich, solche Dinge zu sehen? Mit welchem Medium waren wir gereist? Und wer oder was waren die beiden Körper, die zu Hause auf dem Fußboden lagen?
Noch nie hatte ich solche Freiheit und solche Freude empfunden wie in diesem Schweben. Was wir sahen, war wirklich, aber wenn ich es

berühren, körperlich empfinden wollte, schmolz es durch mich hindurch wie Rauchwölkchen, wie Lichtbilder auf einer Leinwand.
Wir legten den Rückweg auf die gleiche unbegreifliche Weise zurück, dann der Landeanflug auf mein Fenster und die Verschmelzung mit dem Körper.
Zuerst wieder dieses Taubheitsgefühl, dann ein Kribbeln in den Fingerspitzen und der langsame Schlag des Herzens – die Maschinerie des Körpers erwachte.
Als ich die Augen öffnete, war Sabazius schon auf den Füßen. Er stand wie zuvor mit hochgereckten Armen und vom tiefen Einatmen gedehnter Brust.
»Einatmen«, kommandierte er.
Ich gehorchte augenblicklich. Ein sonderbares Schwereempfinden, als ich mich, auf das Sofa gestützt, hochmühte und langsam wieder in die Senkrechte kam.
Sabazius war mit seiner Übung schon fertig und ergriff meine Arme, um sie so hoch es eben ging zu ziehen. Er hielt meine Handgelenke mit einer Hand, legte die andere auf meinen Bauch und drückte.
»Die Brust weiten und so halten«, sagte er. »Jetzt nur noch mit dem Raum unterhalb der Brust atmen, und zwar möglichst schnell und dabei die Expansion immer weiter werden lassen.« Dann legte er meine Hände mit den Innenseiten zusammen und forderte mich auf, bei jedem Einatmen nach oben zu drücken. »Das wird dein Blut kochen«, erwähnte er beiläufig und schmunzelte, als sei er gerade erst auf diesen Ausdruck gekommen.
Später sagte er bei Kaffee und Zigaretten: »Du bist eben auf der niedrigsten Ebene gereist, die ein Fühlender kennt. Fast jeder kann das mit ein bißchen Übung. Nichts Besonderes.«
»Es war das großartigste Erlebnis, das ich je hatte«, sagte ich, die Frische dieser Berge noch lebhaft vor Augen. »Aber es übersteigt alles Begriffsvermögen.«
Er nickte und fuhr sich mit der Zunge über die Lippen.
»Wie kann ein Mensch zwei Körper haben?« fragte ich.
»Ein Mensch hat auch zwei Augen.«
»Ja, aber die gehören zu einem Körper.«
»Man kann mit diesen Augen auf zwei verschiedene Arten sehen.«
»Gehören die Augen, wenn man richtig damit schaut, zum anderen Körper?«
»Im Grunde gibt es gar keinen *anderen* Körper«, erwiderte er. »Auf diesen Trugschluß fallen sie alle herein. Dein sogenannter anderer Körper ist immer noch du. Ich habe dir ja schon gesagt, ein Mensch

hat keinen Körper, er *ist* ein Körper. Genauso hat er auch keinen anderen Körper, sondern ist der andere Körper, und wenn er der andere und dessen physisches Abbild ist, dann sind beide eins.«

Ich war verwirrt. Er war davon ausgegangen, daß der Mensch zwei Körper hat, und jetzt hatte er bewiesen, daß es nicht der Fall war.

Ich befragte ihn darüber.

»Mit der Aussage, daß der Mensch zwei Augen hat«, sagte er, »habe ich nicht gemeint, was du dachtest. Zwei Augen wirken zusammen als eins und sehen als eins, das wollte ich damit sagen. Man könnte am Menschen fünf oder sogar sieben Körper unterscheiden, aber das ist irreführend, denn sie sind nur sieben Manifestationen seiner *selbst*, seines inneren Seins.«

»Aber rein logisch könnte man das sagen?«

»Rein logisch kann man alles sagen«, gab er zurück. »Du brauchst nur irgendwas als Anfang zu nehmen, dann kannst du auch zu einem – scheinbaren – Schluß kommen. Ein Mensch hat aber keinen Anfang, er ist unsterblich in beiden Richtungen, ein vollkommener Kreis des Seins, ohne Anfang und Ende, und als solcher jenseits der Logik.«

»Unsterblichkeit habe ich mir bisher immer zukunftsbezogen vorgestellt.«

»Was ist denn Zukunft?«

»Was vor uns liegt, denke ich.«

»Und was zurückliegt, ist die Vergangenheit?«

»Ja.«

Sein plötzliches Losprusten ließ mich erstarren. »Und das hier ist dann wohl die Gegenwart, hmm?«

»Was denn sonst?«

»Was für eine nette kleine Schublade. Hinter dir die Vergangenheit, vor dir die Zukunft und um dich rum die Gegenwart, wie?«

Ich nickte.

»Tut mir leid, das gibt es nicht«, sagte er leise. »Vergangenheit, Zukunft und Gegenwart sind ein und dasselbe. Sie sind enthalten – und auch dieses Wort ist sehr zweifelhaft – im manifest gewordenen *immerfort begreifenden Willensakt* des Anderswo. Du wirst bald wissen, was ich meine, denn du wirst etwas erfahren, was manche Menschen den Moment der Ewigkeit und andere wie ich das Wesen des Seins nennen. Der Mensch hat hier aufgrund seiner zersplitterten Betrachtungsweise eine Kluft geschaffen, und erst wenn seine Weise zu sehen geheilt wird, wird er die Welt gewahr und kann mit einem Brüllen ins Anderswo eingehen.«

Das Wort »heilen« beruhigte mich. Es versprach das in Scherben liegende Bewußtsein des Menschen von der Welt und dem Universum wieder zusammenzufügen. Ich begriff plötzlich, daß ich hier nicht in irgendeinen Hokuspokus verwickelt, sondern in einen gigantischen kosmischen Plan eingeführt wurde, der für Verstand und Logik des zersplitterten Menschen absolut unzugänglich ist, dem im Geist der Einheit Wiedergeborenen aber weit offensteht.

»Verstehst du mich?« fragte er.

»Ja.«

»Was verstehst du?«

Ich legte ihm meine Gedanken ausführlich dar, beschrieb mein augenblickliches Gefühl, daß alle Dinge in Harmonie miteinander verbunden seien.

»Ganz recht«, kommentierte er knapp. »Aber im Augenblick kannst du nur intellektuell einschätzen, was ich mit ›Wesen des Seins‹ meine. Bevor wirkliches Verstehen sich einstellt, betrittst und verläßt du es wie durch eine Tür. Nur allzu oft werden Menschen des Intellekts innerlich fett und träge, weil sie intellektuell erfassen können, was anderen verschlossen bleibt. Das genügt aber nicht und ist bloßes Vergnügen.«

»Was passiert mit denen, die nicht den Kopf dazu haben?«

»Die werden mit der Liebe konfrontiert.«

»Wie geschieht das?«

»Sie entwickeln durch Beten einen vollkommenen Willen.«

»Beten?«

»Wenn ein Mensch zu seinem Gott betet, dann bittet er anfangs darum, daß dies oder das geschehen oder nicht geschehen möge. Aber eines Tages, wenn er kniet oder sich niederwirft, findet er sich im Angesicht eines harten Nichts, und die Härte dieses Nichts ist das Schweigen der Liebe.«

»Das klingt furchtbar.«

»Es erscheint dem Menschen zunächst furchtbar, denn in seiner Unwissenheit nennt er es ›Das Eherne Tor‹ oder ›Die Nichts-Antwort‹, weil es meist dann eintritt, wenn er zuviel verlangt oder aus falschen Motiven bittet – und manchmal weil er an sein eigenes Ende gekommen ist und das Trümmerfeld seiner inneren Sinnlosigkeit sieht. Aber gleichgültig, auf welchem Weg er dorthin gekommen ist, jetzt steht er vor dem harten Nichts, und dieses harte Nichts zermalmt ihn wie ein Mühlstein zu einem vollkommenen Wesen, und er geht wunderschön anzuschauen daraus hervor, makellos und ohne Falsch.«

»Solche Menschen begegnen einem aber nicht allzu häufig.«
»Das liegt daran, daß sie zu beschäftigt sind«, erwiderte er. »Sie tun den Willen ihres Gottes und folgen dem inneren Diktat des offenbarten Selbst. Und weil Freude die wichtigste Quelle ihres inneren Friedens ist, sind sie stets in halbbewußtes, von aller Ichhaftigkeit gereinigtes Beten vertieft.«
»Also kann man das Selbst auch ohne den Intellekt als Führer erfahren?«
»Was ist schon der Intellekt! Das Instrument, mit dem die Menschen sich selbst zerstören. Grundlage aller Irrtümer in der Welt, aller Fehler, aller Entgleisungen und all der himmelschreienden Traurigkeit. Der Intellekt hat in einem endlosen Strom der Qual Abermillionen Menschen gemordet, und alle, die ihr Vergnügen in ihm suchen, enden in Herzlosigkeit, tiefer Leere und Lebensabscheu. Das ist der Intellekt! Wer hat das Recht zu sagen, die weniger mit Intellekt begabten seien weniger menschlich – oder stiefmütterlich bedacht?«
Seine Worte lösten eine heftige emotionale Reaktion in mir aus. Die Tränen brannten mir in den Augen, mein Hochmut wurde kraftlos, und der ganze Stolz auf meinen Intellekt zerschmolz zu einem klaren Bild meiner Überheblichkeit. Ich hatte mich mein Leben lang so gern als intelligenten Menschen betrachtet, und jetzt war dieser Intellekt etwas Wertloses und zudem Gefährliches, das mich zu einer Maschine machen konnte, ein inneres Objekt, das mich die Welt und den Menschen als Objekte betrachten ließ. Aber, wie Sabazius mir von Anfang an gezeigt hatte, man konnte ein Instrument der Selbst-Erkenntnis und Selbst-Offenbarung aus ihm machen, einen Kanal, durch den der *immerfort begreifende Willensakt* sich in der Zeit manifestieren kann.
In dem Versuch, meine emotionale Reaktion zu überspielen, stellte ich eine Frage, die mich tief beunruhigte. »Wenn der Mensch«, sagte ich zögernd, »ein Ausdruck des Anderswo in der Zeit ist, weshalb hat das Anderswo diesen Ausdruck dann überhaupt erst geschaffen, wenn es als *immerfort begreifender Willensakt* doch wußte, daß der Mensch zurückkehren würde?«
»Du hast deine Frage schon selbst beantwortet«, erwiderte er sofort. »Der Mensch ist, wie du sagst, der Ausdruck des Anderswo als Wille, und als solcher ist er ein entscheidender Faktor für das Begreifen des Anderswo.«
»Aber...«
Er hob die Hand. »Bis hierher«, sagte er. »Diese Frage wirst du bis zu einem späteren Zeitpunkt ruhen lassen müssen. Jetzt darüber zu

sprechen, wäre ein Witz.« Er bot mir eine Zigarette an, gab mir Feuer und lehnte sich zurück. »Das Sehvermögen des Menschen, seine Fähigkeit zu äußerer und innerer Schau, ist ein sonderbares Ding. Es erfaßt ein Staubkorn und die äußersten Fernen des Universums in einem Augenblick. Es kann sehen, was sich nicht in der Zeit zeigt, begreift kosmisches Geschehen wie das Zusammenbinden zweier Stöcke und durchdringt sogar in seltenen Momenten vollkommener Gestimmtheit seinen eigenen Ursprung wie ein Buttermesser.« Er sah mich ein oder zwei Sekunden lang geradewegs an. »Aber solches ›Sehen‹ erfordert Energie, und diese Energie ist von der Welt um uns her zu bekommen. Sie strömt beständig in der Form von Sinneswahrnehmungen auf uns zu und tritt als Nahrung und Luft in uns ein; aber weil wir den Wachtraum echtem Bewußtsein vorziehen, nehmen wir sie auf und haben sie im nächsten Moment schon vergeudet: als Meinung geäußert, für innere Kämpfe aufgebraucht, ihre Kräfte in Furcht, Gier und Ehrgeiz zu Schlacke verbrannt. Anstatt diese Energien zu sammeln und zum feineren Stoff der Entwicklung umzubilden, streut der Mensch sie in den Wind, füttert seine Imagination damit und verführt andere Menschen, ihre ungeheuren Gaben an nebensächliche und sinnlose Aktivitäten zu verschwenden – und das Endresultat ist eine lachende, amüsierte Welt ohne Sinn und Richtung. Aber wehe, wenn du ihnen das sagst: sie reißen dich in Stücke und schärfen ihren Witz an dir.«

»Und doch haben sie Religionen«, sagte ich. »Sie wissen, daß es noch etwas gibt.«

»Und sie werden in diesem Wissen sterben«, gab er zurück. »Immer wieder mal, wenn ihnen die Leere zum Hals raushängt, denken sie an den Tod; aber sie könnten ebensogut an einen Schwamm oder sonstwas denken, denn sie haben nicht im mindesten die Absicht, mit ihrem Geist in einem Akt schöpferischer Imagination *in* diesen Tod einzudringen. Sie schauen ihn an, entsetzen sich und ziehen sich schleunigst in den Schlamassel zurück, den sie – zum Zweck des Entkommens – selbst angerichtet haben. Wie gesagt, ein Kreis ist vollkommen, und ihre Vollkommenheit ist das Wachträumen.«

»Trotzdem können viele meiner Freunde nett und hilfsbereit sein. Manchmal nehmen sie wirklich einiges auf sich, um zu helfen.«

»Freilich, denn wenn sie zu menschlichen Reaktionen nicht fähig wären, könnten sie niemals Fühlende werden. Aber ich will dir mal was sagen«, fügte er mit tiefernster Miene hinzu, »wenn du die meisten dieser Freunde verlieren willst, dann brauchst du nur ein paar Minuten *Weltanschauung* mit ihnen zu reden. Anfangs werden sie

zustimmen, aber sobald du tiefer gehst, ändert sich ihre Haltung und ihre Gesichter werden hart.«
»Wie kommt das?«
»Dadurch, daß du ihren Wachtraum störst und sie mit einem Muster konfrontierst, das eine Forderung beinhaltet, vor der ihnen graut. Nach kurzer Zeit werden sie zynisch und schließlich aggressiv.«
»Aber es könnte doch sein, daß sie einfach anderer Ansicht sind.«
»Nein, es ist mehr als das. Sie werden dich angreifen, weil sie es sich nicht leisten können, auch nur in Betracht zu ziehen, was du sagst. »Innen«, und er legte eine Hand auf die Brust, »*wissen* sie; aber hier oben«, er legte die Hand an die Stirn, »weisen sie zurück. Wenn sie nicht zurückweisen, müssen sie sich ändern, und da sie wissen, daß sie dazu keine Kraft haben, greifen sie an.«
»Ich kenne aber ein paar sehr intelligente Leute«, beharrte ich und versuchte mir vorzustellen, was sie wohl von seinen Worten halten würden.
Er seufzte. »Willst du damit sagen, daß man die Anschauungen eines intelligenten Menschen als potentiell zutreffend betrachten muß?«
»Nun, jedenfalls kann man sie nicht einfach wegwischen.«
»Dann verschwende ich meine Zeit mit dir.«
»Aber weshalb?«
»Weil du noch nicht deine Geschichte bist und nicht einmal glaubst, daß du sie werden kannst, sonst würdest du dich nicht mit den Ansichten intellektueller Leute aufhalten.«
»Vielleicht glaube ich einfach an Toleranz.«
»So wie du das sagst, würdest du wohl an alles glauben!« Seine Stimme wurde leise und mahnend. »Die einzige Toleranz, die du dir gegenüber anderen leisten kannst, besteht darin, ihnen keinen nicht wiedergutzumachenden Schaden zuzufügen. Wenn du einen Menschen geprüft hast und feststellst, daß ihm nicht nur Verständnis für Weltanschauung fehlt, sondern er sich sogar gegen dich wendet, weil er sie nicht einmal intuitiv ›fühlen‹ kann, dann mußt du dich taktvoll von ihm zurückziehen. Falls du ihn dann weiterhin aufrührst, kannst du ihn damit sogar töten, denn er *ist* noch nicht genug von seiner Geschichte, um darauf eingehen zu können: was du ihm nahebringen willst, ist zuviel für ihn, es lähmt ihn nur und könnte ihn dazu bringen, auch noch das vage ›Fühlen‹ der Wahrheit in sich zu ersticken. Das ist die Verantwortung, die du hast, die Sensibilität, die du entwickeln mußt. Manchmal ist Nicht-Reden viel wichtiger als Reden, wie es auch manchmal wichtig ist, einem Menschen nicht zuzuhören, der nur um des Redens willen redet.« Er hielt inne und

schien seinen nächsten Satz zu formulieren. »Aber du mußt immer für das einstehen, was du als wahr erkannt hast, denn entweder weißt du, oder du weißt nicht; entweder bist du überzeugt, oder du bist ein Aufschneider, der nur seine Sammlung attraktiver, aber im Grunde sinnloser Ideen erweitert. Deine Freunde mögen nett sein, Peter, aber wenn sie kein Empfinden für Weltanschauung haben, wenn sie auf keiner Ebene eine Eignung dafür erkennen lassen, dann werden sie dir nicht nur widersprechen, sondern versuchen, dich kaputtzumachen. Denn wenn sie das nicht tun, bleibst du eine ständige Bedrohung für das, womit sie sich identifizieren, und sie identifizieren sich mit ihrem Wachtraum, mit einer Phantasiewelt, in der schlafende Menschen reden, wandeln und sogar zuzuhören scheinen.«

»Aber warum ist das so?« fragte ich entmutigt. »Warum finden die Menschen nicht in sich die Kraft zur Veränderung?«

»Das ist sehr einfach«, sagte Sabazius. »Weil sie nicht mehr wissen, was Veränderung eigentlich ist.« Er lachte leise und schüttelte den Kopf. »Das ist schon merkwürdig, denn Veränderung ist das, was alle Menschen überall im Grunde suchen. Jede Sekunde des Tages sind sie auf der Jagd danach, schreien danach, ergreifen diese oder jene Ersatzmaßnahme. Wenn ein Mensch am Morgen die Augen aufmacht, denkt er an Veränderung. Wenn er sich anzieht, nimmt er ein blaues Hemd anstatt des weißen, eine rote Krawatte anstelle einer grünen; und zu Hemd und Krawatte wählt er diesen oder jenen Anzug und zum Anzug diese oder jene Schuhe. Ständig versucht er zu ändern und sein Verlangen nach etwas anderem zu stillen. Mal läßt er sein Haar wachsen, dann schneidet er es wieder ab; mal wählt er diesen Kleidungsstil, dann braucht er plötzlich wieder ein anderes ›Image‹; er glaubt an eine Ideologie, dann legt er sie wieder ab. Dieses Verlangen nach Veränderung hängt an all den Dingen, die er besitzt, und sickert von da aus in seine geheimsten Gedanken. Kurz gesagt, alles, was ein Mensch besitzt, woran er glaubt, wofür er spart, worauf er sich freut, was er sich einrichtet, kauft, verkauft, liest, studiert und erhofft, ist Zeichen seiner ewig unbefriedigten Sehnsucht nach Veränderung. Und hier wird die Sache erst interessant, denn alle Menschen sehnen sich unausgesetzt nach Veränderung, und daraus gehen Wissenschaft, Technologie, Philosophie, Metaphysik, Theologie, Mathematik, Biologie, Chemie und alle nur erdenklichen Entdeckungen und Erfindungen hervor. Heute nennt man dieses Verlangen des Menschen nach Veränderung ›Bedürfnis‹; und wenn er irgendeiner Sache oder Idee nicht bedürftig ist, dann *erzeugen* die anderen, die sich ebenso nach Veränderung sehnen wie er, dieses Bedürfnis in ihm.

Und dieses Verlangen nach Veränderung, das in jeder Ecke der Welt zu Hause ist, hat von den Fachleuten den Namen ›Ökonomie‹ bekommen. Alle Gesellschaften funktionieren heute nach einer Veränderungsideologie auf ökonomischer Basis – alle Menschen sind davon beherrscht, alle Veränderung erwächst daraus, alle Probleme hängen damit zusammen. Das ist der Stein, über den der Mensch bei jedem Schritt stolpert.«

»Dann ist also alles gegen echte Veränderung gerichtet.«

»Sie ist von Ablenkmanövern verdrängt worden.«

»Und sobald du versuchst, wirklich etwas in dir zu ändern, wirst du gewaltsam abgelenkt.«

»Genau. Und zwar deshalb, weil man das, was die Welt unter Veränderung versteht, kaufen und verkaufen kann. Man hat eine Ware daraus gemacht. Wenn man also mit einem anderen über wirkliche Veränderung spricht, dann sagt man ihm damit, daß er daran *arbeiten* muß, daß er alle seine natürlichen Kräfte zusammennehmen und die Entscheidung fällen muß, sich nicht ablenken zu lassen.«

»Kein Wunder, daß er das ablehnt.«

»Aber welcher Mut, wenn doch einer mal die Herausforderung annimmt!«

Ich ließ seine Worte auf mich wirken und fragte schließlich: »Aber wieso können sie nicht sehen, was los ist?«

»Weil sie taub, stumm und blind sind«, erwiderte er. »Um der Verantwortung der Selbst-Erkenntnis zu entgehen, haben sie für sich selbst die Vorstellung von einer Welt erfunden, in der für alle Bedürfnisse gesorgt ist. Das ist ein ungeheures Spiel, viel, viel komplizierter als dreidimensionales Schach, und alles nur, um drei inneren Fragen, die sich in jeder Sekunde stellen, in jeder Sekunde wieder zu entgehen: Wer bin ich? Was bin ich? Wo bin ich?«

»Was für ein schreckliches Bild.«

»Und das Schrecklichste daran ist, es stimmt ...«

8. *Macht oder Liebe*

Am Mittwoch drehte der Türke durch.
Ich war den ganzen Morgen sehr abgelenkt gewesen und hatte mich schließlich einer zufälligen Auswahl von Gedanken über meine Zukunft ergeben. Ich sah und hörte ihn nicht kommen, aber als er dann hinter mir stand, brachte seine Gegenwart mich in die Wirklichkeit zurück, und ich blickte auf.
»Was tun Sie da, Mr. Derwent?« fragte er.
»Wie meinen Sie das?«
»Ist meine Frage so schwierig?«
Ich schaute auf den Karton, den ich gerade zusammengefügt hatte.
»Ist er nicht in Ordnung?« fragte ich.
»Doch.«
»Dann weiß ich nicht, was Sie meinen.« Ich war mir sicher, daß ich nichts übersehen hatte.
Er drehte sich um und gab jemandem ein Zeichen, das Band anzuhalten. Als alles still war, sagte er: »Ich will es Ihnen zeigen, Mr. Derwent.« Er nahm acht oder zehn der noch flachen Kartons, die mich noch nicht erreicht hatten, schob sie zusammen wie Spielkarten und legte sie mir zur Begutachtung vor. »Was ist an denen falsch?«
Ich untersuchte drei der Kartons sorgfältig, fand sie aber fehlerlos.
»Sie scheinen in Ordnung zu sein«, sagte ich.
Er schnaubte und starrte mich an. In meinem Bauch zog sich etwas zu einem Gefühl der Panik zusammen. Alle hörten gespannt zu.
»Sie sind nicht in Ordnung«, sagte er scharf. »Wären sie es, dann würde ich doch nicht mit Ihnen reden, oder?«
»Sie sind so gut wie alle anderen«, erwiderte ich und drängte die Panik für den Moment etwas zurück. »Jedenfalls für mich ...«
Er fixierte mich immer noch. »Vergleichen Sie sie mit dem Karton, den Sie gerade aufgefaltet haben«, sagte er.
Ich tat es, konnte aber immer noch keinen Fehler finden. »Kein Unterschied«, sagte ich.
»Doch!«
»Sollten Sie mich dann nicht lieber aufklären«, sagte ich gereizt und versuchte vor den anderen mein Gesicht zu wahren. »Mir scheint, wir verzögern die Produktion.«
»Sind Sie blind?«
»Sehe ich blind aus?«

Ich bekam sofort Grund, diese Antwort zu bedauern, denn sie veranlaßte ihn zu sagen: »Mir kommen Sie eher dumm als blind vor, Mr. Derwent.«
Meine Angst vor ihm konnte den aufsteigenden Zorn nicht mehr bremsen. »Ja, wenn Sie so verdammt schlau sind, warum sagen Sie mir's dann nicht?«
Die Adern traten ihm an Hals und Stirn hervor. »Sie sind nicht nur ein Dummkopf«, sagte er schroff, »sondern ein fauler Dummkopf!«
»Also, jetzt...«
»Der Unterschied zwischen Ihrem aufgefalteten Karton und diesen flachen hier besteht darin, daß der eine aufgefaltet ist und die anderen nicht! Begreifen Sie es jetzt?«
»Warum sprechen Sie denn aus, was man doch sieht?«
»Weil sie zum Donnerwetter aufgefaltet sein sollten!« brüllte er. »Ich halte hier nicht die Produktion auf, sondern Sie!«
Ich legte beide Hände auf die Bank, um mein Zittern zu dämpfen. »Wie kommen Sie denn darauf?« fragte ich, entschlossen, wenigstens in der Stimme fest zu bleiben.
»Weil ich es weiß.«
»Und woher wissen Sie das?«
»Sie möchten Beweise?«
»Allerdings.«
»Können Sie haben.« Er zeigte auf das Ende des anderen Bandes, wo die fertigen Kartons heruntergenommen wurden. »Da hinten«, erklärte er dröhnend, »ist ein kleiner Metallhebel. Jeder Karton, der vorbeikommt, drückt den Hebel zur Seite, und dann springt jedesmal ein Zählwerk um eine Ziffer weiter.«
»Und?«
»Und dann sehe ich, wann die Produktion zurückgeht.«
»Aber Ihr Zählerchen zeigt Ihnen nicht, wer daran schuld ist!«
»Nein, aber meine Augen«, versetzte er. »Ich habe in der letzten Stunde gesehen, daß Sie immer langsamer werden. Einmal haben Sie sogar ganz aufgehört.«
»Hab ich nicht!«
»Und ich sage, Sie haben!«
»Aber...«
»Schluß jetzt. Kein Wort mehr!«
»Also, Moment mal...«
Ich brachte mein Argument nicht mehr vor. Der Türke langte über das Band, packte mich am Kragen und wuchtete mich zu sich herüber. Dann ging alles sehr schnell, und ich begriff erst im Freien,

daß man mich wie einen Betrunkenen zur Polizeistunde vor die Tür gefeuert hatte. Ohne Mantel und Jackett (in dem sich meine Brieftasche befand) stahl ich mich in meiner braunen Arbeitsschürze nach Hause. Unterwegs wurde ich auch noch von einem plötzlichen Regenguß überrascht und fühlte mich in jeder Beziehung wie ein begossener Pudel. Der Türke konnte was erleben. Anzeigen würde ich ihn! Dieser Kerl mußte doch wohl den Verstand verloren haben. Als ich mich dann aber umgezogen und meine Haltung wiedergefunden hatte, merkte ich, daß ich insgeheim froh war. Die Arbeit in der Fabrik war mir ein Greuel, den Türken konnte ich nicht ausstehen, und überhaupt hatte ich mit der ganzen Sache nur Sabazius einen Gefallen tun wollen. Jetzt konnte ich endlich tun, was ich wollte. Überraschend tauchte Sabazius am Abend auf. Ich brauchte ihm die Neuigkeiten gar nicht mitzuteilen, denn er sagte nach der Begrüßung unvermittelt: »Ich hab dir doch gesagt, du sollst den Türken nicht ärgern.«

»Ich weiß nicht, was er dir erzählt hat«, beeilte ich mich zu sagen, »aber ich wette, daß er verrückt ist.«

Er sah mich an und nagte an seiner Lippe. »Du hältst ihn für verrückt?«

»Nein, ich weiß es!«

»Wie kommst du darauf?«

»Nur ein Verrückter verhält sich so wie er.«

»Wie hast *du* dich denn verhalten, daß er so wütend wurde?«

Ich erzählte ihm kurz den Hergang.

»Dann hatte er vollkommen recht«, sagte Sabazius.

»Mir an die Gurgel zu gehen und mich wie Müll auf die Straße zu werfen?«

»Ich möchte, daß du wieder hingehst.«

Mir fehlten die Worte.

»Ich möchte, daß du morgen wieder in die Fabrik gehst, als wäre nichts gewesen.«

»Warum?« brachte ich schließlich heraus.

»Weil es das ist, was du tun mußt.«

»Ich kann nicht. Außerdem würde er mich gar nicht reinlassen.«

»Versuch es.«

»Ja um Himmels willen, warum denn?« rief ich. »Es gibt doch Dutzende andere Jobs in London, die ich machen kann.«

»Ich möchte aber, daß du diesen machst.«

»Tut mir leid«, sagte ich entschieden, aber schon in dem Wissen, daß ich mir Unannehmlichkeiten einhandelte, »ich gehe nicht wieder hin, für dich nicht und für niemanden.«

»Du sollst nicht für mich hingehen«, erwiderte er sanft, »sondern für dich.«
»Ich kann aber ums Verrecken nicht erkennen, wozu das gut sein soll.«
»Wenn du nicht hingehst«, sagte Sabazius mit dem Anflug eines Lächelns, »geh ich weg und du kannst austrocknen wie ein Stock.«
»Sei doch vernünftig«, bettelte ich, Zorn und Befremden zerflossen zu Angst, »es muß doch irgendeine andere Lösung geben.«
»Es gibt keine andere Lösung«, sagte er, und sein Tonfall ließ keinen Zweifel daran, daß ich eine Entscheidung zu fällen hatte. »Nicht für dich.«
Ich stand bewegungslos vor ihm; alles in mir verhaspelte sich zu einem Knoten aus Angst. Sagte ich nein, dann würde er weggehen und nicht wiederkommen, soviel stand fest. Aber dieser Furcht hielt eine andere die Waage, meine Furcht vor dem Türken. Wenn ich mich diesem Mann auslieferte, konnte mir eine Tracht Prügel oder Schlimmeres blühen. Andererseits, wenn ich Sabazius verlor, dann verlor ich alles, denn ich begann gerade erst zu begreifen, was es mit seinen Lehren auf sich hatte, und ohne ihn stand ich vor dem Nichts. Zehn, zwanzig Sekunden vergingen. Eine Minute. Ich schaute ihm starr ins Gesicht, wußte, daß ich auf Messers Schneide stand.
»Nun?« fragte er.
Ich seufzte. »Okay.«
Anstatt mir zu gratulieren, nickte er bloß und wechselte augenblicklich das Thema. »Wie gut sind deine Ohren?« fragte er.
»Ganz gut, glaube ich.«
Ich mußte mich mitten im Zimmer hinsetzen und die Augen schließen. Nach kurzer Zeit fragte er: »Was hörst du?«
Ich konzentrierte mich. »Ich höre eine Uhr.«
»Und?«
»Den Verkehr draußen.«
»Sonst noch was?«
»Deinen Atem.«
Er ließ mich die Augen öffnen und sagte: »Wähl dir drei Geräusche aus und konzentriere dich auf sie. Schließ alle anderen aus und achte nur auf die drei, die du auswählst.«
»In welcher Reihenfolge?«
Er lachte. »Alle zugleich.«
Ich schaute ihn verblüfft an. »Kann man denn auf drei Geräusche zugleich achten?«
»Das kannst du jetzt herausfinden.«

Der Türke, mein Jackett und die geplante polizeiliche Anzeige lösten sich in Luft auf, als ich die Augen wieder schloß, um das Unmögliche zu versuchen. Es mochte wohl sein, daß zwei Geräusche einander abwechselten, sagte ich mir, aber drei Geräusche gleichzeitig zu hören, also wirklich...

»Es geht nicht«, sagte ich ein paar Augenblicke später. »Ich höre entweder das eine oder das andere.«

»Hast du irgendwas gespürt?«

»Ja, eine Art Prickeln, aber nur ganz kurz.«

»Auf drei Geräusche zu hören«, sagte Sabazius, »ist ähnlich, wie wenn man zwischen die Stimmen zweier Sänger hört und die Dichte spürt, die hier durch die Interaktion entsteht. Manche Leute würden das anstrengend nennen, aber sie hätten damit gänzlich unrecht. Die Leute begnügen sich bei zwei oder mehr Stimmen oder Instrumenten mit der Gesamtwirkung, die sie dann ›Klang-Erlebnis‹ nennen. Es ist jedoch viel mehr. Der Klangcharakter erzeugt im Zuhörer feine Spannungen, und Spannung ist ja etwas, das verschiedene Dinge zusammenhält; diese Spannung bleibt dem Zuhörer unbewußt, äußert sich aber in Sätzen wie: ›Ist das nicht wunderschön?‹ Alle Geräusche erzeugen automatisch solche Spannungen, und wenn du drei oder mehr Geräusche gleichzeitig hören kannst, zieht die Spannung – ich sage dazu lieber ›Dichte‹ – den Geist zusammen und hält ihn stetig. Damit es aber voll zur Wirkung kommt, muß es bewußte Aktion sein.«

Ich brauchte fünfundzwanzig Minuten, bis ich drei Geräusche gleichzeitig hören zu können glaubte, aber auch da war ich noch nicht ganz sicher, ob es mir wirklich gelungen war. Sie schienen eines nach dem anderen zusammenzukommen: das erste hielt das zweite und das zweite das dritte, bis sie sich wie gleich große Farbflecken überlagerten. Drei Schichten, gemischt und doch seltsam getrennt. Als Sabazius mich wieder fragte, wie ich mich fühlte, beschrieb ich dieses schichtartige Gefühl in meinem Kopf und äußerte meine Zweifel, ob ich es richtig gemacht hatte.

»Auf drei Geräusche gleichzeitig zu hören«, sagte er, »ist etwas ganz anderes, als sich einfach von ihnen überspülen zu lassen. Dein Versuch hat eine gewisse Reibung in deinem Bewußtsein erzeugt, und wenn du darin fortfahren würdest, könntest du mit Hilfe dieser Reibung auf vier Geräusche hören, und die Reibung der vier Geräusche würden ein fünftes und ein sechstes zulassen. Ich kenne Menschen, die sieben verschiedene Geräusche bewußt hören und festhalten konnten. Das sind sehr mächtige Menschen geworden.«

»Wie können Geräusche jemanden mächtig machen?«

»Alle Dinge enthalten Energie; das habe ich dir schon gesagt. Wenn Menschen, die im Wachträumen gefangen sind, die Eindrücke der Welt aufnehmen, sei es ein Baum, ein Gebäude oder das Geräusch eines Busses, dann strömt zwar die Energie der Welt in sie ein, aber sie strömt auch sofort wieder aus, weil diese Menschen nicht die bewußte Kraft haben, sie festzuhalten. So nehmen sie ein Leben lang nur soviel Energie von der Erde an, wie sie brauchen, damit ihre biologischen und psychischen Funktionen weiterklickern. Alles übrige werfen sie zurück. Das ist ein Element des Wachträumens, ein wichtiges Element. Aber immer wieder mal passiert diesen Träumern etwas Merkwürdiges, sie wachen für einen Augenblick auf, sehen die Welt, fühlen sie um sich her, hören sie atmen, wissen, daß sie lebendig sind. Doch bevor ihnen das klarwerden kann, werden sie zurückgezerrt in das geistlose Hin und Her sinnloser Aktivitäten und schlafen wieder ein. Sie erinnern sich an diese Augenblicke, reden über sie, schreiben über sie, zerreden sie in ›ernsthaften‹ Diskussionen, erkennen aber selten ihren wahren Sinn. Sie nennen es ›komisches Gefühl‹ oder ›mystischer Augenblick‹, und dabei war es tatsächlich ein Augenblick *wahrer Bewußtheit.*« Er sah mich eine Weile freundlich an und sagte dann: »Deshalb mußt du in die Fabrik zurück: die Reibung wird dich wachhalten.«
Plötzlich gewann die ganze Sache mit der Fabrik Leben für mich. Hier wurde ich einfach daran gehindert, immer mehr einzuschlafen. Ich lächelte bei der Erinnerung an den Türken, der mich gewaltsam wachgerüttelt hatte, und in derselben Sekunde verschwand mein Rachedurst.
»Verstehst du?« fragte Sabazius.
»Ja.«
»Gut. Dann kannst du jetzt anfangen, ein bißchen *Herz* in deine Arbeit zu legen.«
»Und der Türke wird mich morgen früh einfach da reinmarschieren lassen, nicht wahr?«
»Ja.«
»Weil du es ihm gesagt hast?«
»Nein, weil er ein Fühlender ist.«
»Der Türke!«
»Überrascht dich das?«
»Wie kann so ein gewalttätiger Mensch, ein Mörder, ein Fühlender sein?«
»Ein Fühlender muß nicht unbedingt ein Heiliger sein«, antwortete er. »Auch ein sogenannter ›schlechter‹ Mensch kann ein Fühlender

werden. Schließlich gehört dazu nichts weiter als die felsenfeste Entschlossenheit, Macht über das eigene Ich und danach über das Ich anderer zu gewinnen.«

»Und das Selbst?«

»Das Selbst kann warnen. Aber wenn ein Mensch sich entscheidet, den Kosmos auszubeuten, anstatt sich ihm einzufügen, dann kann das Selbst das nicht verhindern.«

»Hat der Türke...«

»Der Türke wollte sich an einem vorbeiziehenden Gott vergreifen und wurde mit Entsetzen geschlagen. Ich habe für ihn getan, was ich tun konnte, ihn gewissermaßen fast wieder zum Leben erweckt, und seitdem ist er mein Diener.«

Ich sah ihn verwundert an. »Was meinst du mit ›Diener‹?«

»Eben das. Er unterwirft sich meinen Wünschen... und mein Wunsch ist, dem Selbst zu dienen und mit einem Brüllen ins Anderswo einzugehen.«

»Hast du ihn in der Hand?«

»Meistens; aber hin und wieder läuft er Amok wie ein Tier, eingekesselt von einer Welt von Jägern.«

»Aber...«

»Der Fall des Türken war kein Un-Fall«, sagte Sabazius. »Er wollte die Macht eines Gottes für sich, machte aber einen Fehler. Vor dieser Entscheidung wirst du eines Tages auch stehen«, fügte er hinzu und betrachtete mich interessiert. »Ob du nämlich Macht willst oder sie für Liebe hergibst.«

Ich hätte nie gedacht, daß ein Mensch überhaupt vor solch eine Entscheidung gestellt sein kann, aber wie ich jetzt dasaß und Sabazius anschaute, dämmerte mir, daß es so war, denn ich spürte den Zug der Macht in mir und den gleich starken Zug der Liebe, die in Liebe wartete, bis meine Entscheidung reif sein würde.

»Ich werde tun, was du getan hast«, sagte ich, ohne zu zögern.

»Das kannst du unmöglich jetzt schon sagen«, entgegnete er. »Du bist bei mir, also wählst du Liebe; aber wenn du in deiner ganzen *Kraft* ins Universum hinausgehst, überlegst du es dir vielleicht anders. Die Macht hat eine große Anziehungskraft. Mancher wählt Macht anstatt Liebe, weil er glaubt, er könne der Welt einen Dienst erweisen – und das mag auch eine Zeitlang der Fall sein. Aber irgendwann frißt die Macht den Menschen, läßt seine Vision verdorren, verbrennt ihn zu Asche. Macht, außerhalb der Liebe, ist eine zu grelle Flamme.«

»Aber du hast den Türken gerettet!«

»Nur weil er seinen Fehler früh genug machte. Hätte er diesen Fehler nicht gemacht, wäre er weitergegangen und von einem Gott niedergetreten worden, dann wäre er heute ein Mann der Macht.«
»Dann gibt es also zwei Arten von Menschen«, sagte ich aufgeregt, »Fühlende und Machtmenschen.«
»Wenn du so willst, ja, aber das wäre nur eine verbale Unterscheidung, denn sie stimmen in den Grundmerkmalen überein. Bis zu dem Punkt, an dem ein Mensch seine Geschichte vollendet, das heißt, wenn er schließlich ergriffen und ins Anderswo getragen wird, bleibt er ständig dem Risiko ausgesetzt, sich in einen Machtmenschen zu verwandeln. Der Weg ist von unwägbaren Einflüssen gesäumt, und diesen Einflüssen unterliegen alle Menschen in wechselnder Gewichtung. Ich kannte mal einen Fühlenden, der sich gegen Ende seines Lebens der Macht zuwandte. Er wurde ein großer Magier, ein Mann von kolossalen Fähigkeiten. Aber natürlich hatte seine Macht einen dunklen Punkt, und dieser Punkt wurde zu einem scharzen Loch, und da hinein fiel er.« Sabazius wirkte plötzlich traurig, als hätte die Erinnerung ein Gesicht in ihm lebendig werden lassen. Dann lachte er. »Aber das ist nicht dein Problem, Peter«, sagte er aufgeräumt. »Du mußt erst noch ein Fühlender werden; bis dahin ist die andere Entscheidung noch sinnlos, bloßes Wortgeklingel.«
»Ich hoffe, daß ich nie diesen Fehler mache.«
»Das kannst du nur hoffen. Es ist letztlich alles, was der Mensch tun kann.« Was kann Fühlende veranlassen, den anderen Weg einzuschlagen, fragte ich mich. Wie ist es möglich, daß sie so viel wissen, so viel fühlen und sehen – und doch von der Macht angezogen werden? Worin bestehen die tödlichen Mängel in der Natur des Menschen? Hatte ich solch einen dunklen Punkt, und wenn ja, würde auch er zu einem schwarzen Loch werden, in das ich dann stürzte?
»Drei Töne als einer«, sagte Sabazius unvermittelt. »Das ist das Grundprinzip der Schöpfung, und wenn du das Prinzip der drei gemeistert hast, wirst du die Stabilität von vier finden.«
»Was ist vier?«
»Etwas anderes; das kommt später.« Er ließ mich vom Boden aufstehen. »Jetzt zeig ich dir einen Trick«, sagte er und hielt mir seine Hand hin. »Fällt dir was auf?«
»Nein.«
»Jetzt ist meine Hand anders.«
»Sie sieht aber nicht anders aus.«
»Sie ist aber anders. Ich habe ein paar Muskeln angespannt, das ist der Trick.«

»Und wozu ist das gut?«
»Steh still und mach die Augen zu.« Er ließ mich einige Sekunden lang so stehen. »Jetzt spann deinen Arm an.«
Ich tat es.
»Jetzt bist du ein Arm«, sagte Sabizius.
Ich öffnete die Augen. »Und wenn ich ein Bein spanne, bin ich dann ein Bein?«
»Ja.«
»Also, was ich anspanne, das bin ich.«
»Das ist der Grundgedanke.«
»Und wenn ich alle Muskeln spannen könnte, dann wäre ich ein Körper?«
»Sachte, sachte«, sagte er grinsend, »es ist nur ein Trick. Aber er hat einen Sinn. Jetzt, wo du in der Fabrik gelernt hast, wie schwer es ist, wach zu bleiben, mußt du ihn anwenden, um das zu erreichen. Du mußt einfach irgendeinen Muskel spannen. Sobald du einschläfst, entspannt er sich, und in dem Augenblick, wo du es merkst, bist du wieder wach. Dann spannst du den Muskel wieder und so weiter, bis du den Trick nicht mehr brauchst.«
»Verhindert er das Träumen?«
»Er trägt dazu bei, es zu verhindern.«
»Und wie geschieht das?«
»Alle Bewegungen sind automatisch«, erläuterte Sabazius. »Man erlernt sie, und wie bei allem, das man richtig gelernt hat, fällt die willentliche Steuerung irgendwann weg, und es geht von selbst. Du mußt mit anderen Worten nicht darüber nachdenken, wie du ein Auto zu fahren oder deine Teetasse zu heben hast. Wenn der Automatismus der Bewegungsabläufe zusammenbricht, dann wird der Mensch, was man ›neurotisch‹ nennt. Er wird beim Fahren ständig Fehler machen wie ein Anfänger oder jemand, der einen Unfall hatte; er wird seinen Tee verschütten oder die Tasse fallenlassen. Normalerweise funktioniert also diese Automatik der physischen und natürlich auch der psychischen Prozesse, und deshalb hat der Mensch Zeit zu träumen, Zeit, durch die innere Phantasiewelt zu reisen, in der er berühmt, reich und schön sein kann. Das Resultat ist Schlaf, dann Tiefschlaf und endlich Tod. Nun ist es mit unserem Trick so, daß er nach etlichen Tagen ebenfalls automatisch wird und du wieder schläfst – aber träumst, du seist wach! Das ist der schwierigste Teil, denn ein Mensch kann sogar träumen, daß er bewußt ist, daß er lebendig ist. Um das zu verhindern, mußt du immer wieder einen anderen Muskel spannen; natürlich nicht ständig wechseln, sondern

hin und wieder, damit sich der Automatismus gar nicht erst bilden kann. Wenn du allein bist, sind deiner Phantasie keine Grenzen gesetzt: du kannst deine Hand in einem ganz verrückten Winkel halten oder humpeln. Alles, was in diesem Sinn vom Normalen abweicht, wird dich im richtigen Bewußtsein halten. Versteh diese Übung aber nicht als Selbstzweck; sie soll dich nur auf einem bestimmten Niveau halten, wo dann weit wichtigere Arbeit zu geschehen hat. Die Arbeit der Selbst-Entdeckung. Aber zuerst mußt du den Trick beherrschen.«

»Warum hast du mir das nicht schon früher gesagt?«

»Weil ich wollte, daß dir wirklich klar wird, wie schwer es ist, wach zu bleiben. Ich wollte, daß du *erfährst*, was Schlaf ist.«

»Morgen in der Fabrik werde ich mit dem Trick arbeiten.«

»Ah!« rief Sabazius. »Du willst nur in der Fabrik wach sein!«

Ertappt!

»Für einen Fühlenden gibt es kein ›morgen‹«, sagte er und sah mich streng an. »Wozu das Leben von morgen planen, wenn du heute sterben könntest?«

9. Die Vorbereitung

Von da an arbeitete ich ohne Zwischenfälle in der Fabrik – aber nicht ohne einzuschlafen. Was Sabazius über den Trick gesagt hatte, war richtig. Mehrmals fiel mir auf, daß ich träumte, wach zu sein oder Peter Derwent zu sein. Ohne weitere Anleitung kam ich auf einen weiteren Trick, der den ersten sicherte und festigte. Es war ganz einfach; ich dachte und bewegte mich durch die Muskeln, die ich spannte. Als sehr wirksam erwies sich, zwei Finger zusammenzupressen und durch sie zu denken. Anfangs verlor ich immer wieder meinen Punkt der Sammlung, doch schließlich wurde das Band in meinem Kopf fester und erlaubte mir für eine ganze Stunde oder noch länger eine verblüffende Konzentration.

Als ich Sabazius davon berichtete, zeigte er wenig Interesse. Er nickte, nagte an seiner Lippe und sprach über etwas anderes. Anfangs irritierte mich sein Verhalten, denn ich brauchte Zuspruch, um meinen Willen auszurichten; dann aber verstand ich den Grund für sein scheinbares Desinteresse: jedes Lob hätte mich nur zum Stolz auf meine Errungenschaften verleitet. Schließlich arbeitete ich ja nicht an der Lösung einer mathematischen Aufgabe, sondern was ich tat, hatte eher etwas damit zu tun, den Garten zwei Spatentief umzugraben – Vorbereitung.

In diesen Tagen wurde mir auch klar, wie ein Fühlender sich in einen Machtmenschen verwandeln kann. Jeder Mensch kann durch harte Arbeit an sich selbst zu Resultaten gelangen, aber diese Resultate, mögen sie an die Oberfläche auch ähnlich aussehen, können bei verschiedenen Menschen auf ganz unterschiedlichen Einstellungen und Erfahrungen beruhen. Ein Mensch kann die vollkommene Konzentration erreichen und doch zugleich unwissentlich die Grundlage eines monumentalen Hochmuts legen, der ihn unausweichlich in das Verlangen nach Macht treibt. Das waren die »unwägbaren Feinheiten«, von denen Sabazius gesprochen hatte, und auf die er immer wieder mal zurückkommen sollte. So oft ein Mensch etwas in sich selbst ändert – eine gewaltige Übung, die *exaktes* Wissen voraussetzt –, erzeugt er automatisch »Modifikationen« in seinem »Einheits-System«, denn es ist tatsächlich alles verbunden – nichts funktioniert, bewegt sich oder denkt ganz aus sich selbst. Die wachsende Fähigkeit des Menschen, sich zu ändern, bringt weitere Modifikationen an die Oberfläche. Solche peripheren Veränderungen können manchmal ganz erstaunlich sein und in ihrer Variationsbreite von einem verstärkten Geschlechtstrieb über Schielen und Stottern bis zum Hinken reichen. Ich sah mich täglich vor unausdenkliche Probleme gestellt, die Sabazius mit unendlicher Geduld und manchmal mit ein paar barschen Worten hierhin und dahin wendete, bis mir ihre Bedeutung und ihr Bezug klarwurde. Ich stand immer noch auf der ersten Sprosse einer Leiter, die von der Erde bis in den Himmel reichte, und unter mir gab es kein Fangnetz – nur Tod oder Wachtraum. Aber am anderen Ende der Leiter war ... ja, das war etwas anderes, wie Sabazius gern sagte.

Einige Wochen nach meinem Zusammenstoß mit dem Türken erlebte ich etwas, das mich sehr beunruhigte. Ich war jetzt wacher und begann die anderen Schachtelmacher zu beobachten. Einmal schnappte ich nach Feierabend einen Gesprächsfetzen auf, der mich sofort hellwach werden ließ. In der Ecke, wo wir unsere Schürzen aufhängten und uns umzogen, tuschelte der Hagergesichtige mit einem Mädchen von etwa neunzehn Jahren.

»Gib auf keinen Fall auf, es dauert jetzt nicht mehr lange«, sagte er.

»Aber es ist so schwer; du weißt ja nicht, was ich durchmache«, erwiderte sie.

Ich tat so, als sei ich ganz mit meinem Schürzenband beschäftigt, und rückte unauffällig ein wenig näher, blieb aber mit dem Rücken zu ihnen.
»Wenn du nicht ordentlich daran arbeitest, übergebe ich dich dem Türken, und du weißt ja...«
Plötzlich drehte er sich um und sah mich an. Ich stand immer noch mit dem Rücken zu ihnen, spürte aber, wie sein Blick wie ein Scheinwerferstrahl über mich hinglitt. Mit fast perfekter Konzentration zog ich meine Schürze aus und hängte sie an einen Haken; dann nahm ich ohne jede Hast meine Sachen vom Haken, zog mich an und ging zur Tür. Seine Augen folgten mir wie eine physische Berührung, bis das Gefühl plötzlich abriß, als ich draußen im grauen Abendlicht stand.
In was mochte ich da hineingestolpert sein?
Sabazius reagierte kaum, als ich ihm davon erzählte. Er musterte mich nur eine Weile und sagte dann zu meiner Überraschung: »Vergiß es einfach, es hat nichts mit dir zu tun.«
»Das kann ich nicht«, protestierte ich. »Irgendwas ist mir komisch an diesem Mann. Ich habe das Gefühl, daß er weiß, was wir wissen!«
»Das müßte schon ein seltsamer Zufall sein.«
»Er weiß, wie man ›schaut‹, ich habe es gespürt.«
Sabazius machte ein bedenkliches Gesicht. »Was wirst du also tun?«
»Ich werde versuchen herauszufinden, was da los ist.«
»Das dachte ich mir«, seufzte er. »Hör zu«, fuhr er fort, »mir wäre lieber, ich müßte das nicht sagen, aber du darfst ihn unter keinen Umständen wissen lassen, daß du einen Verdacht hast.«
»Wieso?«
»Kennst du eigentlich kein anderes Wort?«
»Ich kann nichts dafür«, sagte ich, durch seine Warnung nur noch neugieriger geworden, »so bin ich nun mal.«
»Das ist eine dumme Situation«, sagte er und wendete sich ab. »Ich werde dir wohl erklären müssen, was passiert ist, sonst bringst du dich in eine böse Lage.« Ich wartete gespannt. Sabazius ließ das Schweigen eine Weile wirken, bevor er weitersprach: »Der Hagergesichtige ist ein Machtmensch«, sagte er dann unvermittelt. »Er hat das Mädchen unter seine Fittiche genommen so wie ich dich. Nur sind seine Gründe, da er ein Machtmensch ist, natürlich andere als meine. Der Türke hat mir erzählt, was da vor sich geht. Der Türke mag den kleinen Hagergesichtigen nicht, denn er wird von ihm beherrscht. Ich hab dir ja schon erzählt, daß der Türke ein Machtmensch werden wollte, aber einen Fehler machte und fast gestorben wäre; natürlich

ist es ihm ein Dorn im Auge, wenn so eine halbe Portion schafft, woran er gescheitert ist. Nun hat er aber keine Kraft und keinen Willen mehr, womit er kämpfen könnte, und deshalb muß er dem kleinen Mann gehorchen, wie er mir gehorcht. Das Mädchen, hat mir der Türke gesagt, ist mit irgendeiner natürlichen Gabe zur Welt gekommen, die der kleine Mann ausbeuten will, aber weil sie eine etwas lange Leitung hat, muß er sie schulen, so wie ich dich schule.«
»Hab ich auch eine lange Leitung?«
Sabazius warf den Kopf zurück und schüttelte sich vor Lachen. »Nein, eine viel zu kurze«, prustete er, »das ist ja gerade dein Problem. Du glaubst, du kannst dich durch Denken in einen Fühlenden verwandeln.«
Er hob die Hand, um allen Einwendungen vorzubeugen.
»Ich sage dir das alles nur«, fuhr er fort, »weil du eine Katastrophe auf dich ziehst, wenn du mit dem Mädchen Kontakt aufnimmst oder mit dem kleinen Mann sprichst. Wenn er nämlich herausfindet, was für Kräfte du besitzt, könnte es durchaus sein, daß er das Mädchen fallenläßt und dich dafür in seinen Dienst zwingt. Und glaub bloß nicht, daß du was dagegen tun könntest: du wärst hilflos wie ein Säugling.«
»Und du, könntest du es verhindern?«
»Natürlich, aber mir wäre lieber, ich würde nicht vor diese Entscheidung gestellt. Wenn ich mich mit dem kleinen Mann anlege, geht nur wertvolle Zeit verloren; mich würde es eine gewaltige Menge Energie kosten und dich wahrscheinlich den Verstand.«
»Kannst du dem Mädchen nicht helfen, von ihm loszukommen?«
»Sie würde es nicht wollen. Sie ist vom selben Geist wie er. Wäre sie klüger, dann würde sie selbst die Macht an sich reißen und ihn zu ihrem Diener machen. So sind manche Leute halt.«
»Sind diese Dinge festgelegt?«
»Das ist vorerst noch eine zu schwierige Frage; du brauchst noch viel Schulung und Wissen, um ihre Feinheiten zu erfassen.«
»Glaubst du, der Hagergesichtige hat gemerkt, daß ich zuhörte?«
»Gar keine Frage. Er weiß allerdings noch nicht, ob du verstanden hast, was gesprochen wurde. Gerade die Schlauheit, mit der du dein Lauschen vertuscht hast, wird seinen Verdacht erregen.«
»Was soll ich tun?«
»Du wirst warten müssen, bis er den nächsten Zug macht. Er wird jeden Trick versuchen, damit du dich selbst verrätst. Er wird dich mit dem Blick berühren, wenn du es am wenigsten erwartest, und er wird damit kleine Schmerzimpulse bei dir erzeugen. Solche projizierten

Schmerzen empfindet aber nur ein Fühlender oder jemand, der es gerade wird: wenn du also reagierst, dann weiß er Bescheid.«

»Wie kann ich die Schmerzen abwehren?«

»Jetzt, wo du Wachsamkeit und Bewußtheit gelernt hast, kannst du sie abwehren, indem du dich den ganzen Tag lang auf höchstem Bewußtseinsniveau hältst. Das wird sehr schwierig sein, aber ich bin sicher, du kannst es. Du *mußt* es sogar können, falls du nicht willst, daß er dich an sich reißt.«

»Kann ich nicht einfach die Arbeit aufgeben und eine andere suchen?«

»Wenn du nicht mehr erscheinst, weiß er sofort, was los ist, und wird hinter dir her sein. Mach dir nichts vor: er findet dich.«

»Und wie macht er das?«

»Er ruft deinen Namen und sieht dich, wo du auch bist.«

»Einfach so?«

»Ja.«

Ich staunte und fürchtete mich zugleich.

»Und noch etwas«, sagte Sabazius. »Wenn er einen Schmerz auf dich projiziert und du gerade schläfst und dann versuchst, mit dem Bewußtsein einen Schutzschild zu bilden, wird er dich im selben Moment angreifen und überwältigen. Es gibt einen Ausweg, aber der würde dir eine ungeheure Anstrengung abverlangen, einen fast übermenschlichen Versuch, die Kraft des Selbst anzurufen. Rufen heißt hier aber nicht, mit der Stimme rufen, das würde überhaupt nichts nützen. Wenn ein Mensch in höchster Gefahr das Selbst anruft, dann öffnet er jede Pore seines Körpers und Geistes zu einem alle Grenzen sprengenden Schrei in der Mitte des Kopfes, der in den fernsten Fernen des Universums zu hören ist. Aber dieser Schrei ist nur möglich, wenn ein Mensch über alle Maßen entsetzt ist und weiß, daß er mit allem, was er ist, bedroht ist. Dieser Schrei ist das einzige, was dich noch retten kann, wenn er sich entschließt, dich von mir wegzureißen.«

»Gibt es keine andere Möglichkeit?«

»Doch, aber das würde bedeuten, daß ich ihn angreifen muß, und dadurch würde ich mich entleeren wie eine Kaffeekanne. Ich hätte dabei nämlich nicht nur dich zu schützen, sondern auch mich selbst. Und wenn ich es nicht schaffe, sind wir beide in seiner Macht.«

»Du auch?«

»Fühlende und Machtmenschen lassen einander aus diesem Grund normalerweise in Ruhe. Es ist für beide Teile ein zu großes Risiko, denn es steht viel auf dem Spiel und niemand kann wissen, wie die

Schlacht ausgehen wird.« Er machte ein sehr ernstes Gesicht. »Besser, er bekommt dich als uns beide. Du hast eben erst mit der Arbeit angefangen, ich bin mitten drin.«
Ich war wie betäubt vor Angst.
»Aber du bist stark«, sagte er. »Und ich glaube, du kannst es überstehen, selbst wenn es darauf hinausläuft, daß du dich zu diesem Schrei aufraffen mußt, zu dieser rückhaltlosen Anrufung des Selbst.«
»Und wenn ich versage?«
»Sprich nicht von Versagen, denn wenn du auch nur die Möglichkeit einräumst, wird es eintreten!«
»Darf ich noch eine Frage stellen?«
»Ja.«
»Wenn er mich angreift und mir der richtige Schrei gelingt, in was für einer Lage werde ich dann sein?«
»Er wird nicht Hand an dich legen können, denn die Arme des Selbst werden um dich sein und dich beschützen, bis du selber fest stehst.«
»Bin ich dann ein Fühlender?«
»Nein, einfach nur beschützt. Wenn ein Mensch den verborgenen Schrei erfahren hat, und nur dann, kann er wirklich anfangen zu arbeiten.«
»Dann wäre also diese oder eine ähnliche Situation ohnehin früher oder später entstanden?«
»Genau. Aber ich will ehrlich sein: sie ist früher entstanden als ich erwartet habe, du mußt also ständig auf der Hut sein.«
»Von dieser Sekunde an«, sagte ich in Erinnerung an meinen letzten Tadel.
Sabazius nickte und legte mir die Hand auf die Schulter. »Du wirst bald dein Name sein, Peter Derwent«, sagte er. »Und wenn du dein Name bist, wird unsere Arbeit groß sein.«
Gewißheit flackerte auf in mir und für einen Augenblick, einen köstlichen Augenblick, war die Bedrohung durch den kleinen Mann weg. Doch im nächsten Moment war die Gewißheit spurlos verschwunden. Jetzt mußte ich in den Kampf, mußte alle Reserven mobilisieren und mich mit dem Bewußtsein verbünden, um zu überleben. Ich war Peter Derwent, aber ich war es noch nicht durch und durch.
Als ich am nächsten Morgen die Fabrik betrat, war jede Zelle meines Körpers auf dem Sprung. Ich war früh aufgestanden und hatte mich nach Sabazius' Anweisungen mit besonderen Übungen und stillem Gebet vorbereitet. Ich war wie eine voll aufgezogene Uhr, wie eine entsicherte Granate.

Der hagergesichtige Mann beachtete mich überhaupt nicht, blickte nicht einmal auf, als ich an ihm vorbei zu meinem Platz am Fließband ging. Ich drehte ihm den Rücken und wartete darauf, daß der Türke die Maschinen anlaufen ließ.
Teepause und Mittagessen gingen vorbei, ohne daß etwas geschah. Es war schon fast halb fünf, als ich das leichte Prickeln seines Blicks auf meinen Schulterblättern spürte. Ich hielt meinen Geist ganz gesammelt, ließ den Strom der Kartons gleichmäßig weitergehen, bereitete mich vor und erwartete den ersten Schmerz. Ich fühlte mich innerlich erstaunlich ruhig, als sei alles, was ich war, zugunsten der Aufmerksamkeit verstummt. Doch der Schmerz, den ich erwartet hatte, blieb aus, und das Prickeln seines Blicks hörte nach einigen Minuten auf. Was hatte er vor? Wollte er warten, bis ich mich sicher fühlte, und mich dann überrennen?
Halb fünf.
Ich holte Jacke und Mantel und verließ die Fabrik. Kaum zwei Straßen weiter tauchte Sabazius auf. Ich begrüßte ihn herzlich, aber er ging einfach an mir vorbei, als hätte er mich noch nie gesehen. Ich schaute ihm verblüfft nach und fragte mich gerade, was nun wohl wieder los sei, als ich ein Prickeln im Genick spürte und wußte, daß ich verfolgt worden war. Hatte der kleine Mann gesehen, wie ich Sabazius begrüßte? Was war ich doch für ein Trottel! Der kleine Mann war schlau; wahrscheinlich beobachtete er mich eben jetzt und wartete auf die Gelegenheit, den ersten Schmerz zu projizieren.
Ich verbannte Sabazius aus meinen Gedanken, machte ein Gesicht, das ausdrücken sollte, daß ich jemanden irrtümlich gegrüßt hatte, und ging weiter.
Das Prickeln wanderte abwärts und blieb an meinen Waden haften. Ich atmete langsam durch die Nase und preßte zwei Finger jeder Hand zusammen, um mich in stetiger Wachheit zu halten.
Dann fühlte ich den Schmerz.
Er kam nicht plötzlich, wie ich erwartet hatte, sondern wuchs wie ein kleines Feuer unterhalb der Kniekehlen und weckte ein Bedürfnis, mich dort zu kratzen. Das war schlau von ihm, denn ich mußte weitergehen, als wäre gar nichts, sonst würde er sofort wissen, daß meine Sensibilität nicht die übliche war. Ich preßte meine Finger fest zusammen und nahm noch einen dritten zur Hilfe, entschlossen, mich nicht unterkriegen zu lassen. Jetzt ging ich jedoch Covent Garden hinunter und kam in das geschäftige Zentrum Londons. Da gab es so vieles, was mich von meiner zugespitzten Aufmerksamkeit ablenken würde. Drückte ich mich aber auf Nebenstraßen um dieses

Zentrum herum, dann würde der Argwohn des kleinen Mannes neue Nahrung bekommen. Also mitten hinein. Ich ging in gemäßigtem Schritt Richtung Charing Cross Road, beobachtete den Verkehr genau, ohne den stetigen Strom des Bewußtseins je abreißen zu lassen – denn wenn ich plötzlich von einem Auto oder einem Hund erschreckt würde, könnte er in diesem Augenblick den Schmerz verstärken und mich zu Fall bringen. Und wenn ich fiel...

Sabazius war irgendwo in der Nähe, aber er hatte kategorisch erklärt, daß er den kleinen Mann nicht angreifen würde, um mir zu helfen. Also war ich ganz auf mich gestellt, wie ein Kaninchen, das auf den herabstoßenden Adler wartet.

Am Cambridge Circus wartete ich eine Ewigkeit auf eine Lücke im Verkehr, damit ich auf die andere Seite hinüberkonnte. Im Gesicht trug ich einen gelangweilten Ausdruck, den der kleine Mann, falls er ihn sah, für Unschuld halten sollte.

Aber wo steckte er?

Der Schmerz in meinen Beinen war recht heftig, und er wuchs, sickerte mit jedem Schritt weiter und erfaßte meine Oberschenkel. Wie lange würde ich das aushalten? Sollte ich ein Café suchen und mich hinsetzen? Oder in eine Wirtschaft gehen und so tun, als ob ich ein Glas Bier trinke? Ich verwarf beide Strategien und schlug den Weg durch den Irrgarten von Soho zur Oxford Street ein.

Die absolute Sammlung zu wahren, die notwendig war, um die Schmerzen zu ignorieren, und zugleich auf meine Umgebung zu achten – Straßen zu überqueren, entgegenkommenden Leuten auszuweichen und dabei auch noch den Gesichtsausdruck eines ganz anderen Geisteszustands zu wahren –, war eine Anforderung, die mich fast lähmte. Schweißperlen traten mir auf die Stirn. Meine Finger wurden taub durch den ständigen Druck. Meine Atmung war nicht so stetig, wie sie sein sollte. Und wenn der kleine Mann diesen bohrenden Schmerz durch meinen ganzen Körper bis in den Kopf hinaufschickte, wie sollte ich das dann noch aushalten? Dann würde ich das Selbst anrufen müssen, würde alles in mir mit Lichtgeschwindigkeit hinaus ins Universum schleudern und zutiefst daran *glauben*, daß ich gerettet werde. Den anderen Gedanken ließ ich gar nicht erst aufkommen; davor hatte Sabazius mich ja eindringlich genug gewarnt. Mit dieser wortlosen Furcht, wie eine schwere Hand auf mir liegend, erreichte ich schließlich meine Wohnung, schloß auf und ging hinein.

Alles war still.

Ich nahm sofort den Telefonhörer von der Gabel und legte ihn neben

den Apparat. Dann zog ich Hemd und Hose aus, legte mich an meiner gewohnten Stelle auf den Boden, brachte meinen Atem unter Kontrolle und machte ihn fast unmerklich fein, um jedes Jota an Energie, dessen ich habhaft werden konnte, zur Verfügung zu haben. Der Schmerz wurde stärker.
Er hatte jetzt meine Körpermitte und nach unten hin die Füße erreicht. Ich hätte nicht mehr aufstehen können, selbst wenn das Haus in Flammen stand. Ich war so fest in den Strom des Bewußtseins eingeschlossen, daß nichts und niemand hätte stören oder eindringen können.
Und dann platzte der Schmerz wie ein Feuerwerkskörper, schoß hinauf in Brust und Arme, Hände und Finger, explodierte in meinem Hals und kroch mir wie glühende Lava ins Gesicht und in die Augen. Ich hielt ihn eine Sekunde lang unter Kontrolle, dann nahm ich alles, was ich war, mein Fleisch, meine Knochen, meine Lunge, mein Herz, und schrie.

10. Wie ein Betrunkener

Ein Gesicht.
Ich lag auf dem Rücken und schaute in dieses Gesicht. Sabazius legte einen Finger auf meine Nasenspitze und drückte sanft und liebevoll. »Tja, du hast überlebt«, sagte er, als wäre ich gerade von einer schweren Krankheit genesen. »Jetzt kannst du anfangen wirklich zu arbeiten.«
Als mir die Bedeutung dieser Worte klarwurde, kehrte das Gefühl der Gewißheit zurück, das ich am Vortag gehabt hatte. »Ich kann mich kaum erinnern, was passiert ist«, sagte ich. »Eigentlich weiß ich gar nichts mehr von dem Moment an, wo der Schmerz meinen Kopf erreichte.«
»Du hast gesiegt.«
Ich lächelte schwach.
»Und du hast bewußt gesiegt.«
»Mir kommt es vor, als sei ich tot gewesen.«
»Weil du tot *warst*«, erwiderte er. »Bevor ein Mensch geboren werden kann, muß er erst im Selbst sterben. Der Weg verlangt von einem Menschen alles, was er ist, bevor er ihn weitergehen darf.«

»Aber ich erinnere mich an nichts«, sagte ich noch einmal.
»Das macht nichts.«
»Aber wieso kann ich mich nicht erinnern?«
Er lachte, half mir auf und schlug vor, daß ich mich erst einmal wieder anzog. »Mit dem Gedächtnis hat es etwas auf sich«, sagte er und zündete sich eine Zigarette an, »... das du erst verstehen mußt, bevor eine richtige Einschätzung des Selbst möglich ist. Du kannst nicht verstehen, weshalb dein Gedächtnis versagt, weil du ein Bild erwartest, ein Erfahrungsbild in deinem Bewußtsein, auf das du dich beziehen kannst. Richtig?«
»Ja.«
»Es ist etwa so: Wenn ein Mensch sich an etwas erinnert, so geschieht das innerhalb seines Wachtraums, und weil das, woran er sich zu erinnern versucht, selbst wiederum im Wachtraum stattfand, wird das erinnerte Geschehen selbst wieder ein Traum. Der Mensch, das Geschehen und die Erinnerung an das Geschehen sind also ein dreifacher Traum. Wenn er sich erinnert, sieht er nur ein flaches Bild an der Oberfläche seines Bewußtseins, oder er versucht in Worten nachzubilden, woran er sich zu erinnern *glaubt*. Nun geschieht es oft, daß der Mensch größtenteils vergißt, was er im Wachtraum gesehen, gelesen oder erfahren hat, wie er auch meist vergißt, was in seinen Schlafträumen passiert – und das Endresultat ist eine Lüge. Was seine Erinnerungen angeht, belügt er sich selbst und andere unentwegt, und das heißt dann ›Ausschmückung‹ oder ›Übertreibung‹. Das gehört natürlich zum guten Ton, denn das Ego mit seinen vielen Ichs verlangt, daß er zwischen seinen Mit-Träumern – ebenfalls unverbesserliche Lügner – etwas Besonderes darstellt. Wenn ein wacher Mensch sich erinnert, dann er-innert er auf einer dynamischen Ebene, was er auf einer dynamischen Ebene erfahren hat, so daß Mensch, Geschehen und Erinnerung dynamisch sind oder, wenn du so willst, dreidimensional. Solch ein Mensch kann nicht vergessen, was er erfahren hat, denn wenn er er-innert, ist das kein Reproduzieren von Gedächtnisinhalten, sondern die dynamische Qualität seines Er-innerns erzeugt ein wirkliches Innesein, also das Geschehen selbst.« Er hielt inne und bot mir eine Zigarette an. »Es gibt also zwei Gründe, weshalb du dich nicht daran erinnern kannst, ins Selbst eingetreten zu sein. Das Selbst zu erinnern, heißt das anzuschauen, was direkt auf das Anderswo blickt, und das ist, wie ich ja schon gesagt habe, der letzte Akt eines Fühlenden. Könntest du also das Selbst wahrhaft er-innern, dann würdest du ins Anderswo eintreten; da du aber noch nicht genug von deiner Geschichte bist – wie auch ein

Fühlender bis zu dem Tag, an dem er das Leben verläßt, nicht genug von seiner Geschichte ist –, kannst du des Selbst nicht wirklich innesein. Und der zweite Grund: da das Selbst nicht etwas *an dir* ist, sondern das, was du *bist*, kann es unmöglich ein Gedächtnisinhalt sein, weil es nicht etwas in deinem Bewußtsein, sondern der ganze Peter Derwent ist und deshalb nicht Erinnerung sondern Innesein verlangt.« Er sah mich lange an und wartete ab, bis ich ihm gefolgt war. Dann sagte er: »Heute bist du bewußt aus dem Wachtraum ausgestiegen, und obwohl dir das nicht bewußtgeworden ist, hast du das doppelte Tor zu Freude und Feuer geöffnet. Das Feuer des Selbst wird die Schlacke deiner Geschichte aus dir herausbrennen und dich dann in Freude baden.«

»Wenn ich wieder versuche, das Selbst zu er-innern«, fragte ich zögernd, »was wird dann passieren?«

»Du wirst brennen.«

»Brennen?«

»Bis vor zwanzig Minuten«, sagte Sabazius, »hattest du noch nie das Selbst er-innert – übrigens auch sonst nichts. Du kanntest nur das Hin-und-her-Geschleudertwerden über den Punkt, an dem der Eintritt in das Selbst möglich ist. Du hast also bislang nur beobachtet, was dich davon abhält, zu er-innern. Heute wurdest du jedoch in eine Situation gestoßen, wo du in die Gewalt eines Menschen der Macht geraten wärst, wenn du das Selbst nicht er-innert hättest – deshalb hast du den Wachtraum gemieden und konntest durchdringen, was du bist.«

»Ich habe fast das Gefühl, ich sollte dem kleinen Mann für seine Dienste danken.«

»Warum auch nicht?«

Ich lächelte ihn verständnislos an.

»Na ja, wenn ein Mensch dir einen Dienst erweist, dann solltest du ihm auch danken.«

»Aber er ist doch gefährlich!«

»Das hat nur für dich so ausgesehen«, erwiderte er unschuldig. »Er ist kein Machtmensch, sondern ein Fühlender, und ich habe ihn angeheuert, um dich in die Arme des Selbst zu katapultieren.«

Mir klappte der Unterkiefer herunter.

»Macht dir das was aus?«

»Ich... ich weiß nicht, was ich sagen soll«, sagte ich, zutiefst bestürzt, daß er mich derart auf den Leim geführt hatte.

»Sieh mal«, erklärte Sabazius, »solche Situationen können tatsächlich entstehen, und dann sind sie äußerst gefährlich. Du mußtest durch diesen Terror hindurch, um das Doppeltor zu finden, und da ist eine fingierte Situation genauso wirkungsvoll und sicherlich ungefährlicher als ein wirklicher Angriff, bei dem es möglicherweise kein Entkommen gibt. Hättest du nicht gesiegt, dann hätte ich dir gesagt, daß ich den kleinen Mann angegriffen habe, und du hättest es geglaubt. Aber du hast gesiegt, und glaub mir, es war ein wirklicher Sieg, kein fingierter; du hast den Schrei in dir gefunden und bist durchgebrochen. Was macht es also?«

»Aber der Schmerz...«

»Der war gewiß nicht eingebildet.«

»Hat der kleine Mann ihn projiziert?«

»Natürlich.«

»Kannst du das auch?«

»Ja.«

»Wann benutzt du diese Fähigkeit?«

»Da ist etwas, das du dir klarmachen mußt«, sagte Sabazius. »Ein Fühlender ›benutzt‹ nichts im üblichen Sinn dieses Wortes. Viele Dinge sind ihm möglich, aber er ist nicht ein Fühlender geworden, um diese Dinge zu bekommen – es sind Begleiterscheinungen, ohne Bedeutung für ihn, außer in Fällen, wo er jemandem damit helfen kann, ein Fühlender zu werden. Ich kenne Menschen, die physisch fliegen können, aber sie würden diese Fähigkeit niemals ohne zwingenden Grund anwenden, etwa weil sie den Bus verpaßt haben. Es sind Dinge, die einfach auf unserem Weg liegen, und wir ignorieren sie, weil die kleinste Schwäche sie sofort zu einer Fallgrube werden läßt, in die ein Fühlender abstürzen kann.«

»Um ein Machtmensch zu werden?«

»Ja.«

Schon bevor ich Sabazius traf, hatte ich von solchen Menschen gehört, sie aber stets für clevere Zauberkünstler oder Hypnotiseure gehalten. Jetzt wußte ich aus erster Hand, daß solche Dinge möglich waren und daß jeder, der solche Kräfte um ihrer selbst willen sucht, vom Weg abgekommen ist. Als ich so über Sabazius' Worte nachdachte, kristallisierte sich vor meinem inneren Auge das Grundmuster heraus, das hinter der menschlichen Existenz stand. Der Mensch hat die Wahl, und diese Fähigkeit, bewußt zu wählen, durchdringt alle Ebenen des irdischen Lebens bis hin zum Tor des Todes. Denn stünde dem Menschen nicht auf *allen* Ebenen die Wahl offen, dann wäre der *immerfort begreifende Willensakt* in seinem fortwährend evolvierenden Akt des Begreifens irgendwie beschränkt – und damit wäre die kosmische Liebe am Ende und plumpe Macht zum Grundprinzip des Universums erhoben. Alle Dinge stehen also unter der Herrschaft der Liebe, und der Mensch, selbst ein Ausdruck des Anderswo in der Zeit, ist Liebe, halb vom Schleier des Wachtraums verhüllt.

Das Zimmer war plötzlich von Freude erfüllt, von sichtbarer, in die Luft geritzter Freude; Freude strömte in pulsierendem Farbentanz vom Sessel zum Tisch, vom Tisch auf den Teppich. Sie funkelte in meinem Bewußtsein, und mein Körper sang sie in einem langen, flüsternden Lied. Ich war lebendig, zutiefst lebendig.

Sabazius beobachtete mich still.

»Ich bin lebendig!« platzte ich heraus.

»Und das mußt du auch bleiben«, erwiderte er.

»Wie könnte ich je wieder vergessen, lebendig zu bleiben!«

»Indem du in den Wachtraum zurückfällst.«

»Auch jetzt noch?«

»Bis du deine Geschichte *geworden* bist, wirst du vorwärts und rückwärts taumeln wie ein Betrunkener«, sagte Sabazius. »Erst wenn du deine Geschichte geworden bist, wenn du alles, was du bist, zu einer verständlichen und mitteilbaren Form des Seins zusammengeschweißt hast, wirst du dein eigenes Wort werden. Und wenn du dein Wort geworden bist, wirst du ein Fühlender sein.«

Ich zitterte.

»Halt dich ruhig.«

»Ich schaff es nicht.«

»Du sollst es nicht ›schaffen‹.«

»Wille?«

Das Wort rollte wie von selbst aus meinem Mund, und als es sich im Zimmer abgesetzt hatte, fand ich mich am Fenster wieder.

Sabazius lächelte über meinen Gesichtsausdruck.

»Wie bin ich hierher gekommen?«

»Weißt du es nicht?«

Ich hatte aufstehen wollen, um zu sehen, wie die Stadt aussieht, wenn sie in Freude gebadet ist, aber ich hatte mich nicht wirklich bewegt, jedenfalls nicht körperlich; trotzdem stand ich jetzt am Fenster, zwei Meter von der Stelle entfernt, wo ich gesessen hatte. Ich schaute dorthin, aber anstatt die Stelle zu sehen, stand ich nun plötzlich wieder dort und schaute zum Fenster hinüber.

Sabazius lachte, bis ihm die Tränen über die Backen liefen. »Hör auf!« japste er.

»Ich weiß aber nicht wie!«

Ich saß jetzt neben ihm auf dem Sofa. Immer noch lachend nahm er

meine Hand und schlug mir mit seiner anderen Hand dreimal leicht auf die Stirn.
»Atmen«, kommandierte er.
Ich saugte Luft ein und dehnte die Brust.
»Jetzt langsam ausatmen.«
In meinem Kopf ein dichter Funkenflug.
»Noch mal!«
Ich atmete vier oder fünf Minuten so weiter. Beim Einatmen stoben die Funken jedesmal auf mich zu, und beim Ausatmen schienen sie wie Wasserstrahlen eines Springbrunnens nach rechts und links aus meinen Augen zu schießen.
»Jetzt verstehe ich«, sagte ich. »Als du mir neulich die Zigarette angeboten hast, bist du durch den Willen gekommen und wieder gegangen.«
»Stimmt.«
Ich saß völlig still und sah ihn an. »Ich muß jetzt nicht mehr in die Fabrik, nicht wahr?«
Sabazius dachte einige Sekunden nach, erwog meine Situation. »Nein, ich glaube nicht«, sagte er.
»Was ist die Fabrik?«
»Die Fabrik ist eine Schule.«
»Was für eine Schule?«
»Einer der letzten Orte, wo ein Mensch lernen kann zu fühlen.«
»Und das Mädchen, das bei dem kleinen Mann war?«
»Eine Schülerin wie du, aber weiter fortgeschritten.«
»Und der Türke?«
»Der Türke ist, was ich dir gesagt habe – ein gebrochener Machtmensch, ein Mann, dessen Geschichte einen dunklen Punkt hatte.«
»Und was passiert jetzt mit mir?«
»Ich weiß nicht«, sagte Sabazius. »Innerhalb weniger Wochen bist du ein Gesicht und schon teilweise ein Körper geworden; aber es kann den ganzen Rest deines Lebens dauern, alle Teile deiner Geschichte zusammenzufügen.«
»Wirst du weiterhin mein Lehrer sein?«
»Ich werde es sein, bis du mich nicht mehr brauchst.«
»Und wie kann man wissen, wann das der Fall ist?«
»Du wirst es wissen, weil du es dir selbst sagen wirst.«
»Und dann?«
»Dann wirst du durch die Welt ziehen.«
»Allein?«
»Ein Fühlender ist nie allein. Er hat Licht und Liebe zur Gesellschaft.

Er ist immer unter Menschen, damit sie für einen Augenblick sehen und fühlen können, was um sie her und in ihnen wirklich existiert. Er hat kein Zuhause, kein Bett und kein Kissen; was er tut, was er denkt, fügt der Geschichte der Menschheit nur Momente der Wirklichkeit hinzu.«

Ich lächelte, denn mehrere Dinge hatten sich plötzlich zusammengefügt. »Die Firma, für die du arbeitest«, sagte ich in Erinnerung an unser erstes Gespräch, »ich glaube, ich weiß jetzt, was sie ist.«

»Was weißt du?«

»Es gibt keine Firma, nur Fühlende, die voneinander wissen und demselben Weg folgen.«

»Wir sind wie *ein* Mensch«, antwortete er.

»Wann kann ich zu euch stoßen?«

»Wenn du so weit bist.«

»Ich fühle mich plötzlich sehr weit von euch entfernt.«

»Das kann man nur zu jemandem sagen, dem man sehr nahe ist. Was dir den Weg zeigt, ist dein Wissen von deinem Unwissen. Wüßtest du das nicht, dann wärst du jetzt noch ein Narr, der im Wachtraum lebt.«

»Es ist alles ... furchterregend.«

»Wahre Furcht ist Weisheit. Ohne wahre Furcht ist ein Mensch nichts.«

Unbegreiflich zeitloses Universum. Ich spürte es schattenhaft um mich her. Ich saß neben Sabazius, und der Raum wurde langsam dunkel, schmolz aus dem Nichts der visuellen Sichtbarkeit weg und wurde wirklich. Da sah ich mein Dreieck wieder, nur enthielt es diesmal mehr Blüten und weniger grünes Gerank, und oben, am äußersten Rand, erspähte ich eine Ahnung von blauem Himmel, nur eine Andeutung, ein Widerschein von etwas anderem.

Und dann kam der erste wirkliche Schmerz.

Etwas blitzte aus diesem Blau heraus und drang in mich ein. Ich würgte innerlich daran und versuchte es mit dem Bewußtsein zu schlucken, aber es ging nicht. Der Schmerz wuchs. Ich schrie auf, schwebend in dieser seidigen Dunkelheit, und spürte, wie die Stücke meiner Geschichte sich knirschend aneinander rieben. Gewiß würde ich sterben. Ich würde sterben, und es wäre vorbei, nicht mit einem Brüllen, sondern mit Entsetzensschreien, sterben im äußersten Entsetzen angesichts einer zu früh gesehenen, zu früh eröffneten unfertigen Geschichte.

Tränen.

Riesige Säuretränen, die sich durch mich hindurch und in mein Sein

brennen ... das kann kein Mensch überleben ... aber was gibt es eigentlich zu überleben ... mich?
Lachen.
Es dauerte eine Weile, bis ich merkte, daß es mein eigenes Lachen war – ein leeres Lachen, das Lachen, bevor die Furcht geboren wird und ein Mensch das Ende all dessen erreicht, was er ist ... in den Stacheln des Hochmuts verfangen ... am Galgen des Selbstmitleids hängend ... ein Mensch im Angesicht des Universums.
Weißes Licht.
Als ich die Augen öffnete, lag ich an Sabazius' Brust und weinte wie ein Kind. Ich schluchzte all den Haß, die Überheblichkeit, das Mitleid, die Freude und das Grauen heraus, die ich in meinem Leben erfahren hatte. Ein Schrei stieg in mir auf und schleuderte sich ins Zimmer. Der Behälter, den ich mein Bewußtsein genannt hatte, riß auf und zerschellte wie Glas, und ein Erkennen brach sich in mir Bahn: das Wissen, daß ich mich von einer Schlafwandlerwelt hatte fesseln und knebeln und von wahrer Freude hatte ausschließen lassen.
»Laß es los«, sagte Sabazius.
Ich holte tief Luft und spürte, wie die Vision sich von mir löste und verflog, um einen anderen zu ergreifen.
»Ich bin leer«, sagte ich.
»Jetzt kannst du gefüllt werden.«
Langsam wurde ich still und allmählich lockerte und löste sich der innere Knoten. »Ist das das ›Brennen des Selbst‹?« konnte ich schließlich fragen.
Sabazius streckte mich auf dem Sofa aus, holte eine Decke aus dem Schlafzimmer und deckte mich zu. »Was erwartest du?« sagte er und lächelte auf mich herunter. »Willst du vielleicht ohne Schmerzen geboren werden?«
Ich konnte nichts darauf antworten.
»Die Geburt ist etwas Herrliches«, sagte er. »Wenn ein Mensch geboren wird, singt das ganze Universum. Vielleicht wirst du dieses Lied bald hören, im Schlaf, ganz leise, wie von einer schönen Frau in dein Ohr gesummt.« Er lachte leise. »Und weißt du, was das ist? Es sind die Planeten, die sich im Vorbeiziehen etwas zurufen, das Lächeln weit entfernter Sterne, atmende Galaxien, überall strömende Energie und über allem das Anderswo in seinem immerwährenden Begreifen.«
Ich rätselte an seinen Worten herum und fragte mich, ob sie wörtlich zu nehmen seien. Konnten Sterne wirklich lächeln oder Galaxien atmen? Aber das war im Augenblick alles zuviel für mich. Im

Augenblick wußte ich nur eins: daß ich vollkommen leer war. Noch nie hatte ich mich so leer gefühlt; aber es war eine saubere Leere, ein zutiefst befriedigendes Wissen, daß ich zumindest im Augenblick frei von allem Träumen war. Ich schloß die Augen, riß sie jedoch gleich darauf staunend wieder auf, denn innen hatte ich ein mit dem äußeren identisches Bild gesehen. Ich schloß die Augen wieder und sah Sabazius, wie er hinter dem Sofa stand. Ich lachte kopfschüttelnd und erzählte ihm davon.

»Das ist dynamisches Sehen«, sagte er ohne sonderliches Interesse. »Das wird wahrscheinlich in ein paar Stunden vergehen.«

»Aber es ist doch phantastisch!«

»Es ist nichts.«

Mein Bewußtsein war wie ein Kristall. Ich konnte an irgend etwas denken, und sofort erschien es. Zufällig fiel mir etwas ein, das ich vor Jahren in einem Buch gelesen hatte, und augenblicklich erschien das Buch, an der betreffenden Stelle aufgeschlagen und klar lesbar vor mir. Das war totale Erinnerung. Schnell hatte ich herausgefunden, daß ich dasselbe auch mit Orten und Menschen tun konnte, und ich besuchte in wenigen Minuten noch einmal Afrika, sah Sabazius auf die Bäume zurennen, schaute mir auf der Oxford Street das menschliche Feuerwerk an und reproduzierte Kindheitsfreunde, komplett mit Schulmützen und kurzen Hosen. Kein Wunder, daß Sabazius meine Fragen so schlagfertig beantworten konnte: die Antworten standen jederzeit fertig und detailliert in seinem Bewußtsein bereit. Wenn das dynamisches Sehen war, dann wünschte ich es mir mehr als alles andere. Schon dachte ich an alles mögliche, was ich damit anfangen konnte, Prüfungen bestehen, akademische Titel erwerben, die Menschen mit Stegreifzitaten längerer Passagen oder, falls gewünscht, ganzer Bücher in Erstaunen versetzen. Ich könnte über Nacht zum Genie werden! Ich könnte ...

»Woran denkst du?« fragte Sabazius.

»Ich dachte, wie praktisch so eine Art zu sehen doch wäre, wenn ich ...«

»Ja?«

Ich wurde rot und konnte ihn nicht ansehen.

»Du denkst daran, wie *mächtig* du sein könntest«, sagte er. »Du dachtest an all die Leute, die du beeindrucken, an all die Wunder, die du vollbringen könntest.«

In meinem Kopf pochte und schmerzte es.

»Das ist Macht«, sagte er. »So verliert ein Mensch seinen Weg.«

Ich holte tief Luft und sah ihm ins Gesicht. »Ich bin froh, daß es

wieder vergeht«, sagte ich, nicht ganz sicher, ob ich das auch so meinte. »Ich bin noch nicht darauf vorbereitet.«
»Manche Menschen werden nie reif dazu«, antwortete er. »Und manche finden zwar den Weg und gehen ihn ein Stückweit, biegen dann aber ab und suchen Macht und immer mehr Macht.« Er musterte mich eine ganze Weile und sagte dann: »Ich weiß noch nicht, was für einer du bist.«

11. *Mein Grab – ein Paradies*

Es war halb drei in der Früh, stockdunkel und dicht bewölkt. Ich stand mit Sabazius an jener ungenutzten Stelle meines Gartens, wohin ich normalerweise die Steine warf, die beim Harken anfielen.
»Ja, da drüben«, sagte er und zeigte auf eine Stelle etwas links von mir. »Da wirst du es finden … alles bestens.«
»Wie kannst du wissen, daß da irgendwas in der Erde liegt?« fragte ich, denn Sabazius konnte unmöglich je zuvor in meinem Garten gewesen sein.
»›Wissen‹ kann man nicht sagen«, meinte er, »aber ich vermute, daß es da ist.«
»Was soll ich denn nun eigentlich finden?«
»Wer kann das wissen?«
Ich scharrte die kleinen Steine an der Oberfläche mit dem Fuß weg und fragte: »Soll ich einfach anfangen zu graben?«
»Nicht gleich. Erst mußt du eine Stunde lang auf der Stelle sitzen.«
»Eine Stunde!«
»Was ist eine Stunde für einen Mann, der den Tod überwinden will …?«
»Wozu ist es denn notwendig, auf der Stelle zu sitzen?« fragte ich und spürte dabei die ersten Regentropfen im Gesicht. »Sollten wir nicht lieber unsere Mäntel holen?«
»Wozu?«
»Ich bin nicht gerade versessen darauf, pitschnaß zu werden.«
»Wenn du einen Mantel trägst, wirst du nicht finden, was du suchst. Ich werde bei dir bleiben, aber wir dürfen nicht sprechen, also hör jetzt genau zu. Erstens darfst du nicht auf deine Uhr sehen, bis du absolut sicher bist, daß die Stunde um ist. Wenn du auch nur eine

Minute zu früh auf die Uhr siehst, mußt du eine weitere Stunde sitzen; also keine Ungeduld, sonst sitzt du die ganze Nacht hier. Wenn die Stunde aber um ist, mußt du sofort mit Graben anfangen.«
»Wie tief?«
»Einen knappen Meter, und so breit, daß du dich hineinkauern kannst. Wenn das Loch tief genug ist, und du gefunden hast, was du suchst, mußt du eine weitere Stunde in dem Loch stehen, und für diese zweite Stunde gilt dasselbe wie für die erste. Hast du verstanden?«
»Ich glaube, ja.«
»Wo willst du hin?«
»Meinen Spaten holen.«
»Den brauchst du jetzt nicht, nimm das hier«, sagte er und gab mir einen kleinen, flachen Stein. »Du wirst sehen, der genügt vollkommen.«
»Aber dann dauert es ja Stunden!« rief ich. »Wieso kann ich denn kein anständiges Werkzeug benutzen?«
»Weil du damit beschädigen würdest, was in dem Loch ist, und das darf auf keinen Fall passieren.«
Der Regen fiel jetzt stetig und lief mir von der Stirn herab in die Augen. Und das würde sicher die ganze Nacht so bleiben.
»Setz dich«, sagte Sabazius.
Ich wollte noch fragen, ob ich mich wenigstens auf ein Stück Holz setzen könne, aber ein Blick in sein Gesicht ließ mich darauf verzichten. Ich setzte mich auf die Stelle, die er mir zeigte, und ergab mich seiner undurchschaubaren Logik.
»Wir müssen jetzt schweigen«, sagte er und setzte sich fünf oder sechs Schritte weiter ebenfalls hin, aber nicht mit dem Gesicht, sondern mit dem Rücken zu mir. Sein Kopf fiel vornüber, und es sah aus, als sei er augenblicklich eingeschlafen.
Da saß ich nun, meine Sachen saugten sich langsam voll, Hände und Gesicht schienen gefühllos zu werden. Mein Kopf war leer, abgesehen von einer leisen Neugier auf das, was ich in dem Loch finden würde. Was konnte das sein? Und was würde ich damit tun, wenn ich es fand? Ob Sabazius es vielleicht heimlich selbst hier vergraben hatte? Ich lächelte. In dem Fall wäre die Erde sicher locker und ich könnte sie leicht wieder aufgraben. Vielleicht hatte er daran nicht gedacht. Andererseits dachte er aber im allgemeinen an alles ... Der Impuls, auf meine Uhr zu schauen, überrumpelte mich. Bevor ich richtig merkte, was geschah, hatte ich das Zifferblatt schon vor Augen und gesehen – daß die Stunde noch nicht um war. Mist! Jetzt

mußte ich zwei Stunden sitzen. Oder nur eine weitere Stunde von dem Moment an, wo ich auf die Uhr geschaut hatte? Keine Ahnung. Ich mußte eine Entscheidung fällen, und wenn ich mich falsch entschied, würde ich Sabazius verärgern. Ich dachte eine ganze Zeitlang darüber nach und merkte dann, daß ich jedes Zeitgefühl verloren hatte und vermutlich noch einen Fehler machen würde, wenn ich auf die Uhr schaute. Schließlich entschloß ich mich, zwei Stunden sitzen zu bleiben; wenn ich aufmerksam blieb, konnte es vielleicht mit insgesamt drei Stunden getan sein.

Nach ungefähr einer Stunde war ich so durchnäßt und ausgekühlt, daß ich das Zittern nicht mehr unterdrücken konnte. Was würde wohl passieren, wenn ich jetzt einfach anfing zu graben? Würde Sabazius es besser wissen? Würde das, was ich suchte, sich noch tiefer ins Geheimnisvolle verflüchtigen? Ich entschied mich dagegen und versuchte ohne viel Erfolg, mein Bewußtsein gesammelt zu halten.

Sabazius hatte keinen Muskel bewegt, seit er sich hingesetzt hatte. Er sah aus wie ein schwarzer Felsen oder ein Baumstumpf. Ich starrte seinen Rücken an und fragte mich, ob er über irgend etwas nachdachte oder in eine Region des Geistes eingetreten war, die nur Fühlende kannten.

Um mich vor dem Gefühl tödlicher Langeweile zu bewahren, atmete ich in einem langsamen, stetigen Rhythmus und versuchte, drei Geräusche gleichzeitig zu hören und zu halten. Erstaunlicherweise ließ mich das im Sitzen einschlafen, und ich fing mich erst, als ich schon fast mit dem Gesicht in der Matschpfütze lag, die sich um mich herum gebildet hatte. Da erst wurde mir auch wirklich klar, in welcher Lage ich mich befand: der untere Teil meines Körpers war nämlich völlig gefühllos geworden, und diese Taubheit kroch mir langsam in die Brust hoch. Selbst wenn ich fand, was ich suchte, würde ich den nächsten Tag wohl nicht überleben.

Aber Sabazius mußte auch taub vor Kälte sein.

Ich starrte zu ihm hinüber, als könnte ich dort sehen, weshalb er mich solchen Strapazen unterwarf.

Das war doch alles albern! Welcher Mensch, der noch ganz richtig im Kopf ist, läßt sich von einem anderen etwas derart Unsinniges aufzwingen? Was würde ich davon haben, hier die ganze Nacht zu sitzen? Wollte er, daß ich mir den Tod holte? An dem Punkt fiel mir ein, was er zuvor gesagt hatte: Was ist eine Stunde für einen Mann, der den Tod überwinden will ...?

Vielleicht hatte das Ganze doch einen – wenn auch versteckten – Sinn. Wenn ich Sabazius bewies, daß ich Regen, Kälte und Taubheit aushielt, würde er vielleicht neue Pforten der Offenbarung öffnen, mich in neue Wahrheiten einweihen. Ich lachte über mich selbst. Ich war jetzt so weit, alles, was er tat, damit zu rechtfertigen, daß er ein Fühlender war. Er hatte recht, ich hatte ihn zu einer Art Formel gemacht. Aber er *war* ein Fühlender, und seine Lehrmethoden waren oft äußerst eigenwillig, unbegreiflich.

Ich blieb also sitzen, und während sich die Minuten langsam zu der Zeit reihten, die ich durch meine Bockigkeit selbst vorgegeben hatte, stieg – neben der Kältestarre – ein Gefühl des Friedens in mir auf, und als ich auf meine Uhr schaute, sagten die Zeiger: ans Werk.

Die etwa fünfzehn Zentimeter tief durchweichte obere Erdschicht war bald weggeräumt, aber bei der harten, kiesdurchsetzten Erdschicht darunter, mußte ich den kleinen Stein, den Sabazius mir gegeben hatte, wie ein Steinbeil ohne Stiel verwenden. Was ich losscharrte, verwandelte der Regen sofort in Schlamm, und es war gar nicht so einfach, diese Masse nach draußen zu befördern. Nach schier endlos langer Wühlarbeit schaute ich mir an, was ich geschafft hatte. Der Umfang der Grube war ausreichend, aber sie war immer noch jämmerlich flach, weil ich auf eine Lage Ziegelabfälle gestoßen war, von einer armdicken Baumwurzel ganz zu schweigen. Noch während ich da saß, rann das Regenwasser unter mir zusammen und drohte mein Werk unsichtbar zu machen.

Ich sah zu Sabazius hinüber.

Wieder stieg Verzweiflung würgend in mir hoch.

Was konnte so wichtig sein, daß ich mich dafür wie ein Idiot verhalten mußte? Und nicht genug damit, war es, wie Sabazius gesagt hatte, nicht einmal sicher, ob ich an dieser Stelle finden würde, was ich suchte. Kratzte, wühlte und schaufelte ich hier mit meinen Händen etwa... für nichts? Mit wenig Begeisterung fing ich wieder an, das Loch zu vertiefen. Vielleicht hatte er das nur gesagt, um eben dieses Gefühl in mir zu erzeugen. Ich legte die Wurzel frei, klaubte die in ihrem Bett festgesaugten Ziegelstücke heraus und schnaufte achtlos durch zusammengebissene Zähne.

Schließlich erreichte ich ungeachtet der Elemente und meiner schlotternden Gliedmaßen eine Tiefe von etwa einem Meter. Ich tastete mit den Fingern in der dunklen Brühe am Grund der Grube herum, um das zu finden, was ich hier suchen sollte. Aber ich fand nur weitere Ziegel und Erde, Kälte und Taubheit. Langsam und schmerzhaft richtete ich mich auf. Sollte ich Sabazius sagen, daß ich nichts gefunden hatte, daß es nichts zu finden gab?

Sechs Uhr achtunddreißig.

Dann ging mir mein zweites Problem auf. Sollte ich auf jeden Fall in der Grube stehenbleiben, oder nur, wenn ich das Gesuchte gefunden hatte? Sollte ich ihn fragen? Großer Kummer überkam mich, tiefer Kummer über mich selbst und alles, was ich durchgemacht hatte. War es nicht egal, ob ich eine Stunde, einen Tag oder ein Jahr in diesem Loch stand? Und wenn ich einfach wegging, wäre es auch dasselbe – oder nicht? Ich kletterte heraus, sah kurz zu Sabazius hinüber, und beschloß, ihn in seiner sinnlosen Nachtwache alleinzulassen. Was ich jetzt brauchte, war ein Bad und einen Becher heißen Kaffee ... oh, was hätte ich für einen heißen Kaffee gegeben!

Ich war erst zwei Meter von der Grube entfernt, als mich die Übelkeit so jäh überfiel, daß ich mich krümmte. Ich sank in die Knie, klammerte die Arme um den Bauch und wiegte mich hin und her. Das konnte nur ein Magenkrampf sein. Sobald der Schmerz ein wenig nachließ, würde ich schleunigst nach oben gehen und erst mal einen Whisky trinken. Ich wußte zwar nicht, ob der meinem Magen helfen würde, aber wenigstens würde er mich ein bißchen wärmen.

Immer wenn ich mich jedoch der kleinen Treppe zu nähern versuchte, nahm der Schmerz zu; schließlich wurde er so heftig, daß ich glaubte, der Tod, dem ich gerade zu entgehen versuchte, würde mich jetzt hier ereilen.

Der Tod!

Da fiel mir wieder ein, weshalb ich das Loch gegraben und stundenlang in durchweichter Stille ausgeharrt hatte. Ich stahl mich nicht nur von Sabazius weg, sondern kehrte der ganzen Aufgabe den Rücken. Andererseits waren solche hehren Gedanken zwar gut und schön, aber würden sie mich vor Krankheit, vor immer mehr Schmerz und Leiden in der Zukunft bewahren? Ich schaute zur Treppe und dann zur Grube und dachte: Na gut, ich habe also nicht gefunden, was ich suchte, aber ist das wirklich so schlimm, brauche ich denn unbedingt ein greifbares Ergebnis? Sabazius selbst hatte einmal geglaubt, daß jede Aufgabe ein Endergebnis braucht, und dann entdeckt, wie ich jetzt entdeckte, daß das Ausführen der Aufgabe das Ergebnis war. Die Aufgabe, die Sabazius mir gegeben hatte, war noch nicht ausgeführt. An dieser Stelle kam mir ein sehr merkwürdiger Gedanke, der zwar mit der augenblicklichen Lage zu tun hatte, aber nicht unbedingt mit dem Mann, für den ich mich hielt: Wenn ich schon sterbe, sagte ich mir mit grimmiger Entschlossenheit, kann ich ja genau so gut in dem Grab sterben, das ich eigenhändig ausgehoben habe ...

Der Schmerz verflog.

Ich wischte mir Wasser und Schmutz vom Gesicht und ging zur

Grube zurück. Das Wasser stand knöcheltief darin. Ich starrte einige Sekunden lang hinunter, erwog noch einmal den Sinn oder Unsinn – und stieg hinein.

Freude, überwältigende Freude!

Mein schwarzes, feuchtes Grab war das Paradies! Ich war ganz Peter Derwent, stand auf der Erde, dieser riesengroßen, lebendigen, pulsierenden Erde, von der ich ein Teil und doch durch das Bewußtsein seltsam getrennt war. Ich war Erde, aber ich war auch Licht; ich war Bewußtsein, aber ich war auch Bewußtsein »von«.

Und dann nichts mehr.

Als ich wieder zu mir kam, war ich nicht mehr in der Grube. Sabazius hatte mich in die Wohnung hinaufgetragen, von Kopf bis Fuß gewaschen und ins warme Bett gelegt. Als ich die Augen blinzelnd öffnete, begann er zu lachen.

»Wie fühlst du dich?« fragte er, ein breites Lächeln im Gesicht.

»Erledigt...«

»Erzähl mir, was passiert ist.«

»Weißt du es nicht?«

»Ich möchte es von dir hören.«

Ganz langsam berichtete ich von jedem Abschnitt des Kampfs, von jedem Gedanken und jedem Fluch, der mir in den Sinn gekommen war.

»Und doch hast du *gearbeitet*!« sagte er staunend.

»Hast du das nicht erwartet?«

»Ich erwarte nichts«, sagte er, »dann bin ich auch nicht enttäuscht.«

»Ich hab aber nichts gefunden«, sagte ich und fragte mich, ob das den Wert meiner Bemühungen schmälerte.

»O doch!«

»Jedenfalls nichts Greifbares.«

»Du hast etwas ebenso Greifbares wie Ungreifbares gefunden. Weißt du das nicht?«

»Ich habe nicht die geringste Ahnung.«

Er zog mit einem Ruck die Bettdecke weg. »Um *das* aus deiner Hand zu bekommen, hätte ich sie mit dem Messer aufschneiden müssen!«

In meiner Hand war mein kleiner Stein.

»Aber den hatte ich doch schon am Anfang«, sagte ich. »Ich habe ihn nicht gefunden.«

»Er hat dich gefunden.«

»Ich hatte ihn nicht in der Hand, als ich vom Loch wegging, das weiß ich genau.«

»Er war in deiner Hand, als ich dich nach oben trug.«

»Ich kann mich nicht erinnern, ihn genommen zu haben.«
»Dann muß er in deine Hand gesprungen sein.«
»Wie kann ein Steinchen in meine Hand springen?«
»Wie kann ein Mensch sich durch bloßen Willen quer durchs Zimmer bewegen oder in Sekunden zu den Rhodope-Bergen reisen?« war seine Antwort.
»Also *ist* er gesprungen?«
»Das ist gleichgültig. Er ist gesprungen, oder du hast ihn wiedergefunden und in die Hand genommen.«
Jetzt verstand ich, was er mit »finden« meinte. »Hat es mit dem Stein eine besondere Bewandtnis?« fragte ich.
»Der Stein ist *aus* dir, und du bist *aus* dem Stein. Alle Fühlenden haben einen Stein.«
»Wozu benutzt ihr ihn?«
»Wir benutzen ihn für gar nichts, so wenig wir uns selbst benutzen. Der Stein *ist*, und wir *sind*.«
»Was fang ich dann damit an?«
Sabazius lachte in sich hinein und setzte sich aufs Bett. »Das ist ein ganz besonderer Stein«, sagte er achtungsvoll. »Du mußt ihn stets bei dir tragen. Wenn ein Fühlender seinen Stein verliert oder zerbricht, stirbt er augenblicklich, denn der Stein ist ein Teil von ihm, und wenn er zerbricht, zerbricht der Mensch auch.«
»Wie kommt das?«
»Der Stein enthält seinen Willen.«
»Aber der Wille gehört doch zum Menschen!«
»Natürlich, aber ohne den Stein kann der Mensch seinen Willen nicht steuern. Der Stein ist ein Symbol des Anderswo, und der Wille des Menschen ist vom Anderswo abhängig. Wenn ein Mensch mit dem Anderswo zusammenarbeitet, dann kann er seinen Willen meistern, denn es ist der Wille des Anderswo, der in ihm manifest wird. Ohne den Stein ist der Wille eines Menschen nicht wirklich *sein* Wille.«
»Soll ich ihn immer in der Tasche tragen?«
»Nein, nein«, sagte Sabazius. »Du mußt einen Anhänger aus ihm machen und was dabei abfällt, jedes Körnchen, zu einem Pulver verarbeiten.«
»Wozu ist das Pulver gut?«
»Das ist etwas anderes. Wenn du so weit bist, falls du es je sein wirst, werde ich es dir sagen. Jetzt mußt du erst mal schlafen, denn für heute abend haben wir ein paar Experimente mit dem Willen vor, und dazu wirst du eine Menge Energie benötigen.«
So schlief ich also ein, den Stein fest in meiner halb gewaschenen

Hand. Ich schlief sehr tief und wachte nach zwölf Stunden erfrischt wieder auf.
Als ich etwas gegessen hatte, ließ Sabazius mich auf dem Teppich hinknien, und ich mußte die Hände auf die Oberschenkel legen. Ich sollte zwischen den Händen auf den Boden schauen, dabei jedoch beide Hände zugleich wahrnehmen.
Es dauerte fast eine Dreiviertelstunde, bis ich ein undeutliches Flimmern wahrnahm.
»Da ist etwas«, sagte ich, »aber sehr verschwommen.«
»Es wird deutlicher, wenn du dich richtig darauf sammelst«, sagte er hinter mir. »Schau es einfach entspannt an.«
Ich versuchte entspannt zu schauen.
Das Flimmern nahm langsam die Gestalt eines Doppelkegels an, von Spitze zu Spitze etwa zehn Zentimeter lang. Ich sah ihn nicht direkt auf dem Teppich, sondern etwas darüber. Er bestand aus kleinen Energiepunkten, silberne Glühwürmchen, die in dieser Form herumzufliegen schienen. Ich beschrieb Sabazius, was ich sah.
»Das«, sagte er, »ist dein manifest gemachter Wille. Es ist der feine Schnittpunkt des Blicks, die Linie des projizierten Sehens.«
»Und wozu braucht man das?«
»Damit ›sieht‹ ein Fühlender. Wenn er ein Ding oder einen Menschen in unserem besonderen Sinn anschaut, dann schaut er durch diesen Punkt. Auch wenn er in die Ferne schaut, legt seine Perspektive automatisch fest, wo der Punkt des Willens liegen wird, und selbst wenn er diesen Schnittpunkt nicht mehr visuell sieht, ist er sich seiner Existenz bewußt und deshalb dynamisch mit ihm verknüpft.«
Mir war das noch nicht ganz klar, und ich fragte: »Aber wenn alle so einen Punkt des Willens haben, warum entdecken sie ihn dann nicht?«
»Weil sie ständig ›außer sich‹ sind«, erwiderte Sabazius. »In ihrem Wachtraum zerstreuen sie die dafür erforderliche Energie in alle Richtungen. Sie sammeln sich nie auf etwas, sie hören und berühren nie etwas. Außer in ganz seltenen Augenblicken werden sie ständig von den Energien der Welt hierhin und dahin getragen. Nähert sich ein Mensch aber der Region des Selbst, dann errichtet er etwas um sich, das ihn bei sich selbst hält, und dann können seine natürlichen Energien sich in Ruhe bilden und akkumulieren. Sobald er jedoch wieder in den Wachtraum eintritt, verfliegen diese Energien wieder in alle vier Winde.«
»Und wenn er über längere Zeit bewußt bleibt?«
»Seine Energien erlauben ihm, immer länger wach zu bleiben, und je

wacher er wird, desto mehr werden ihm seine Augenblicke des Schlafs bewußt.«

»Bis er schließlich vollkommen wach ist.«

»Wenn ein Mensch vollkommen wach ist, dann besteht er gänzlich aus Selbst-Erkenntnis, weil er dann die Gesamtheit seiner Geschichte auf diesem Planeten geworden ist. Von jetzt an geht er mit äußerster Behutsamkeit und Achtsamkeit auf den Ausgang aus dem physischen Leben zu.«

Mein Doppelkegel des Willens verschwand. »Er ist weg!« rief ich. »Hat sich einfach aufgelöst.«

»Dafür sind drei Gründe möglich«, hakte Sabazius sofort ein, »und du mußt jederzeit wissen oder herauszufinden versuchen, welcher gerade zutrifft. Es kann sein, daß du ihn abgeschaltet hast und dich dynamisch etwas anderem zuwendest; oder du schaust ihn nicht direkt an, sondern durch ihn in die Ferne; oder du bist in den Wachträumen zurückgefallen. Das Zurückgleiten in den Wachtraum kann jederzeit und ohne Vorwarnung geschehen, gleichgültig, was du gerade tust oder denkst – und du merkst es erst, wenn du plötzlich wieder aufwachst. Deshalb mußt du lernen, Worte aufzunehmen, anstatt zu ihnen hinauszufliegen; du mußt alle Eindrücke der Welt in dich aufnehmen, anstatt ihnen da draußen zu begegnen.«

»Das klingt, als könnte man es unmöglich schaffen«, sagte ich. Mit jedem Schritt schien alles noch komplizierter zu werden. »Kann ein Mensch wirklich ununterbrochen auf so vielen Ebenen gleichzeitig gegenwärtig sein?«

»Wenn er es nicht kann, bleibt er bis zu seinem Tod eine biologische Maschine.«

12. *Ich schneide den Stein*

Sabazius ließ mich den Stein die nächsten Tage bei mir tragen. Am Morgen des dritten Tages sagte er, es sei Zeit, den Anhänger zu machen. Ich hielt mich genau an seine Anweisungen und wusch den Stein in lauwarmem Salzwasser; dann schabte ich mit einem frisch geschnittenen Holzspan aus dem Garten unter einer kleinen Lupe alle Reste von Erde aus den Adern und kleinen Vertiefungen. Als er mit dem Stein zufrieden war (er faßte ihn selbst nicht an), reichte er mir ein etwa zwanzig Zentimeter langes Metallstück – einer Feile nicht unähnlich, nur waren die Grate am Rand von Hand eingeschlagen – und sagte, ich solle den Stein in zwei Stücke schneiden, wobei das Oberteil genau ein Drittel und das Unterteil zwei Drittel ausmachen sollten. Um ganz sicher zu gehen, ließ er mich den Stein mit einem hölzernen Lineal ausmessen. Ich markierte die Stelle, und er schärfte mir ein, mit unendlicher Sorgfalt zu arbeiten und jeden Strich der Feile in Richtung auf meinen Körper zu führen. Um meiner Konzentration auf die Sprünge zu helfen, streute er so nebenbei ein, wenn ich die Arbeit verpatzte und der Stein irgendwo brach, dann würde ich entweder sterben oder furchtbar krank und wahrscheinlich nicht wieder gesund werden.

Damit nichts verlorengehen konnte, legte er ein Blatt Papier auf mein Küchenbrett und das Brett auf den Tisch, den er ans Fenster rückte, wo die Morgensonne durch die Wolken blinzelte. Auf keinen Fall durfte mein Schatten auf den Stein fallen, also mußte ich ganz aufrecht sitzen und die Arme vor dem Körper halten. Anfangs ging das Feilen ganz leicht, aber nach einer Stunde nahm jeder Strich die Ausmaße eines Kraftakts an, und zu meinem noch größeren Entsetzen hatte der Stein die Feile stumpf gemacht.

»Ich komme überhaupt nicht voran«, klagte ich. »Es ist kaum ein Ritzchen zu sehen.«

»Du mußt daran denken«, sagte Sabazius, »daß es kein gewöhnlicher Stein ist. Er enthält deinen Willen, also mußt du ihn mit dem Willen schneiden; du mußt der Feile deinen Willen eingeben, so daß jeder Strich Bedeutung gewinnt.«

»Wie soll ich das machen?«

»Das mußt du schon selbst herausfinden. Wenn du es nicht herausfindest, wird der Stein dir bis in alle Ewigkeit Widerstand leisten.«

Nach drei Stunden war ich völlig erschöpft und hatte erst ein Drittel der Dicke meines Steins überwunden. Wenn es in diesem Tempo weiterging, würde ich neun Stunden brauchen. Dieser Gedanke ließ mich innehalten.

»Was ist los?« fragte Sabazius.

»Ich kann meine Arme kaum noch hochhalten.«

Er sah mich durchdringend an und sagte dann: »Kein Mensch wird jemals Selbst-Erkenntnis erlangen, solange er nicht *Herz* hineinlegt. Wenn du nicht das Herz hast, den Stein zu schneiden, bist du erledigt.«

»Aber er sträubt sich wie verrückt.«

»Genau das sollte dein Anhaltspunkt sein.«

»Wie meinst du das?«
»Denk darüber nach.«
Ich betrachtete seine Aussage aus jedem denkbaren Blickwinkel, wendete sie hin und her, und dann stieg plötzlich ein Gedanke an die Oberfläche meines Bewußtseins. Wenn der Stein meinen Willen enthielt, dann *war* ich irgendwie dieser Stein! In Wirklichkeit widerstand mir also nicht der Stein, sondern ich selbst widerstand mir! Wenn ich mir aber *wider*stehen konnte, dann konnte ich mir auch *bei*stehen, also mußte ich selbst durch die Feile bewußt in den Stein – in mich – eindringen und *mich* schneiden lassen ...
Der nächste Strich mit der Feile riß mich fast vom Stuhl, denn es war, als würde mein Körper von einer Axt gespalten.
»Laß ihn nicht fallen!« brüllte Sabazius.
Ich biß mir in die Unterlippe, bis Blut floß.
»Jetzt weißt du, wie man den Stein schneidet«, sagte er dann wieder ganz ruhig. »Aber wenn du ihn fallenläßt, zerbrichst oder verkratzt, wirst du dir wünschen, nie geboren zu sein.«
Ich holte tief Luft, legte die Feile sorgsam in den Spalt und zog. Wieder diese grauenhafte Empfindung. Es war, als stünde jedes Atom meiner körperlichen und geistigen Struktur unmittelbar vor dem Zerreißen.
»Ich glaube, ich schaff es nicht«, sagte ich und legte die geballten Fäuste auf den Tisch, um mich wieder in die Gewalt zu bekommen. »Es reißt mich in Stücke.«
»Im Gegenteil, es festigt dein Sein und gibt dir das Herz, das dir noch fehlt.«
»Aber ...«
Er runzelte die Stirn und hob die Hand. »Du hast jetzt keine Zeit zum Reden«, sagte er ernst. »Entweder du schneidest den Stein, oder du schneidest ihn nicht.«
»Gibt es denn keinen anderen Weg zum Willen?«
»Es gibt viele Wege, Millionen Wege; aber jeder Weg muß Herz haben, und wenn ein Weg Herz hat, verlangt er von einem Menschen alles, was er ist.«
»Aber wenn man Herz in eine Sache legt, dann ist man doch begeistert davon, oder nicht?«
»Die Begeisterung, die du meinst, ist Wachtraum. Damit redet man sich nur ein, man sei etwas Besonderes – und schläft weiter. Das Herz eines Menschen ist sein Lebenspuls, und wenn er Herz in eine Aufgabe legt, dann gibt er sich *ganz*.«
Ich sah den Stein an.

»Schneide ihn«, sagte Sabazius.
Ich sammelte alles, was ich war, in einem bewußten Willensakt zu einer Einheit und zog die Feile in einer langsamen, gesammelten Bewegung auf mich zu. Ein weißer Blitz schoß durch meinen Kopf, gefolgt von brennendem Schmerz – und der Stein lag in zwei Stücken vor mir, glatt durchgeschnitten wie ein Stück Käse.
Ich starrte ihn lange an und fragte schließlich: »Was ist passiert?«
»Du hast den Stein durchgeschnitten.«
»Ich weiß ... aber wie?«
»Du hast Herz hineingelegt.«
»Und wie habe ich das gemacht?«
»Du bist in den Geist der Grube eingetreten, in der du den Stein gefunden hast, und der Geist der Grube hat die Kraft gegeben.«
»Was meinst du denn mit ›Geist der Grube‹?«
»Beim Graben hast du in dir die Grundlage für Herz gelegt, du hast das verborgene Wesen des Willens erfaßt, und das Wesen des Willens gelangte in den Stein. Um das Wesen des Willens aus dem Stein freizusetzen, mußtest du in das Schneiden noch einmal Herz hineinlegen, und so hast du in dir die Struktur ›Herz‹ und im Stein das Wesen des Willens verfielfacht. Beim Schneiden hast du erlebt, wie diese beiden Dinge – Herz und Wille – plötzlich zusammenkommen, und nachdem es dir gelungen ist, den Stein zu schneiden, besitzt du jetzt die Fähigkeit, den Willen zu beherrschen und dadurch in alles, was du tust, Herz zu legen.«
»Dann kann ich jetzt alles!«
Er begann zu lachen. »Die Herrschaft über den Willen, die du durch Herz bekommen hast, dient nur dazu, daß du noch mehr Herz in dein Tun legen kannst, um noch mehr Willen zu gewinnen. Der Kreis muß geschlossen bleiben. Wenn ein Mensch den vollkommenen Willen erlangt, bevor er vollkommen Herz geworden ist, dann ist er auf dem Weg in die Katastrophe. Er hätte keine Kontrolle über ihn, seine Phantasie würde ihn in den unglaublichsten Mißbrauch des Willens treiben, und schließlich würde er auf den Irrwegen seiner Imagination selbst umkommen. Nur in einem ausgeglichenen Menschen kann ein ausgewogener Wille sein, und ein ausgeglichener Mensch ist der, der sich durch Herz in allem, was er ist, geläutert hat. Solch ein Mensch ist Meister seines Willens, weil er sein Wille *ist*.«
Immer wieder legte er mir dieselben simplen Grundsätze vor. Warum vergaß ich immer wieder, daß ein Mensch ein Mensch ist und nicht ein loses Bündel von Einzelheiten? Alles, was er sagte, zielte letztlich auf Einheit. Der Mensch war eine Einheit, und wenn er dieser Einheit

bewußt bewußt wurde, wenn er durch sie erkannte, dachte, handelte, glaubte, fühlte, wollte und bewertete, dann wurde alles möglich, denn alle Dinge bildeten diese selbe Einheit.
Sabazius ließ mich zu Ende denken und sagte dann: »Selbst ein Machtmensch muß diesem Prinzip folgen. Er muß zuerst das Prinzip Herz vervollkommnen, dann daraus den Willen entstehen lassen und sich durch alle Stufen des Bewußtseins hinaufarbeiten, bis er sie alle genommen und integriert hat – und dabei muß er ständig auf der Hut sein vor Ausrutschern, die seinen Willen außer Kontrolle geraten lassen.«
»Aber dann ist da der ›dunkle Punkt‹, von dem du gesprochen hast, nicht wahr?«
»Allerdings. Solche Menschen haben im Grunde gar nicht die Absicht, Machtmenschen zu werden. Es ist einfach ein Fehler, der sich einschleicht, während sie zu Fühlenden werden, und später erst wirkt dieser Fehler sich verhängnisvoll aus. Sie gehen also den gleichen Weg der Vereinigung durch Wandel, doch dieser Weg mündet für sie in den Zusammenbruch, in eine Art Wahnsinn, aus dem es kein Entkommen gibt, außer durch Tod und Wiederkehr.«
»Dann kann aus einer kleinen Überheblichkeit Wahnsinn werden?«
»Bei Menschen, die aufs Ganze gehen, ja. Bei den Wachträumern macht es wenig aus, denn ihre Eingebildetheit reicht nur zum Blick in den Spiegel, aber nicht zu dem Versuch, die Menschheit oder das Universum zu zerstören.«
»Ich fange an zu verstehen«, sagte ich. »Die Aufgaben, die du mir stellst, sind nicht nur dazu da, daß ich Herz in sie hineinlege, um meinen Willen zu schulen, sondern sollen auch meine Grundnatur läutern und mein Entwicklungspotential zu einer in sich gefestigten Einheit machen, damit ich über den Tod und mögliche Fehler hinausgelangen kann.«
»Ja.«
»Gelingt es dir?«
»Meinst du damit, du *hoffst*, daß es mir gelingt?«
»Auch ein bißchen.«
»Dann will ich dir mal was sagen: In dem Moment, wo ein Mensch denkt, er sei am Ziel, ist er so gut wie tot. Zu wirklichem Gelingen gehört, daß du jedes Handeln, jedes Wort und jeden Beweis deiner Erfolge anzweifelst. Nur dann entgehst du der Gefahr, daß sich während deiner Entwicklung Fehler manifestieren oder einschleichen. Man könnte fast sagen, ein Fühlender steht zwischen drei Säulen: Herz, Wille und Zweifel.«

Eben jetzt lag mein Wille in Gestalt zweier Steinchen vor mir, mein Herz war eine Grube im Garten und mein Zweifel ein Mann namens Alexis Sabazius. Es war schon recht merkwürdig, Zweifel als ein Geschenk zu bekommen.

»Aber die Sache hat noch eine andere Seite«, fuhr Sabazius fort. »Wenn ein Mensch die Säule des Zweifels errichtet hat, ist er noch längst nicht in Sicherheit, denn manchmal wird dieser Zweifel genau zu dem Fehler oder dunklen Punkt, dem er vorbeugen sollte, und anstatt seine Energien zu einer ausgewogenen Verteilung zu bringen, erzeugt er ein so starkes Verlangen nach Wachtraum, daß dieser Mensch allem, was er weiß, den Rücken kehrt. Dann gibt es den Menschen, der zwischen ernsthafter Absicht und Wachtraum hin und her pendelt, als sei der ganze Kosmos nur für ihn da. Er schaltet seine Fähigkeit zu kosmischer Schau ein und aus, wie es ihm gerade paßt, versackt im Wachtraum, wenn er müde oder hungrig ist, und macht überhaupt nur positive Anläufe, wenn schon alles zu seinen Gunsten steht. Solche Menschen sind eine Gefahr für jedermann, denn sie ziehen alles auf ihr eigenes Niveau herunter und werden zum Fallstrick für jeden, der Höheres sucht.«

»Aber was...«

»Du hast noch was zu tun«, schnitt er mir das Wort ab und deutete auf den Stein. »Vor dir liegen drei Dinge: der obere Stein, der untere Stein und das Pulver. Die beiden Steine mußt du durch Aneinanderreiben glätten und das Pulver staubfein zerstoßen. Wenn die Steine geglättet sind, müssen sie mit einem Lederriemen zusammengebunden und mit einem besonderen Firnis überzogen werden.«

»Wie lange wird das dauern?«

»Das hängt von deinem Willen ab.«

Also mußte der Wille den Willen schleifen, denn beide Steine waren ja Wille – wenn auch verschiedene Aspekte, wie ich erst viel später entdeckte. Sabazius zog die Vorhänge zu, und der Raum war jetzt fast dunkel. »Dieser Teil der Arbeit muß im Dunkeln ausgeführt werden«, sagte er. Er sah mich einige Sekunden lang an und fügte dann hinzu: »Zuerst mußt du den unteren Teil mit dem oberen glattreiben, dann mit dem geschliffenen unteren den oberen. Nur auf diese Weise kannst du den Willen meistern.«

»Und woran erkenne ich bei diesem Licht, wann die Arbeit fertig ist?«

»Du wirst die Glätte deines Willens *fühlen*.«

Ich nahm die Steine auf, den kleineren in die Rechte, und wollte anfangen.

»Noch etwas mußt du wissen«, sagte Sabazius. »Wenn du die Steine einfach so aneinander reibst, werden sie heiß, und was sie enthalten, geht verloren. Wenn du aber erst auf sie spuckst, gleiten sie leichter und werden wie Glas. Außerdem mußt du jetzt jeden Strich von dir weg führen, nicht auf dich zu.«

»Warum das?«

»Beim Schneiden mußtest du die Feile auf dich zu ziehen, damit der Wille des Steins – den du durch Hineinlegen von Herz in deine Arbeit geschaffen hast – unter deine Kontrolle kam. Die Bewegungen des Schleifens, also der Verfeinerung, müssen aber auf das Anderswo gerichtet sein, denn nur im manifest gemachten Anderswo kann dein Wille einen dynamischen Sinn haben.«

Dann bedeutete er mir mit einem Kopfnicken anzufangen.

Ich befeuchtete also die Steine mit Speichel und rieb mit unendlicher Sorgfalt den kleineren gegen den größeren. Zu meiner Erleichterung wiederholten sich die Strapazen des Schneidens dabei nicht. Die Minuten vergingen, und meine Aufmerksamkeit sammelte sich immer mehr auf jeden einzelnen Strich. Der Sinn meines Tuns wurde mir klar. Es war, wie wenn man nachts an einem großen Fenster steht: zuerst sieht man nichts, dann Sterne, dann einen blassen Widerschein, dann das Morgengrauen. Ich vergaß sogar Sabazius, so sehr hielt meine Arbeit mich gefangen. Es gab nichts als diese beiden Steine und das Geräusch des Reibens. Nichts anderes war wichtig oder kam mir in den Sinn oder verlangte meine Aufmerksamkeit. Ich spürte, wie ich bei jedem Strich auf eigenartige Weise mich selbst schliff und verfeinerte.

Als der größere der beiden Steine vollkommen glatt zu sein schien, stellte ich fest, daß auch der kleinere schon an zwei Seiten ganz glatt war. Ich tauschte sie aus und schliff jetzt den kleineren mit dem größeren, und dabei fiel mir auf, daß dieser Prozeß in beiden Richtungen zugleich ablief: das schon Geschliffene wurde noch weiter geschliffen. Die Feinheiten dieses Vorgangs hielten mich gefangen, bis beide Steine fertig waren und ich Sabazius Bescheid sagte.

Er zog die Vorhänge auf.

»Jetzt mußt du vorsichtig das Pulver sammeln«, sagte er. »Jedes Körnchen muß gespalten und immer weiter gespalten werden, bis sie nicht mehr kleiner werden können.«

»Wo soll ich das Pulver aufbewahren?«

»Ich habe eine kleine Holzschachtel für dich.«

Ich zerdrückte die Körnchen mit dem stumpfen Ende der Feile. Er gab mir die Schachtel – sie sah aus wie aus Ebenholz geschnitzt –, und ich faltete das Papier, um das Pulver hineinzuschütten.

»Das mußt du ständig bei dir tragen«, sagte Sabazius. »Das Pulver hat einen besonderen Zweck, aber den wirst du erst erfahren, wenn du bewiesen hast, daß du weise damit umgehen kannst.« Er zeigte auf die Steine. »Die mußt du jetzt zusammenbinden und firnissen.«

Das Binden erwies sich als ganz einfach. Sabazius gab mir ein schwarzes Lederriemchen und zwei Stücke Kupferdraht. Mit einem normalen Alleskleber – was für einer, war gleichgültig, nur halten mußte er – klebte ich den Riemen in einer Achterschleife um die beiden Steine (der kleinere oben) und umwickelte die Verbindungsstellen zwischen und über den Steinen mit Draht. Sabazius zeigte mir, wie man den Firnis macht.

Mit einer Nadel und meinem ungern gegebenen Einverständnis stach er mir in beide Daumen, drückte etwas Blut heraus und vermischte es mit Speichel (meinem) und etwas Pulver aus meiner Schachtel zu einer Paste. Dann zog er einen Zweig hervor, den er neben meiner Grube frisch abgeschnitten hatte, und schnitt ihn der Länge nach mit einem Messer auf. Innen fand sich, welch ein Zufall, eine kleine Tasche, gefüllt mit goldenem Harz.

»Woher wußtest du, welchen Zweig du nehmen mußt?« fragte ich.

»Alle Zweige neben dem Loch enthalten solches Harz«, sagte er, als sei das selbstverständlich. »Die Bäume machen es für dich.«

»Woher weiß ein Baum, was ich brauche?«

»Überrascht dich das?«

»Ehrlich gesagt, ja.«

»Wenn ein Mensch in sich die Einheit findet, antwortet ihm alles in seiner Umgebung, vor allem die Natur. Wenn in dieser Welt nur solche Wesen der Einheit lebten, wäre die Natur das Paradies.«

»Aber wodurch ...«

»Das wirst du später herausfinden«, unterbrach er mich. »Erst mal mußt du das jetzt in die Paste mischen und damit die Steine bestreichen. Wenn das fertig ist, mußt du den Anhänger an einen dunklen Platz hängen – er darf aber nirgends anstoßen, vor allem nicht an Metall.«

Mit dem kleinen Stecken, den ich beim Säubern des Steins verwendet hatte, mischte ich den Firnis an und siegelte die Steine unter langsamem Drehen fest ein. Das war sehr aufregend, denn hier führten meine Bemühungen das erste Mal zu einem greifbaren Ergebnis. Der Anhänger war nicht nur Schmuck – er war ein Instrument des Willens, meines Willens, und als solches von unschätzbarem Wert.

13. *Die Hülle des Schauens*

An einem kalten, windigen Morgen gegen Ende Dezember eröffnete Sabazius mir, ich hätte wichtige Arbeit zu tun. Was ich zu tun hätte, sagte er, sei dem nicht unähnlich, was ich mit dem Hagergesichtigen erlebt hatte, nur sei es nicht mit dem damaligen Terror verbunden.

»Ich möchte, daß du fünf oder sechs Stunden lang vollkommen gesammelt bleibst«, sagte er.

»Und wie soll ich das machen?«

»Bis jetzt«, antwortete er, »hast du die Grundlagen des Wissens und für das Verstehen des Wissens gelegt. Du hast gewisse Erfahrungen gemacht, und diese Erfahrungen haben dich davon überzeugt, daß unsere Arbeit real ist und nicht bloß meiner Phantasie entspringt. Aber die meisten deiner Erfahrungen waren nur vorübergehend, und vor allem wurden sie durch Tricks herbeigeführt; heute wird es keine Tricks geben, sondern nur *dich*, Peter Derwent, der durch London geht, und sich zu sammeln versucht.«

»Kommst du nicht mit?«

»O doch – und jedesmal, wenn du einschläfst, werde ich dir auf die Schulter schlagen, daß es wehtut.«

»Ich dachte, ich hätte den Wachtraum hinter mir.«

»Willst du damit etwa sagen, du glaubst immer noch, du seist bewußt?«

Ich zögerte, lächelte. »Ich bin doch sicher bewußter als ich war.«

»Bislang bist du nur dann bewußt gewesen, wenn ich dich bewußt gemacht habe. Du verwechselst immer noch das Nachdenken über Wachsein mit wirklichem Wachsein.«

»Ich übe oft, wach zu sein, auch wenn ich allein bin«, wandte ich ein. »So faul bin ich nun auch wieder nicht.«

Er lachte, warf den Kopf zurück und stieß einen langen Seufzer aus, der Unglauben und Belustigung enthielt. Dann sagte er: »Na, wir werden bald wissen, wie bewußt du bist.«

»Woran willst du erkennen, ob ich bewußt bin oder nicht?«

»Das braucht dich im Moment nicht zu beschäftigen, aber du kannst mir glauben, *daß* ich es weiß. Du kannst es dir also sparen eine konzentrierte Miene aufzusetzen, das beeindruckt mich überhaupt nicht.«

In unseren dicken Wintermänteln brachen wir in Richtung Oxford Street auf (das Abschreiten der Oxford Street schien überhaupt unsere Hauptbeschäftigung zu sein). Ich zog mein Bewußtsein ganz fest zusammen, um zu beweisen, daß ich sehr wohl länger bewußt bleiben konnte, als Sabazius glaubte, aber wir waren noch keine zwanzig Schritte gegangen, als er mir wie versprochen das erste Mal auf die Schulter schlug. Ich erstarrte für einen Moment, denn der Schlag war so gewaltig, als sei er mit einem ordentlichen Holzscheit geführt worden.

»Ich war nicht im Wachtraum«, sagte ich und starrte ihn an.

Das letzte Wort dieser Äußerung fiel mit einem weiteren Schlag zusammen, diesmal auf den Arm. In seinem Gesicht war ein Lächeln, als hätte er mich eben »rauh, aber herzlich« begrüßt. Immer noch lächelnd sagte er: »Geh weiter.«

Der nächste Schlag kam nach zehn Schritten, schon nach wenigen Sekunden gefolgt von einem Fausthieb auf die linke Schulter.

Jetzt blieb ich stehen und wandte mich um. »Herrgottnochmal«, knirschte ich mühsam beherrscht, »du schlägst mich für nichts!«

»Ich schlage dich, weil du schläfst«, erwiderte er scharf. »Du schläfst und merkst es nicht einmal.«

»Aber ich schlafe nicht...«

»Wenn du wach bist«, unterbrach er mich, »dann bin ich schon mit einem Brüllen ins Anderswo eingegangen.«

»Dann weiß ich nicht, was ich falsch mache«, sagte ich zitternd.

»Du träumst.«

»Aber ich habe mich ganz exakt darauf konzentriert, wach zu bleiben.«

»Na sicher; nur ist deine ›exakte‹ Konzentration eben Wachtraum.«

»Aber woher willst du das denn wissen?«

»Mach dir darum keine Sorgen – nur um das, was ich nicht weiß.«

Ich wendete mich ab und sah die Oxford Street hinunter. Ich zog mich innerlich in mich zusammen und *schaute*.

»Das ist besser«, sagte er sofort.

»Habe ich das nicht die ganze Zeit gemacht?«

»Nein.«

»Was dann?«

Er sah mich durchdringend an und sagte: »Wachsein heißt, daß dein ganzes Sein wach ist, nicht nur dein mentaler Apparat. Wenn du nicht *alles*, was du bist, spüren kannst, und zwar gleichzeitig mit dem, was du anschaust oder denkst, dann träumst du. Wenn du dich in logischen oder ›exakten‹ Strukturen herumbewegst, bist du nicht wirklich wach, denn wenn es so wäre, könnten viele Leute hier auf der Straße behaupten, sie wären dynamisch bewußt.«

»Aber wenn man wach ist, denkt man doch sicher logisch.«
»Selbstverständlich«, seufzte er. »Aber diese Logik ist starr, sie kann sich erst von ihrem Gegenstand lösen, beweglich werden, wenn sie ganz in das Sein eingebettet ist. Du hast von exakter Konzentration gesprochen; diese tiefe Konzentration ist das, wobei ein Mensch gewahr wird, daß er schläft. Sie ist nur der Zugang zur Wachheit, nicht die Wachheit selbst. Wenn ein Mensch auf diese Weise denkt, vergißt er die Welt, alles wird vage und verschwommen. Er kann stundenlang gehen, und wenn er sein Ziel erreicht hat, erinnert er sich an keinen Schritt mehr. Er mag ein Problem gelöst oder gar erkannt haben, daß er schläft, aber was nützt ihm das, solange er nicht über die Mittel zum Aufwachen verfügt? Solches Denken mag zu einer Erfindung oder zu einer grandiosen Mathematik führen – aber am Ende führt sie nur in den Tod.«
»Und als ich versuchte zu schauen und die Welt zu spüren, bin ich aufgewacht.«
»Dein Gesicht erwachte zum Leben, deine Augen wurden ruhig, denn du wurdest gleichzeitig von der Welt und vom Selbst gehalten.«
»Aber das geht nur für eine Sekunde.«
Er lachte und legte den Kopf auf die vertraute Art zur Seite. »Und das ist die Sekunde, die du ausdehnen mußt, bis sie eine Minute ist und dann eine Stunde und dann ein Tag . . . bis du nur noch *das* bist.«
»Aber ich kann nicht mehr *denken*, wenn ich beides zu spüren versuche. Das Spüren unterbricht mein Denken.«
»Genau. Anfangs kann man nichts weiter tun, als das *Schauen* zu üben; erst ganz allmählich lernt man, über seinem Schauen zu stehen und auch zu denken. Aber so zu denken, das bedeutet, daß das Selbst dich durch die Welt fest unter Kontrolle hat. Kein ablenkender Gedanke kann dich erreichen. Du bist Meister deiner Sinne.«
Ich hatte schon früher bemerkt, daß die Leute mich anstarrten. Als Sabazius mich zweimal kurz hintereinander geschlagen hatte, war eine ältere Frau stehengeblieben, und in ihrem Gesicht hatte deutlich die Frage gestanden, weshalb ich denn nicht zurückschlug. Da war es um meine Konzentration geschehen, und ich hatte mich umgedreht, um mich mit Worten zu verteidigen.
»Hast du die Frau eben gesehen?« fragte ich.
»Ja, habe ich«, sagte er. »Und ich habe dann auch gesehen, wie eines deiner Verhaltensmuster gleich einrastete, ohne daß du es gemerkt hast.«
»Du hast das richtig *gesehen*?«
»Alles an dir hat sich verändert. Du bist sogar anders gegangen, Brust

raus und Kinn zurückgezogen, als wolltest du sagen: »Nein, nein, ich bin nicht schwach ... nur sehr würdevoll.«
Wie immer hatte er recht. Ich erinnerte mich nicht mehr sehr deutlich an meine Gefühle in diesem Augenblick. Jedenfalls hatte sich plötzlich alles geändert, und ich versuchte mich vor der Frau aufzuspielen. Offensichtlich war ich noch nicht gefeit gegen Wachtraum und Persönlichkeitsverschiebung, die ja eng zusammenhängen – das eine ist Symptom des anderen, eins zieht das andere nach sich. Wollte ich jemals ein Fühlender werden, dann mußte ich, wie Sabazius gesagt hatte, meine Momente des Schauens strecken, bis sie sich berührten und es keine Lücken mehr gab.
Wir gingen weiter durch die Menschenmenge, und alle paar Schritte landete Sabazius' Hand klatschend auf meiner Schulter. Allmählich wurde mir bewußt, daß ich ständig zwischen Wachen und Träumen hin und her pendelte. Ob ich es wohl je schaffen würde, stabil zu bleiben?
»Es gibt drei Ebenen des Wachbleibens«, begann Sabazius plötzlich zu erklären. »Ich nenne sie allerdings lieber ›Distanzen‹. Was du unmittelbar vor deinen Füßen siehst, ist die untere Distanz, dann kommt die mittlere Distanz, wo die ersten bewegten Objekte ins Blickfeld kommen, und dahinter die obere Distanz, in der alle Dinge im Fluß sind und sich mischen. Um zu wirklicher Wachheit zu kommen, mußt du deinen Blick zunächst in der unteren Distanz halten; das gibt dir die Chance, deinen Kopf zu klären. Wenn das geschafft ist, und du dich darin einigermaßen sicher fühlst, gehst du immer wieder mal auf die mittlere Distanz über, um deine Fähigkeit zu schauen auszubilden. Und wenn du in der mittleren Distanz nicht mehr zu erschüttern bist, kannst du den Blick in die obere Distanz heben. Wenn aber innen oder außen etwas eintritt, was dein Schauen unterbricht, dann senk den Blick nicht sofort wieder ganz ab, sondern stufenweise, als wäre dein Bewußtsein ein Schaltgetriebe. Auf diese Weise gewinnst du deine Fähigkeit zu schauen viel schneller zurück.«
»Weshalb ist es leichter, auf den Boden zu schauen?«
»Jede der Ebenen oder Distanzen hat ihre eigene Zeitstruktur. Anders gesagt: je nach Blickwinkel sieht man mehr oder weniger. Und je mehr ein Mensch sieht, desto eher wird er von den verschiedenen Geschwindigkeiten dessen, was er sieht, also von der komplizierten Zeitstruktur der Energiebewegungen, aus dem Tritt gebracht. Schaust du aber auf den Boden, dann verändert sich der angeschaute Gegenstand kaum und die Geschwindigkeit ist annähernd gleichför-

mig. Es kommt also ein stetiger Energiestrom auf dich zu, und das gibt dir die Möglichkeit, dein Schauen zu stabilisieren. Die mittlere Distanz kommt schon mit komplizierteren Energiestrukturen auf dich zu und verlangt daher mehr Sammlung beim Schauen. Die obere Distanz ist ein wahres Sperrfeuer von bewegten und statischen, großen und kleinen, fernen und nahen, schwachen und starken Energieeinflüssen, die ›totales‹ Schauen verlangen. Wenn du die Technik beherrschst, wird die obere Distanz nicht nur leicht, sondern äußerst fesselnd, denn diese Beherrschung bildet um dein Schauen herum eine Hülle, die es stabilisiert. Wenn das eingetreten ist, kannst du dein Schauen gezielt auf Dinge oder Menschen richten und wirst dabei recht verblüffende Erfahrungen machen.«

»Was passiert denn dann?«

»Nun, zunächst einmal wird das Äußere vom Inneren abgeschnitten. Damit meine ich, daß du in einer ›Hülle des Schauens‹ bist, die verhindert, daß du nach außen oder innen in den Wachtraum abrutschst. Du schwebst dazwischen und kannst sowohl in die äußere als auch in die innere Welt schauen, ohne das Empfinden des Seins für eine Sekunde zu verlieren. Wenn du dann denkst, führt jeder Gedanke augenblicklich zu einem Ergebnis, entweder du verstehst, oder du verstehst nicht; und alles, worauf du dein Schauen heftest, wird das, was es wirklich ist, nicht bloß ein flaches, belangloses Bild, das dir zugeworfen wird. Das Schöne an diesem Zustand ist, daß du die Energien der Welt *und* die Energien deines Denkens aufnimmst, aber nichts davon verschleuderst, so daß sich in dir ein Energievorrat bildet, mit dem du der Welt begegnen kannst.«

»Wodurch entsteht die ›Hülle‹?«

»Ich glaube, meine Antwort auf diese Frage wird dich stark interessieren«, antwortete Sabazius. »Wenn ein Mensch sein Schauen voll oder wenigstens zu ausreichender Beständigkeit entwickelt hat, dann bewirkt es chemische Veränderungen in seinem Gehirn, und diese chemischen Verbindungen, die durch das Zusammenwirken anderer Stoffe mit elektrischer Energie entstehen, lassen ihn für immer längere Zeiten ›sehen‹. Das Merkwürdige daran ist nun, daß die beim Schauen entstandenen Stoffe nicht unmittelbar zur Wirkung kommen, sondern zunächst in die Speicheldrüsen gelangen, dann wie Nahrung aufgenommen werden und schließlich mit dem Blutstrom das Gehirn erreichen. Vielleicht findest du diesen ›Umweg‹ sinnlos, aber es gibt einen sehr guten Grund dafür. Im Gehirn des Menschen befinden sich immer Stoffe, die die Kraft haben, sein Sehvermögen zu ändern – aber es fehlt ihnen noch eine ›Zutat‹, durch die sie erst aktiv werden können, und diese Zutat ist nicht ein weiterer chemischer Stoff, sondern der Wille des Menschen. Bevor ein Mensch also die Stoffe erzeugen kann, die er zum ›Sehen‹ braucht, muß er erst sehen *wollen*; der Stoff, der ihn sehen macht, wird durch die Kraft seines Willens in Bewegung gesetzt, und wenn dieser Bewegungskreislauf sich im Gehirn schließt, kann der Mensch wahrhaft sehen.«

»Woher um alles in der Welt weißt du das?«

»Geschmack«, lächelte er.

»Du meinst, du schmeckst die Stoffe, wenn sie von deinen Speicheldrüsen abgesondert werden?«

»Ganz recht.«

Jetzt gewannen meine Versuche zu schauen plötzlich noch eine weitere Dimension. Hier wirkte nicht Autosuggestion oder Imagination, wie viele meiner Freunde annehmen würden, sondern chemische, elektrische und psychische Reaktionen, und das bedeutete, daß alles, was ich *war*, daran arbeitete, einen Fühlenden zu schaffen. Jetzt verstand ich, was Sabazius meinte, als er sagte, meine Geschichte sei in mir und nicht im Erwecker.

»Was ...«

»Willst du nicht sehen?«

»Natürlich will ich.«

»Dann mach weiter.«

Sein Lächeln verriet mir, daß die leichte Schärfe in seiner Stimme nur dazu da war, mein Schauen wieder in Gang zu bringen. Wir gingen langsam zur Themse hinunter und dann am Ufer entlang zur Westminster Bridge. Mit äußerster Behutsamkeit tastete ich mich von der unteren Distanz zur mittleren vor, und da sich hier ein störungsfreier Ausblick auf den Fluß bot, versuchte ich es auch bald mit der oberen Distanz. Anfangs raubte mir die schiere Gewaltigkeit der Landschaft das »Sein«, doch mit etwas Übung lernte ich, das Sein an seinem Ort zu halten, so daß alles, was ich sah, bei sich selbst blieb.

Nach zwei Stunden merkte ich, daß meine Fähigkeit zu »sehen« jetzt eingeschaltet war und daß gelegentliche Unterbrechungen weniger tief gingen und im allgemeinen auf äußere Störungen, weniger auf inneres Abschweifen zurückzuführen waren. Ich experimentierte mit dem Wechsel der Distanzen, und am Ende der dritten Stunde konnte ich auch rasch hin und her springen, ohne daß diese merkwürdige Nicht-Konzentration unterbrochen wurde.

Was sich in all dem klar abzeichnete, war die Tatsache, daß ich überhaupt nicht den Wunsch nach dem üblichen Denken hatte. Gedanken stiegen nicht auf, ich mußte sie machen – oder, wie

Sabazius gern sagte, herstellen. Es war völlig unmöglich, einfach über dies oder das nachzudenken, denn ich war so vollkommen in den Akt des Sehens versunken, und das Sehen selbst war so still, so schön, daß meine einzige Reaktion in einem gelegentlichen unwillkürlichen Lächeln bestand.

In allem Lärm und Getümmel war die Welt still!

Dann fiel mir auf, daß mein Gewahrsein des Seins – also das, wodurch ich »sehen« konnte – irgendwie mit meiner Wirbelsäule zusammenhing. Mir ging auf, daß das Gehirn sich nicht umsonst in seinem »Ausläufer«, dem Rückenmark, den ganzen Rumpf hinunterzieht und daß dies nicht in erster Linie für die Weiterleitung von Nervenimpulsen so eingerichtet ist – sondern damit das Sein sich verwirklichen kann. In diesem allumfassenden Körpergefühl war Bewußtsein nicht mehr etwas, das ich *hatte*, sondern ich *war* es.

Das also bedeutet »Bewußtheit«.

Als ich das Sabazius mitteilte, nickte er, sagte aber nichts dazu. Er hatte mich seit zwei Stunden nicht mehr geschlagen und schien sich für das ganze Unternehmen jetzt nicht mehr sonderlich zu interessieren.

In der Mitte meines Körpers schlug ein Puls, und im Nacken spürte ich ein schwaches Vibrieren, das ein Pulsieren an der Basis des Gehirns zu speisen schien. Ich versuchte diesen Dingen nachzugehen, doch es gelang mir nicht. Wie wunderbar, dachte ich, daß der Körper so konstruiert ist, so sensibel und »mitdenkend« in all seinen Funktionen, daß er die ersten unsicheren Schritte eines Menschen ins Bewußtsein wie ein liebevoller Freund anregend, besänftigend und ausgleichend begleitet.

Alles hing zusammen. Von den sichtbaren und unsichtbaren Lichtpunkten in der Tiefe des Universums bis hin zu den kleinsten Materieteilchen bildete alles einen großen Zusammenhang. Auch jeder Mensch, ob es ihm gefiel oder nicht, stand in diesem Zusammenhang, der sich aber erst zeigen konnte, wenn das, was dieser Mensch war, sich durch Akte des Sehens manifestierte.

Ich schüttelte verwundert den Kopf.

Sabazius sagte: »Jetzt mußt du lernen zu sprechen.«

»Lernen?« sagte ich.

»Vorsicht«, mahnte er. »Sprechen und das Sein festhalten ist noch schwieriger als Denken und das Sein festhalten. Es gehört mehr Energie dazu, viel mehr. Wenn ein Mensch spricht, atmet er Worte aus, und mit jedem gesprochenen Wort verliert er Energie. Deshalb muß jedes Wort wie jeder Gedanke eine bewußte Entscheidung sein, nicht einfach eine Reaktion auf äußere oder innere Reize. Die Leute reden deshalb zuviel, weil sie von ihrer ›inneren Umwelt‹ beherrscht werden, und die Maschinerie dieser inneren Umwelt wird durch Interaktion mit der inneren Umwelt anderer automatisch in Gang gesetzt. Jede Art vom Umwelt ist deshalb in erster Linie innerlich, denn ohne Bewußtsein wäre ja der Begriff ›Umwelt‹ sinnlos. Reden erzeugt Reden. Denken erzeugt Denken. Chaos erzeugt Chaos. Aber in dieser Welt ist der Unterschied zwischen *reden* und *sprechen* ganz verlorengegangen. Deshalb geschieht das Reden wie das Denken um seiner selbst willen, und daraus erhebt sich eine vielschichtige Logik, die auf sinnentleerten Begriffen basiert. Hat sich diese Logik erst einmal etabliert, dann sorgt sie für einen stetigen Strom von sinnlosem Gerede und führt schließlich in den wohlorganisierten Stumpfsinn.«

Er lehnte sich einen Moment an die Brückeneinfassung aus Beton und fuhr fort: »Du mußt immer daran denken, daß das Sprechen auch seine Ent-sprechung hat, und das ist natürlich das Zuhören. Wenn jemand eine sinnlose Aussage macht, magst du dich zwar einer Antwort enthalten, aber du kannst immer noch den Fehler machen, über seine Aussage nachzudenken. Dadurch machst du aber dich selbst sinnlos und, falls du doch antwortest, zum Idioten. Wie alle Dinge hat aber auch diese Frage noch eine dritte Seite, und die betrifft deine persönliche Verantwortung für andere. Wenn ein Mensch dir etwas Sinn-volles sagt, und du eine sinn-lose Antwort gibst, weil du gerade träumst und dich deinem Ego überläßt, dann bringst du diesen Menschen in Gefahr. Solches Verhalten macht dich selbst bewußtseins-impotent, läßt dich noch tiefer im Wachtraum versacken und macht es immer schwieriger, auszubrechen und die Hülle zu bilden. Deswegen habe ich gesagt, daß du *lernen* mußt zu sprechen.«

Während er sprach, stand ich da, den Blick unverwandt flußaufwärts gerichtet, und was er sagte, erhöhte und vertiefte mein Erkennen des Seins; doch ich wußte zugleich, daß ich bald wieder dem sogenannten normalen Bewußtsein unterworfen sein würde und daß auf dieser Ebene alle Ratschläge und Einsichten, die ich Sabazius verdankte, sehr schnell verblassen und unscharf werden konnten. Es blieb also nur eins, nämlich der ständige Versuch, in der ›Hülle des Schauens‹ zu bleiben und darin sinn-voll zu sprechen und zu denken.

14. *Intellekt und Intelligenz*

Als ich am nächsten Morgen aufwachte, hatte ich die »Hülle« vollständig vergessen, aber nach wenigen Minuten kehrte die Erinnerung daran zurück. Ich blickte aus dem Schlafzimmerfenster, sehnte mich danach, hoffte wieder in diesen Geisteszustand einzutreten, in dem alles so fest gefügt zu sein schien. Sabazius war die Nacht geblieben, und während ich noch da lag und über das nachdachte, was ich anscheinend verloren hatte, kam er mit Kaffee und Brötchen herein.
»Wie fühlst du dich heute morgen?« fragte er.
»Leer.«
Er stellte das Tablett neben mir auf dem Bett ab und sagte: »Macht das Spaß, leer zu sein?«
»Nein.«
»Dann tu was dagegen.«
Ich nickte, lächelte und griff nach einem Brötchen. Sabazius legte eine Hand auf meine.
»Was ist?« fragte ich.
»In der Tat«, gab er zurück, »was ist?«
Ich sah ihn einige Sekunden lang an, bevor mir dämmerte, worauf er hinauswollte. »Jetzt?« fragte ich.
»Wann denn sonst?«
Ich ließ mich zurücksinken, versuchte ins »Sein« einzutreten und das Zimmer zu »sehen«. Nichts geschah.
»Magst du warme Brötchen mit Butter?« fragte Sabazius.
»Natürlich.«
»Fein. Wenn du dein Schauen schnell genug einschaltest, sind sie vielleicht noch warm, wenn du so weit bist.«
Ich mußte innerlich lachen und kam mir wie ein Kind vor, dem ein Bonbon winkt, wenn es sich den Hals ordentlich wäscht.
Sabatius reichte mir eine von seinen türkischen Zigaretten und gab mir Feuer. »Du bist so kompliziert«, sagte er, »daß du alles schwieriger machst, als es eigentlich ist. Du brauchst dich nicht in die Hülle zu *denken* – *laß* es einfach geschehen, öffne dich dem Schauen, mach dir das Schauen und den Ursprung des Schauens bewußt, und die Hülle wird sich bilden. Es ist wirklich kinderleicht.«
In einem plötzlichen Bedürfnis nach Luft atmete ich tief ein. Sofort trat eine Reaktion ein.
»Schon besser«, sagte Sabazius.

Ein assoziativer Blitz stellte eine Verbindung zwischen Atmung und Hülle her. Ich atmete noch einmal tief und bemerkte sofort eine wachsende Dichte in meinem Kopf, so als fügten sich Teilchen zusammen.
»Spann dich nicht an«, mahnte Sabazius. Er legte einen Finger auf meinen Handrücken. »Spannung erstickt die Fähigkeit zu schauen.«
Binnen zehn Minuten war das Gefühl der Leere verschwunden. Ich wußte, daß ich noch nicht in der Hülle war, spürte jedoch, daß der chemische Prozeß, von dem Sabazius gesprochen hatte, bereits stattfand. Schritt für Schritt betrat ich den inneren Raum, jenen Übergangsraum zwischen dem Bereich des Verstandes und dem Beginn des »Sehens«. Die ganze Zeit lag Sabazius' Finger mit leichtem Druck auf meiner Hand. Als ich weit genug in mich selbst eingedrungen war, sagte er:
»Jetzt kannst du dein Brötchen haben.«
Wenn man in der Hülle ist, scheinen Worte – gesprochene oder gedachte – nicht mehr nötig zu sein; auf diese eigentümlich wortlose Weise vergegenwärtigte ich mir, wie ich mich jetzt fühlte im Unterschied zu meinem Gefühl beim Aufwachen. Mein Körper war tot, das heißt, mir nicht gegenwärtig gewesen. Sobald ich aber anfing, durch das »Sein« um mich zu blicken, lief der kleine Generator des Bewußtseins an und versorgte alle Nerven und Zellen mit Energie. Die Reaktion darauf war, daß mein Körper endlich merkte, daß er mehr Sauerstoff brauchte, und als ich tiefer zu atmen begann, gewann mein Schauen eine ganz andere Intensität.
»Willst du dein Brötchen nicht mehr?« fragte Sabazius.
»Als du mit dem Tablett hereinkamst, erschienen Kaffee und Brötchen mir ungeheuer wichtig«, antwortete ich. »Aber das ist jetzt nicht mehr so, ich könnte ganz gut ohne auskommen.«
»Du lernst«, sagte er und lächelte. »Du näherst dich dem Verständnis dessen, was ›Verlangen‹ ist, worauf es beruht und wie man ihm entgehen kann. Wenn ein Mensch die Energien des Seins einfangen und festhalten kann, löst er sich wie von selbst vom Verlangen nach Dingen. Wonach er sich immer gesehnt hat, dem er ständig nachgejagt ist, löst sich in Luft auf. Das ist ein ganz einfacher Vorgang, der nichts mit Entsagung und Askese zu tun hat. Aber das ist natürlich für die meisten Menschen zu einfach, sie müssen eine komplizierte Geschichte von Selbstbeherrschung und Opfer daraus machen, damit es nur ja unerreichbar bleibt.«
Nach dem Frühstück ließ Sabazius mich eine Reihe von Übungen ausführen, die mit der Atmung kombiniert wurden. Ich sollte jeden

Morgen und Abend üben, unter allen Umständen. Als ich ihn fragte, was die Übungen bewirken würden, sagte er:
»Erstens werden sie dich körperlich kräftigen. Ein Fühlender muß stark sein, um den gewaltigen Anstürmen des Universums standhalten zu können. Zweitens wird sich ihre Wirkung akkumulieren und dir ermöglichen, in der Hülle zu bleiben. Ohne die Hülle, die dich gegen die Welt und den Wachtraum abschirmt, wird alles Wissen, das du je in dich aufnehmen kannst, dich nicht vor Verfall und Tod bewahren.«
»Heißt das, daß ein Fühlender innerlich nicht altert?«
»Selbstverständlich wird er alt«, erwiderte Sabazius, »kein Mensch kann das verhindern. Aber Altwerden ist nicht das Problem, sondern *wie* man alt wird, darauf kommt es an. Der Geist altert ebenso wie der Körper, denn der Mensch ist eine Einheit. Konzentration basiert auf der Wechselwirkung *all* dessen, was ein Mensch ist. Wenn ein Mensch denkt, haben seine Körperzellen daran ebensoviel Anteil wie seine Gehirnzellen. Wahre Konzentration bedeutet, daß der ganze Mensch durch den Willen des Seins denkt. Alle anderen Formen des Denkens sind bloße Körper-Geist-Konzentration, bei der nur eine Spur Wille mitwirkt, um den Gedanken festzuhalten. Wenn der Wille des Seins das Denken ausrichten und festigen soll, muß ein Mensch wissen, daß für sein Denken ›Sein‹ erforderlich ist, und er muß sich einen Körper schaffen, der einen starken Willen erzeugt, damit auch sein Denken stark sein kann.«
»Es gab und gibt große Denker mit schwachem Körper«, wandte ich ein. »Wie paßt das zu deinen Anschauungen?«
»Ich mache mir die Dinge nicht passend«, erwiderte er. »Das bloße Zusammenpassen von Gedanken ist die Arbeit von geistigen Mechanikern und Logik-Krämern. Was ich glaube, verändert sich nie, denn es ist das Wissen von dem, was sich nie ändert und doch ständig im Wandel begriffen ist.«
»Wie kann etwas sich zugleich ändern und nicht ändern?«
Er lächelte. »Was ich Wandel nenne, ist nicht der Austausch von diesem gegen jenes auf der Basis der Logik, sondern ontologische Entwicklung. Man könnte sagen, Anderswo verändert sich nie, denn Anderswo ist immer Anderswo; als *immerfort begreifender Willensakt* entwickelt es sich jedoch fortwährend, und das erscheint uns als Veränderung, ist aber für Anderswo konstante Wirklichkeit. Du wirst dich erinnern: Die Wahrheit oder das ›Andere‹ ist nicht absolut; das Absolute ist nur die Grenze, die der Mensch seinem Gott setzt, weil er nicht sehen kann.«

»Was bedeutet das für unseren brillanten Denker mit dem schwachen Körper?«
»Es bedeutet, daß er nur halb so brillant ist.«
»Du meinst, er könnte noch brillanter sein, wenn er nicht im Alter schwach würde?«
»Ist das nicht offensichtlich? Hier ist aber noch etwas zu bedenken. Die Brillanz eines Menschen hat nicht nur damit zu tun, was er gerade denkt, sondern wie er dieses Denken ausweitet; es kommt also darauf an, ob er in der Lage ist, seinen Willen – wie stark oder schwach der auch sein mag – beständig einzusetzen, und zwar über den Punkt hinaus, wo der Tod seiner Brillanz ein Ende setzt. Ein Mensch ist niemals ein für allemal brillant, sondern kann sich der wirklichen Brillanz nur durch ständige Willensdisziplin annähern. Dein schwacher Denker ist also aus zwei Gründen nur von begrenzter Brillanz: erstens erlaubt seine Schwäche seinem Potential zu wirklicher Brillanz nicht, sich zu entfalten, und zweitens wird seine Annäherung an diese Brillanz durch vorzeitigen Tod beendet. Brillanz ist eigentlich der wachsende Wille eines Menschen, der den *immerfort begreifenden Willensakt* im Universum begreift.«
»Wenn Brillanz eine gewisse Menge von geschultem und diszipliniertem Willen ist, der auf Dauer aufrechterhalten wird, dann kann doch jeder brillant werden.«
»Gewiß, aber du mußt hier zwei Arten von Brillanz unterscheiden. Das Wort Brillanz kann für große oder komplizierte Gedanken stehen – oder für *Arbeit* an sich selbst. Ich muß wohl nicht betonen, daß ich letzteres lohnender finde. Was hat ein Mensch von seiner Brillanz, wenn sie ihn nur tiefer in den Wachtraum führt? Viel mehr hätte er vom Willen seiner Brillanz, wenn er sich damit im Wachtraum beobachten würde, um dann durch Beobachten und Experimentieren in die Hülle zu entkommen.«
»Trotzdem kann man nicht abstreiten, daß aus dem Wachtraum auch großes Denken hervorgegangen ist.«
»Lebte ich im Wachtraum, würde ich zustimmen«, erwiderte Sabazius. »Aber ich lebe nicht im Wachtraum, und deshalb sind für mich auch die größten Gedanken, die aus Wachtraum erwachsen, dummes Zeug.«
»Aber du wirst doch wohl zugeben, daß der Mensch sogar in diesem Wachtraumzustand Wunder auf diesem Planeten vollbracht hat«, sagte ich, die Stimme erhebend. »Er hat als Primitiver angefangen, ist durch die Evolution bewußter Intelligenz über die Natur hinausgewachsen, und jetzt ist er so weit, daß er sie beherrscht.«

Sabazius lachte in sich hinein und schüttelte den Kopf. »Es stimmt, daß der Mensch sich die Natur fast unterworfen hat«, sagte er langsam, »und es stimmt auch, daß er Wunder dieser oder jener Art vollbracht hat, aber seine eigene Natur, die bestimmt, wie er mit den Produkten seines wachsenden Intellekts *umgeht*, ist immer noch infantil. Alles, was der Mensch gebaut hat, verdankt er einem Körnchen Willen, das seine fernsten Vorfahren für ihn geschaffen haben. Dieses winzige Körnchen Wille ist von Generation zu Generation vererbt worden, ein Geschenk der Vergangenheit. Die frühen Menschen – oder die prähistorischen Menschen, wenn du so willst – haben den Willen durch Selbst-Erkenntnis in sich erzeugt.«
»Aber der prähistorische Mensch war primitiv!«
»Was meinst du mit primitiv?«
»Unwissend, denke ich doch.«
»Ist der Mensch heute nicht unwissend?«
Ich zögerte und sagte schließlich: »Weniger unwissend als der prähistorische Mensch.«
»Was heißt ›weniger‹?«
»Er weiß mehr von seiner Welt, versteht sie besser.«
»Nur der erste Teil dieser Aussage trifft zu«, sagte Sabazius. »Es stimmt, daß der heutige Mensch mehr von seiner Welt weiß, aber man kann nicht sagen, daß er sie versteht. Er hat die Natur entblößt und ihre Atome der Analyse unterworfen. Aber er besitzt nicht den ›Willen‹ zu erkennen, was das ist, was er da bloßgelegt hat. Im Verstehen war der prähistorische Mensch dem heutigen um Lichtjahre voraus. Wenn er die Natur anschaute, wußte er, was sie war. Wenn er das Universum anschaute, wußte er, was er anschaute. Und wenn er sich selbst anschaute, erkannte er sich selbst.«
»Und weshalb können wir das nicht mehr?«
»Um das zu verstehen, muß man den Unterschied zwischen Intelligenz und Sein erkennen. Weil der Mensch nichts mehr vom Sein weiß, ist seine Intelligenz blind. In der Frühzeit war der Mensch *durch und durch* Sein, er war ein Tier, aber ein Mensch-Tier. Durch Interaktion mit der Umwelt lernte er, sich selbst mit dem Äußeren in Beziehung zu setzen. Und dann, im Lauf einer langen Zeit, lernte er Teile der äußeren Welt miteinander in Beziehung zu setzen.«
»Das war dann wohl die Geburt der Intelligenz.«
Er sah mich an und lachte. »Du kullerst mit modernem Gedankengut herum, ohne darüber nachzudenken«, sagte er. »Die Fähigkeit des Menschen, Beziehungen zwischen den Dingen herzustellen, ist nicht ein Zeichen seiner Intelligenz, sondern seines Intellekts. Er weiß

nichts vom Sein, und das ist intellektuelles Unwissen, das ihn daran hindert, intelligent zu sehen. Der Intellekt ist ein Produkt des Gedächtnisses, während Intelligenz überhaupt kein Produkt ist, sondern das, was ein Mensch *ist.* Der Mensch sieht die Welt, aber er erkennt sie nicht, denn um die Welt wirklich zu sehen, müßte der ganze Mensch schauen und nicht bloß der Inhalt seines Gedächtnisses. Aber als Ausdruck des intelligenten Willens erlaubt das Gedächtnis dem Menschen nicht nur, ein Ding zum anderen in Beziehung zu setzen, sondern auch, sich zu erinnern, daß er sie in Beziehung gesetzt hat. Wenn der Mensch die Gesamtheit seiner Erinnerung jederzeit fühlt, kann er seine Geschichte erkennen. Das ist das Wichtige daran: um deine Geschichte zu werden, genügt es nicht, sie zu erinnern, du mußt sie erkennen. Dann und nur dann ist Erinnerung dynamisch oder dreidimensional, also nicht bloßes Reproduzieren von Gedächtnisinhalten, sondern Innesein. Der prähistorische Mensch entdeckte den Willen, seine Geschichte wahrhaft zu erinnern – und wurde dadurch geschichtlich.«

»Dann ist das die Geburt der Intelligenz.«

»Ganz recht. Aber dann entwickelte sich das nach außen gerichtete intellektuelle Bewußtsein immer mehr, und schließlich erreichte er einen Punkt, wo äußeres und inneres Wissen einander die Waage hielten. Das äußere entwickelt sich auf Kosten des inneren immer weiter. Langsam verlor der Mensch das Wissen vom Sein und trat aus seiner Hülle hervor.«

»Bis er nichts mehr hatte als das Äußere.«

»Nicht ganz. Das Sein, der innere Mensch, war zwar vergessen, aber das heißt nicht, daß es ihn nicht mehr gab.«

»Und in Augenblicken der Besinnung erinnerte er sich daran.«

»Auch wieder nicht ganz. In solchen Augenblicken begegnete ihm das Sein als Gefühl, als ein sonderbares inneres Wissen, das sein äußerer Intellekt nicht verstand und nicht wahrhaben wollte. Seine äußeren Sinne waren erstarrt. Das Sein war weder zu messen noch zu wiegen, also auch nicht zu verstehen.«

»Und deshalb existierte es nicht.«

»Es existierte und existiert nicht mehr als greifbare Wirklichkeit, aber es existierte noch als Vorstellung oder Begriff; dieser Begriff ist zwar durch alle Zeitalter weitergereicht worden, aber da er nur noch im engen Rahmen der Logik behandelt wurde, ist er ein hochkomplizierter Nullbegriff geworden.«

»Demnach ist ›Fühlen‹ nicht-identifiziertes Wissen.«

»Richtig.«

Mein Bild vom Menschen hatte sich jäh verändert. Es mußte also mindestens einen Punkt in der Geschichte des Menschen gegeben haben, an dem Sein und Intellekt im Gleichgewicht waren, und dieser Moment des Gleichgewichts muß der bisher größte Moment des Menschen gewesen sein – und doch verschwunden in den Tiefen der Geschichte. Mir kam sofort die Frage:

»Was passiert mit einem Menschen, der jetzt das Gleichgewicht zwischen Sein und Intellekt schafft?«

»Du weißt die Antwort selbst.«

»Er überwindet den Tod?«

»Was sonst!«

»Einfach indem er das Gleichgewicht schafft?«

»Nein, das ist viel komplexer. Das Gleichgewicht ist nur der Anfang. Wenn ein Mensch den Tod überwinden will, muß er aus diesem Gleichgewicht einen *neuen Menschen* schaffen, der zur Freiheit fähig ist. Seit ich dich kenne, spreche ich immer wieder von einem dritten Prinzip. Es gibt immer ein drittes Prinzip. Wenn ein Mensch Sein und Intellekt ins Gleichgewicht bringt, setzt er neue Kräfte in Bewegung, die im Universum selten zu sehen sind. Diese Kräfte bewirken neue Veränderungen in ihm, aber nicht Veränderungen in dem Sinn, wie du das Wort verstehst. Am Anfang war der Mensch reines Sein mit potentiellem Intellekt; später war er reiner Intellekt, und das Sein wurde sein Potential. Nimmt man diese beiden Reinzustände zusammen, so entsteht eine dritte Kraft, die Kraft der vollkommenen Erinnerung, einer Erinnerung, die den Augenblick in zwei Richtungen erfaßt. Der Mensch wird Vergangenheit, Gegenwart und Zukunft und zerreißt das Band, das ihn an die Zeit knüpfte. Die Zeit ist das, was ihn an die äußere Welt, an diese Dimension bindet. Der Zeit zu entkommen, heißt also, aus dieser Dimension in eine andere zu gelangen. Wenn ein Mensch mit einem Brüllen durch den Tod geht, besteht er weiter, und das heißt, daß er in immer neue Dimensionen kommt, die immer weitere Läuterung und Verfeinerung verlangen. Je weiter ein Mensch ins manifest gemachte Anderswo eindringt, desto näher kommt er dem Punkt, wo ›existieren‹ in ›nichtexistieren‹ umschlägt, und wenn er mit dem Nichtexistieren verschmilzt, ist er frei.«

»Dann ist der Tod eher ein Eingang als ein Ausgang!« sagte ich staunend.

»Und zwar der Eingang zu einem Weiterbestehen *im* Selbst.«

»Was ist das Selbst?« Ich hatte immer vermieden, ihm diese Frage zu stellen, aber jetzt mußte ich es einfach wissen.

Er lächelte mich strahlend an. Sein Gesicht schien von innen heraus zu leuchten, als sei er zutiefst entzückt über meine Frage. Leise erwiderte er: »Du bist das Selbst.«
»Ich empfinde das Selbst immer noch als etwas Äußeres.«
»Wie sollte es auch anders sein: Du lebst ja noch im Äußeren.«
»Aber ich bin doch in der Hülle!«
»Nur zum Teil, aber das wirst du später merken. Das Selbst setzt sich aus drei Dingen zusammen: Sein, intelligentes Bewußtsein und Geschichte. Sein ist der vollkommene Tier-Mensch, der vergessene ›unbewußte Mensch‹; intelligentes Bewußtsein ist der Tiermensch, der seiner selbst bewußt geworden ist; und Geschichte ist die Zusammenfassung, das ›Wort‹ all dessen, was der Mensch bewußt und unbewußt ist, zu einer vollkommenen Einheit gebracht durch den Willen einer vollkommenen Er-innerung.«
»Dann bin ich das Selbst.« (»Then I am Self.«)
»Nein. ›Am‹ ist das Selbst.« »Am?«
»Wenn du ›ich bin‹ (›I am‹) sagst, fügst du dem Selbst das ›Ich‹ hinzu. Der vollkommene Ausdruck des Selbst ist ›Am‹.«
»Das ›Wort‹?«
»Ja, Am ist das ›Wort‹.«
Es war wie das Ankommen auf einem Berggipfel. Am war das Selbst, und das Selbst war Am. Es gab nichts anderes.
»Jetzt besitzt du den Schlüssel«, sagte Sabazius. »Am wird alle Türen aufschließen, alle Wege ebnen, alle Ausblicke eröffnen. Ohne Am ist ein Mensch wie Gras, er verdorrt und stirbt.«
»Kann ein Mensch ...«
Sabazius beugte sich vor und knöpfte meine Pyjamajacke auf. »Leg deine rechte Hand auf deine linke«, sagte er, »und dann die linke auf deinen Will-Stein.«
Ich führte die Anweisung genau aus.
»Jetzt sag das ›Wort‹.«
»Aaaa Mmmm«, dehnte ich.
»Noch langsamer«, drängte Sabazius. »Laß dich ganz in das Wort hinein, während du es aussprichst.«
»AaaaaaaaaMmmmmmmmmm.«
Erst schien sich gar nichts zu tun, aber dann schloß sich langsam und fest die Hülle um mich und löste mich vom Äußeren. Es war wie in einer durchsichtigen Blase. Alles war zwar wie vorher, ich sah das Zimmer und Sabazius, hörte die Geräusche, die durch das Fenster hereindrangen, roch die Reste unseres Kaffees – und doch war ich irgendwie von allem abgerückt, darüber erhoben; ja, das war es,

»erhoben«, seltsam »außerhalb« und »oberhalb« des Äußeren. Was ich am Vortag und noch vorhin mit der Hülle erlebt hatte, war nur eine blasse Andeutung dessen gewesen, was möglich war.
»Hättest du mir das ›Wort‹ nicht viel früher sagen können?« fragte ich.
»Das ›Wort‹ hat nur für den einen Sinn, der das ›Wort‹ *ist*«, erwiderte er. »Für andere ist es nichts als ein Stück Grammatik.« Er stand auf. »Nimm deine Hände jetzt weg«, sagte er.
Ich nahm die Hände weg, aber die Hülle blieb.
»Jetzt leg sie zusammen wie zum Beten.«
Ich tat es, und im selben Moment begann mein ganzer Körper zu vibrieren.
»Atme!«
Die Luft, die ich einatmete, war wie Elektrizität. Ich spürte, wie diese lebendige Energie mich überallhin durchzuckte. Immer noch vibrierend, schaute ich Sabazius an. Er lächelte, ein ganz fernes, aus der Tiefe heraufschimmerndes Lächeln.
»Jetzt bist du *lebendig* . . .«, flüsterte er.

15. Eine Willensprobe

Am späten Abend desselben Tages gingen wir im Hyde Park spazieren. Es war eine bitterkalte, sternenübersäte Nacht. Er sprach mit mir über das, was ich gelernt und erfahren hatte, stellte mir Fragen, korrigierte, was ich nicht ganz verstanden hatte, fügte Details ein, um bestimmte Punkte ganz klar zu machen. Dann sagte er:
»Wie fühlst du dich?«
»Prächtig. Ich habe mich noch nie besser gefühlt.«
»Fühlst du dich stark?«
»Ja.«
»Wie stark ist dein Wille?«
»Dafür habe ich noch keinen Maßstab.«
»Dann mußt du es feststellen.«
»Und wie soll ich das machen?«
»Indem du ihn gegen meinen setzt«, erwiderte er. »Wenn ein Mensch wissen will, wie stark sein Wille ist, muß er mit einem Menschen ringen, der Willen hat, nur so kann er es herausfinden.«

»Meinst du mit ›ringen‹, daß wir richtig miteinander raufen müssen?« Er sah mich ungläubig stirnrunzelnd an. »Wir sind keine Tiere«, sagte er langsam, »sondern Menschen, und als Menschen ringen wir mit dem Willen, nicht mit dem Körper.«

»Du wirst es mir beibringen müssen.«

»Das kann ich nicht. Du mußt es dir selbst beibringen.«

»Womit fängt man an?«

»Mit Konfrontation. Wenn ein Mensch des Willens von einem Gegner herausgefordert wird, der ebenfalls Willen besitzt, kann er nichts weiter tun, als sich zu verteidigen. Zurückschlagen hat in seinem Arsenal keinen Platz.«

»Kann er nicht seinen Willen ausspielen, wenn er solch einem Menschen begegnet?«

»Das hieße, sich der Macht hingeben, und das tut ein Fühlender unter keinen Umständen.«

»Dann ist sein Wille nur ein Schild und keine Waffe?«

»Ja.«

»Aber wenn ich mich verteidigen soll, mußt du mich ja angreifen. Ist das nicht schon ein Verstoß gegen die Regel?«

»Wenn ich dich töten, in einen Tod ohne Brüllen stoßen wollte, ja; aber als dein Lehrer habe ich die Freiheit, deinen Willen herauszufordern, ihn vor Probleme zu stellen und so seine Kraft zu aktivieren.«

»Ist das auch der Grund, weshalb Menschen des Fühlens und Menschen der Macht einander in Ruhe lassen?«

»Allerdings. Wenn ein Machtmensch einen Fühlenden angreift, weiß er, daß der andere über ungeheure Willensreserven zu seiner Verteidigung verfügt, und wenn diese Verteidigung seinem Angriff standhält, verliert er alles, was er hat, an den anderen. Hat aber der Fühlende einen dunklen Punkt, vergißt er für einen Augenblick, daß er sich ausschließlich zu verteidigen hat, und führt auch nur den kleinsten Vergeltungsschlag, dann verwandelt er sich augenblicklich in einen Machtmenschen, und dadurch wird er zum Bundesgenossen des Angreifers, zum Ebenbild dessen, was er eben noch bekämpfte.«

»Geht der Kampf dann weiter?«

»Nein, Machtmenschen bekämpfen einander nicht; sie haben die gleichen Absichten und sind durch den gleichen Makel miteinander verbunden.«

»Aber der Fühlende, der so zu Fall kommt, behält doch sicher seine Grundnatur – die eines Fühlenden.«

»Gewiß, aber eben deshalb weiß er, daß der Makel, der sich an ihm gezeigt hat, durch nichts zu beseitigen ist – außer durch Tod und

Wiederkehr. Du mußt wissen, daß Fühlende und Machtmenschen sich nur durch den *Gebrauch* ihrer Kräfte unterscheiden.«

»Ist es nicht ungerecht, daß solch ein Mensch für einen einzigen kleinen Fehler derart bestraft wird?«

»Zwischen den beiden Zuständen liegt auch nur ein winzig kleiner Schritt«, antwortete Sabazius. »Wenn bei einem Fühlenden der Makel des ›Gebrauchs‹ offenbar wird, dann zeigt das, daß er ganz und gar vom Krebs der Macht befallen ist. Bei einem normalen Wachträumer bedeutet das Sichtbarwerden eines Makels das Heraufdämmern von Bewußtsein. Bei einem Fühlenden bedeutet es das Zurückweichen des Bewußtseins. Kaum ein Machtmensch, der sich zum Weitermachen entschließt, behält seinen klaren Kopf.«

»Kann er sich denn auch entschließen, nicht weiterzumachen?«

»Ein Fühlender, der gewahr wird, daß er ein Machtmensch geworden ist, kann sich in diesem Moment des Erkennens bewußt dem Universum ergeben; meist tut er das jedoch nicht, denn eben der Makel, der ihn verwandelte, läßt ihn hoffen, seinem Schicksal entgehen zu können. Damit aber fällt er zurück ins Wünschen und Verlangen und löst selbst den Krebs der Bewußtseinszerstörung aus.«

»Dann setze ich mich dieser Gefahr auch aus, wenn ich mit dir ringe.«

»An diesem Punkt noch nicht. Du bist noch nicht ganz bewußt und unterliegst deshalb noch nicht dem Gesetz der Macht. Wenn du einen dunklen Punkt hast, dann liegt er an der Oberfläche deiner entwickelten Natur und kann in diesem Stadium noch bereinigt werden; hast du aber einen *tiefen* Makel, den ich nicht bemerke und du auch nicht, dann wirst du dich ihm – je nach seiner Natur – irgendwann stellen müssen, denn solche ein Makel wächst und vervielfacht sich mit dir.«

»Was geschieht mit einem Machtmenschen, der sich dem Universum ergibt?«

»Er geht in einen Tod ohne Brüllen ein und kehrt sofort zurück ins Leben, um seinen dunklen Punkt auszulöschen. Solch eine Entscheidung weist auf einen starken und fein ausgewogenen Willen hin, denn nur dieser Wille kann die Hoffnung zu entkommen durchschauen und zurückweisen. Manchmal wird solch ein Mensch wiedergeboren und stirbt bei der Geburt, schießt mit einem Brüllen ins Anderswo, ohne daß die Augen seines Körpers je wieder in den Wachtraum blicken müssen.«

»Warum ist das so?«

»Weil der Akt der Ergebung ausreicht, um den Makel zu löschen.«

»Was...«

»Das reicht«, sagte Sabazius. »Du weißt jetzt genug, um dich verteidigen zu können.«
Er knöpfte den Mantel auf, zog ihn aus und legte ihn ins Gras. Dann zog er auch den Rest aus, faltete alles ordentlich und legte es auf den Mantel.
Ich starrte ihn entgeistert an.
»Was ist los?« fragte er.
»Ist dir nicht kalt?«
»Nein.«
»Aber es friert doch!«
»Mein Wille ist nicht gefroren«, erwiderte er. Dann lächelte er und sagte: »Halt mal deine Hände in meine Nähe. Zwanzig Zentimeter.«
»So richtig?«
Er antwortete nicht, sondern sah mich einfach weiter an, und dann spürte ich die Wärme, die in Wellen von ihm ausstrahlte.
»Wie machst du das?« fragte ich.
»Ich mache gar nichts«, sagte er. »Das ist einfach mein Wille, der reagiert, weiter nichts. Es sollte niemals notwendig sein, den Willen zu *benutzen.*«
Bevor ich noch etwas sagen konnte, warf er sich auf die Erde, rollte sich zu einem Ball zusammen und kugelte in die Dunkelheit davon.
Ich lauschte. Ein schwaches Geräusch, das sich in Kreisen um mich herumbewegte, war zu hören. Rollte er immer noch?
»Wo bist du, Alexis?« rief ich.
»Hier bin ich.«
»Wo denn?«
»Hier.«
»Ich kann dich nicht sehen.«
»Hinter dir.«
»Ach was«, antwortete ich und starrte in die Dunkelheit, »ich höre deine Stimme doch direkt vor mir.«
»Dann dreh dich um und sieh nach.«
Als ich mich umdrehte, war er nicht nur hinter mir, sondern berührte mich fast. Auf seinem Körper glitzerte geschmolzener Reif und spiegelte die fernen Lichter der Park Lane.
»Zieh dich aus«, sagte er.
»Aber ich weiß doch noch nicht...«
Sein Kichern ließ mich verstummen. »Wenn du nackt bist«, sagte er, »legst du deine Hände auf deinen Will-Stein. Dein Wille muß gemäß dem Gesetz der Regulation reagieren.«
Nur halb überzeugt, zog ich mich langsam aus und legte alles

säuberlich zusammen, wie ich es bei Sabazius gesehen hatte. Als ich mich ihm wieder zuwendete, schlotterte ich vor Kälte.
»Worauf wartest du?« fragte er.
Ich legte meine Hände auf den Anhänger, wie er es mir am Morgen gezeigt hatte, und versuchte Wärme zu empfinden.
Sabazius klopfte mir mit dem Knöchel auf die Stirn. »*Laß* den Willen aktiv werden«, sagte er scharf. »Du versuchst deinen Willen herbeizuwollen, und das ist unmöglich.«
Ich entspannte mich, und im gleichen Moment verlor die Kälte der Luft ihre Schärfe. Ähnliches hatte ich schon vor Jahren beobachtet, war aber nie auf die Idee gekommen, daß es etwas bedeutete. Langsam erhöhte sich meine Hauttemperatur, bis ich das das Gefühl hatte, in einen Mantel aus Wärme gehüllt zu sein.
»Bist du so weit?« fragte Sabazius.
Ich nickte.
Sofort duckte er sich, streckte mir die Handteller entgegen, spitzte den Mund und sog pfeifend die Nachtluft ein. Das Geräusch veränderte seine Klangfarbe und wurde immer lauter, bis es wie eine riesige Hornisse auf mich eindrang. Ich taumelte zurück und hielt mir die Ohren zu, aber das nützte gar nichts. Wie konnte ich mich gegen etwas verteidigen, das nicht zu packen war? Was war das Geheimnis der Verteidigung?
Ich rannte so schnell ich konnte, um einen Sicherheitsabstand zu gewinnen. Wenn ich nur ein paar Sekunden außer Reichweite war, würde mir vielleicht etwas einfallen.
Das Geräusch nahm jedoch nicht ab. Es strich über mich hin und durch mich hindurch, bis ich wie von Sinnen war. Und dann fing der Kampf erst wirklich an, denn ich merkte plötzlich, daß ich mich wehren konnte, indem ich eine Linie des Willens auf Sabazius projizierte. Ich konnte ihn niederschlagen, kampfunfähig machen, sogar töten, wenn ich wollte. Der Unterschied zwischen Verteidigung und Angriff fiel mir ein. Schleuderte ich Willen auf ihn, so wäre das ein Angriff, also mußte ich das Gegenteil tun und den Willen zurückhalten. Aber würde mich das gegen dieses Geräusch abschirmen?
Wie ich da nackt inmitten dunkler Kälte stand, dämmerte mir, daß das Wort »lassen« in enger Beziehung zu Verteidigung steht. Hatte ich meinen Körper nicht Wärme erzeugen *lassen*? Das mußte es sein. Ich atmete tief ein, entspannte mich so weitgehend wie möglich, wandte mich in die Richtung, in der ich Sabazius vermutete, und ließ zu, daß der Wille zu meiner Verteidigung aktiv wurde.
Das Geräusch brach augenblicklich ab.

»Hast du den Willen so schnell gemeistert?« sagte eine Stimme.
Ich wirbelte herum. »Wo bist du, Alexis?«
Sofort war das Geräusch wieder da, zweimal, dreimal so stark. Ich wand mich nach allen Richtungen, aber jetzt hatte es mich. Die Stimme hatte mich aus der Haltung des Zulassens gerissen.
»Hör auf!« schrie ich. Ich hatte mich ins Gras geworfen, geschlagen, voller Selbstmitleid wie ein kleines Kind. Kein Mensch konnte einen solchen Ansturm aushalten...
Die Tonhöhe des Geräusches nahm ab, es schwankte wie unschlüssig und verstummte.
Aus der Dunkelheit kam Sabazius auf mich zu. Er wirkte größer, schwerer, fast wie... ich zögerte bei dem Wort, eine Verkörperung des »Bösen«.
»Ist es vorbei, Alexis?« fragte ich.
Er ging ohne einen Blick an mir vorbei.
»Alexis!« rief ich ihm nach.
Das war, glaube ich, der Punkt, an dem mein Mut zurückkehrte. Eine seltsame Wut packte mich, keine emotionale Wut, sondern eine ganz kalte, unbeteiligte Wut, und ich wußte sofort, daß ich Sabazius und jedem anderen Menschen, der mich grundlos zerstören wollte, standhalten konnte. Ich hatte mir ja schon bewiesen, daß der Wille, der ich *war*, einen Angriff abschlagen konnte. Wenn ich mich also nicht auf seine Tricks einließ, sondern mich vollkommen sammelte, würde nichts mich berühren oder in mich eindringen können.
»Was denkst du?« fragte die Stimme.
Ich ignorierte Sabazius oder wessen Stimme auch immer das sein mochte, legte die Hände auf meinen Will-Stein und blieb mit geschlossenen Augen stehen.
»Hast du die Sprache verloren?«
Ein feines Zittern lief durch meine Hände.
»Dein Schmuckstückchen wird dich auch nicht schützen«, sagte die Stimme. »Seine Macht besteht nur in deiner Einbildung, und die Kraft, die du von ihm zu bekommen hoffst, ist eine Illusion. Ich bin deine Kraft, und wenn ich will, ziehe ich meine Kraft von dir ab.«
Das war offensichtlich wieder ein Trick. Er versuchte meinen Willen zu brechen, indem er seine Basis verbal attackierte.
»So zum Beispiel«, sagte die Stimme.
Ich spürte eine Art Zug an Kopf und Brust, als versuchte etwas, mir den Willen wie einen Zahn zu ziehen. Es konnte doch unmöglich sein, daß meine Willenskraft Sabazius gehörte!
»Nein!« sagte ich innerlich.

Sein Lachen schien die Luft um mich erzittern zu lassen. Solch ein Lachen konnte doch nicht zu einem Fühlenden gehören! Irgendwo in meinem Kopf formte sich ein vager Gedanke, ein entsetzlicher Gedanke: Wenn Sabazius nun doch ein Machtmensch war und immer einer gewesen war... Vielleicht verkehrte er deshalb so freundschaftlich mit dem Türken und dem kleinen Hagergesichtigen. Wenn meine Gedanken zutrafen, dann war das hier nicht einfach eine Willensprobe, sondern Sabazius' Versuch, mich zum Zurückschlagen zu verleiten und so zu seinem Sklaven zu machen.
»Hast du gemerkt, wie locker dein Wille sitzt?« fragte die Stimme.
Was immer er jetzt beabsichtigen mochte, auf jeden Fall hatte er mich zuvor zum Fühlenden schulen müssen, denn nur aus einem Fühlenden konnte ein Machtmensch werden. Was ich über das Selbst wußte, war also vermutlich wahr; ich wußte ja sogar aus direkter Erfahrung, daß es stimmte, daß ich das Selbst zur Hilfe rufen konnte, mich selbst hinausschleudern ins Universum, Schutz suchen bei... Aber ich besaß keine Erinnerung an das Selbst, das mich gerettet hatte! Ich war bewußtlos geworden und hatte beim Aufwachen in Sabazius' Gesicht geblickt. War denn nichts sicher? Besaß ich keinerlei Gewißheit in mir?
»Mach dich auf einen neuen Angriff gefaßt«, sagte die Stimme, und der Atem, der sie trug, strich über mein Gesicht.
Der Zweifel packte mich, Furcht zuckte durch meine Adern.
»Solltest du nicht lieber deinen Willen zusammennehmen?«
Mit wieviel Hohn er mir unter die Nase rieb, daß mein Wille nichts gegen seine Macht war... Und doch... und doch war da etwas, ein leises Flüstern im Herzen, das mich drängte, fest zu stehen, dem Angreifer entgegenzublicken, alle Furcht abzuweisen und mich nach innen zu wenden, um mich der treibenden Kraft des Seins zu überlassen...
Der AM-Atem.
Wieder dieses hirnzermürbende Geräusch, von Sabazius auf mich geschleudert – Sabazius, der Mann der Macht, der versucht hatte, mich mit der Wahrheit selbst zu verführen. Ich würde *nicht* zurückschlagen. Ich würde nicht nachgeben. Ich würde mich nicht in einen Tod ohne Brüllen locken lassen – nicht durch Sabazius und nicht durch irgendein anderes Lebewesen, nicht von Engeln oder Göttern, von wohlklingenden oder unangenehmen Stimmen, von schrecklichen oder süßen Klängen. Ich würde *in* der Wahrheit stehen, nicht außerhalb; ich würde das manifest gemachte Anderswo sehen und meinen Willen nicht an die Macht, diese tödliche Krankheit, verkaufen...

»AaaaaaaaaaaaaaMmmmmmmmmmmmmm . . .«
Tiefe Stille.
Mein Angreifer – still. Das Universum – still.
Als ich die Augen öffnete, stand Sabazius einige Schritte vor mir, sein Gesicht verriet nichts. Fast eine Minute standen wir nur da und sahen uns an, dann sagte er: »Ich konnte keinen dunklen Punkt an dir entdecken.«
War das wieder eine Finte? War die Schlacht noch im Gang – trotz des Am-Atems?
»Schau mich an«, sagte Sabazius sanft. »Sieh den Mann, der dir das Wort gesagt hat.«
Sein nackter Körper verwandelte sich in eine leuchtende Flamme, eine Freudenflamme, die aufstieg und sich zu einem Schirm weitete, verästelte, ein Baum aus Licht und Erkenntnis. Unmöglich konnte ein Machtmensch in solcher Schönheit, in solcher Reinheit des Geistes erstrahlen! Er hatte mich hereingelegt: ich sollte denken, er sei ein Machtmensch; so konnte er meinen Willen prüfen, und falls sich ein dunkler Punkt zeigte, konnte er ihn erkennen und vielleicht bereinigen. Er war, was er immer gewesen war, ein Fühlender.
Die Vision verflog.
»Eins bleibt noch zu tun«, sagte Sabazius.
»Jetzt?« fragte ich bang.
Er lächelte. »Du hast nichts zu fürchten. Du hast dich sehr wacker geschlagen. Jetzt mußt du nur noch vollkommen das werden, was du im Moment bist.«
»Ein Fühlender?«
»Vielleicht.«
»Kann noch etwas schiefgehen.«
»Irgendwas kann immer schiefgehen.«
Wir gingen zu der Stelle zurück, an der unsere Kleider lagen. Als ich mich anzog, spürte ich das erste Prickeln der Nachtluft auf meiner Haut: der Wille regulierte sich von selbst. Ich staunte.
»Wenn Sie kommen«, sagte Sabazius, »darfst du dich auf keinen Fall bewegen.«
»Wenn wer kommt?«
»Ich wüßte nichts, was ich darauf antworten könnte. Wer könnte sagen, wer Sie sind, die kommen . . .?«
Mir war ein wenig mulmig. »Was habe ich zu tun?«
»Absolut nichts. Du wirst bald wissen, was ich meine.«
In den Kleidern von Peter Derwent stand ich da und sah Sabazius zu, wie er sich anzog. Als er fertig war, mußte ich ganz aufrecht und

bewegungslos stehen, während er sich sieben oder acht Schritte von mir entfernte und mich in diesem Abstand mehrmals umrundete, wobei er viermal stehenblieb und ein Wort sprach, das ich nicht verstand. Danach kam er wieder zu mir und zeigte nach Norden.
»Was siehst du?« fragte er.
Ich schaute genau hin, entdeckte aber nichts.
»Laß deinen Willen sich im Brennpunkt sammeln«, wies er mich an.
Ich erinnerte mich an das, was ich über den Schnittpunkt des Willens gelernt hatte, schaute noch einmal und sah sofort einen winzigen Lichtpunkt. »Jetzt ist da was«, sagte ich.
Er drehte mich in die vier Himmelsrichtungen, und jedesmal, wenn ich den Willen sammelte, sah ich dasselbe oder ein ähnliches Licht.
»Jetzt hör gut zu«, sagte Sabazius. »Wenn ich weggehe, dann mußt du die Lichter mit dem Willen zu dir heranholen; mit anderen Worten, du mußt sie kommen *lassen*. Du wirst nicht nachschauen müssen, ob sie schon da sind, du wirst es einfach wissen. Unter gar keinen Umständen darfst du deine körperlichen Augen öffnen, denn dann wärst du ein toter Mann. Solche Dinge kann der Mensch nicht im gewöhnlichen Sinne anschauen. Wenn du sicher bist, daß alle vier Lichter in deiner Nähe sind, mußt du mit dem ›Wort‹ ausatmen und den Atem anhalten. Du wirst sofort merken, daß Atmen nicht mehr nötig ist.«
»Und was passiert dann?«
»Das kann niemand wissen. Wenn die Lichter dich annehmen, werden sie in dich eingehen. Wenn nicht... nun, dann kann alles Mögliche passieren.«
»Und wo bist du dann?«
»Tief in mir selbst, vergraben, sicher.«
»Was...«
»Wir haben keine Zeit mehr«, drängte Sabazius. »Schließ die Augen und mach sie nur auf, falls du sterben willst.«
Diese Mahnung senkte sich tief in mich ein, und ich gehorchte. Seine sich entfernenden Schritte wurden von der Stille aufgesogen, und jetzt waren nur noch die fernen, dumpfen Geräusche der Stadt zu hören.
Dann ein Augenblick der Panik. Was würde geschehen, wenn die Lichter mich nicht annahmen? Würde ich auf irgendeine unheimliche, grauenhafte Art sterben? Würde ich den Rest meines Lebens in geistiger Umnachtung fristen müssen? Ich holte zweimal Luft, um die Lichter zu rufen, und zweimal fehlte mir der Mut. Ich dachte sogar daran, einfach wegzulaufen, weg in die Sicherheit der Stadt, wo

normale Menschen redend, lachend und weinend ihren Weg zu Millionen von Zielen gingen. Was war mein Ziel? Dann fiel mir Sabazius ein, Sabazius, der so viel Zeit geopfert hatte, um mich auf diesen Moment vorzubereiten, der gesagt hatte, daß wir Großes vollbringen würden, wenn ich erst ein Fühlender sei. Da erst wurde mir der Umfang des Problems, beziehungsweise die Reichweite meiner Entscheidung, voll bewußt. Wollte ich ein Fühlender werden, jemand, der Sabazius helfen konnte, dann mußte der *ganze* Peter Derwent realisiert werden. Tief atmete ich die kühle Nachtluft ein, überantwortete mich dem, was vor mir lag, und atmete langsam, behutsam, das AM. Als der letzte Rest von Luft ausgeatmet war, schloß ich den Mund und wartete.

Knisternde Stille. Etwas in mir zitterte, verschob sich.

Alle Fluchtwege versperrt.

Plötzlich wußte ich – ohne zu wissen, wodurch –, daß die Lichter in dem Kreis waren, den Sabazius gezogen hatte. Inmitten der Stille öffnete ich mich den Lichtern, öffnete mich Denen, Die Kommen.

Noch einmal verschob sich dieses Etwas in mir.

Und dann löste sich ein neuer Mensch aus mir heraus, und mit den Augen dieses Menschen sah ich Die, Die Kommen: vier Nadeln aus Licht, in der Schwärze der Nacht schwebend.

Wortlose Worte, vom Wind geflüstert. Eine Stimme und doch keine Stimme – lautlose Unterweisung.

Aus den vier Lichtern wuchsen Flammenarme, fließende, singende, zu einem Klang vereinigte Kristallflammen. Sie ließen sich auf dem neuen Menschen nieder, umhüllten ihn, durchtränkten ihn in Schauern der Ekstase.

Der *immerfort begreifende Willensakt*, die Absicht, die Schönheit und der Sinn dieses Willens in greifbarer Nähe...

16. *Gefährliche Bedürfnisse*

Die Tage nach meiner Erfahrung im Hyde Park waren ekstatisch. Ich fühlte mich wie von einem Energiestrom getragen, innerlich stabilisiert durch ein ununterbrochenes Bewußtsein vom Zusammenhang aller Dinge. Alles an mir, dem neugeborenen Fühlenden, war wie aus einem Guß, und das gab allem, was ich tat, Sicherheit und Richtung. Ich bemerkte allerdings auch, daß Sabazius mich genau beobachtete, denn immer, wenn ich mich nach ihm umdrehte, fixierte er mich mit einem glasigen Blick. So sehr ich mich bemühte, ich war nicht in der Lage, diesem Blick längere Zeit standzuhalten, mein Blick senkte sich einfach unwillkürlich. Mein Bewußtseinszustand wurde durch Sabazius' Blicke sogar noch gesteigert, aber das hing davon ab, wie lange ich ihnen standhalten konnte. So neugierig ich auch war, ich konnte mich nicht dazu bringen, ihn über diese merkwürdige Art des Schauens zu befragen. Elf oder zwölf Tage vergingen so, und dann erwachte ich eines Morgens in einer schal und abweisend gewordenen Welt, in der es keine Wärme und keine Liebe gab. Die Hülle des Schauens war zerrissen, und ich mochte versuchen, was ich wollte, sie bildete sich nicht wieder. Welche Katastrophe hatte mich da über Nacht heimgesucht?

Wie immer in solchen Fällen verschwand Sabazius für fast eine Woche.

Er besaß die unfehlbare Gabe, immer dann unauffindbar zu sein, wenn ich ihn am meisten brauchte. Also war ich auf meine eigenen Mittel angewiesen, und diese eigenen Mittel versagten komplett. Was ich sah, hörte, fühlte und zu tun versuchte, verwandelte sich in eine leere, kraftlose Wüste, ein geistiges Ödland, in dem ich wie ein Geistesgestörter hauste. Ein Irrer mit gerade noch genügend Grips, um seinen Irrsinn zu erkennen. Völlig verzweifelt rief ich Sabazius an.

»Was gibt's?« fragte er.

In einem wirren Wortschwall versuchte ich zu erklären, was geschehen war.

»Und was erwartest du jetzt von mir?« fragte er.

»Kannst du mir nicht helfen?«

Er lachte laut in den Hörer und fragte: »Wer ist da?«

Ich wußte nicht, was ich damit anfangen sollte, und sagte lieber gar nichts.

»Wer ist da?« fragte er wieder.

»Du weißt verdammt gut, wer hier ist«, sagte ich tonlos.

»Sie haben sich verwählt, bitte wählen Sie neu«, sagte er mit der Stimme einer Telefonistin.

»Bitte hör auf, es ist ernst«, sagte ich.

»Was Sie suchen, befindet sich im Mittelgeschoß«, sagte er wie ein Verkäufer im Kaufhaus.

»Ich versteh nicht, was du sagen willst«, rief ich aufgebracht.

Klick!
Ich starrte entgeistert das schwarze Stück Plastik in meiner Hand an. Als ich auflegte, klingelte es sofort wieder.
»Ja?« sagte ich.
Er sprach sehr schnell und ernsthaft und schien mir genau zu erklären, was ich zu tun hatte, denn zweimal kam mein Vorname in diesem Wortschwall vor. Da er aber ein mir völlig unverständliches Griechisch sprach, hatte ich nichts davon.
»Ich verstehe dein Griechisch nicht!« rief ich wütend. »Kannst du das nicht auch auf Englisch sagen?«
Stille.
Sabazius war noch dran, ich hörte seinen Atem. Diesmal legte ich auf. Ich wollte mich eben abwenden, als es schon wieder klingelte. Ich stand da und sah den Apparat an. Es klingelte weiter. Als ich abnahm schleuderte mich ein ohrenzerreißender Pfeifton quer durchs Zimmer. Ich wollte zurückkriechen, um den Hörer aufzulegen, konnte mich aber kaum bewegen. Das Pfeifen ging immer weiter, in mir und außerhalb, wie in der Nacht im Park. Plötzlich brach es ab, und eine Stimme sagte immer wieder: »Hallo, hallo, hallo, hallo, hallo, hallo, hallo . . .«
»Geh weg!» schrie ich.
»Hallo, hallo, hallo, hallo . . .«
Als ich nach einer Weile allen Mut zusammennahm und mich dem Telefon näherte, verstummte die Stimme plötzlich. Ich schlich mich an, als könnte der Hörer beißen, und legte ihn dann blitzschnell auf die Gabel. Als mein Zittern nachließ, machte ich mir einen Kaffee und setzte mich hin, um alles noch einmal durchzugehen bis zu dem Zeitpunkt, wo die Hülle zerrissen war. Da ich hier auf keine Erklärung stieß, versuchte ich herauszufinden, was Sabazius mit seinen seltsamen Sprüchen gemeint haben mochte. »Was Sie suchen, befindet sich im Mittelgeschoß«, ging mir immer wieder durch den Kopf. Was hatte er damit sagen wollen? Warum hatte er mir nicht geradeheraus geantwortet? Ich legte mich auf das Sofa und schloß die Augen; vielleicht konnte ich schlafen und im Schlaf würde sich alles wieder ordnen. Immer noch ging mir dieser Satz im Kopf herum. Immer noch unfähig, einen Sinn darin zu entdecken, versuchte ich mich zu erinnern, wie es sich angefühlt hatte, ein Fühlender zu sein. Vielleicht würde die Erinnerung das Gefühl zurückzaubern. Ich rekonstruierte meine Erfahrungen, von denen ich angenommen hatte, daß sie nie verblassen würden.
Zwölf Tage voller atemberaubender Visionen. Farbige Symbole und

weite Landschaften, die ineinanderflossen und sich wieder trennten. Wechselnde Szenarien, in denen super-dreidimensionale Gestalten still ihren sonderbaren Geschäften nachgingen. Alles in Farben eingefaßt, von pulsierender Lebendigkeit, ganz. Ein Ruf, durch einen Donnerschlag in mir selbst ausgelöst, der Ruf, wach zu sein und zu lauschen, zu beobachten und zu sehen, zu begreifen und zu erkennen. Stehende Stille. Am Morgen erwachen, um in weicher, lebendiger Ruhe in ununterbrochenem Strom bewußt erfahrener Freude gebadet zu sein.

Und dann von all dem verlassen. Das leere Nichts der Gewöhnlichkeit. Außerstande, meine eigene Frage an mich selbst zu beantworten, dämmerte ich langsam in den Schlaf hinüber. Als ich aufwachte, war es dunkel. Sabazius stand am Fenster und schaute hinaus. Er sagte nichts.

»Wie spät ist es?« fragte ich.

»Gegen zehn.«

»Bist du schon lange hier?«

»Lange genug, um dich träumen zu sehen.«

»Ich kann mich gar nicht erinnern, geträumt zu haben.«

»Wie es ja mit deinem Erinnern sowieso nicht weit her ist«, gab er sarkastisch zurück. »Du denkst immer weiter, daß du *etwas* erreicht hast, wo du tatsächlich gerade erst deine ersten Schritte zum *Nichts* gemacht hast.«

Ich verstand nicht, was er meinte, und sagte: »Es tut mir leid.«

»Dein Leidtun wird kaum das Brüllen erzeugen, das dich durch deinen Tod trägt!« Seine Stimme war hart und ohne Mitgefühl. »Du bekümmerst dich immer so sehr darum, ob du froh oder traurig, up oder down, voll oder leer bist. Kannst du nicht lernen, deine Gefühle einfach zu akzeptieren, mit ihnen zu fließen, bis es nichts mehr ausmacht, was du gerade fühlst? Wenn du dir klarmachst, daß es keinen Unterschied gibt, daß all dein Fühlen *du* bist, der darin stattfindet, dann könntest du genug Kraft finden, um aufrecht zu bleiben.«

All das hatte er mit dem Rücken zu mir gesagt; jetzt drehte er sich um und sah mich mit diesem seltsamen glasigen Blick an. Mein Blick senkte sich.

»Sieh mich an!« befahl er.

Ich versuchte es, aber es ging nicht.

Er wandte sich wieder zum Fenster. »Siehst du diesen Himmel?« fragte er und nickte hinaus. »So ähnlich sieht es in deinem Kopf auch aus.«

Der Himmel war schwarz von schweren Regenwolken, unten von den Lichtern der Stadt orange angestrahlt.
»Drei Dinge kann man daran erkennen«, fuhr er fort. »Die beiden ersten sind sichtbar, das dritte unsichtbar. Die Wolken sind vor dem Sturm schwarz, und ihre Bäuche brennen von dem, was unter ihnen vorgeht. Deswegen sage ich, daß du so ähnlich bist wie dieser Himmel: Dein Kopf füllt sich immer wieder mit Stürmen, und deine Stürme sehen wie das Ende der Welt aus, weil dein Körper immer noch brennt.«
»Das versteh ich nicht«, sagte ich.
»Natürlich verstehst du nicht. Wie solltest du auch, wenn es so in dir aussieht.«
»Ich möchte aber nicht so sein.«
»Das ist genau der springende Punkt. Der ganze Schlamassel entsteht nämlich durch dein Mögen und Nichtmögen. Du möchtest glücklich sein, denn wenn du nicht glücklich bist, bist du traurig, also vertreibt deine Angst vor der Traurigkeit dein Glücklichsein, und deine Angst vor dem Verlust des Glücklichseins läßt nur noch Traurigkeit zu.« Er schwieg und sah mich an. Dann lenkte er meine Aufmerksamkeit wieder auf das Fenster. »Du kannst den Regen in diesen Wolken nicht sehen, weil sie der Regen *sind*, den du zu sehen versuchst, und du kannst das Glück in dir nicht finden, weil du das Glück, das du suchst, selber *bist*.« Da war ich also wieder auf Feld eins. »Du hast wirklich einen guten Schutzengel«, sagte er mit leiser Verwunderung. »Du ahnst ja nicht, was du für ein Glück hast, daß du nicht zu Hackfleisch verarbeitet worden bist. Du hast Dinge gesehen, die gewöhnliche Menschen nicht sehen, Erfahrungen gemacht, die andere Menschen in den Wahnsinn treiben würden, wenn sie nur halb so selbstgefällig wären wie du. Aber aus irgendeinem Grund überlebst du das alles, kommst immer wieder hoch wie ein Stehaufmännchen und willst das nächste Stück Sahnetorte!« Er sah mich lange an, als dächte er über etwas nach. Dann sagte er mit sanfterer Stimme: »Erzähl mir, was passiert ist.«
»Vor etwa einer Woche«, sagte ich kleinlaut, »bin ich morgens um sieben mit furchtbaren Kopfschmerzen aufgewacht. Alles hatte sich ins Gegenteil verkehrt. Alle inneren Lichter waren ausgegangen. Ich fühlte mich völlig ausgebrannt und alleingelassen. Ich versuchte in die Hülle zurückzukommen, aber es ging nicht. Nicht mal der Stein half mir. Ich arbeitete stundenlang daran, wurde aber nur immer deprimierter. Ich konnte nicht einmal essen, weil mir übel war. Schließlich konnte ich es nicht mehr aushalten und habe dich angerufen.«

»Und dann?«
»Na ja, ich konnte nicht verstehen, was du meintest, und wurde wütend, weil ich dachte, daß du einfach Spielchen mit mir treibst.«
»Spielchen?«
»Was Sie suchen, finden Sie im Mittelgeschoß.«
»Das war kein Spiel!«
»Und dann hast du mich angegriffen!«
»Nein, ich habe nur versucht, deine Blockierung zu durchbrechen.«
»Du hast mich zu Tode erschreckt!«
»Dann muß es mir wohl gelungen sein.«
»Und wie?«
»Du hast deine verlorene Furcht wiedergefunden. Ich habe deine Furcht schon in den Tagen davor schwinden sehen. Das ist immer ein schlechtes Zeichen.«
»Warum hast du denn nichts gesagt?«
»Weil du aus deinem Hochmut doch keine Furcht hättest herstellen können. Furcht muß man wie einen Baum großziehen und pflegen.«
»Warum muß ein Mensch Furcht haben?«
»Wenn ein Fühlender keine Furcht hat, dann hat er auch keine Achtung, und wenn er keine Achtung besitzt, kein Gefühl der Ehrfurcht vor dem *immerfort begreifenden Willensakt*, dann entgleitet ihm allmählich, was er ist, ein Fühlender, und er wird ein Machtmensch.«
Was er sagte, ließ mich augenblicklich verstummen.
»Wie findest du das?« fragte er.
»Entsetzlich.«
Sabazius lachte, knipste die Tischlampe an und sagte: »Ich werde jetzt einen Kaffee machen, und dann reden wir.« Bald darauf kam er mit Kaffee und Keksen herein und setzte sich neben mich aufs Sofa. Ich wartete darauf, daß er anfing, aber er sagte nichts.
»Wie meinst du das«, fragte ich, »daß mein Körper immer noch brennt?«
»Damit meine ich dein Bedürfnis nach Dingen«, antwortete er. »Dein Bedürfnis, glücklich zu sein, ist das Feuer, das dein Glück auffrißt. Alles Bedürfnis ist Feuer.«
»Wieso ist das Bedürfnis Feuer?«
»Weil aus Bedürfnis Verlangen wird, und Verlangen ist ein nie stillstehendes Rad, das immer neue Bedürfnisse streut.« Er reichte mir eine seiner eigenartigen Zigaretten und zündete sie an. »Aber es gibt noch ein Feuer«, fuhr er fort, »und dieses andere Feuer hat die Kraft, das erste zu verzehren.«

»Was ist dieses zweite für ein Feuer?« fragte ich in dem Gefühl, er würde nichts weiter darüber sagen, falls ich nicht fragte.
»Das zweite Feuer ist dein Wille.«
»Dann verzehrt der Wille das Verlangen.«
Sabazius nickte bedächtig. »Genau das wird in der Welt nicht verstanden. Der Mensch glaubt, sein Verlangen, also das, was aus Bedürfnis entspringt, sei ein Willensakt, aber das stimmt nicht. Der Wille verlangt nach nichts, denn er ist, was der Mensch ist, sein verwirklichtes Sein.« Ich dachte über diese Worte nach.
»Was denkst du?« fragte Sabazius.
»Ich versuche herauszufinden, wo dann Entscheidungen herkommen«, sagte ich. »Denn wenn der Wille das Sein des Menschen ist und das Sein nach nichts Verlangen hat, müssen Entscheidungen einen anderen Ursprung haben.«
Er wartete darauf, daß ich weitersprach.
»Aber ...«
»Ja?«
»Ich weiß nicht, was das sein kann«, sagte ich hoffnungslos.
»Was hast du gesagt?«
»Ich ...«
»Was?« unterbrach er sofort.
»Ich?«
»Was denn sonst? Das ›Ich‹ hat im Sein die Funktion, nach objektiver Existenz zu verlangen. Um weiterhin objektiv existieren zu können, um zu ›überleben‹, wie man so schön sagt, muß der Mensch ständig die Objektivität der Welt aufrechterhalten, und das heißt, er muß sein Getrenntsein von ihr beständig erneuern. Dies ist die Substanz seiner Identität, und Identität ist daher das, was ihn für die Verbundenheit der Dinge blind macht. Das Ich oder die Identität oder das Ego ist die Basis seiner Unfähigkeit zu sehen.«
»Wenn ich also in der Hülle des Schauens bin«, sagte ich aufgeregt, »dann ist meine Identität für diese Zeit zum Schweigen gebracht oder in Schach gehalten.«
»Ganz recht«, sagte Sabazius. »Deswegen betone ich ja immer die Wichtigkeit der Hülle. Ohne die Hülle des Schauens kann der Mensch den Dualismus zwischen sich als Subjekt und der Welt als Objekt niemals auflösen. Die Welt besteht aus Dingen, die innerlich verbunden sind, weil sie letztlich aus derselben Substanz bestehen. Wenn ein Mensch richtig schauen lernt, verschwindet der Unterschied oder die Kluft zwischen ihm als Subjekt und der Welt als Objekt.«

»Und dann ist das eine im anderen enthalten?«

»Nein. Das ist nicht möglich«, erwiderte er mit Bestimmtheit. »Subjekt und Objekt sind für immer diametrale Gegensätze; deshalb können sie nicht miteinander verschmelzen und ein drittes Prinzip schaffen. Aber sie können sich gegenseitig auslöschen, zu *nichts* machen. Würden sie in ihrer Verbindung zu *etwas*, dann wäre das nur wieder ein im Universum gefangenes Ding.«

»Das Feuer, das Feuer verzehrt!«

»Das Feuer des Willens verschlingt das Feuer des Verlangens«, fuhr er fort, »denn das Sein ist manifest gemachter Wille und daher frei von objektverhaftetem Ich-Verlangen. Wenn der Wille im Universum aktiv wird, ereignet sich Begreifen, denn das Begreifen des Willens ist ein Ausdruck dessen, was ohne zu existieren existiert.«

»Das Anderswo«, sagte ich.

»Ja«, sagte Sabazius, »aber hier kommt es noch auf etwas anderes an, nämlich auf die Natur der verlangenden Ich im Verhältnis zum Sein oder Willen, die nicht verlangen. Das Ich oder die Identität versucht ständig, Sein oder Willen einzunebeln, weil es, wie gesagt, nicht überleben kann, wenn das Feuer des Willens ausbricht.«

»Kann ich eine Frage stellen?«

»Ja.«

»Was ist das Feuer des Willens?«

»Intelligenz.«

»Aber Intelligenz scheint doch zum Ich zu gehören«, sagte ich erstaunt.

»Und das ist der Fehler«, erwiderte er. Dann fuhr er erklärend fort: »Das Ich eines Menschen reflektiert nur intelligentes Begreifen, ist aber nicht selbst dieses Begreifen. Das intelligente Begreifen des Willens oder Seins ist das Begreifen dessen, was ohne zu existieren existiert. Ich ist nur das Instrument, nicht der Urheber. Weil aber das Ich objektive Existenz besitzt und das Universum nur als eine Reihe von Objekten wahrnehmen kann, ist es durch diese Objekte an die Zeit gekettet, denn Zeit ist die Dauer der Wahrnehmung durch das Ich-Instrument, also das, wodurch das Ich das Universum als Materie erfährt.«

»Willst du damit sagen, daß Zeit Wahrnehmung ist?«

»Zeit ist sowohl die Wahrnehmung als auch das Wahrgenommene«, erläuterte Sabazius. »Zeit entsteht daraus, daß ein Subjekt ein Objekt betrachtet. Und Identität ist nichts weiter als Materie, die sich mit anderer Materie identifiziert.«

»Dann ist also Verlangen die Materie, aus der das Ich besteht und

womit es sich mit der Grundsubstanz des Universums verbinden will.«
»Genau. Das ist mit ›Verbundenheit aller Dinge‹ gemeint. Materie ist mit Materie verbunden, Wille mit Wille. Man kann der Materie deshalb Sein zusprechen, weil Sein als Wille die Materie zusammenhält. Der menschliche Körper zerfällt nach dem Tod, weil der Wille dann die Materie verläßt.«
Sabazius stand unvermittelt auf, löschte die Tischlampe und sagte, ich solle mich vor ihn hinstellen. Dann nahm er mein Gesicht in die Hände und drückte es. Nach einigen Minuten ging er dazu über, es sanft zu massieren, vom Mund aus nach oben und zur Seite, von unten und oben auf die Augen zu und dann zum Haaransatz hinauf.
»Laß deine Augen geschlossen und schau in die mittlere Distanz«, sagte er dabei.
Ich tat es und im selben Augenblick erschienen kleine Farbwellen, und ein bläuliches Licht folgte der Bewegung seiner Daumen. Dann erschien, undeutlich, aber erkennbar, ein eigenartiger Kreis, in dessen Zentrum sich das bläuliche Licht sammelte und an den Rändern in einem tiefen, atemberaubenden Violett zu flackern begann.
»Bleib in der mittleren Distanz«, sagte Sabazius.
Jetzt brach das violette Flackern auch aus dem bläulichen Zentrum hervor und weitete sich aus, bis das Blau verschwunden und der äußere Kreis gelöscht war. Jetzt war nur noch dieser gezackte violette Fleck mit fließenden Rändern zu sehen.
»Schau in die mittlere Distanz«, flüsterte Sabazius noch einmal.
Plötzlich verschwand der violette Fleck, wie von sich selbst aufgesogen, und war dann größer und näher wieder da. Noch einmal verschwand er und tauchte größer und näher wieder auf.
Sabazius begann einen tiefen sonoren Ton zu summen, während er weiterhin mein Gesicht mit den Daumen massierte. Immer noch kam der violette Fleck in Sprüngen auf mich zu, wobei sein wabernder Rand sich scharf gegen den samtig schwarzen Hintergrund abhob. Und plötzlich begann ich mich zu wehren, der Fleck blieb zögernd stehen, zog sich wie zum nächsten Sprung in sich selbst zusammen, tauchte aber nicht wieder auf. Sabazius nahm seine Hände weg.
Ich blieb in meiner in Dunkel getauchten Innenwelt stehen und fragte mich, ob der Fleck wohl zurückkommen werde. Aber was immer da aus dem Nichts auf mich zugesprungen war, existierte nicht mehr.
Sabazius machte Licht und fragte mich, was ich gesehen hätte. Ich erzählte es ihm, und er fragte: »Warum ist das violette Licht verschwunden?«

»Weil ich mich anscheinend gewehrt habe?«
»Und warum hast du dich gewehrt?«
»Weil ich das Gefühl hatte, es würde mich überschwemmen.«
»Es würde *was* überschwemmen?«
Ich begriff sofort, worauf er abzielte.
Sabazius lachte in sich hinein und schüttelte den Kopf. »Du schaust drein, als würdest du verstehen«, sagte er und winkte mir, wieder Platz zu nehmen, »aber in Wirklichkeit verstehst du gar nichts. Ein Mensch kann die unglaublichsten Erfahrungen machen, aber solange er dieses Ich, für das er sich hält, nicht vollkommen verstanden hat, sind seine Erfahrungen reine Zeitverschwendung.« Ich wollte etwas fragen, aber er hob abwehrend die Hand und sagte: »Öffne deinen Mund und hör auf zu denken.«
Ich öffnete langsam den Mund.
»Jetzt stell dir vor, daß du in deinen Mund gehst und dich auf deine Zunge setzt.«
Ich versetzte mich so gut es ging in meinen Mund.
»Atme dich langsam in deine Kehle hinunter.«
Als ich das geschafft hatte, empfand ich sofort ein leichtes Pochen im Kehlkopf, und kleine Energiewellen kräuselten sich an beiden Seiten zu den Ohren hinauf.
Sabazius musterte mich zehn Minuten lang und sagte dann: »Ich möchte jetzt, daß du langsam aufstehst, dabei aber keinen Augenblick von mir wegschaust.«
Zuerst empfand ich eine Art Widerstand, so als sei die Luft über mir fest geworden, aber dann gab sie nach, und ich stand, meinen Blick immer noch an seinen geheftet.
Er atmete tief ein, ließ seine Hände locker herabfallen und trat nach rechts – das heißt, er bewegte den rechten Fuß nach rechts, und plötzlich standen zwei identische Gestalten vor mir, an den Füßen kreuzweise verbunden.
»Setz dich wieder hin«, sagte seine Stimme.
Da bemerkte ich, daß ich beim Aufstehen ebenfalls meinem Körper entstiegen war. Als ich wieder in mir Platz nahm, trat auch Sabazius in seine Gestalt zurück.
»Gut«, sagte er.
Ich holte tief Luft und legte mich hin.
»Erzähl mir genau, was du gemacht hast«, sagte Sabazius.
»Ich bin aufgestanden – aus meinem Körper heraus.«
»Unsinn. Wie kann das Ich aus sich selbst heraus aufstehen?«
»Was ist dann aufgestanden?«

»Das Sein ist durch den Willen aufgestanden.«
Jetzt wurde mir klar, daß ich tatsächlich überhaupt nicht verstand, denn ich war selbst in dem Moment, als das Sein sich vom Körper trennte, ich-bewußt gewesen. Ich befragte ihn sofort über diesen scheinbaren Widerspruch.
»Es bleibt immer eine Verbindung bestehen«, erklärte er. »Du bist in jedem Augenblick mit deinem physischen Ich verbunden, bis der Tod diese Verbindung zerschneidet. Der Wille des Seins enthält das Gedächtnis des Ich, und dieses Gedächtnis hält das Sein gefangen. Deshalb hat das Sein auch eine Schein-Gestalt. Die Gestalt, die dir als Ebenbild des physischen Sabazius erschien, war die Kraft des Ich, die den Willen des Seins im Universum festhält. Der Ich-Körper muß jederzeit mit Materie identifiziert sein, um als individuelles Objekt existieren zu können, andernfalls würde seine Sinnen-Zeit verschwinden und mit ihr auch seine Identität.«
Nachdem ich seine Antwort sorgfältig erwogen hatte, sagte ich: »Das scheint zu bedeuten, daß ein Mensch danach streben sollte, sein Identitätsgefühl zu verlieren.«
»Und?«
»Aber weshalb?«
»Wie kommst du auf diese Frage?«
»Ich glaube, durch mein Identitätsgefühl, durch die Furcht, meine Individualität zu verlieren.«
»Allerdings«, sagte Sabazius. »Und das ist das Problem, dem alle Menschen gegenüberstehen. Wegen ihres Ich können sie nicht sehen, was sie sind. Solange ein Mensch glaubt, es gäbe etwas zu erkennen, ein Objekt namens Selbst, solange bleibt er Gefangener des Ich und Subjekt seiner eigenen Objektivität.«
»Das Wissen darum scheint nichts zu ändern«, sagte ich hoffnungslos.
»Stimmt. Etwas zu wissen, bedeutet, durch die Wahrnehmung an die Zeit gebunden zu sein, ganz gleich, ob es sich um ein Wissen von äußeren oder von inneren Dingen handelt. Etwas zu wissen, bedeutet deshalb, ständig Subjekt eines Objekts zu sein. Selbst der Weg, dem ein Mensch folgt, um dem zu entkommen, wird zum Abweg, sobald er glaubt, daß er auf ihm von ›hier‹ nach ›dort‹ kommt; denn wenn du von ›hier‹ nach ›dort‹ reist und ›dort‹ ankommst, dann kommst du auf jeden Fall bei *etwas* an. Verzehrt aber das Feuer des Willens das Feuer des Verlangens, dann wird die Ich-Körper-Verbindung schwächer, zerfällt, und das Sein verwirklicht sich. Wenn ein Mensch in die Hülle des Schauens eintritt, kann er nicht mehr als autonomes Ich

denken und handeln, denn seine Wahrnehmung sammelt sich in sich selbst und erlaubt so dem Sein, den Willen in der Materie zu erkennen, den manifesten *immerfort begreifenden Willensakt*, von dem das Sein selbst ein Ausdruck ist.«

»Dann ist das Sein eine Form der Materie.«

Sabazius nickte. »Ja, aber eine sehr hohe Form der Materie. Später, wenn du auf solche Dinge vorbereitet bist, werde ich dir die Interaktion von Materie mit Materie, ihre wechselseitige Durchdringung, zeigen. Jetzt mußt du erst einmal etwas anderes begreifen: Wenn ein Mensch ins Sein eintritt, und sei es noch so kurz, ist er augenblicklich mit Kräften des Universums verbunden, die ihn irgendwann einmal in seinen Ursprung zurückführen werden. Das kann jederzeit eintreten, nicht nur wenn der Mensch stirbt.«

»Aber...«

Er winkte ab. »Wenn du das mit dem Denken ergründen willst«, sagte er mit Nachdruck, »verspielst du deine Fähigkeit, in die Hülle einzutreten. In die Hülle kannst du nur durch den Willen des Seins kommen. Das Begreifen ist die Domäne des Willens, und nur der Wille kann das Sein vom Ich-Körper befreien.«

Ich ließ den Blick langsam sinken und schaute auf den Teppich. Würde ich je durchdringen können, was er mir zu zeigen versuchte? Begreifen, ohne zu verstehen – wie sollte das gehen? Was war überhaupt Begreifen? Ich wollte mich schon wieder meiner Mutlosigkeit überlassen und schloß die Augen, riß sie aber sofort wieder auf, denn hinter meinen Lidern hing eine strahlende Sonne, als hätte sie da schon die ganze Zeit gewartet, ein glitzernder Lichtball, der in dem Moment, als ich ihn sah, explodierte und verschwand. Der Schock war mir offenbar deutlich ins Gesicht geschrieben, denn Sabazius sagte: »Das ist die Art von Furcht, die du immer haben mußt.« Ich blieb bewegungslos sitzen und versuchte eine Beziehung zu finden zwischen diesem inneren Bild, Sabazius' Aussagen und dem violetten Fleck von vorhin – aber diese feine Beziehung wollte sich nicht klar herauskristallisieren. Gab es überhaupt eine Beziehung?

»Du siehst bekümmert aus«, sagte Sabazius.

»Ich finde keinen Zusammenhang zwischen den Dingen, die mir passieren«, sagte ich. »Gibt es denn keinen einfacheren Zugang zu mir selbst?«

»Du könntest ans Telefon gehen und deine eigene Nummer wählen«, lautete seine unverständliche Antwort.

»Wozu denn das?«

»Tu's doch einfach mal.«

Völlig überrumpelt ging ich an den Apparat und wählte.
»Was hörst du?« fragte Sabazius.
»Das Besetztzeichen.«
»Wer ist also am Apparat?«
»Ich.«
»Findest du das nicht interessant?«

17. *Das Meer aus blauem Glas*

Nach zwei Wochen intensiver Arbeit an mir selbst, in denen ich die Hülle des Schauens mehrmals bilden konnte und wieder verlor, ließ Sabazius durchblicken, daß ich jetzt in eine neue Phase der Arbeit eintreten würde, eine Arbeit, die mich zuerst fast all meiner Energie auf einen Schlag berauben würde, um mich jedoch später, wenn ich richtig darauf eingestimmt sei, mit Energie zu versorgen. Ich würde lernen, sagte er, mich auf andere Seinsebenen zu projizieren; dadurch würde ich meine innere Natur tiefer verstehen und schließlich auch ihre höheren Aspekte einbeziehen können, von denen ich viele bislang nicht einmal berührt hätte.
»Wie kommt man auf diese neuen Ebenen?« fragte ich.
»Indem du die feinen Windungen deiner Geschichte kennenlernst«, war seine Antwort. »Zum Teil hat deine Geschichte sich schon zusammengefügt, weil die Vier Lichter aus deiner inneren Ausrichtung ein Fahrzeug gemacht haben, das dich weiterträgt. Du bist jetzt viel flexibler, kannst leichter in die überall vorhandenen kleinen Wirbel eindringen. Schöpferische Menschen kennen sich damit ein bißchen aus. Sie kennen den Weg nach innen, um auf der Phantasieebene zu reisen; im allgemeinen wissen sie jedoch nicht, daß diese Phantasieräume nicht pure Einbildung sind, sondern wirkliche Territorien, ein inneres Universum, in dem alles möglich ist. Manchmal rutscht also jemand dort hinein, und da er überhaupt nicht vorbereitet ist auf das, was ihm da begegnet, wird es ihm oft sehr schwer, den Rückweg zu finden. Er sucht verzweifelt nach dem Ausgang, aber sein irregeleiteter Wille schafft nur immer mehr Territorium zwischen ihm und dieser Tür. Ich will damit sagen«, fügte er ernst hinzu, »daß dieses Territorium gefährlich ist, wenn du dich nicht sorgfältig darauf vorbereitet und eingestimmt hast. Sei also gewarnt.«

Dann trug er mir auf, genau auf meine Träume zu achten und alles aufzuschreiben, woran ich mich am Morgen erinnerte, oder es sofort zu Papier zu bringen, falls ich mal direkt nach einem Traum aufwachte. Ich sollte allerdings nur aufschreiben, was ich visuell erinnerte, denn alles, was darüber hinausging, sei bereits Interpretation, und das würde mich nur irreführen. Der Verstand allein, sagte er mit Nachdruck, kann in diese Regionen nicht eindringen, denn der Zweck des Träumens sei ja gerade, dem Träumer zu enthüllen, was er mit dem Verstand nicht erfassen kann. Wenn man seine Träume im Nachhinein als sinnlos empfindet, so liegt das daran, daß man mit dem Verstand zu erfassen versucht, was auf diesem Weg unmöglich zu erfassen ist... der Verstand ist zu wirklichem Verstehen nicht in der Lage.

Wer über solche Sinnlosigkeit lacht, sagte Sabazius, der lacht über die Spiegelungen seiner eigenen Geschichte.

»Ist das jenes Territorium, das mir in den ersten zwölf Tagen offenstand?« fragte ich.

Sabazius schüttelte den Kopf. »Nein«, sagte er, »das war nur der Eingang zu diesem Territorium. Nachdem die Lichter zu dir gekommen waren, brauchtest du nur die Augen zu schließen, und dann war in deinem Kopf eine vollständige eigene Welt mit Bergen, Höhlen und Wasserfällen, völlig lebensecht. Es war fast wie in einem Märchenland; du konntest die Szene verändern, wie es dir gerade gefiel. Aber in diesen zwölf Tagen warst du immer noch durch das Bewußtsein mit dieser Welt verbunden. Du wußtest, daß du nur die Augen zu öffnen brauchtest, und alles war weg. Was jetzt auf dich zukommt, ist nicht der Eingang, sondern das, was dahinter liegt. Wenn ein Mensch die Tür zu sich selbst zurückläßt und in sich selbst eintritt, kann er nicht mehr entkommen, indem er die Augen öffnet. In diesem Bereich erfährst du aufgrund deiner eigenen Entscheidung, aber ohne Fluchtmöglichkeiten, was es mit den Knoten und den abgeschirmten Ecken deines Seins auf sich hat. Etwas ganz anderes als der ursprüngliche Traum ist der bewußte Wiedereintritt in diesen Traum. Du nimmst dabei alles mit dir, was du bist, auch das Ego. Wenn das Ego aktiv wird und anfängt, sich gegen den Trauminhalt zu wehren, kämpft es unwissentlich gegen sich selbst, denn der Trauminhalt weist immer auf die begrenzende und begrenzte Natur des Ego hin. Wenn das passiert, fliegen die Fetzen: das Ego zerschmettert sich selbst am Ego. Der Zweck des Ganzen besteht darin, dich wie eine Konservendose aufzuschneiden und den eingemachten Unsinn auszukippen. Und das Geheimnis des Erfolgs besteht darin, mit dem

Geschehen zu fließen, die Wahrheit dessen, was du bist und nicht bist, wie frische Luft einzuatmen. Wenn du dich dazu sehr schnell entschließen kannst, wird das Zerfetzen, wenn es überhaupt nötig ist, nur wie ein Nadelstich sein.«

Dann sagte er, ich müsse mir stets vor Augen halten, daß ich alle Inhalte meiner Träume selbst bin. Erschien ein Ungeheuer, dann mußte ich mir sofort klarmachen, daß ich das war, und mußte das »Monströse« an mir sich ausbrüllen lassen. »Wenn du einer erschrekkenden Vision begegnen kannst«, sagte Sabazius, »wirst du diesen Aspekt deiner selbst unmittelbar erfahren und erkennen. Du bist dann nicht Subjekt eines Objekts. Wenn ein wunderschöner Engel mit goldenen Flügeln erscheint, dann sei gewahr, daß du das bist, und niemand sonst.« Und so gingen die Unterweisungen weiter; ich schrieb meine Träume auf, und das Territorium wurde Stück für Stück erkundet. Alles wurde erläutert. Er erklärte und erklärte, bis mir ganz schwindlig wurde, und dann erklärte er das Erklärte noch einmal. Wenn das Wissen zur Verfügung stand, sagte er, sei es weder begründbar, noch zu vertreten, sich selbst Schmerz und Leiden zuzufügen. So etwas zu tun, sei Idiotie. Ein Weg, der zuviel Leiden enthalte, sei ein Weg der Unwissenheit. Die Unwissenden gingen ihn und befürworteten ihn.

Am Ende dieser Woche sagte er, es sei Zeit anzufangen. Ich legte mich auf das Sofa. Er zog die Vorhänge zu, streute mir etwas Pulver aus seiner kleinen Schachtel auf die Stirn, kreuzte meine Hände wie die eines Toten auf meinem Will-Stein und ließ mich die Augen schließen. Dann rief er mir die Methode des Eintritts ins Gedächtnis, ließ mich einen meiner Träume wählen, den ersten, der mir einfiel, und zu ihm hin atmen. Dann summte er wieder diesen sonoren Ton. Der Traum, in den ich eintreten wollte, war so:

Ich befand mich in einem Raumschiff, das irgendwo im Universum unterwegs war. Zwei andere, ein Mann und eine Frau, waren mit mir in der Kabine. Vor dem großen runden Fenster lag die Schwärze des Weltalls. Eine fast purpurne Schwärze. Gelegentlich sah man kristallene Sterne. Ich überwachte die Instrumente und steuerte mein Schiff zielstrebig und mit dem erforderlichen Wissen wer weiß wohin. Meine Begleiter sprachen aufgeregt miteinander und zeigten aus dem Fenster. Plötzlich wechselte der Schauplatz, und ich war auf einem anderen Planeten. Mein Raumschiff war schon gelandet und stand mitten in einer kleinen Ortschaft, die etwas von einer frühen Siedlung an sich hatte. Überall Menschen. Einkaufende Frauen, Männer mit Arbeitsgeräten auf dem Rücken unterwegs zur Arbeit. Viele Leute umstanden mein Schiff und schauten aufgeregt an ihm hoch. Alle, denen ich bei meinem Gang durch die Stadt begegnete, waren freundlich und lächelten. Sie winkten mir im Vorbeigehen zu, sprachen aber nicht. Ich erreichte den Ortsrand und ging auf eine graue, staubige Hügelkette zu. Hinter den Hügeln erhoben sich majestätische Berge. Während ich weiterging, begann es zu dämmern, und kurz darauf war es dunkel. Die Berge blieben jedoch sichtbar, denn sie erglühten von innen in Rot und Blau, in Rostbraun und wunderschönen Schattierungen von Grün und Bernstein.

Dann entdeckte ich die Kammlinie eines sandfarbenen, felsigen Bergrückens. Darüber diese unbeschreibliche Schwärze. Ich begann hinaufzuklettern und sah auf halber Höhe oben an der Kante zwei Kinder, einen Jungen und ein Mädchen, vergnügt herumklettern. Ich spürte Gefahr, rief sie an, und sie kamen herunter. Oben an der Felskante legte ich mich auf den Bauch und schaute hinunter. So weit das Auge reichte nichts als ein blauer Ozean aus Glas. Ich schaute atemlos. Riesige schaumgekrönte Brecher, mitten im Sturz eisig erstarrt. Und weithin zu beiden Seiten erhoben sich die Berge mit ihrem inneren Farbentanz in voller Pracht. Sehr vorsichtig ließ ich mich an dem rauhen Fels hinunter, bis meine Füße das Meer berührten. Ich überzeugte mich, daß es ganz fest war, und ging ein paar Schritte hinaus. Keine Spur von Bewegung. Der Kontrast zwischen dem blühenden Stadtleben und diesem unglaublichen Bild erstarrter Schönheit war kaum zu fassen. Worauf stand ich? Ich stand einem Sturm gegenüber, doch der Sturm war von etwas Größerem gebändigt worden. Ohne Furcht, aber doch wachsam, ließ ich meine Hände über den Rücken einer Welle gleiten, fühlte ihren glatten, geschwungenen Körper, ihren quarzähnlichen Kopf. Würde dieses Meer je erwachen?

Im nächsten Moment war ich wieder in der Stadt. Die Leute lächelten und winkten mir zu, und ich fragte mich, ob je einer von ihnen bis zur Felskante gegangen war und hinübergeschaut hatte. Wußten sie überhaupt, daß es solch ein Meer gab? Was war das für eine Arbeit, die sie derart in Atem hielt? Als ich mich abwandte, war ich wieder in meinem Raumschiff und schon unterwegs. Meine beiden Begleiter standen wieder am Fenster und zeigten mit Rufen des Erstaunens nach draußen. Ich beachtete sie nicht, nahm das Ruder fest in die Hand und stellte die Instrumente ein. Wir hatten eine weite Reise vor uns.

So weit der Traum.

Bei meinem Wiedereintritt in diese Taumlandschaft wurde ich von

Sabazius' tiefem Summton begleitet. Er umhüllte und durchdrang mich wie ein Wind. Wieder war ich mit meinen Begleitern im Raumschiff und dann in der Ortschaft auf dem fremden Planeten unter den lächelnden und winkenden Menschen. Wie zuvor ging ich auf die Hügel zu, erreichte die Berge, dann den felsigen Grat und rief zu den Kindern hinüber. Aber als ich über den Rand der Wirklichkeit schaute und das Meer sah, wußte ich, daß eine wirkliche und keine bloß geträumte Gefahr vor mir lag. Ich selbst mußte dieses Meer in seiner erstarrten Form halten, sonst würde es sich in eine rasende Zerstörungsgewalt verwandeln. Kein Weg führte daran vorbei, wieder auf diese gläserne Oberfläche zu treten und mich meiner eigenen Tiefe zu stellen. Ich schaute mich selbst an, nicht nur eine Seite von mir. Es gab hier keine Ungeheuer oder Engel, nur die Grundsubstanz, aus der solche Wesen gemacht sind. Ich ließ mich vorsichtig über den Rand hinunter und spürte den in der Zeit erstarrten Ozean unter den Füßen. Ich stand nun auf ihm – und zugleich auf mir selbst. Würde meine innere Stille jetzt durchbrochen, dann bräche die Hölle los. Auf Messers Schneide...

Etwas ergriff meinen Blick und trug ihn weit über das Meer hinaus bis zu den Grenzen des Horizonts. Ich schaute ins Angesicht der Schöpfung, sah das Naturelement, aus dem Schöpfungen erschaffen werden. Die Grenze des Horizonts war eine Grenze, die ich selbst gezogen hatte; ich konnte nicht über sie hinaus sehen, weil ich nicht über sie hinaussehen wollte. Aber ich spürte etwas, das sich da draußen bewegte. Ich ließ mich auf dieses Etwas zuschweben, erkannte es als ein riesenhaftes Wesen, ein horizontloses Auge, das mich anblickte. Die Dimensionen dieses Wesens fluktuierten mit der wechselnden Ausrichtung meiner Sinne. Ich wußte, daß es wußte; es wußte, daß ich nicht wußte. Unfähig, solch ein Wesen in meinem Bewußtsein zu halten, ließ ich es in eine Vielzahl kleinerer Wesen zerfallen. Um besser damit umgehen zu können, zersplitterte ich die Ganzheit. Ich wurde noch stiller, ließ die Stille in mir zusammenfließen wie die Farben der Berge. Die kleineren Wesen verschmolzen wieder zu dem großen, und dieses große Wesen dehnte sich über das Meer wie ein unsichtbarer Nebel, näherte sich mir, während ich mich ihm näherte. Ich trat zurück. Die Berge verblaßten. Wahrhaftig, dies war kein Kinderspielplatz.

Ich wußte, daß ich in diesen Horizont noch nicht eindringen konnte, und kletterte aufs Land zurück. Durch die Abstufungen von Dunkelheit und Farbe sah ich Licht und spürte die Stadt mit ihrer Geschäftigkeit. Was für ein seltsamer Planet ich doch war, voller Gewöhn-

lichkeit und eisiger Geheimnisse Seite an Seite. An einem Ende meines Seins lag schöpferisches Dunkel, eine bewohnte Dunkelheit, am anderen fröhliche Unbeschwertheit. Ich war ein Fahrzeug mit Navigationsinstrumenten und einem großen Fenster, durch das man vorbeiziehende Sterne betrachten konnte. Ich war ein doppelter Begleiter meiner selbst, eine Einheit des Seins, die sich bewegte, wie der Wille wollte, und ich war ein Neuland samt seinen Siedlern, in dem es viel Arbeit zu tun gab. Manchmal spielte ich aber auch wie ein sorgloses Kind am Abgrund des Chaos und tiefer Geheimnisse.
Ich verschmolz mit den Traumbildern, war nicht mehr der Träumende, sondern wurde der Traum, und alles um mich her löste sich auf. Still glitt ich über die schwarze Leere, die ich selbst war, zurück und trat wieder in die Zeit ein, das Erkannte erkennend, eingehüllt von Sabazius' tiefem Summton. Innerlich ordnete ich die Einzelheiten meiner Reise. Das Meer aus blauem Glas war das, an dessen Ufern alle Wesen lagerten und von dem sie doch nichts wußten. Ein kurzer Blick auf diesen Ozean würde genügen, sie in den Wahnsinn zu treiben. Die fernen Wesen, von den Lagernden nur intuitiv gespürt, waren uralte Gottheiten, und das horizontlose Wesen, dem diese Gottheiten entsprangen, war die absolute Grenze solcher Geister. Wie ich selbst konnten und wollten sie nicht sehen, was sie eigentlich sind. Kroch der Nebel der Einheit übers Meer heran, dann kehrten wir ihm den Rücken.
Mein Kopf dröhnte wie eine Trommel. Sabazius holte ein feuchtes Tuch und wischte mir Stirn, Gesicht, Handgelenke und Hände. Als der Kopfschmerz ein wenig nachließ, gab er mir etwas trockenes Brot und ein Glas Milch. Erst fünfzehn oder zwanzig Minuten später fand ich meine Stimme wieder.
»Es war absolut wirklich«, sagte ich.
»Alles Wirkliche ist wirklich«, erwiderte Sabazius. »Wenn du das verstanden hast, wirst du im Handumdrehen aus einer Wirklichkeit in eine andere umsteigen können.«
Er legte mir eine Hand auf den Oberbauch und hielt sie dort einige Sekunden. Offenbar zufrieden mit meinem Zustand, ließ er mich zum Sitzen hochkommen.
»Alles in Ordnung?« fragte ich.
»Du hast weniger Energie verloren als ich dachte«, sagte er. »Dein Traum muß wohl frei von überflüssigen Details gewesen sein.«
»Soll ich dir beschreiben, was ich gesehen habe?«
Er lachte und schüttelte den Kopf. »Ich habe meine eigenen Träume, die genügen mir vollkommen.«

»Was war das für ein Pulver, das du mir auf die Stirn gestreut hast?« fragte ich.
»Ein paar Körnchen von meinem Will-Stein. Durch sie konnte ich dir folgen, ohne dich aus den ›Augen‹ zu verlieren.«
»Hast du denn auch gesehen, was ich gesehen habe?«
»Nein, ich habe gefühlt, was du gefühlt hast, das genügt.«
Dann fragte ich, ob ich solche Reisen auch versuchen sollte, wenn ich allein war, aber er sagte, das dürfe ich auf keinen Fall tun, bevor ich nicht etliche Male unter Aufsicht unterwegs gewesen sei. Noch einmal betonte er die Gefahren. Wenn ein Mensch sich darin verlor, so sagte er, dann lebte er eine Geschichte, die sich nicht weiterentwickeln konnte und nur dasselbe immer aufs Neue wiederholen würde. Ohne Wissen, Übung und Beistand ertrinkt solch ein Träumer im Meer des Bewußtseins, verliert sich zwischen den Göttern. Ich erzählte ihm von den Wesen, die ich gesehen hatte, von dem großen horizontlosen Wesen.
»So ist das nun mal«, sagte er ruhig. »Die Götter sind immer unterwegs, ruhelos darauf wartend, ihre Geheimnisse preisgeben zu können. Wenn aber ein Mensch solche Geheimnisse annimmt, bevor er die Natur der Götter erkannt hat, macht er aus den Geheimnissen nur noch mehr Unwissenheit. Nichts ist schlimmer und gefährlicher als ein Mensch, der glaubt, daß es in seinen Geheimnissen keine Lügen gibt, der nicht weiß, daß wahres Wissen das Wissen vom eigenen Unwissen ist.«
Ich konnte darauf nichts erwidern.
»Alles, was du im Traum gesehen hast«, fuhr Sabazius fort, »war, wie du jetzt aus eigener Erfahrung weißt, du selbst. Was immer dir begegnet ist, war deine eigene Geschichte. Ein Mensch kann erst wachsen, wenn das stattfindet.«
»Was du mir darüber eingehämmert hast, war wirklich unglaublich wertvoll«, sagte ich.
»Und wenn du das erst ganz verstehst, kannst du noch weiter in die Traumwelt vordringen und sicher zurückkehren. Manche Menschen haben den Horizont erreicht, wo die Götter sind, haben sich unter sie gemischt und mit ihnen gesprochen und sind reicher an Wissen zurückgekehrt. Aber wie gesagt, hier liegt auch eine Gefahr, eine Fallgrube, in die man stürzen kann. Wissen, das nicht auf das Wissen vom eigenen Unwissen gegründet ist, ist kein Wissen. Wer sich nämlich in dem Glauben den Göttern nähert, sie seien etwas Getrenntes und Eigenständiges, der nähert sich nur seinem eigenen Fehler und verfällt ihm. Das Wissen, das er aus solch einer Begeg-

nung mitbringt, ist Macht, und Wissen in der Form von Macht ist fortan sein dunkler Punkt. Jetzt weißt du, was einen Machtmenschen ausmacht: Er kehrt voll mit neuem Wissen zurück und versucht die Welt des Menschen und dann den Menschen selbst zu manipulieren. Deshalb darfst du die Götter nur anschauen, wenn du dich nicht fürchtest, denn wenn du sie durch den Ich-Körper anschaust, zerreißt du deine Einheit mit eigenen Händen.«

Ich bleib schweigend sitzen und dachte über seine Worte nach. Was für ein komplexes Bild! Am Horizont des Bewußtseinsozeans lebten Götter, mit denen man sprechen und von denen man lernen konnte – aber zugleich war man diese Götter selbst. Die Traumwelt war so real wie die materielle Welt, aber ihre Inhalte waren Symbole von etwas anderem. Beide Welten waren Systeme des Erkennens und Begreifens, aber das Verstehen dieser Welten konnte nur wachsen, wenn es das Wissen vom eigenen Unwissen zur Grundlage hatte. Der Mensch, so schien es, konnte das Universum innerlich durchmessen und am Ende doch versagen und ohne Brüllen sterben. Als ich mir das vergegenwärtigte, begann mich ein unsäglicher Zorn zu würgen. Die ganze Sache war so maßlos kompliziert und unfair angelegt. Weshalb war der Mensch so vertrackter Dummheit ausgeliefert, einem Willen, der ihm die Erkenntnis seiner selbst so teuflisch gekonnt verwehrte? Es ließe sich doch sicher auch anders einrichten!

»Was ist los mit dir?« fragte Sabazius.

»Ich weiß nicht«, sagte ich. »Ich bin plötzlich so aufgebracht, als ob irgendwas in mir sich entschieden gegen dieses gigantische Durcheinander auflehnt.«

»So haben schon viele Menschen empfunden.«

»Ich fühle mich so hilflos. Ich stehe vor etwas so Großem, so Unbegreiflichem, daß ich es nicht fassen kann – und weiß, daß ich es nicht so ändern kann, daß es faßbar wird.«

»Also?«

»Also muß ich einfach immer weiter und weiter und weiter ...«

»So redet der Verstand«, sagte Sabazius leise. »Nur der Verstand macht sich selbst verrückt, wenn er merkt, daß er mit seinem Tun an kein Ende kommt.«

Meine Wut wurde durch seine Worte nur weiter geschürt. Was hatte es für einen Sinn, solche Welten bereisen und verstehen zu wollen, wenn jeder einzelne Schritt in eine unvorstellbare Katastrophe führen konnte? War das Ganze nicht doch einfach Einbildung, ohne jeden Realitätsgehalt, auf welcher Ebene auch immer? Vielleicht war Sabazius nur ein Verrückter, ein trickreicher Zauberkünstler, der Netze

vor den Augen willensschwächerer Menschen spann, um sie immer tiefer in seine eigenen Abwegigkeiten, in seine wohlgeordnete Verblödung hineinzuziehen. Wollte ich vielleicht so einer werden?
»Sieh mich an«, sagte Sabazius.
»Ich will nicht«, stieß ich hervor.
Er ging ans Fenster und zog den Vorhang auf. »Ich möchte dir etwas zeigen«, sagte er sanft.
Da explodierte der Widerstand in mir, und ich sprang vom Sofa auf. »Ich will jetzt im Moment nichts mehr hören!« schrie ich und erschrak fast über meine eigene Stimme. »Ich brauche Zeit, um mir die Sache zu überlegen und ...«
Ich wußte, daß Sabazius stark war, aber wie stark, davon hatte ich keine Ahnung. Er packte mich am Kragen und hob mich einfach hoch. Völlig unberührt von meinen Beschimpfungen beförderte er mich ins Bad. »Wenn du mich nicht ansehen willst«, brüllte er, »dann vielleicht dich selbst!« Ich versuchte den Kopf vom Spiegel wegzudrehen, aber erhielt ihn fest. »Was siehst du, hä? Sag mir, was du siehst!« Ich schloß die Augen, aber er rammte mir eine Faust in den Rücken und zwang mich, sie zu öffnen. Ich sah ein vom Irrsinn verzerrtes Gesicht, das mich aus dem Spiegel anstarrte. »Schau dir diesen Peter Derwent gut an«, sagte Sabazius. »Das ist der Mann, der die vier Lichter, den violetten Punkt und die Hülle des Schauens erfahren hat. Wirkt er auf dich wie so ein Mann? Würdest du diesem Mann überhaupt irgend etwas zutrauen?«
Ein Krampf zuckte durch meinen Körper.
»Antworte!« brüllte er.
»Nnnnein«, preßte ich heraus.
»Wo ist dann der Mann, der diese Dinge erfahren hat?«
Ich schlug die Augen nieder.
»Wo steckt er jetzt?« fragte Sabazius grimmig. »Sag mir, wo er ist, und ich werde mit ihm reden!«
Ein ungeheurer Kloß sammelte sich in Kehle und Brust. Weshalb war ich in solch einem Zustand? Was war da plötzlich in mich gefahren und hatte alles aus der Bahn geworfen?
Sabazius hob mein Kinn mit einem Finger und ließ mich wieder in den Spiegel schauen. »Ohne Furcht und voller Hochmut«, sagte er verächtlich. »Wenn jetzt ein Gott zur Tür hereinkäme, würdest du ihn wahrscheinlich um ein Autogramm bitten.«
Ich kämpfte gegen die Tränen an.
Sabazius drehte mich zu sich herum und hielt mein Gesicht in diesem eigenartigen Griff zwischen seinen Händen. »Wer ist dieser Mann,

der nicht weinen kann?« fragte er. »Warum sagst du ihm nicht, er soll weggehen, warum kommst du nicht aus deinem Versteck?« Und dann sagte er etwas, das mich endgültig zerriß: »Komm raus aus deinem Gesicht, Peter. Komm raus und sprich mit mir.«

Zuerst saß mein Weinen noch in mir fest, eine Art Weinen des Körpers, das meine Schultern zusammenzog und mich in krampfartigen Schauern durchfuhr. Aber dann brachen die Tränen hervor, und ich weinte meinen Kummer und meine Verzweiflung laut heraus, meine ganze Unfähigkeit zu verstehen, was Wahrheit wirklich war. Sabazius nahm mich in die Arme und trug mich dann wie ein Kind ins Wohnzimmer. Er legte mich auf das Sofa, kniete neben mir hin und legte mir eine Hand auf die Stirn. Ich wurde etwas ruhiger und spürte die Wärme und Kraft seiner Hand. Dann riß sich ein weiterer und noch ein Schmerzkrampf aus meinem Körper los, Schmerz, der sich zu befreien suchte, der sich ungehindert äußern wollte durch Körper und Geist. Sabazius nahm die Hand von meiner Stirn, legte sie mir auf die Brust und drückte, als wollte er mir helfen, alles zutage zu fördern, was ich nicht aus eigener Kraft aus mir herausziehen konnte. Fast eine Stunde lang kamen immer neue Schmerzkrämpfe, und die ganze Zeit starrte Sabazius unverwandt auf seine Hand und übte diesen Druck aus. Als ich schließlich ruhiger wurde, ließ er sich auf die Fersen zurück und sah mich an. Ich war unfähig zu sprechen.

»So«, sagte er leise, und ein Lächeln breitete sich über sein Gesicht, »das hat einiges von deiner Überheblichkeit weggeräumt.«

Ich nickte schwach. Im Dunkel meines Bewußtseins spürte ich, was ich für immer verloren geglaubt hatte – Klarheit und Frieden. Jetzt spielte es keine Rolle mehr, daß ich nicht alles verstand oder daß es so viel zu verstehen gab. Die Anforderungen, die mir so ungerecht hoch erschienen waren, hatte ich, wie ich jetzt einsah, selbst an mich gestellt. Wenn ich über etwas eine Frage stellte, war ich selbst die Frage, und wenn ich antwortete, war ich die Antwort. Die Götter wohnten am äußersten Horizont meiner Schöpferkraft, und meine schöpferische Aufgabe – unvorstellbar komplex, atemberaubend einfach – bestand darin, ich selbst zu sein. Nicht mehr und nicht weniger.

18. Von der Natur des Glaubens

»Ich möchte, daß du dich in diesen alten Sessel setzt und die Hände über die Armlehnen baumeln läßt«, sagte Sabazius eines Nachmittags. »Laß sie wie leblos hängen, versuch ihre Dicke, ihr Gewicht, ihre Stofflichkeit zu spüren.«

Ich ließ die Hände baumeln.

»Jetzt geh in deine Hände und empfinde die versteckten Spannungen«, sagte er und verfolgte genau, was ich tat. »Wenn du meinst, daß deine Hände vollkommen entspannt sind, dann laß ihr Gewicht noch mehr nach unten ziehen.«

Winzige Spannungen, die ich vorher gar nicht bemerkt hatte, lösten sich in meinen Händen.

»Jedesmal wenn du glaubst, daß deine Hände jetzt ganz entspannt sind, dann laß sie noch ein wenig weiter sinken, das wird deine Muskelknoten langsam lösen.«

Es war erstaunlich. Jedesmal, wenn ich das tat, schienen meine Hände innerlich noch schlaffer und schwerer zu werden. Sogar der Winkel, in dem sie baumelten, veränderte sich noch ein wenig. Nach kurzer Zeit bemerkte ich ein leichtes Prickeln, und nach fünf Minuten spürte ich meine Hände nicht mehr, obgleich ich sie anschaute. Bis zu den Handgelenken spürte ich mich, und darunter war nichts mehr.

Sabazius fragte mich, wie meine Hände sich anfühlten, und mit meiner Antwort offenbar zufrieden, forderte er mich auf, sie anzuheben.

Ich tat es, und erstaunlicherweise war augenblicklich das normale Empfinden wieder da.

»Wo waren deine Hände?« fragte Sabazius.

»Eingeschlafen, dachte ich.«

»Nein, dann wären sie ja nach dem Anheben noch eine Weile taub geblieben. Hier ist etwas anderes passiert.«

Er erklärte meine Erfahrung damit, daß der Körper eingeschlafen und dadurch von aller Ablenkung durch Sinnesempfindungen abgeschnitten worden sei. Der wesentliche Unterschied zum üblichen Schlaf, so sagte er, besteht darin, daß das Bewußtsein hellwach bleibt, so daß ein Mensch, der die Kunst des Körperschlafs bei wachem Bewußtsein beherrscht, sich frei von allen Widerständen bewegen kann. Zur Erläuterung erinnerte er mich daran, wie ich vor kurzem »aus mir selbst heraus« aufgestanden war; das sei nur möglich gewesen, weil er mich mit den Augen fixiert und damit alle Ablenkungen durch den Körper ausgeschaltet habe. Und als wir damals in die Rhodope-Berge »geflogen« waren, hatte er selbst – über die Verbindung unserer Finger – mein Band zu meinem Körper durchtrennt.

»Wenn ich das also ganz beherrsche«, sagte ich aufgeregt, »kann ich reisen, wohin ich will!«

»Ja, sofern du da etwas zu tun hast«, sagte er und erinnerte mich sanft daran, daß man solche Fähigkeiten nicht ohne guten Grund nutzte. »Du mußt dir klarmachen, Peter, daß man auf verschiedenen Ebenen reisen kann. Bei unserer Reise in die Rhodope-Berge wollte ich dich die unterste Ebene spüren lassen; aber was wir jetzt in Angriff nehmen, ist sehr viel wichtiger. Ich habe dir ja gesagt, daß fast jeder mit ein wenig Anleitung auf der ersten Ebene reisen kann; die höheren Ebenen unterscheiden sich dadurch von der ersten, daß sie immer mehr Willen erfordern. Wer keinen vollkommenen Willen hat und sich nicht selbst reinigt, wird nie über die erste Stufe hinausgelangen. Das hat seinen Grund. Auf den höheren Ebenen wird das Medium, durch das man reist, immer feiner, es besteht aus immer subtileren Energieformen; diese Energie ist verfeinerter, geschliffener Wille, und deine Willensenergie muß von gleicher Art sein. Wer auf die zweite Stufe gelangen will, ohne sein Sein genügend entwickelt zu haben, wird sich vor einen unüberwindlichen Widerstand gestellt sehen.«

»Hängt das mit meiner Traumarbeit zusammen?« fragte ich.

»Allerdings. Je weiter du auf dynamische Art in deine Träume eindringst, je mehr du sie begreifst und den Abfallhaufen von altem Unsinn aus dir entfernst, desto feiner wird dein Wille. Die Traumwelt ist wie ein Simulator, der dir deine inneren Einstellungen als ›Film‹ vorführt, damit du die richtigen Einstellungen gewinnen kannst. Der Traum macht dein geheimstes Denken mit all seinen inneren Widersprüchen sichtbar und zeigt dir damit den Weg zu einem klaren Denken. Wenn ein Mensch träumt, wird ihm seine Geschichte wie ein klug bearbeiteter Film vorgespielt, und jedes einzelne Bild enthält einen Aspekt seines Charakters, um den er sich zu kümmern hat.«

»Was ist mit Wiederholungsträumen?«

»Das ist einfach ein Charakteraspekt, der vollkommen ignoriert wurde, obwohl er sich dem Menschen sicherlich auf vielfache Weise bemerkbar zu machen versuchte; die letzte Notmaßnahme besteht jetzt darin, ihm diesen Aspekt immer wieder vorzuspielen, bis er vielleicht endlich darauf aufmerksam wird und sein Fühlen darauf ausrichtet. Wer solche Träume ignoriert, wird zu einem stehenden, modrigen Tümpel, der sich selbst vom Bachlauf und seinem frischen Wasser abgeschnitten hat.«

»Was...«

»Wir könnten uns darüber den ganzen Tag unterhalten«, sagte Sabazius, »aber wir haben noch Arbeit zu tun. Du mußt üben, deinen Körper Stück für Stück einschlafen zu lassen, bis du so weit bist, daß du alles körperliche Empfinden augenblicklich ausschalten kannst.«

»Brauche ich dazu nicht Wochen?«

»Es kann ein paar Tage dauern, aber dein Wille ist so stark, daß du es in einer halben Stunde schaffen kannst, wenn du wirklich daran arbeitest. Du wirst dich wundern, wie schnell so etwas gehen kann, wenn du den Wachtraum meidest.«

Ich mußte wieder mit den Händen anfangen und übte, sie immer schneller einschlafen zu lassen. Dann kamen Füße, Fußgelenke, Beine und Arme. Binnen zwei Stunden konnte ich schon zwei Drittel meines Körpers ausschalten, und bis zehn Uhr abends war mir zweimal die Totalabschaltung gelungen. Was mich immer wieder verblüffte, war dieses merkwürdige Nicht-Fühlen, dieses Nicht-Hiersein und doch Hiersein, dieses Zugleich von körperlichem Tiefschlaf und vollkommener Bewußtheit. Ich sah meinen Körper und spürte absolut nichts von ihm. Wollte ich mich aber bewegen, so reagierte er augenblicklich. Der simple Trick, den Sabazius mir gezeigt hatte, bestand darin, alles beim Ausatmen zu tun. Ich mußte das körperliche Empfinden aus mir entweichen lassen wie die Luft aus meiner Lunge. Wenn das gelang, hörte alles Denken auf, und wenn mein Achthaben auf mein Körperempfinden um die Hälfte vermindert war, dann war auch das Körperempfinden selbst halbiert. Von jetzt an, sagte Sabazius, mußte ich alles, was hohe Konzentration erforderte, beim Ausatmen tun. Als er überzeugt war, daß ich das Prinzip gründlich genug verstanden hatte, sagte er, ich müsse meine Energien jetzt zwei Tage lang schonen und hart an mir arbeiten, um auf die zweite Stufe gelangen zu können. Als ich ihn fragte, wie das zu bewerkstelligen sei, erstaunte er mich mit der Antwort: durch Beten.

»Was meinst du denn mit Beten?« fragte ich.

Er lächelte mich an. »Ich meine natürlich nicht, daß du jetzt süßliche Sprüche absondern sollst. Du mußt dabei nur etwas tun, was du schon getan hast – nämlich als du das Brennen des Selbst erlebtest. Beten heißt, dich selbst durch wortloses Erkennen zu öffnen, deinen

Seinszustand durch den Willen zu empfinden.« Und dann sagte er etwas, das mich aufschauen ließ: »Gebete sind gerichtete Gedanken, Gedanken, die du ins Universum fallen läßt. Wenn solche Gedanken von dir fortwirbeln, antworten dir Intelligenzen, die da draußen sind. Aber spiel niemals damit, denn solche Intelligenzen kann man nicht zum Narren halten. Sie sehen dich, wie du selbst dich nicht sehen kannst. Wenn du so zu beten versuchst, wirst du sofort wissen, wo du stehst. Bist du aufrichtig, dann öffnet dich das Gebet, aber wenn du unaufrichtig bist, wenn dein Sein von Wolken verdunkelt ist, dann drückt es dich zu wie eine Muschel. Deshalb ist ›Zwiesprache mit dem Himmel‹ im allgemeinen völliger Unsinn, man benebelt sich dabei nur mit dem Klang seiner eigenen Stimme. Man ist mit Intonation und Wortwahl beschäftigt, und das Ego schlägt die Türen der Kommunikation zwischen sich selbst und den Intelligenzen, die uns umgeben, zu. Wahres Beten besteht nicht aus Worten, sondern ist das Sein eines Menschen, das sich durch den freigesetzten Willen selbst begreift. Wenn ein Mensch sich vorbehaltlos annimmt, also ohne zwischen Wünschenswertem und Unangenehmem zu unterscheiden, dann beginnt er innerlich zu leuchten. Je mehr der Wille sich in ihm entwickelt, desto mehr Energie strahlt das Sein aus, und diese Energie zieht die Intelligenzen an. Wenn ein Mensch ein bestimmtes Energieniveau erreicht hat, dann nimmt sich eine der Intelligenzen seiner an: sie zeigt ihm, wie er sein Sein noch weiter verfeinern kann. Und wenn das Sein dieses Menschen schließlich weit genug entwickelt ist, wird die Intelligenz, die ihn ›adoptiert‹ hat, diese Energie benutzen, um sich akustisch, visuell oder auf beide Arten zu manifestieren. Man könnte sagen, daß solche Menschen ihre Gebete selbst beantworten, denn erst wenn sie sich selbst innerlich öffnen, nehmen die Intelligenzen des Universums überhaupt Notiz von ihnen, und Hilfe kann ihnen nur zuteil werden, wenn ein starker Wille Kanäle dafür geschaffen hat.«
»Das bedeutet«, sagte ich, »daß die Verantwortung letztlich immer bei einem selbst liegt.«
»Möchtest du es denn anders?« fragte Sabazius. »Möchtest du lieber Spielball der Launen eines gesichtslosen Gottes sein?«
Ich schüttelte den Kopf.
»Hier«, fügte er hinzu, »muß man aber sorgfältig unterscheiden zwischen der Befehlszentrale – damit meine ich Intelligenz, die im Sein verankert ist – und dem alles an sich reißenden Ego. Das Ego ist nur der mit Materie identifizierte Körper, und es pocht ständig auf das *Recht*, seine eigenen Entscheidungen zu fällen. In dem Augen-

blick aber, wo es mit echter Individualität, mit dem sich selbst begreifenden Willen des Menschen, konfrontiert wird, zerbröckelt es; es verliert seine Macht über den Menschen, und die Augen dieses Menschen verschmelzen zu einem.«

Heißt das, daß der Mensch seine Richtung und sein Ziel gefunden hat?«

»Ja, aber ich wollte auch sagen, daß ein Mensch, der in sich selbst geht, nur noch ein Auge anstatt zweien sieht.«

»Das Auge des Erweckers?«

»Ganz recht.«

Jetzt wurde mir klar, weshalb ich nur ein einziges Auge gesehen hatte. Anfangs hatte ich zwei Augen gesehen, Symbol für die Dualität meiner Natur und meines Denkens, aber später war nur noch ein Auge erschienen, symbolischer Ausdruck der »Befehlszentrale«.

»Wenn das Ego betet«, fuhr Sabazius fort, »verlangt es dies oder das; wenn aber das Sein betet, dann *läßt es zu*. Ein durch Identifikation mit Materie verwässertes Beten ist eine halbherzige Sache, eine Art Pflichtübung, der viele Menschen nachhängen, weil sie noch einen ganz schwachen Zug von der Quelle ihres Seins her empfinden. Aber solches Beten ist Zeitverschwendung, denn es bedeutet die Bindung eines Subjekts an ein Objekt in der Zeit. Wirkliches Beten ist nicht Beschränkung, sondern Expansion. Es ist nicht Einatmen, sondern Ausatmen. Wenn ein Mensch beten lernt, bahnt er einen Weg, der durch alle Ebenen führt. Und mit jeder Ebene, die eröffnet wird, öffnet sich der Mensch. Eigentlich sind also der Mensch und die Ebenen ein und dasselbe. Auf eine neue Ebene gelangen, heißt nicht, irgendwohin zu reisen, sondern bedeutet, daß dein Sein Wissen hervorgebracht hat. Wenn ein Mensch mit solchem Wissen betet, dann steigt er durch die schon geöffneten Ebenen des Seins auf und steht Auge in Auge mit seinem Willensakt. Da er jetzt das Auge ist, das das Auge sieht, und der Willensakt *sein* Akt ist, ist er nicht mehr Subjekt seiner selbst als Objekt.« Hier verstummte Sabazius und beobachtete mich eine Weile aufmerksam. Meine Atmung hatte sich verändert, und ich spürte, wie ich die Luft regelrecht ansaugte, wie um meinen ganzen Körper damit zu füllen. Dann sagte er: »Nur ein ›ganzer Atemzug‹ kann richtig ausgeatmet werden.«

»Es ist wie Gähnen«, sagte ich.

»Genau deshalb gähnen wir. Ein ›ganzer Atemzug‹ läßt Stille eintreten. Wenn ein Mensch gähnt oder das Gähnen kommen fühlt, gleitet er für einen Moment vom Ich-Körper weg und spürt sein Sein. Für einen Moment ist die Welt anders, nicht mehr so wirklich, nicht mehr so wichtig.«

»Einfach durch das Gähnen?«
»Wenn du gähnst«, erläuterte er zur Antwort, »öffnest du dich und wirst zugänglich. Du hast das überwältigende Verlangen, die Augen zu schließen und dich in dich selbst und aus der Zeit zurückzuziehen. Gespräche, geschäftliche Konferenzen, fast alles, was man so tut, steht still, sobald die Leute zu gähnen anfangen: es ist ansteckend, weil Sein weiteres Sein weckt.«
»Ich dachte immer, Gähnen habe etwas mit Sauerstoffmangel zu tun.«
»Du meinst, mit Energie«, sagte Sabazius. »Was man als Sauerstoff bezeichnet, ist Energie. Wenn ein Mensch einatmet, nimmt er Energie auf, wie er auch die Energie der Materie visuell aufnimmt; wenn er ausatmet, gibt er Abfallstoffe ab. Er verliert durch Ausatmen keine Energie, aber er verliert Energie, wenn er mit Materie identifiziert ist und aus sich *heraus* schaut. Die Energien, die er brauchte, um durch die Ebenen des Seins aufzusteigen, werden durch seine unproduktive Verhaftung an das Äußere ständig über seine Sinne verschleudert. Sind seine Energien dadurch bis auf ein bedrohlich geringes Niveau abgesunken, dann fordert das Sein einen ganzen Atemzug, einen Atemzug, der ihn an den Rand der Nicht-Zeit trägt. Geschähe das nicht, dann würde er urplötzlich zusammenklappen und sterben. Deshalb habe ich immer betont, daß du deinen Körper kennenlernen mußt. Du *bist* dein Körper, und deshalb mußt du wissen, was dein Körper braucht. Hier stoßen wir auf etwas, das zuerst wie ein Widerspruch aussieht. Ein Mensch, der das Sein verwirklichen will, muß erst einmal in enge Beziehung zu seinem Körper treten. Erst wenn er ein dynamisches Bewußtsein von seinem physischen Sein gewinnt, kann er sein ganzes Sein verwirklichen. Das darf aber kein bloßer Akt der Identifikation sein. Wenn du mit deinem Körper nur identifiziert bist, hast du noch kein Bewußtsein von ihm, denn wahre Bewußtheit bedeutet, daß du ihn ohne jede Wertung betrachtest. Selbst wenn du sagst: ›Ich bin bewußt‹, verstellst du mit diesen Worten die wahre Bewußtheit: du sprichst im Schlaf. Bewußt zu sein, muß ein Mensch ebenso lernen, wie richtig zu atmen. Wahre Bewußtheit *geschieht* einfach, ebenso wie richtiges Atmen. Der Körper weiß, wie er richtig zu atmen hat – wir sind es, die ihn daran hindern. Der Atem ist unwillkürlich, sagt man; das stimmt zwar, aber gerade die allgemein übliche Art zu atmen ist wie ein Verleugnen dieser Wahrheit. Der Mensch ist voller Konflikte, weil er ein zweifaches Auge hat; aber wenn sein Auge einfach wird, schwinden seine Konflikte und sein Atem wird ganz. Ein ganzer Atem löscht Identifi-

kationskonflikte aus und mit ihnen die Vorstellung, Körper und Geist seien zweierlei; andererseits macht er den Weg frei für wahres Sehen und Schauen.

In den ersten Wochen habe ich dich ins Körperbewußtsein getrieben und von dir verlangt, dein Fühlen zu fühlen und dein Erkennen zu erkennen. Dein Denken hat sich umgekehrt, so daß du jetzt nicht mehr dachtest *ich habe eine Hand*, sondern *ich bin eine Hand*. Von da aus bist du langsam zum immer noch dualistischen ›Ich bin‹ (›I am‹) des Seins und von dort schließlich zum Wort des Seins – AM – vorgedrungen. Du hast das ›Wort‹ weder mit dem Körper noch mit dem Verstand erfahren, sondern als unbewertete Ganzheit. Das ist der Punkt, an dem die Leute in die Irre gehen. Sie leben entweder in ihrem Körper und identifizieren sich durch den Ich-Körper mit der Materie, oder sie leben in ihrem Kopf und verwandeln sich in eine Ich-Körper-Phantasie, eine bloße Existenztheorie, die aufgrund ihres verbalen und dualistischen Charakters ebenso an die Materie gekettet ist. Wer ganz in seinem Körper lebt, dem fehlt das Element des Bewußtseins, um das Sein zu verwirklichen, und wer als Theorie in seinem Kopf lebt, dem fehlt das Element Körper – das Sein ist sowohl Subjekt als auch Objekt der Existenz.

Manche Leute gewinnen die theoretische Einsicht, daß Körper und Verstand gemeinsam das Sein bilden, aber sie machen fast immer den Fehler, daß sie sich letztlich doch mit dem Körper identifizieren, weil sie das verbale Phantasieren satt haben; so leugnen sie am Ende doch den Geist, der sie gleichzeitig zu sein behaupten. Wenn sie von Bewußtheit sprechen, meinen sie nicht die Verwirklichung des Seins oder das Auflösen des Dualismus, sondern sie sprechen von Empfindungen, die im Körper selbst identifiziert werden. Das aber ist eine Sackgasse, in der sie nicht weiterkommen, weil sie ihre eigenen Aussagen zwar mit dem Verstand erfassen, aber nicht in ihrer Ganzheit begreifen können. Sie wissen nicht, daß Körper und Geist zusammen kein drittes Prinzip bilden, also nicht etwas Neues, sondern sich gegenseitig zu zeitlos wahrgenommenem Sein auslöschen.«

»Und dennoch *existieren*«, sagte ich.

»Allerdings. Deshalb muß ein Mensch sich durch die Ebenen des Seins, die Ebenen der Zeit und die Ebenen der Materie hinaufarbeiten, bis er, wie ich dir gesagt habe, sich Auge in Auge mit dem *immerfort begreifenden Willensakt*, also in einer Existenz ohne Konflikt wiederfindet. Dann ist sein Wille wahrhaft frei.«

Diese Aussage hatte für mich etwas so Endgültiges, daß ich eine ganze Weile still dasaß und ihn nur ansah. Dann sagte ich: »Das stellt

mich vor ein Problem, Alexis. Wenn mein Wille der Wille des Anderswo ist, dann bin ich das Anderswo. Ist das richtig?«
»Ja.«
»Dann ist das Anderswo ...«
Er lachte behäbig. »Warum kannst du es nicht sagen?« fragte er. »Ist es so schwer?«
»Die Worte wollen sich nicht bilden.«
»Denk nach innen.«
Ich versuchte es, aber es ging nicht.
»Nun?« fragte Sabazius.
Ich fand eine Möglichkeit, meine Frage zu formulieren. »Wenn AM das Anderswo ist«, sagte ich, »dann müßte die logische Umkehrung doch lauten, daß das Anderswo AM ist ... aber ich kann es nicht sagen, weil ich einen Fehler spüre.«
Sabazius klatschte in die Hände und strahlte mich an. »Deine inneren Funktionen sagen dir die Wahrheit«, sagte er. »Beantworte deine Frage selbst.«
Ich ließ mich noch einmal in die Frage hinein, traf auf einen weißen Fleck in meinem Bewußtsein und wurde zurückgeworfen. Sabazius sagte nichts.
Ich stand auf, ging im Zimmer herum, sah aus dem Fenster, legte mich schließlich auf den Teppich und schloß die Augen. Sabazius amüsierte sich still über mein Dilemma. Die Antwort war da, nur wie von etwas verdeckt ... aber wie sollte ich ...
»Das Ausatmen«, erinnerte Sabazius mich.
Ich atmete tief ein, ließ die Luft sehr behutsam und langsam entweichen und sammelte alle nicht-denkende Aufmerksamkeit auf das Problem.
Fast.
Energie wallte in der Körpermitte auf.
Ein dritter Versuch.
Der Satz ist nicht umkehrbar, weil ... weil ... weil ... ER ES NICHT ZU SEIN BRAUCHT! Ich lachte befreit auf.
»Also?« fragte Sabazius.
»Wenn AM das Anderswo ist«, sprudelte es aus mir heraus, »dann muß das Anderswo nicht unbedingt das AM sein, das ich bin.«
»Weshalb nicht?«
»Weil man aus Einheit keinen dualistischen Begriff machen kann.«
»Hast du dir das ausgedacht?«
»Nein, ausgeatmet.«
»Worin besteht der Unterschied?«

»Ausdenken ist Bewerten, Ausatmen ist Begreifen.«
»Was ist Wille?«
»Begreifen.«
»Was ist Anderswo?«
»Der *immerfort begreifende Willensakt.*«
»Was ist AM?«
»Der Wille des Seins.«
»Was ist der Unterschied zwischen deinem Sein und meinem Sein?«
»Es gibt keinen.«
»Was bedeutet das?«
»Es bedeutet nicht das geringste.«
»Sieh mich an«, sagte Sabazius.
Als ich ihn ansah, verwandelte sein Blick sich wieder in dieses unheimliche glasige Starren, dem ich normalerweise nicht standhalten konnte. Diesmal war es anders. Unsere Blicke verschmolzen, wurden ein einziger Blick, ein gemeinsamer Energiestrom. Ich existierte nicht mehr als Peter Derwent, und Sabazius war nicht mehr Alexis Sabazius. Wir waren unter dem Willen geeintes Sein.
Sabazius schloß die Augen, und der »Stromkreis« war unterbrochen. Dann sagte er: »Liebe ist der vollendete Wille des Seins.«
»Und Erkenntnis«, sagte ich.
»Wahres Erkennen«, fügte er hinzu, »ist ein Akt der Liebe.«
Ich saß jetzt gerade aufgerichtet und aufmerksam vor ihn. Er beugte sich vor, drückte mir sanft die Augen zu und sagte: »Schau die Liebe an.«
Der violette Fleck hing voll ausgebildet vor meinem inneren Auge. Sofort zog er sich in sich selbst zurück, verschwand, und tauchte mit diesem charakteristischen Sprung näher und größer wieder auf. »Beim Ausatmen«, hörte ich Sabazius sagen. Kristallklar stand er mit seinem gezackten Rand vor mir. Das Zentrum war nicht violett, sondern eher himmelblau. So oft ich meine Aufmerksamkeit ausatmete, wurde das Blau heller und zarter. In seiner Mitte erschien ein riesiges Auge, das Auge des Erweckers, und mein Schauen fixierte sich auf einen winzigen Lichtpunkt, anscheinend eine Spiegelung auf dem Auge. In einer letzten, äußersten Anstrengung – nicht von Willenskraft, sondern vom Begreifen des Willens getragen, von der dynamischen Passivität des Ausatmens – ließ ich mich wie ein Lichtfunke auf das Licht zutreiben. Der winzige Lichtfleck wuchs zu ungeheurer Größe, wurde einem fernen Planeten ähnlich, dem ich entgegenraste. Millionen von Bildern jagten links und rechts an mir vorbei. Ich schoß mit unglaublicher Geschwindigkeit durch einen

Tunnel von Bildern. Dann hielt die Bewegung plötzlich an, und ich schwebte in einiger Entfernung vor diesem Planeten und sah, was er wirklich war. Aus meiner Position in der Tiefe des Nirgendwo sah ich etwas, das ich nur als Thron beschreiben kann, ein Thron hoch droben oder ein goldenes Licht, von dem ein durchscheinend blauer Lichtkegel herabfiel. In dieser Lichtröhre waren machtvolle Wesen, geflügelte Wesen, die sich aufwärts und abwärts bewegten. Sie bildeten einen ununterbrochenen, endlosen Strom. Am Endpunkt meines Ausatmens wurde ich langsam von dieser ehrfurchtgebietenden Szene zurückgezogen, zurück durch den Tunnel in meine kleine Welt innerer Dunkelheit. Und da saß ich, wissend und doch nicht wissend, was ich gesehen hatte, verstehend und doch nicht verstehend, was ich verstand. Noch lange, nachdem die Vision verblaßt war, saß ich staunend versunken. In was für einem Universum war ich hier? Wie war es möglich, so etwas zu sehen, solche ... es gab keine Worte dafür.

Ich öffnete die Augen.

Sabazius lächelte mich an und nahm meine Hände. »Ich habe es gesehen«, sagte er. »Ich habe dich außerhalb der Zeit reisen sehen.«

Dabei fiel mir wieder ein, wie mein Körper sich mit Energie gefüllt hatte. Beim Ausatmen hatte jedes Atom meines Körpers zu schwingen begonnen, und als dieses Schwingen meinen Kopf erreicht hatte, wurde ich auf den fernen Punkt zugeschleudert, oder, um genauer zu sein, in die Mitte meines Zentrums. Als ich mich genügend reorientiert hatte, erzählte ich Sabazius, was ich gesehen hatte. Er nickte interessiert, sagte aber nichts dazu.

»Engel?« fragte ich.

»Kann sein.«

»Sie hatten Flügel.«

»Schon möglich.«

»Entweder sie hatten Flügel oder sie hatten keine«, sagte ich.

»Nicht unbedingt.«

Verwirrt erklärte ich noch einmal: »Ich habe Engel gesehen, die in einer Art blauen Röhre von einem Thron herab- oder zu ihm aufstiegen ...«

»Du hast gesehen, was du sehen mußtest. Jeder sieht, was er sehen muß.«

»Wie meinst du das?«

»Du hast interpretiert, was du gesehen hast; du hast Engel und einen Thron daraus gemacht. Zwei Menschen aus verschiedenen Teilen der Welt könnten dieselbe Erfahrung machen und würden doch aufgrund

ihrer unterschiedlichen Interpretationen verschiedene Dinge sehen. Vergiß nie, daß du *bist*, was du siehst. Das ist die Bedeutung des Wortes Interpretation. Wenn du ›dies‹ bist, dann siehst du ›dies‹, und wenn du ›das‹ bist, dann siehst du ›das‹.«
Ich dachte darüber nach, und mir wurde sofort klar, was er meinte. War das nicht auch der Grund, weshalb ich erkannt und doch nicht erkannt, verstanden und doch nicht verstanden hatte? Gegen meinen faktenorientierten Verstand mußte ich mir eingestehen, daß ich die Bilder nicht gesehen, sondern erfunden hatte: ich hatte ein Wunsch-Negativ über die Oberfläche des Tatsächlichen gebreitet.
Sabazius sah mich an und schien sich etwas zurechtzulegen. »Wenn ein Mensch stirbt«, sagte er, »tritt er in das ein, woran er glaubt. Glauben ist ein Leben *in* dem, woran wir glauben. Was wir glauben, formt unser Leben und bestimmt, was wir sehen. Träume und Visionen sind deshalb so wichtig, weil sie uns zeigen, aus was für Überzeugungen wir bestehen. Wenn wir an etwas glauben, reißen wir uns damit ein Stückchen Universum unter den Nagel und bilden uns ein, wir hätten den Schlüssel zum Verständnis des Ganzen. Das ist der Traum, aus dem der Mensch aufwachen muß. Das ganze Universum ist für uns ein schöner Traum, denn wir *sehen* das Universum nicht, wir *träumen* es.«
Ich schaute zum Fenster, sah den Nachthimmel und fragte mich, was »aufwachen« nun eigentlich bedeutete.

19. Wie man Fragen stellt

»Halte deinen Rücken absolut gerade«, sagte Sabazius und verschaffte dieser Anweisung Nachdruck, indem er mir die Faust ins Kreuz drückte, »und richte die Augen so weit wie möglich nach oben in deinen Kopf.« Er wartete ab, bis ich so weit war, und sagte dann: »Jetzt atme langsam aus und achte auf das, was du siehst.«
Fast sofort sah ich ein blaues Flackern, ganz ähnlich dem Blau, das aus meinem Zentrum kam, aber weniger intensiv und auch nicht blütenförmig. Dieses Blau bewegte sich wabernd, sank dann etwas ab und machte Raum für einen Horizont der Dunkelheit darüber. Nachdem ich ein paar Sekunden hingeschaut hatte, füllte diese Dunkelheit sich mit winzigen, strahlend hellen Lichtpunkten – tanzende

Partikel und dazwischen größere Flecken eines dunklen Blau. Darüber noch mehr Dunkelheit, und als ich dorthin schaute, erschienen kleine weiße Wolkenflocken wie vom Wind hergeweht; an ihrer sich drehenden und kräuselnden Oberfläche reflektierten sie das blendende Licht einer verborgenen Sonne. Auf keine Art und Weise wollte es mir jedoch gelingen, diese Sonne ins Blickfeld zu bekommen.

»Na?« fragte Sabazius.

»Irgendwas sehr Helles ist da oben.«

Er ging darauf nicht ein, sondern wies mich an, die Übung zu wiederholen, nur sollte ich meinen Blick diesmal, wenn er seinen höchsten Punkt erreicht hatte, plötzlich in mein Zentrum absinken lassen. Dies, sagte er, sei eine der schnellsten Methoden der Zentrierung, man müsse allerdings darauf achten, daß man das Bewußtsein dem Schauen etwas langsamer folgen ließ. Wenn ich mich ungebremst in mein Zentrum fallen ließ, konnte ich nachher tagelang Schwindelgefühle und Orientierungsschwierigkeiten haben.

Mit dieser Mahnung im Gedächtnis schloß ich meine Augen wieder und schaute nach oben. Es geschah ungefähr das gleiche, aber als ich die zweite Dunkelheit erreichte und die ersten schimmernden Strahlen zu sehen waren – sie schienen von hinten oben zu kommen –, spürte ich deutliche Veränderungen auf den unteren Ebenen. Sobald ich aber die Augen sinken ließ, schmolz alles weg, was sich da zu bilden schien, und ich brauchte einige Minuten, bis ich gelernt hatte, die unteren Ebenen nicht direkt anzuschauen. Die Veränderungen auf den unteren Ebenen blieben und wurden sogar stärker, wenn ich mein Schauen irgendwo zwischen ihnen und dem Lichtfächer hoch oben hielt.

Das untere Geschehen verfestigte sich zu einem Gebiet von sehr hellem, fast neonartigem Grün. Als ich jetzt meine Aufmerksamkeit darauf richtete, ohne es jedoch direkt anzuschauen, bildeten sich aus diesem Grün Formen wie Buchstaben und Zahlen heraus, die aber sofort wieder verschwanden, wenn ich sie zu entziffern versuchte. Als ich dann zu einer stetigen, nicht unterscheidenden Bewußtheit zurückkehrte, ging eine Fülle von Formen aus dem Farbfleck hervor und daraus entstand ein verschlungenes Muster wie auf einem Perserteppich. Es waren geometrisch vollkommene Muster, die sich alle paar Sekunden zu neuen Symbolstrukturen umgruppierten. Meine Sammlung wurde von einem plötzlichen, stechenden Lichteinfall von oben durchbrochen. Ich schaute hinauf, und das Licht verschwand.

»Geh wieder nach unten«, sagte Sabazius.

Fast widerstrebend schwenkte ich den Blick abwärts und schaute in mein Zentrum; dann ließ ich sehr vorsichtig mein Bewußtsein folgen. Zuerst sah ich nur das blütenartige Blau, das ich so gut kannte, aber als ich wieder ganz ruhig wurde, bemerkte ich ein silbriges Strahlen, das ganz aus der Tiefe und scheinbar aus dem Gebiet hinter meinem Zentrum kam – ganz ähnlich dem oberen Licht, das auch von hinten zu kommen schien. Ich schaute tiefer hin. Der Rand der silbrigen Zone wurde langsam sichtbar, aber als ich direkt hinzuschauen versuchte, verschwand alles wie zuvor die grünen Symbole.
»Was hast du gesehen?« fragte Sabazius.
»Hinter meinem Zentrum war etwas, das wie eine Höhle aussah«, sagte ich und hielt mich an die Abstraktion, die das Gedächtnis mir bot. Ich lachte verlegen. »Sah aus wie mit Edelmetallen oder Edelsteinen gefüllt.«
»Gut«, sagte Sabazius, offenbar sehr zufrieden mit meiner Beschreibung. »Du hast die Schatzhöhle gesehen.«
»Was ist denn das?« fragte ich.
»Was ich sage: eine Schatzhöhle.«
»Ja, es hat wirklich wie eine Schatzhöhle ausgesehen«, sagte ich, »aber was ist der Schatz?«
»Weißt du das nicht?«
Ich dachte nach und verneinte.
Sabazius sah mich lange und fest an. Dann sagte er: »Ohne den Inhalt der Höhle könntest du keine Sekunde leben. Jeder hat eine Schatzhöhle.«
Jetzt ging mir sofort auf, was er meinte. »Dann muß es die Energie meines Energiezentrums sein«, sagte ich. »Stimmt das?«
Sabazius nickte. »Du hast einen Blick auf die Substanz erhascht, die dein inneres Universum in Bewegung hält. Winzige Partikel dieser Substanz speisen jetzt im Moment deine sämtlichen Funktionen, sind unterwegs zu allen Zellen und Nerven. Weil sich in dir mehr von dieser Substanz bewegt als bei anderen Menschen, kannst du sehen, was andere nicht sehen, und tun, was anderen unmöglich ist. Ein Fühlender kann allerdings von kleinen Partikeln dieser Energie auf die Dauer nicht leben; er muß in die Höhle eindringen und den Schatz wegtragen.«
»Klingt ein bißchen nach Raub.«
»Es ist eine Art Raub.«
Ich konnte mit seinen Aussagen nichts anfangen und fragte, wie man denn in die Höhle gelangen solle, wenn sie verschwand, sobald man sie direkt anschaute.

»Das ist der springende Punkt«, antwortete er. »Nur wenn du von der Schatzhöhle weggehst, kannst du sie betreten. Jemand, der in sie eindringen will, findet nichts.«
»Warum ist das so?«
»Wenn ein gewöhnlicher Mensch schaut, dann schaut auch das Ego, und wenn sein Ego schaut, dann *begehrt er zu sehen, was er sieht*. Das ist der Grund, weshalb die Höhle spurlos verschwindet. Könnte das Ego den Ursprung der Energie direkt anschauen, dann würde es verbrennen und der Mensch mit ihm. Man muß also lernen, den Inhalt der Höhle ohne jedes Begehren anzuschauen. Der erste Schritt zu diesem Nicht-Schauen ist diese merkwürdige periphere Bewußtheit, die du beschrieben hast. Wenn du das kannst, wenn du verstanden und erfahren hast, was leeres Schauen ist, wird die Höhle dir ihren Schatz ohne wenn und aber ausliefern.«
»Und was passiert dann?«
»Über solche Dinge kann man nicht direkt sprechen«, erwiderte er, »man kann sie nur andeuten. Die Schatzhöhle ist voller Gaben und Wunder, aber sie verlangen einen hohen Preis. Wenn ein Mensch diese Gaben erhält, gleichgültig in welchem Umfang, muß er von dem Augenblick an mit äußerster Achtsamkeit leben. Alle Fühlenden, die alt geworden sind, haben den Schatz der Höhle an sich gebracht, und das ist es, was sie von anderen Menschen unterscheidet.« Er schwieg gedankenvoll. »Aber hier ist noch etwas sehr Wichtiges zu berücksichtigen. Wenn ein nicht ausreichend vorbereiteter Mensch vom Inhalt der Höhle überflutet wird, brechen in den meisten Fällen all seine Funktionen zusammen, und das heißt, er selbst bricht zusammen und zerfällt.«
»Aber ganz sicher wird solch ein Mensch den Schatz gar nicht erst bekommen«, wandte ich ein.
»Doch«, sagte er mit einem warnenden Blick, »es kommt vor, daß die Höhle ihren Schatz einem halbfertigen Menschen ausliefert, der nur das leere Schauen beherrscht, aber auf anderen Ebenen noch nicht darauf vorbereitet ist. Ich will damit sagen: Geh auf die Höhle zu, aber tritt erst ein, wenn alles in dir sagt: ›Vorwärts‹.«
»Aber besteht nicht die Gefahr, daß ich aus Versehen in die Höhle stolpere?« fragte ich besorgt.
»Ja, durchaus; aber gerade diese Tatsache, wenn du richtig mit ihr umgehst, wird dir den letzten Schliff geben, weil sie deine Furcht vervollkommnet. In diesem Augenblick geschieht vielerlei mit dir. Energieteilchen der Höhle sickern in deine inneren Systeme ein, verändern sie, bereiten sie darauf vor, der ganzen Wucht des Schatzes

standzuhalten und die ganze Verantwortung für die Macht zu tragen, die mit ihm verbunden ist. Deine Einstellungen werden geformt, dein Wille gestärkt, dein Begreifen vertieft. Diese Veränderungen führen zu einer Verfeinerung deines intellektuellen Vermögens, sie erzeugen eine gereinigte Logik. Und wenn all das sein Gleichgewicht gefunden hat und das Ego unter Kontrolle ist, bist du bereit, die Höhle zu betreten. Aber wenn du einen Fehler machst und die Höhle zu früh betrittst, dann ziehst du eine unvorstellbare Katastrophe auf dich. Du wirst dir wünschen zu sterben, aber der Tod wird dich fliehen. Du wirst dich in der tiefsten Tiefe des Universums verstecken wollen, aber der Finger dieser Macht wird dich aufspüren wie ein wildes Tier. Deshalb muß deine Furcht so vollkommen wie dein Begreifen sein, denn vollkommene Furcht ist Weisheit.«

Ich stellte noch eine Frage.

»Jetzt bist du auf Informationsjagd«, sagte Sabazius.

»Entschuldige«, sagte ich.

Er lachte. »Nimm's nicht zu schwer. Ein Mensch muß Fragen stellen, denn sonst kann er nie einsehen, daß Fragen sinnlos sind. Irgendwo unterwegs – wenn er wirklich ernsthaft ist und nicht bloß mit Worten herumspielt – stößt er auf die letzte Frage, die Frage des Fragenstellens, und wenn das geschieht, hat er die Chance, sich *wahrem* Erkennen zu nähern. Die meisten Menschen ziehen *neue* Erkenntnisse vor. Sie verbeißen sich in ihre Verbalakrobatik, bis ihnen das Hirn in Stücke fliegt. Neue Erkenntnis kann den Menschen bis an einen Punkt führen, den er als Ausgang aus dem Universum empfindet, aber er bekommt die Tür nicht auf, denn es gibt keine Tür, wie es auch keinen Ausgang gibt.«

»Ich bin voller Fragen«, sagte ich hoffnungslos. »Antworten befriedigen mich meistens nicht, weil sie nur wieder neue Fragen erzeugen.«

Sabazius lächelte zustimmend. »Ein Mensch kann vollkommenes Verstehen haben, und er kann in ganzen Kaskaden von Visionen bestätigt bekommen, daß das, was er versteht, richtig ist; was er aber nicht verstehen kann, ist, daß er immer wieder und immer weiter versteht und doch nie dem unguten Gefühl entkommt, daß etwas fehlt.«

Und schon mein nächster Schritt führte wieder genau in diese Fallgrube. »Was fehlt denn im Verstehen dieses Menschen?« fragte ich.

»Wenn ich dir das sage«, antwortete Sabazius und versuchte, sein Lachen an sich zu halten, »dann würdest du verstehen, und das Fehlende fehlte immer noch. Verstehst du?«

Ich konnte ihn nur noch anstarren.

»Alle Fragen enthalten ihre Antwort selbst. Alle Fragen sind Symbole, die man durchdringen muß. Alle Fragen, die beantwortet werden, werden nicht beantwortet. Über Fragen hinausgehen, heißt über Antworten hinausgehen. Über alle Antworten hinausgehen, heißt alle Fragen durchdringen.« Er wurde ganz still und sah mich unverwandt an. »Das ist das Begreifen des Willens«, sagte er dann. »Solche Wörter kann man nicht verstehen, aber man kann in das eindringen, wofür sie stehen, und kann begreifen. Wenn ein Mensch solche Worte hört oder liest und glaubt, er habe sie verstanden, dann hat er den Unterschied zwischen Verstehen und Begreifen noch nicht erfaßt. Manchmal begreift man etwas, versteht aber nicht, daß man nicht bloß verstanden hat. Das Verstehen ist der Suchscheinwerfer des Geistes – das Begreifen ist das Dunkel des Bewußtseins. Wer in dieses Dunkel eintritt, hat Zugang zu unvorstellbarem Licht.« Er sah mich so durchdringend an, als studierte er die Poren meiner Haut. Dann sagte er: »Ich möchte, daß du noch einmal auf die bekannte Weise in dein Zentrum gehst, und dann sollst du aus deinen Fragen und Antworten eine imaginäre Kugel ballen und sie in die Schatzhöhle fallen lassen. Wenn du das schaffst und dich in wortlosem Gebet öffnen kannst, wird alles, was du bist, tanzen.«

Ganz aufrecht sitzend, die nach oben geöffneten Hände leicht auf die Knie gestützt, schaute ich wieder hinauf in diese dunkle Region. Anfangs war da nur ein Gestöber von Formen und Farben, aber nach ein paar Minuten entfaltete sich das Territorium, das ich schon kannte. Dem wabernden Blau folgte die Dunkelheit, aus der Dunkelheit traten gelbe Sterne hervor, und über den Sternen erschien der Horizont, vor dem sich Wolken drehten und kräuselten. Dann schossen wieder die Strahlen von hinten oben ins Bild, und ich senkte mich in mein Zentrum, wobei ich langsam das Bewußtsein folgen ließ. Die große blaue Blüte der Energie wuchs in mir hoch und um mich herum, hüllte mich sanft ein. Das Bewußtsein wollte jedoch nicht zur Ruhe kommen und stillstehen, es folgte meinem Blick, und bevor ich etwas dagegen unternehmen konnte, war ich wieder in meinem Kopf und schaute in die mittlere Distanz.

Es ist übrigens ganz unmöglich zu beschreiben, was man tut, während man im Energiezentrum ist oder sich ihm zu nähern versucht. Worte können die feinen Richtungsänderungen und Bewegungen des Geistes nicht wiedergeben. Es ist ein unsichtbares Mysterium, das man erfahren muß, um es zu verstehen, und das Verstehen, das man dann hat, ist eine Erinnerung, die nur dann richtig lebendig werden kann, wenn man es wiedererlebt. Man kann eigentlich nur dies sagen:

Die Instanz, die man in sich selbst als den »Handelnden« empfindet, tut gar nichts, und weil das so ist, kann alles geschehen. Derart mit Nichts bewaffnet, ging ich in mein Zentrum zurück. Am Boden des Blütenkelchs atmete ich aus und hielt den Atem einige Sekunden an, wie um die blaue Blüte um mich zu schließen, und wartete in vollkommener Stille. Nach vielen Minuten wurde ich ein kleines Loch mit hellem Rand gewahr. Dieser Rand funkelte wie ein Ring im Sonnenlicht. Ich sammelte meine Aufmerksamkeit auf diesen Lichtring, und sofort tat er einen Sprung auf mich zu. Das überraschte mich ein wenig, so daß meine Aufmerksamkeit von dieser Bewegung mitgezogen wurde und ich sie erst wieder ausrichten und stabilisieren mußte. Diesmal sprang der Ring, größer werdend, auf mich zu, ohne daß meine Sammlung durchbrochen wurde. Beim nächsten Ausatmen sprang er noch näher, und beim nächsten schwebte ich durch seine Mitte und sah seinen riesigen Umriß an mir vorbeiziehen.

Ich war in einer anderen Welt. Ich stand vor einem blauen Himmel, in dem ein einsamer Stern hing. Ich atmete zu dem Stern hin, drang in ihn ein, und mit einem Schlag entfaltete sich vor mir eine weite Landschaft von unglaublicher Schönheit und Zartheit. Mitten in dieser Landschaft lag ein blauer See in den Strahlen einer unsichtbaren Sonne. Ich suchte mir eine der kristallhellen Wellen heraus, hatte sie im Nu durchdrungen und schwebte jetzt über der Edelsteinhöhle. Diesmal lag die Höhle mit allem, was sie enthielt, in meinem Blickfeld. Die Spitzen silberner Nadeln funkelten in allen Farben des Regenbogens. Ich schaute in die Schatzhöhle ungezählter Märchen. Ich sah jedoch nichts direkt an, sondern blickte auf einen Nichts-Punkt direkt darüber. Das Überwältigende an diesem Diamantentraum war die Stille. Sie ruhte wie eine schwarze Masse zwischen den silbrig-blauen Stacheln, umflutete als Wand der Höhle den See der Juwelen. Ich öffnete mich dieser Stille, und als äußere und innere Stille sich trafen und verschmolzen, löste sich alles, was ich zu sein glaubte, in nichts auf.

Fragen.

Ich formte, ich weiß nicht wie, einen Ball aus allen Fragen, die ich je gestellt hatte, und aus allen Antworten, die ich je auf meine Fragen erhalten hatte, und ließ ihn los. Er trieb wie ein Tintenklecks auf die Nadeln zu, stieg und fiel wie ein schwarzer Ballon im Aufwind und zerplatzte auf den Stacheln. Im selben Augenblick wuchsen die Stacheln zu mir herauf, durchbohrten mich und trugen mich hoch hinauf in die Dunkelheit. In der einen Sekunde, die ich dort hing, vergingen hunderttausend Jahre. Abermillionen Wesen lebten ihre

Geschichte, wirbelten durch ihre eigenen Universen und hauchten ihr Leben aus. Gasmassen formten sich zu Planeten, wurden fest, erzitterten, glühten auf wie Leuchtkugeln in der Tiefe des Alls und wurden zu Nichts. Und dann war da wieder nur ein Mann, der schaute, und dieser Mann wurde gehoben und zurückgedrängt in seine Welt, in der es schwarz und weiß, positiv und negativ, oben und unten gab. Ich öffnete die Augen. Das Zimmer war wie zuvor, nur irgendwie gelblich an den Rändern. Die Vorhänge bauschten sich im Wind, der dann und wann den Weg durch das spaltbreit geöffnete Fenster fand. Die Uhr tickte. Wo lag dieser Ort? Was tat ich hier?

Sabazius war nicht mehr da, und so ging ich in die Küche und ließ mir kaltes Wasser über Gesicht und Hände laufen. Dann trocknete ich mich ab, ging zurück ins Zimmer und schaltete das Radio ein. Eine Popsendung plärrte ihre Werbesprüche ins Zimmer und ich stellte sofort wieder ab. Ich ging ans Fenster und schaute die gegenüberliegenden Häuser an. Weiter unten, eben noch sichtbar über dem Milchglas, wusch sich eine Frau die Haare. Als sie sich vorbeugte, wurde der rosige Rücken mit seinen ungleichmäßigen Schattierungen sichtbar. Ich starrte diese gebeugte Gestalt einige Sekunden an. Dann ließ ich den Blick ganz langsam weiter am Haus hinabgleiten. Unten auf der Straße versohlte eine Frau ihren kleinen Jungen. Sie riß ihn mit der linken Hand nach oben, so daß er gerade noch mit den Zehenspitzen den Boden berührte; er schrie, und sein freier Arm hing schlaff herunter wie sein Kopf. Nicht weit davon zwängte ein dicker Mann in einem Kamelhaarmantel sich hinter das Steuer eines schnittigen Sportwagens; zwei Mädchen, deren Kleidung einem anderen Jahrhundert zu entstammen schien, lachten und zeigten auf ihn. Ich nahm die ganze Szene völlig emotionslos als *ein* Stück in mich auf. Ich ging zum Radio zurück und stellte das dritte Programm ein. Irgendeine schwere Musik, die ich nicht kannte, wurde gerade gespielt. Ich stand mitten im Zimmer und schaute sie an – genauso wie ich eben die Straßenszene betrachtet hatte. Die Musik brach entzwei, und ich konnte beide Stücke getrennt und doch gleichzeitig hören. Der Hintergrund trennte sich vom Vordergrund, wurde etwas ganz Eigenes, mit der Melodie in Verbindung stehend, aber doch unabhängig. Ich hörte buchstäblich mit zwei Ohren.

Auch mein Fühlen hatte sich verändert. Ich war weder aufgewühlt noch deprimiert, weder froh noch traurig. Dennoch war eine Emotion in mir lebendig. Ein feines Gefühl war mit meiner neuen Art zu sehen und zu hören verbunden, aber dieses Gefühl hatte nichts mit Berührtsein von meinen Eindrücken zu tun. Dennoch war diese

Ungerührtheit beileibe keine negative Leere, denn während ich dort stand, war ich meiner selbst vollkommen bewußt. Das war es also: Das Gefühl, das ich empfand, war einfach das Gefühl meiner eigenen Totalität. Ich war ganz einfach lebendig, und ich wußte es. Ganz ähnlich wie der Musik erging es jetzt den Gegenständen im Zimmer; die Farben, die ich bis jetzt als die Dinge selbst betrachtet hatte, lösten sich von ihnen, wurden unabhängig, und ich empfand sie als solche, ohne sie jedoch durch diese Art der Wahrnehmung zu Objekten zu machen. Ohne daß ich mir irgendwelche Gedanken in logischer Abfolge zurechtlegte, wurde mir klar, was ich da tat. Was da schaute und sah, war ich mit allem, was ich war, und nichts wurde vom Netz der Interpretationen herausgefiltert, das man im allgemeinen als »Beteiligtsein« bezeichnet. Das öffnete mir die Augen für eine Reihe von Dingen, vor allem für die Tatsache, daß unsere Augen voreingenommen schauen, denn sie sehen nur das, was wir zu sehen wünschen. Es ist ein Irrtum zu glauben, was wir sehen, sei die Wirklichkeit. Ständig »frisieren« wir alles, was wir hören und sehen, damit es zu unseren fertigen Anschauungen über die Wirklichkeit paßt – wir *glauben*, daß dies oder das vorliegt, und das sehen wir dann auch. Deshalb stellen wir auch so viele Fragen. Unsere Fragen sind im allgemeinen sinnlos, denn wir sind selten geneigt, uns von den Antworten echte Anstöße geben zu lassen. Nur bittere Not treibt uns dazu, die wirklichen Fakten zu akzeptieren, uns selbst ganz zu durchdringen und echtes Sehen zuzulassen. Das zu sehen, genügt schon, um eine Bresche in die Wahrnehmung zu sprengen. Unsere Sinne werden von Glaubenssätzen bewacht, von bequemen Vorurteilen zensiert. Plötzlich mußte ich lachen, denn mir wurde klar, woraus meine Hülle des Schauens bestand – aus Ehrlichkeit. War ich ehrlich gegenüber mir selbst, dann konnte ich sehen, war ich es nicht, dann war ich blind. So einfach war das.

20. *Eine Todeserfahrung*

Nach tiefem Schlaf ging ich am nächsten Morgen mit Sabazius an der Themse spazieren. Gegen zehn Uhr setzten wir uns zu Kaffee und Kuchen in die Festival Hall. Ich war bester Laune. Der Tag hatte trüb angefangen, aber als wir jetzt in der weitläufigen Coffee Lounge im ersten Stock saßen und hinaus auf den grauen Beton blickten, brach über London die Sonne durch. Ein recht einsamer, von der Natur abgeschnittener Baum, den ich gerade anschaute, erwachte augenblicklich zum Leben. Selbst der Beton sah jetzt anders aus. Ich atmete langsam aus und ließ den Unterschied auf mich wirken.

»Möchtest du meine Katze kennenlernen?« fragte Sabazius dann plötzlich.

Ich lächelte und dachte daran, wie er mich in seiner Wohnung in Johannesburg auf dem Boden hatte herumkriechen lassen. »Ich dachte schon, du würdest mich gar nicht mehr in deine Bude einladen«, sagte ich mit sanftem Spott. »Ist es noch die Wohnung, von der du gesagt hast, ich würde sie nicht mögen?«

»Ja.«

Draußen hatte sich das blasse Grün der Blätter von seiner organischen Grundlage gelöst.

»Ich habe für heute nachmittag ein Treffen mit ein paar Leuten arrangiert«, fügte Sabazius hinzu. »Die meisten kennst du.«

Etwas in mir verschob sich. »Werden wir zusammen arbeiten?« fragte ich.

»Ja.«

Als ich wieder zum Baum hinschaute, war die Trennung, die ich eben beobachtet hatte, viel weiter fortgeschritten. Aber da war noch etwas anderes. Kleine Lichter glitzerten auf der weiten Betonfläche gegenüber. Als ich meine Aufmerksamkeit an eines dieser Lichter heftete, explodierte es auf mich zu, füllte mein ganzes Blickfeld aus und verschwand dann so plötzlich, wie es erschienen war.

»Die letzte Katze, die du mir vorgestellt hast, hatte nur ein Ohr«, sagte ich. »Was fehlt an dieser?«

»Diese ist vollständig«, sagte Sabazius schmunzelnd. »Man könnte sie sogar schön nennen.« Er nahm einen Schluck Kaffee und sagte dann: »Wir haben drei Stunden Zeit. Gibt es irgend etwas, das du gern machen würdest?«

Zuerst fiel mir nichts ein, aber dann sagte ich: »Ja, ich weiß etwas. Ich würde gern nach Westminster gehen und mir die Rodin-Statuen ansehen.«

Während wir am Flußufer entlangschlenderten und die Sonne genossen, bemerkte ich noch mehrmals solche Bewegungen und Farbtrennungen. Ich dachte nicht darüber nach. Ich nahm meine Umgebung wahr, aber nicht daran teil, und unversehens wurde meine Aufmerksamkeit vom Äußeren abgezogen und richtete sich auf einen Teil meines Körpers. Mein Kehlkopf schien sich verfestigt zu haben und

zu einem merkwürdig schwingenden Organ geworden zu sein. Als ich in ihn hinunteratmete, weitete sich das Gefühl der Festigkeit und umspannte meinen Hals. Begleitet wurde diese Empfindung von einem Gefühl wachsender Stabilität; mein Körper schien sich aufzurichten und immer mehr ins Gleichgewicht zu kommen. Ich beobachtete sehr interessiert, was da in mir geschah. Der Körper entfaltete und öffnete sich, und in gleicher Weise änderte sich auch meine innere Haltung. Es war wie ein tiefer Atemzug des Geistes.
»Wird der Türke auch da sein?« fragte ich.
»Ja.«
Eine Erinnerung an die Fabrik, eine bloße Empfindung, von keinem Bild begleitet. Ein Knacken in der Wirbelsäule wie wenn falsch sitzende Knochen sich trennen und neu zusammenfügen. Kurz sah ich das Bild einer zusammengeklappten Marionette vor mir, die jetzt in ihre gerade Haltung gezogen wurde.
»Gibt es irgend etwas, das ich über das Treffen heute nachmittag wissen sollte?« fragte ich. »Irgend etwas, das ich zu tun habe?«
»Eigentlich nicht. Sei einfach ganz da, das ist alles.«
Wir gingen schweigend weiter, erreichten die Westminster Bridge und schlugen den Weg zu der kleinen grünen Fläche ein, wo die Statuen stehen wie gefrorene Geschichte. Ich war vor Monaten zufällig auf diese Gestalten gestoßen. Ich hatte sie aus jedem möglichen Winkel betrachtet und zu sehen versucht, was der Künstler gesehen hatte; dann erst war mir klargeworden, daß der Künstler gesehen hatte, was ich jetzt anschaute. Die Statuen enthielten keinen Sinn, sie waren Sinn. Aber noch etwas anderes war mir an diesem Tag aufgegangen, und Sabazius hatte es bestätigt, als er über Kunst als Ausdruck der Intelligenz sprach. Die Statuen *als* Sinn bildeten wechselnde Sinnzusammenhänge, je nachdem, wo man stand, denn jeder Standort ließ sie vor dem Hintergrund einer anderen Substanz oder Tiefe erscheinen. Jeder Hintergrund bedeutete eine andere Ausrichtung des Blicks, und dabei veränderten sich auch die Statuen. Bei jeder Veränderung des Blickwinkels wandelte sich die Szene wie ein Kartenspiel, das gemischt wird, dann in der neuen Ordnung zur Ruhe kommt und ein neues Augenblicksbild bietet. Betrachtete man sie nicht als Statuen, als etwas Eigenständiges, dann verschmolzen sie mit dem Hintergrund zu einer Gesamterfahrung, die der Erfahrung des Künstlers gleichkam. Erst einige Zeit später ging mir die tiefere Bedeutung dieser Beobachtung auf, nämlich daß nur wahre Kunst den Betrachter über das betrachtete Kunstwerk und sich selbst hinaushebt und wirkliches Sehen ermöglicht. Rodin hatte keine Statuen

geschaffen, sondern einen Durchbruch durch die Illusion, und als ich jetzt mit Sabazius dort stand und schaute, öffnete sich dieser Durchbruch.

Die Wohnung, in der Sabazius wohnte, war so klein, wie er sie beschrieben hatte. Sie enthielt nur wenige Möbel, ein Bett, einen halbwegs bequemen Stuhl, einen kleinen Tisch, eine Tischlampe mit Rosenblütenschirm und einen offenen Kamin. Auf dem Boden lag ein großer, abgetretener indischer Teppich. Keinerlei Bilder an den Wänden. Trotz der kleinen Grundfläche empfand man das Zimmer als geräumig, was vielleicht an der ungewöhnlich hohen Decke lag.

»Weshalb dachtest du, daß ich das Zimmer nicht mögen würde?« fragte ich.

»Es hätte dir damals wirklich nicht gefallen«, erwiderte er.

Ich sah mich um. »Ich hätte es als leer und geschmacklos empfunden«, sagte ich und versuchte mich an meine frühere Betrachtungsweise zu erinnern. Ich zeigte auf den kleinen mit Rosenblüten bedruckten Lampenschirm und sagte: »Und das hätte mich zum Lachen gebracht.«

Sabazius öffnete seinen einzigen Schrank, zündete eine Seite seines zweiflammigen Gasherds an und ließ Wasser in den Kessel laufen. Hinter dem Herd hingen ein paar Pfannen und sonstiges Kochgerät.

»Wo ist deine Katze?« fragte ich.

Er sah zum Fenster hinüber. »Wenn du ihr pfeifst, dann kommt sie«, sagte er. »Aber du mußt richtig pfeifen.« Er machte es vor.

Ich schob die untere Hälfte des Fensters hoch und beugte mich hinaus. Ein kleiner Garten mit stumpfgrünem Gras und ein paar Büschen starrte mir entgegen. Zu allen Seiten war nichts als eine unglaublich hohe Mauer zu sehen. Ich pfiff. Eine Minute verging, aber keine Katze tauchte auf. Ich beobachtete die Oberkante der Mauer und rechnete jeden Augenblick damit, daß sie mit einem Satz erschien, aber nichts geschah. Ich pfiff noch lauter. Schließlich kam ich zu der Überzeugung, daß sie wohl außer Hörweite sein mußte, und schloß das Fenster, aber als ich mich umdrehte, saß sie hinter mir und schaute mich überaus kätzisch an. Sabazius sagte nichts, aber ich wußte, daß er innerlich lachte.

»Hallo Katze«, sagte ich.

»Es ist eine Sie«, sagte Sabazius.

»Und sie ist wirklich schön«, sagte ich.

Sabazius stellte zwei Tassen Kaffee auf den kleinen Tisch. »Sie ist am Tag nach meinem Einzug gekommen. Spazierte einfach zum offenen Fenster herein und ließ sich häuslich nieder.«

Ich ging in die Hocke und streichelte ihr seidiges Fell. Sie erhob sich, streckte sich und schaute in eine andere Richtung. »Hast du ihr einen Namen gegeben?«

Er schüttelte den Kopf. »Ich brauche ihr keinen Namen zu geben, sie hat schon einen. Jedes Tier hat seinen eigenen, natürlichen Namen.« Er reichte mir meinen Kaffee. »Ein Name ist eine Sammlung von Buchstaben, die miteinander verbunden werden. Verbindest du sie falsch, dann hast du einen falschen Namen. Setzt man den Namen eines Tieres falsch zusammen, dann macht er dieses Tier zu einem Unsinn. So ist das auch bei Menschen. Überall versuchen Menschen Namen ›gerecht zu werden‹, die nicht zu ihnen passen, sie leben Leben, die nicht zu ihnen gehören, denken Gedanken, die das schmälern, was sie sind. Solche Verirrungen hören erst auf, wenn der Mensch erkennt, daß sein Name ›Mensch‹ ist.«

»Ein schöner Gedanke«, sagte ich.

»Ja, Gedanken können schön sein.«

Da es keinen zweiten Stuhl gab, setzte ich mich auf das Bett. Katze sprang sofort auf meinen Schoß. Ich streichelte sie sanft und schlürfte meinen Kaffee. Fast wie von selbst kam der Satz: »Ich wünschte, ich könnte schöne Gedanken denken.«

Sabazius lachte und setzte sich auf den Stuhl, der für ihn reichlich klein wirkte. »Schöne Gedanken sind Antworten auf Fragen, die man nicht gestellt hat«, sagte er. »Beantwortete Fragen sind nur reproduzierte Schönheit. Sie sehen von weitem schön aus, aber aus der Nähe betrachtet, sind sie doch nicht von der gleichen Kunstfertigkeit. Es gibt überhaupt nur eine schöne Frage, nämlich wie man aufhören kann, häßliche Fragen zu stellen.«

Wieder schnellte ein Knochen in meiner Wirbelsäule. Ein Zittern lief den rechten Arm hinunter und elektrisierte meine Finger: sie streckten sich zuckend und entspannten sich dann wieder. Dabei bemerkte ich, daß die Rosenblüten sich vom Schirm gelöst hatten. Ich ließ das alles einfach geschehen und sagte: »Hättest du mir das vor einem Jahr gesagt, dann hätte ich dich für wahnsinnig gehalten.«

»Menschen, die andere Menschen für wahnsinnig halten, unterliegen selbst nur einem Wahn. Wahnsinn enthält alle Elemente, die für eine gesunde Geistesverfassung notwendig sind, er ist einfach der innere Befreiungskampf des Menschen. Aber der Wahn eines Menschen, der andere für wahnsinnig erklärt, enthält diese Elemente nicht; dieser Wahn ist nur Beschränktheit, das schiere Unvermögen zu begreifen, was doch offenkundig ist. Deshalb ist die Welt voller Namen. Alles hat einen Namen. Der Mensch kann die Natur seiner eigenen Welt nicht begreifen, und deshalb benennt er sie und versucht sie über die Namen zu verstehen. Er glaubt, die Dinge und die Namen, die er ihnen gegeben hat, seien ein und dasselbe. Das ist der Grund-Irrtum. Der Mensch sieht die Welt selbst überhaupt nicht, er sieht nur Namen. Wenn er eine Blume anschaut, dann sieht er nicht bloß ›Blume‹, sondern auch ihren Namen, den Namen ihrer Farbe und ihren Zustand im Vergleich zu anderen Blumen in der Umgebung. Er betrachtet sie durch das Geflecht seiner Erinnerungen an alle ähnlichen Blumen, die er je gesehen, gerochen oder berührt hat. Aber so wie sie ist, sieht er sie nicht. Er schätzt sie als Objekt ein, als ein Ding da draußen. Er hat vergessen, daß Sprache nur das Werkzeug der Kommunikation ist, nicht die Kommunikation selbst. Die Welt ist, kurz gesagt, kein Wort. Das aber ist, was der Mensch sieht, wenn er schaut, und deshalb ›sieht‹ er nicht, wenn er schaut. Ein Mensch, der wahrhaft sieht, benutzt natürlich auch Wörter, aber seine Wörter sind richtig zusammengesetzt, es sind natürliche Wörter, die die Kraft und Energie der Durchdringung besitzen. Wer so mit Wörtern umgehen kann, der hat selbst schon durchdrungen, durchdringt mit Hilfe der Wörter weiter und kann anderen helfen, auch dahin zu kommen. Die einfachen Grundwörter der Sprache haben diese Durchdringungskraft; den schweren, komplexen Wörtern fehlt sie. Solche Namen sind nur Wortballungen, Wucherungen der Beschränktheit. Man kann alles, was man zu sagen hat, in einfacher Sprache sagen.«

»Aber das hat noch einen Haken, nicht wahr«, sagte ich. »Denn diese einfache Sprache strukturiert sich ja auf natürliche Weise selber und kann dadurch komplexer wirken als die komplizierteste Verknüpfung zusammengesetzter Wörter. Das war's, weshalb ich dich vor einem Jahr noch für wahnsinnig erklärt hätte. Im Grunde hätte ich dir damit nur gesagt, daß deine Worte über mein Begriffsvermögen hinausgehen.«

»So ist es«, sagte Sabazius, »und damit schließt sich der Kreis. Der Mensch kann das Einfache nicht mehr erfassen, weil ihm die Kunst des Begreifens verlorengegangen ist. Er zieht es vor, logische Zusammenstellungen von Namen zu verstehen, die ausschließlich die Oberfläche der Dinge erklären. Je mehr Namenwörter er in eine Erklärung stopfen kann, desto eher glaubt er verstanden zu haben, und dabei entfernt er sich immer weiter von echtem Sehen und Erkennen. Menschen von wirklicher Intelligenz lassen sich gar nicht erst auf Namen ein. Sie verschleiern ihren Blick nicht mit Beschreibungen. Sie sind frei von den Wörtern, und deshalb sind sie in allen Dingen frei, sogar im Umgang mit Wörtern. Aber das ist zu einfach, als daß ein intellektueller Mensch es verstehen könnte. Er hört nämlich nicht zu, sondern urteilt. Kaum jemals ist es still in ihm, weshalb ihm nie klarwerden kann, daß die Stille des Zuhörens ein Ausdruck der Intelligenz ist. Er ist so sehr damit beschäftigt, Antworten auf die Wort-Namen zu formulieren, die er hört und liest, daß er die Stimme seiner eigenen Intelligenz nicht hören kann. Die Stille ist ein bodenloses Loch, das fortwährend zugestopft werden muß, denn ließe man es offen, könnte Unvorstellbares geschehen. Er würde verrückt werden, und was wäre das für eine Katastrophe für den Intellekt. Es gäbe keinen Zusammenhang mehr, keine logischen Brücken, über die man von hier nach da und von da nach hier gelangen kann – nur noch Chaos. Das ist der Schrecken aller Schrecken, denn Chaos ist für ihn mentale Anarchie, totaler und unwiderruflicher Zusammenbruch. Er weiß nicht, daß das ›Chaos‹ der Intelligenz die Quelle ist, die auch seinen armseligen Intellekt speist, oder daß das Chaos, das er hinter seiner künstlichen Ordnung lauern sieht, nur da ist, weil er *glaubt*, es sei da. Wenn der Intellekt ins Chaos stürzt, dann nur deshalb, weil er den lachhaften Versuch gemacht hat, etwas zu verstehen, was nur begriffen werden kann. Chaos ist also das, was einsetzt, wenn der Intellekt an seine Grenzen stößt. Das oberflächliche Chaos des Wahnsinns, wie der Mensch es erfährt und beobachtet, ist die letzte Schlacht des von Glaubenssätzen beherrschten Intellekts, das Namen-Programm, das im Schmelzofen des Willens verbrennt. Manche Menschen entkommen diesem Wahnsinn nie, weil sie zu sehr an ihren Glaubens-Projekten haften. Alle Lebewesen sind im Grunde ›Intellektuelle‹, denn Intellektualität ist nichts weiter als das endlose Wiederholen einprogrammierter Erfahrungen durch das Gedächtnis, und zwar auf vielen verschiedenen Ebenen. Manche spielen eindimensionales Schach, andere dreidimensionales, aber es ist immer nur Schach, immer nur Informationsbewegung.«

Ich hatte mich auf dem Bett ausgestreckt, während er sprach. Katze hatte sich mit untergeschlagenen Pfoten auf meiner Brust niedergelassen und die Augen halb geschlossen. Die merkwürdigen Vorgänge in meinem Körper hielten an. Muskeln schienen sich ganz von selbst zu strecken und neue Positionen in ihrer Umgebung einzunehmen. Gelegentlich schnappten Knochen hörbar auseinander und rasteten in neuen Stellungen wieder ein. Der Körper reorganisierte sich, nahm seine ureigene Gestalt an. Auch im Gehirn ging eine ähnliche Umstrukturierung vor sich. Über die ganze Oberfläche flackerten immer wieder kleine elektrische Ladungen auf. Es war, als krabbelten

Ameisen auf dem Kopf herum. Ich kratzte mich, aber das änderte überhaupt nichts. Sabazius redete weiter wie ein Buch. Ich hörte und verstand zwar alles, wußte aber zugleich auch, daß er nicht sprach, um mir etwas klarzumachen, sondern vor allem, um Zeit zu gewinnen, Zeit, um das, was in mir geschah, ohne jedes Aufhebens einfach geschehen zu lassen. Obgleich mich all das erstaunte, was da vorging, konnte ich es einfach annehmen und völlig gedankenleer verfolgen. Ich sah nach wie vor das Zimmer und Sabazius, den kleinen Rosenlampenschirm, den indischen Teppich, den Kocher, meine leere Kaffeetasse und die Decke. Ich sah die Katze, das Fenster, die hohe Mauer und das briefmarkengroße Stück Rasen. Alles war wie üblich – mit dem einzigen Unterschied, daß ich all das zugleich sah. Aber das störte mich nicht weiter. Wenn ich in all den Monaten (oder Jahren?) mit Sabazius etwas gelernt hatte, dann war es das Annehmen scheinbar unnatürlicher Vorgänge in meiner Psyche als ganz natürlich.

Die Leute, die an jenem Nachmittag kommen sollten, um mit mir zu arbeiten, erschienen einer nach dem anderen innerhalb weniger Minuten. Sie schienen festgelegte Positionen im Zimmer einzunehmen. Die meisten von ihnen kannte ich vom Sehen. Der Türke setzte sich schwitzend ans Fenster. Der kleine Hagergesichtige saß an den Schrank gelehnt, und das Mädchen, dem er damals »gedroht« hatte, ein großes, staksiges Wesen, setzte sich mit bis zum Kinn angezogenen Knien hinter Sabazius auf den Boden. Dann waren da noch zwei Männer und eine ältere Frau, die sich in gleichmäßigen Abständen niederließen. Sabazius, in seinen kleinen Stuhl gekeilt, blieb wo er war. Es wurde zwar gesprochen, aber ausschließlich über die Positionen der Anwesenden. Ich sagte nichts. Einmal schien unklar zu sein, wo die ältere Frau sitzen sollte – aber nicht im Hinblick auf ihr Alter, sondern auf das, was sie in sich war. Sabazius schaute sie einige Sekunden lang an und zeigte dann auf einen Punkt etwa zwanzig Zentimeter neben der Stelle, an der sie saß. Sie rutschte sofort dorthin und lachte aus irgendeinem Grund. Von dem Augenblick an herrschte absolutes Schweigen.

Niemand schien in der Katze, die jetzt auf meiner Brust fest eingeschlafen war, ein Problem zu sehen, also schloß ich die Augen und dachte nicht mehr daran. Ich fühlte mich behaglich auf dem Bett, war aber nicht schläfrig. Still verstrich die Zeit. Mein Körper reorganisierte sich fröhlich weiter, zuckte immer wieder mal, was aber weder mich selbst noch die Katze sonderlich störte. Ich ließ ihm seinen Lauf, lag einfach da und atmete ein und aus, ein und aus. Mein Atem wurde wie die sanfte Dünung des Meeres, eine Gezeitenbewegung.

Es gab keinen Grund, irgend etwas zu ergründen, kein Ziel, das anzustreben war. Das Zimmer und alles darin existierte, ohne zu existieren.
Plötzlich, es mochten Sekunden oder Stunden vergangen sein, öffneten sich meine Augen weit, und da ich frei von jeder Vorstellung war, was ich sehen *sollte*, sah ich das, was ich sehen »mußte«, und das war nicht Sabazius' Zimmer mit allem, was es enthielt, sondern ein ganz anderer Raum, der sich in allen Einzelheiten von dem Zimmer, in dem ich lag, unterschied. Es war ein großes, luftiges, von warmem Licht erfülltes Zimmer. Ich stand genau in seiner Mitte und wartete auf etwas. Plötzlich fielen in schneller Folge drei Schüsse, und ich fühlte, wie die Kugeln mich zerrissen und alle Lebensprozesse unterbrachen. Ich fiel nach vorn aufs Gesicht und wußte, daß ich jetzt sterben würde. Als ich da lag, mit dem Kinn auf dem Teppich, und das Blut mir aus dem Mund schoß, wußte ich, daß ich nur noch Sekunden zu leben hatte. Ich holte zum unwiderruflich letzten Mal Luft und atmete in einem langen Strom von Blut aus. Als das Bewußtsein zu flackern begann und sich dem Erlöschen zu nähern schien, umgab ich es mit allem, was ich war, und hielt es fest. Schier endlos strömte der Atem aus, ergoß sich wie ein roter Fluß aus meinem Körper, und was ich war, folgte ihm.
Ich war tot.
Aber dieses tote Ich huschte in sausender, brüllender Stille durch den Tod und tauchte anderswo wieder auf. Plötzlich stand ich im warmen Sonnenlicht in einem englischen Dorf. Verblüfft sah ich mich um. Bauernhäuser mit gepflegten Gärtchen, blühenden Bäumen und Ligusterhecken. Aber kein Laut zu hören. Froh, daß ich dem Nichts irgendwie entkommen war, ging ich eine der engen Straßen hinunter in die Richtung, wo der Dorfplatz liegen mußte. Als ich dort ankam, war gerade etwas sehr Eigenartiges im Gange. Man hatte eine große Leinwand aufgestellt, und davor saßen auf kleinen Holzstühlen etwa vierzig bis fünfzig Leute. Sie bemerkten mich gar nicht, denn sie waren ganz von dem Geschehen auf der Leinwand gefesselt. Ich schaute auch hin, um zu sehen, was da so spannend war – anscheinend eine Art Dokumentarfilm. Eine dumpfe Stimme sprach dazu; ich verstand sie kaum, wußte aber, daß ich wußte, was sie sagte. Etwas unentschlossen stand ich ein paar Minuten da, aber dann wurde es mir zu langweilig, und ich ging über den Dorfplatz weiter. Gleich darauf traf ich drei Männer. Sie standen dicht beieinander. Als ich näherkam, sah ich sofort, daß es einem von ihnen nicht gut ging, denn die beiden anderen stützten ihn voller Besorgnis. Ich fragte sie,

was denn los sei. Der Mann, der gestützt wurde, antwortete: »Ich bin dabei, auf eine neue Ebene zu gelangen, eine Ebene, die weit über dieser liegt, aber ich habe Schwierigkeiten. Ich bin irgendwie halb drinnen und halb draußen.« Danach unternahm er mit vor Anstrengung verzerrtem Gesicht einen Versuch, sich auf diese Ebene zu heben. »Seien Sie nicht dumm«, sagte ich. »Sie können nicht mit Gewalt durchbrechen. Lassen Sie es einfach zu.« Um ihm dabei zu helfen, lenkte ich Energie zu ihm hin. Sein Gesicht entspannte sich. Die beiden anderen, die ihn hielten, zogen langsam ihre Hände weg. Er blieb fest und sicher stehen. »Lassen Sie es zu«, sagte ich sanft. »Lassen Sie sich tragen wie vom Wind.« In diesem Augenblick öffneten sich meine Augen. Es war eine augenblickliche Wachheit, wie man sie manchmal auch beim Schlafen erlebt. Eben war man praktisch noch völlig von der Welt abgeschnitten, und im nächsten Augenblick findet man sich hellwach und beobachtend.

»Na«, sagte Sabazius, »wie fühlst du dich?«

»Ich bin mir nicht ganz sicher«, erwiderte ich. »Alles ist unglaublich scharf, aber irgendwie ist da eine Unsicherheit, hier...« Ich legte meine Hand auf die Stelle, wo die Katze gelegen hatte. »Mir ist, als stünde ich kurz davor, etwas zu verstehen, aber ich dringe nicht ganz durch.«

»Versuch nicht durchzudringen, laß es einfach geschehen.«

»Genau das habe ich eben dem anderen Mann auch geraten«, sagte ich schnell. »Er war auch in Schwierigkeiten.«

»Und was passierte mit ihm?«

»Er konnte allein stehen, als er aufhörte sich anzustrengen.«

»Warum hat er sich angestrengt?«

»Er sagte, er sei dabei, auf eine neue Ebene zu gelangen.«

»Ist er hingekommen?«

»Ich weiß nicht. Als er sich entspannte und wieder selbst stehen konnte, war ich plötzlich wieder hier.«

»Wo warst du?«

Ich lachte nervös und zögerte. »Ich war tot und schlenderte in einem englischen Dorf herum. Es war schön da, voller Blumen und Bäume. Ein sehr grüner Ort.« Wieder mußte ich lachen. »Auf dem Dorfplatz war eine Filmvorführung. Etwa fünfzig Leute sahen sich einen Dokumentarfilm an.«

»Hast du auch zugeschaut?«

»Nur ein paar Minuten lang, dann wurde es mir langweilig.«

»Wieso das?«

»Das weiß ich auch nicht so genau. Ich hatte den starken Eindruck, daß ich wußte, worum es in dem Film ging und was die Stimme sagen würde. Deshalb ging ich weg.«

»Über den Dorfplatz.«

»Ja. Und dabei sah ich die drei Männer. Der in der Mitte wurde von den beiden anderen gestützt. Ich dachte, daß er vielleicht Schmerzen hat und ging zu ihnen.«

»Und konntest du helfen?«

»Es scheint so. Sein Gesicht entspannte sich, und er konnte allein stehen.«

Ich schaute mich im Zimmer um. »Wo sind die anderen?« fragte ich.

»Sie sind nach deinem Durchbruch sofort gegangen.«

»Dann habt ihr alle gewußt, was passiert ist?«

»Ja, aber wir wußten nicht, in welcher Form es passieren würde. Es gibt viele Formen. Es gibt eine Form für jeden einzelnen Menschen.« Sabazius erhob sich von seinem kleinen Stuhl und kam auf mich zu. »Bleib vollkommen still liegen«, sagte er mit Nachdruck. »Ich werde meine Hände auf die Stelle legen, wo du deine Unklarheit empfindest. Was auch geschieht, laß es.« Damit legte er beide Hände auf meine Brust.

Anfangs dachte ich, seine Hände zitterten, aber dann merkte ich, daß er sie absichtlich vibrieren ließ. Nach etwa drei Minuten spürte ich eine Verschiebung in mir, als habe ein Organ einen Satz gemacht. Sekunden später folgte ein Pfeifton in meinem Kopf und dann eine intensive Erregung. Sabazius' scharfer Umriß verschwamm langsam, und dann war das Zimmer mit allem, was es enthielt, urplötzlich weg.

Was ich jetzt zu beschreiben versuchen muß, ist unbeschreibbar. Ich kann die Worte drehen und wenden wie ich will, sie deuten stets auf eine Erfahrung hin, die ich gemacht habe – das aber war nicht der Fall. Ich schwebte in schwarzer Leere. Das Schweben war ohne Bewegung. Der Raum, in dem ich hing, war vollkommen frei von sinnlichen Eigenschaften. Es gab nicht einmal ein Gefühl des Dortseins oder Nicht-Dortseins. Es gab keine Stille, denn Stille wäre ein Donnerschlag gewesen. Ich selbst war nichts Vorhandenes, denn Vorhandensein hätte dem Raum Gestalt gegeben und ihn als Leere zerstört. Die leere Schwärze war leer von Schwarz. Es gab da kein Nichts, denn Nichts wäre ein empfundenes Etwas gewesen. Als ich in das Zimmer und zu Sabazius zurückkehrte, war ich weder irgendwo gewesen, noch hatte ich irgend etwas erfahren. Er zog seine Hände zurück und sah mich an. Mein Gesichtsausdruck muß ihm alles gesagt haben, was er wissen wollte.

»Noch einen Kaffee?« fragte er.

»Ja«, antwortete ich.

21. *Ein Feuer, das Feuer verzehrt*

An diesem Abend saßen wir am Kaminfeuer und rauchten türkische Zigaretten. Katze saß auf der Fensterbank und sah hinaus in die Dunkelheit. Einen Augenblick lang glaubte ich mich einem alten Mann gegenüberzusehen. Ich schob den umgestülpten Abfalleimer, auf dem ich saß, ein wenig zurück und lehnte mich an das hölzerne Bettgestell. Einige Zeit später stand ich auf und öffnete das Fenster, denn das Feuer verbreitete eine erstaunliche Wärme. Jetzt erst sah ich näher hin, um herauszufinden, was Sabazius da eigentlich verbrannte. Es sah nicht nach Kohle aus, aber auch nicht nach einem der neumodischen Brennmaterialien. Ich hielt die Hand vors Gesicht und schaute noch näher hin.

»Was machst du da?« fragte Sabazius.

»Ich will nur sehen, was du da verbrennst«, sagte ich. »Es sieht normalen Steinen verteufelt ähnlich.«

»Es sind Steine.«

»Gewöhnliche Steine?«

»Für mich sind es einfach Steine«, sagte er unschuldig. »Ich habe sie im Garten ausgegraben.«

»Aber Steine brennen doch nicht!«

»Vielleicht ist es nicht Stein, was da brennt.«

Wieder sah ich ins Feuer. »Was erzeugt dann die Hitze?«

»Es ist nur ein Trick«, erwiderte er. »Ich habe ihn vor vielen Jahren gelernt.«

Als er das Feuer angezündet hatte, war mir nichts Ungewöhnliches aufgefallen. Er hatte den Kamin ganz normal ausgekehrt und den Aschkasten gelehrt. Alles wie üblich.

»Warum zerplatzen die Steine nicht?«

»Weil die Hitze nicht *an* den Steinen ist, sondern *aus* ihnen kommt.«

»Und wie machst du das Feuer an?«

»Das ist ganz einfach, wirklich«, sagte er mit ungerührter Miene. »Man braucht nichts weiter zu tun, als in einen der Steine zu gehen und seine Energie auszulösen. Diese Energie überträgt sich dann auf die anderen. Die Steine müssen allerdings von der gleichen Natur oder Zusammensetzung sein. Ein fremder Stein könnte eine Explosion auslösen, die nie mehr aufhört.«

»Wozu hast du ein solches Feuer gemacht?« fragte ich.

»Ich habe gespürt, daß du reif dazu bist«, erwiderte er. »Das ist ein ganz besonderes Feuer. Es ist das Feuer, von dem ich dir schon erzählt habe, ein Feuer, das Feuer verzehrt. Wenn ein Mensch anfängt aufzuwachen, braucht er einen besonderen Stein; aber wenn seine Augen ganz geöffnet sind, muß er das Geschenk der Erde zurückgeben. Er ist erst dann ganz ›eingeschaltet‹, wenn das getan ist. Wenn das Geschenk zurückgegeben wird, dann ist der Wille dieses Menschen natürlicher Wille – er ist frei. Wohin dieser Mensch auch reist, der Wille ist zu seiner Verfügung. Solch ein Mensch wird nicht wie andere vom Tod heimgesucht, denn er ist schon durch das Symbol des Todes gegangen. Er hat das Feuer, das Feuer verzehrt, erfahren und sieht seinen Willen nicht mehr als seinen eigenen und seine Intelligenz nicht mehr als seine eigene an; sein befreiter Wille schließt die Kluft zwischen ihm selbst und der Materie. Diese Freiheit erlangt er jedoch nur dadurch, daß er sich dem Feuer, das Feuer verzehrt, überantwortet. Dieses Geheimnis ist der Menschheit verlorengegangen. Der Mensch entdeckte das Feuer, erkannte es und bekam von einem vorbeiziehenden Gott das Geschenk eines noch größeren Feuers; aber er war so sehr mit dem ersten Feuer beschäftigt, daß er das zweite verlor, und anstatt zu versuchen dieses zweite Feuer, das Feuer verzehrt, wiederzufinden, floh er es, weil er seinen Anspruch als zu hoch empfand. Seitdem glaubt er, daß das Feuer böse Menschen verschlingt, hat aber ganz vergessen, daß es das Böse *im* Menschen verschlingt. Er nennt das Feuer nicht mehr sein eigen, hat es aus sich selbst heraus auf die Erde übertragen, und dadurch ist es für ihn jetzt natürlich kein Symbol des Lebens mehr, sondern nur noch ein Symbol der Zerstörung – er hat die Wahrheit verkehrt und damit seinen Willen zum Willen zerstört. In seiner Hilflosigkeit sucht er jetzt Vergebung, aber leider für eingebildete Sünden und nicht für die wirklichen: Was ihn niederdrückt, ist nicht dieses oder jenes Böse, sondern sein unbelehrbares Beharren auf einem Leben an der Oberfläche der Wirklichkeit. Er schaut den Spiegel nur *an*, ist aber nicht bereit, *in* den Spiegel zu schauen. Er sieht die Welt darin gespiegelt und sich selbst in dieser Welt, will aber nicht zugeben, daß er eben nur eine Spiegelung sieht. Das Ich, mit dem er sich identifiziert, weigert sich, hinter die gespiegelte Illusion zu schauen. Solch ein Mensch ist nicht als Mensch zu erkennen – er hat kein Gesicht. Um ein Gesicht zu bekommen, muß er eine Brücke über die Kluft in seinem Sehen schlagen und dann über diese Brücke gehen, wissend, daß er nicht als ein Ich zurückkehren wird. Erst dann kann er behaupten zu sehen, wenn er die Kluft überbrückt hat und in den Spiegel schaut, anstatt ihn nur anzuschauen. Dazu gehört aber, daß er durch das Symbol des Todes geht, indem er sich dem Feuer, das Feuer verzehrt, überantwortet. Einen anderen Weg gibt es nicht.«

»Was muß ich tun?« fragte ich.

»Jetzt noch nichts«, sagte Sabazius mit einem Blick auf das Feuer. »Du mußt warten, bis das Feuer dir ein Signal gibt. Wenn du das Signal erkennst, dann kannst du deinen Will-Stein übergeben, vorher nicht. Würdest du den Stein jetzt ins Feuer werfen, dann wäre das dein Ende. Das Feuer würde nach dir greifen und dich verschlingen. Das Ich des Menschen kann diese Entscheidung nicht fällen, sie muß auf natürlichem Wege kommen.«

»Ich habe Angst.«

»Dazu hast du auch guten Grund«, sagte Sabazius leise.

»Was geschieht, wenn ich einen Fehler mache?«

»Dann wäre es aus mit dir.«

Ich starrte ins Feuer und sagte: »Kann ich noch einen Kaffee machen?«

»Bedien dich.«

Das Herumgehen beruhigte mich, und das Zittern ließ nach. Es wäre mir jetzt unerträglich gewesen, still sitzenzubleiben. Ich setzte den Kessel auf, ging ans Fenster, um es noch etwas höher zu schieben, und schaute hinaus. Katze sprang sofort von der Fensterbank in die Dunkelheit. Ich konnte weder die Mauer noch den Garten erkennen, hörte jedoch, wie sie sich unten bewegte. Ich rief sie, und das Geräusch brach sofort ab. Wenn ich jetzt auf die Fensterbank klettern und hinausspringen würde, dachte ich, während ich in die Dunkelheit blickte, wäre das nicht dasselbe wie in dieses Feuer zu gehen? Das Signal würde nur »spring« sagen, aber nicht, wohin ich dann springen würde. Ich holte tief Luft und wendete mich wieder dem Kaffeekochen zu.

»Sie geht jetzt auf die Jagd«, sagte Sabazius.

Ich lächelte und sagte: »Ihr Sprung in die Dunkelheit hat mich an meine eigene Lage erinnert.«

»Inwiefern?«

»Blind springen.«

»Sei kein Idiot«, sagte er ruhig. »Katze kann nur in die Dunkelheit springen, weil sie eben nicht blind ist. Für sie ist die Dunkelheit hell. Sie springt nicht, *weil* sie sieht, es gibt in ihrem Sehen kein ›Weil‹. Ihr Sehen und ihr Springen sind dasselbe. Sie unterscheidet nicht, weil sie es nicht nötig hat – und so wird es bei dir auch sein.«

Ich reichte ihm seine Tasse schwarzen, ungezuckerten Kaffee und sagte: »Ich lerne nie, nicht wahr?«

»Du lernst nicht, weil du in einem Eimer Wasser auf dem Kopf stehend zu lernen versuchst«, erwiderte er trocken. »Wenn du damit aufhörst, dann wirst du lernen.«
Ich mußte lachen über dieses Konterfei. War ich wirklich so eine Witzfigur? »Du warst sehr geduldig mit mir«, sagte ich.
Er schüttelte den Kopf. »Nein, ich war ungeduldig mit dir, deshalb bist du hier. Wäre ich geduldig gewesen, dann wärst du immer noch da. Ein wirklich fühlender Mensch hat keine Geduld mit der Geduld, denn Geduld bedeutet im allgemeinen nichts weiter, als daß man ständig im Kreis herumgeht, obgleich das, worum es geht, nur einen Schritt entfernt ist. Geduld läßt einen Menschen nur immer weiter in die Illusion rutschen: er träumt weiter, wenn er wach sein sollte, er legt sich hin, wenn er fest auf beiden Beinen stehen sollte. Er schaut den Spiegel an, statt in den Spiegel zu schauen, denn das würde von ihm verlangen, sich seinem Selbst zu stellen und fest zu stehen. In deiner Todesvision hast du dich auch auf Geduld gestützt und einen Kampf aus etwas gemacht, das gar kein Kampf war; du hast dir erlaubt zu drücken und zu zerren, wo doch nichts weiter zu tun war, als dich von der Energie des Willens auf die neue Ebene tragen zu lassen. Der schlimmste Feind des Menschen ist er selbst, und das ist auch der Grund, weshalb er mit anderen kämpft. Wenn er aufhört, mit sich selbst zu kämpfen, wird die Welt Frieden haben.«
»Das wäre ein Frieden!«, seufzte ich.
»Allerdings«, sagte Sabazius. »Es wäre ein Frieden jenseits des Verstehens, getragen von Menschen, die sich selbst als Menschen begreifen. Solch ein Frieden hat kein Rezept. Er kann nicht aus dem Wunsch nach Frieden gebaut werden, denn das Wünschen kann nur mit herumliegenden alten Ziegeln hantieren. Das Wünschen ist zwar voller Entschlossenheit, aber wenig umsichtig; es ist mit guten Absichten gespickt, weiß aber nicht zu lieben. Liebe beendet den Krieg, weil sie frei von Konflikten ist, sie läßt einfach zu, weil sie nichts zu bedenken hat.«
Ich saß auf der Tischkante und sah ihn an. Er erwiderte meinen Blick mit einer rückhaltlosen Offenheit, die ich nur kurze Zeit aushielt, dann senkte ich den Blick und trank einen Schluck Kaffee. Es war nicht leicht, in das Gesicht der Liebe zu schauen. »Ich zittere nicht mehr«, sagte ich.
Sabazius antwortete nicht.
Katze kam mit einem Satz zum Fenster herein, sah uns einen Augenblick starr an und fing dann an, sich zu putzen. Ich sah ihr zu, wie sie sich die Pfoten leckte und damit über das Gesicht wischte. Sie wirkte

so versunken in diesen rhythmischen Ablauf. Ich setzte meine Tasse ab und kroch auf Händen und Knien auf sie zu. Sie beobachtete mich sehr interessiert. Eine Armlänge vor ihr hielt ich an und bot ihr in Erinnerung an Sabazius' Ratschläge eine Wange. Sie kam auf mich zu, machte neben mir kehrt und strich mit der ganzen Länge ihres Körpers an meinem Gesicht entlang; dann ging sie noch einige Schritte weiter, drehte sich im Uhrzeigersinn und sah mich an. Wir reckten uns einander entgegen und berührten uns mit den Nasenspitzen. Ein fließendes Erkundungsritual. Wieder drehte sie sich im Uhrzeigersinn und ging weg. In einer Entfernung von zwei Schritten wirbelte sie plötzlich herum und warf sich mit zuckenden Hinterläufen flach auf den Bauch. Der Blick in ihren Augen sagte, daß sie mich jetzt anfallen würde. Ich legte das Kinn auf den Boden und sah ihr direkt in die Augen.

Langsam hob sich ihr Hinterteil, der Schwanz stand steif von ihr weg, das Zucken verwandelte sich in Schnellkraft – und dann warf sie sich auf mich. Ich wußte, daß es nicht ernst war, und regte mich nicht. Ihr Körper huschte lautlos wie eine Eule und mit der Treffsicherheit eines Falken vorbei. Ich hob mich vom Boden ab und wartete. Sie kroch zwischen meinen Beinen durch und den ganzen Bauch entlang, bis ihr Kopf unter meinem Kinn war. Ich kraulte ihr mit der Nase den Kopf.

»Prächtig!« rief Sabazius. »Man weiß gar nicht mehr, wer Katze und wer Mensch ist.«

Ich hob mich noch weiter vom Boden, streckte die Finger, ließ den Rücken durchhängen und reckte den Kopf so weit es ging nach hinten. Dann schloß ich langsam die Augen und ließ den Atem in einem langen fauchenden Strom entweichen.

»Bravo!« rief er.

Der nächste Bewegungsablauf fand sich ganz von selbst. Mein Körper zog sich zusammen, bis sein Gewicht ganz auf den flach am Boden liegenden Unterarmen ruhte. Die Füße hoben sich vom Boden ab, immer höher, bis meine Beine im Bogen über meinem Kopf hingen.

»Ein Skorpion«, kommentierte Sabazius begeistert.

Ich hielt diese Stellung mühelos einige Minuten, dann nahm mein Körper langsam wieder seine eigene Gestalt an. Katze hatte während der ganzen Zeit keinen Muskel gerührt. Als das alles ganz langsam an die Oberfläche meines Bewußtseins drang und mir klar wurde, daß ich Bewegungen ausführte, die ich mir niemals zugetraut hätte, war der Zauber gebrochen. Ich stand auf, ging ans Feuer zurück und setzte mich.

Sabazius bot mir eine seiner Zigaretten an und gab mir Feuer. »Du bist voller Überraschungen«, strahlte er. »Manchmal dauert es Jahre, bis das passiert.«
»Ich weiß gar nicht recht, was eigentlich passiert ist.«
»Du hast den perfekten Rhythmus deines Körpers getroffen«, sagte er, »ausgelöst durch dein Spielen mit der Katze. Alle Spannung ist von dir abgefallen, und dein Körper tanzte.«
»Ich fühle mich sehr leicht.«
Sabazius lachte. »Spannung und Schwere sind Partner«, sagte er augenzwinkernd. »Wenn Spannung sich verflüchtigt, schweben die Organe des Körpers, und wenn das Innere schwebt, schwebt auch das Äußere.«
Ich schaute ins Feuer. »Es wird heißer«, sagte ich.
»Wirklich?«
»Spürst du es nicht?«
»Ich habe von diesem Feuer ein anderes Empfinden als du«, erwiderte er, »weil ich schon im Feuer bin, und du stehst noch davor.«
»Ich habe noch keinerlei Signal bemerkt.«
»Wenn du auf irgend etwas Ungewöhnliches wartest, wirst du das Signal wahrscheinlich verpassen. Erwarte nichts, und alles wird passieren.«
Ich lehnte mich gegen das Bettgestell und fragte: »Wie viele Leute wohnen in diesem Haus?«
»Bis gestern fünf«, sagte Sabazius, »aber seit heute bin ich allein. Die anderen sind ausgezogen.«
»Warum?«
»Sie sagten, daß die Stille ihnen auf die Nerven geht.«
Ich schaute zur Decke – sie war mit Blumen und Kreisen bemalt, die man unter weißer Tünchfarbe gerade noch erkennen konnte – und versuchte diese Stille in mich aufzunehmen; für mich war es allerdings eher eine Art Leere. »Könnten sie jetzt hier sein und spüren, wie wenig sie da sind«, sagte ich, »dann würden sie wahrscheinlich den Verstand verlieren.«
»Du hast es erfaßt. Was sie gehört haben, war nämlich nicht die Stille des Hauses, sondern ihr eigenes Nichtvorhandensein, das sie als Stille verstanden. Wenn das Erkennen des Selbst durch Stille in bedrohliche Nähe gerückt wird, macht der Mensch aus der Stille ganz schnell eine Idee, durch die er die Lücke in seinem Erkennen aufrechterhalten kann. Aber auf die Dauer ist ihm das zu nah an der Grenze des Seins, zu bedrohlich, um ständig damit zu leben.« Er lachte still in sich hinein. »Andere wiederum glauben, die Stille sei wichtig. Sie sitzen

den ganzen Tag schweigend da, weil sie meinen, Stille sei der geheime tonlose Ton ihrer selbst. Was für ein Aberglaube! Hier die einen, die den Lärm brauchen, um der Stille ihrer selbst zu entkommen, und da die anderen, die nach dem Lärm ihrer eigenen Stille lechzen. Beide finden nichts, ein Nichts, das sie selbst herstellen. Es ist einfach ein Erkennen, das die Lücke mit einem selbstkonstruierten Selbst namens Stille stopft. Hier liegt auch der Grund für Träume, in denen man läuft, aber nicht von der Stelle kommt. Man läuft vor einem Feind weg, gewinnt aber keinen Abstand. Ein vom Intellekt beherrschtes Erkennen kann sich selbst nicht entkommen. Je mehr man sich bemüht wegzulaufen, desto näher scheint der Verfolger zu kommen. Wenn ein Mensch aber durch das Symbol des Todes gegangen ist, ohne Stützen fest stehen kann und *in* den Spiegel schaut, dann läßt er auch die Stille hinter sich und wird regungslos. Das hast du heute Nachmittag getan. Du hast das Nichts der Stille überwunden . . . du hast *angehalten.*«
Plötzlich lachte ich. Lachen floß wie elektrischer Strom durch meinen Körper. Ich hielt mich am Bett fest und ließ mich vom Lachen schütteln, bis der letzte Rest von Spannung aus mir verschwunden war. Als mein Lachen nachließ, blieb nur noch das an Spannung zurück, was mein Körper brauchte, um aufrecht zu bleiben.
»Du fühlst dich gut«, sagte Sabazius.
Wieder brach ich in Lachen aus, denn als sein Mund das Wort »gut« formte, sah ich, daß die Bedeutung dieses Wortes darin besteht, daß es ohne Bedeutung ist. »Gut« ist keine Idee, es ist nicht das *Warum*, sondern das *Wie* dessen, was man fühlt. Das Warum zerstört das Gute, aber das Wie läßt einen gut sein . . . man selbst sein. Ein guter Mensch ist ein Mensch, der sich gut sein *läßt*, der vom Warum seines Gutseins losläßt. Das sogenannte Böse des Menschen ist nichts als überschüssige Spannung. Mein Kopf fiel locker hintenüber, und ich ließ mich das Gute empfinden, das Sabazius gespürt hatte. Wie köstlich das war. Der Widerschein des Feuers an der Decke wechselte plötzlich von blau-weiß zu gelb-grün, und aus der Hitze des Feuers wurde ein kühler Lufthauch. Ich richtete mich auf und sah ins Feuer. Sein Strahlen zog sich in sich zurück, um dann wieder an die Oberfläche zu wallen.
»Jetzt bist du ganz auf dich gestellt«, sagte Sabazius.
Ich kauerte mich vor das Feuer, nahm meinen Will-Stein ab und hielt ihn in der rechten Hand. Im Herzen des Feuers bildete sich eine Art kleines, schwarzes Loch. Ich sah zu, wie es sich langsam weitete. Als es so groß wie eine Männerfaust war, beugte ich mich vor und ließ

meinen Stein hineinfallen. Er blieb noch einige Sekunden sichtbar und verschwand dann spurlos. Das schwarze Loch schloß sie wieder, die Energie des Feuers zog sich in die Steine zurück – das Feuer war aus. Ich saß noch einige Zeit da und schaute die Steine an. Jetzt sahen sie so gewöhnlich, so grau aus, niemand würde vermuten, daß sie solcher Schönheit fähig waren.

»So«, sagte Sabazius und reichte mir eine Plastiktragetasche. »Jetzt mußt du die Steine einen nach dem anderen aus dem Kamin nehmen. Sammle deine Aufmerksamkeit auf jeden einzelnen Stein, tritt in ihn ein und laß ihn zu dir sprechen. Wenn der Stein alles gesagt hat, was er weiß, wenn du sein Geheimnis besitzt, dann legst du ihn in die Plastiktüte. Laß keinen fallen.« Er gab mir ein Zeichen anzufangen.

Ich hob einen Stein aus dem Kamin und hielt ihn gut fest. Als ich durch seine Kühle und Kristallstruktur in ihn eindrang, verwandelte das Zimmer sich urplötzlich in ein Märchenland von kaleidoskopischer Farbigkeit. Sanfte Farbströme ergossen sich vom Boden die Wände hinauf wie in einem rückwärts laufenden Film. Die Kreise an der Decke stachen wie Flammenringe hervor, und die weiße Farbe darüber war nur noch ein durchsichtiger Dunst. Ich schaute Sabazius an. Sein Gesicht war glühendes Kupfer, sein Haar flackerndes Feuer. Dann sah ich einen kleinen Regenbogen durchs Zimmer wandern, einen Regenbogen mit Beinen, spitzen Ohren und fluoreszierenden Schnurrhaaren. Das war Katze. Sie schien seitwärts zu gehen, den Kopf merkwürdig verdreht, der Körper in der Mitte geknickt wie ein Bumerang.

Aber Sabazius hatte doch gesagt, die Steine würden sprechen und mir ihr Geheimnis verraten. Ich sah den Stein an. Er war das einzige normale Ding im ganzen Zimmer. Ich lauschte gespannt, hörte aber keine Stimme. Was mochte sein Geheimnis sein? Ich kam zu dem Schluß, daß dieser Stein mir nichts zu sagen hatte, und wollte ihn schon in die Plastiktüte legen, aber in diesem Augenblick drang die Botschaft laut und deutlich durch. Ich atmete tief ein. Der Stein hatte eigentlich nichts gesagt, ich hatte nur plötzlich den Hintergrund meines Handelns zutiefst empfunden: Ungeduld. Ohne zu wissen weshalb, hielt ich ihn an die Stirn und schloß die Augen. Und dann sah ich, welchen Platz dieses Wort in meinem Leben einnahm. Bild auf Bild stiegen wie gefrorene Belege meiner Ungeduld in mir auf, die ungeschönte Wahrheit völlig unzweideutig visuell präsentiert. Als die Bilderfolge zu Ende war und wieder mit dem ersten begann, legte ich den Stein in den Beutel und nahm einen anderen.

Dessen Geheimnis erreichte mich sofort; der Weg war durch den ersten geebnet. Als ich ihn an die Stirn hielt, sah ich meine Überheblichkeit vor mir ausgebreitet wie Katzenaugen in der Mitte einer dunklen Straße. Ich begann leise zu weinen, aber es waren nicht die Klagetränen der Hoffnungslosigkeit, sondern Tränen des Nachgebens und Annehmens. Hätte ich um mich selbst geweint, dann wäre nur ein neues Bild daraus geworden. Und so entfaltete sich die Geschichte Stein für Stein, und jeder zerrieb mich wie ein Mühlstein, öffnete mich wie ein Skalpell. Jetzt war ich in dem Feuer, das Feuer verzehrt, und verbrannte. Als ich den letzten Stein zwischen die anderen legte, flammte in mir ein umfassendes Bild all dessen auf, was mir offenbart worden war. Was ich zu sein geglaubt hatte, bog sich an den Rändern auf wie ein brennendes Foto, wurde schwarz, zerfiel und war weg. Von Asche wieder zu Asche. Entleert und doch nicht leer sah ich zu, wie das Zimmer in seinen Normalzustand zurückkehrte. Was für ein schönes Zimmer das war! Jetzt verstand ich, weshalb Sabazius es gleich gemocht hatte, weshalb die Steine selbst grau geblieben waren. Köstlich wird das Gewöhnliche, wenn man es mit »geklärtem Auge« sieht. Was der Mensch als gewöhnlich, seiner Aufmerksamkeit nicht würdig betrachtet, ist seiner Natur nach außergewöhnlich. *Das* ist das Elixier des Lebens, die geheime Energie des Daseins.

Unsere vertraute Umwelt ist das, was wir am wenigsten kennen, was wir offenen Auges übersehen. Wir »zensieren« sie in jedem Augenblick, zensieren damit unsere eigene Natur, schneiden uns vom Leben ab und welken dem Tod entgegen. Wir sind Richter, Verurteilter und Strafe in einem. Wir sterben schmählich von eigener Hand. In Selbstmitleid verfangen, suchen wir Vergebung, und schon im nächsten Atemzug können wir nicht *geben*, weil uns die Liebe fehlt. Wie kleinlich sind wir, wie unerträglich intolerant. Könnten wir nur aufhören, unsere Natur zu fliehen, könnten wir uns selbst gegenüber ver*antwort*lich sein und furchtlos anschauen, was wir sind und was wir tun – dann würde das Leerwerden beginnen, würde das Leben zum ersten Mal aufflackern. Was wäre das für eine atemberaubende Welt, wenn dieses Feuer, das Feuer verzehrt, durch die Städte loderte, die Massen der Glaubenden und Ungläubigen erfaßte und alle Ideen von Wahrheit verschlänge. Was für eine Schlacht, und wie seltsam, daß Tränen darin die Waffen wären und Offenheit die Brustwehr. Gab es wohl genügend Mut in der Welt, um solch eine Vision zu entfachen und anzunehmen? Wenn ich ihn hatte, dann mußte es ihn geben.

»Jetzt mußt du sie im Garten vergraben«, sagte Sabazius.

Unfähig zu sprechen, folgte ich ihm zur Hintertür. Als wir draußen waren, sprang Katze vom Fenster herunter und schoß in die Dunkelheit vor uns. In der Mitte des kleinen Rasenstücks wartete sie auf uns, stand regungslos und mit steil aufgerichtetem Schwanz da. Sabazius sagte, sie werde mir die richtige Stelle zeigen. Sie schien einen Augenblick zu brauchen, um sich zu entscheiden, trabte dann schnurstracks in die Südecke des Gartens und fing an zu graben. Sie scharrte ein kleines Loch, schaute sich dann nach mir um, als wollte sie fragen: »Reicht das so?« und ging weg. Sabazius setzte sich ins Gras, sagte mir, wie tief ich das Loch ausheben mußte, und versank spurlos in sich selbst. Ich ging zu dem Loch, das Katze gegraben hatte, setzte den Beutel mit den Steinen daneben ab und fing an, die weiche Erde mit den Händen auszuheben. Die Geheimnisse, die ich erfahren hatte, verwandelten sich in Freude, eine Freude, die in meinem Blut tanzte, entlang der Nerven Kapriolen schlug und sich selber nachsetzte wie ein Hund seinem Schwanz. Ich lachte und atmete meine Freude in das tiefer werdende Loch hinein. Während ich arbeitete, begann das dichte Dunkel sich zu heben. Ich blickte auf und sah mich um. Der ganze Garten lag deutlich erkennbar da, ich sah auch die Oberkante der Mauer und die unteren Fenster des Hauses – aber nicht, weil es lichter geworden war, sondern weil die Dunkelheit sich irgendwie verdünnte und transparent wurde. Ich schaute zu Sabazius hin. Keine Spur von Bewegung war an ihm zu erkennen. Ich sah die Gestalt eines Menschen, aber es war kein Mensch da. Ich wandte mich wieder meiner Arbeit zu. Als das Loch tief und weit genug war, nahm ich die Steine einen nach dem anderen aus dem Beutel, legte sie nebeneinander in die Grube, schob die lockere Erde wieder darüber und trat sie fest. Jetzt hatte ich der Erde ihr Geschenk, den kleinen Stein, zurückgegeben, und der Kreis war geschlossen. Ich hob die Plastiktüte auf und ging zu Sabazius hinüber. Als ich ihn berührte, stand er auf.
»Es dämmert schon fast«, sagte ich. »Wenn wir noch bleiben, können wir die Vögel hören.«

22. *Der Mut zum Leben*

Obgleich wir die ganze Nacht aufgewesen waren, kam es uns nicht in den Sinn, jetzt zu schlafen. Das Vergraben der Steine schien uns beide mit Energie aufgeladen zu haben, und wir unterhielten uns bis gegen 9 Uhr. Dann schlug Sabazius vor, frühstücken zu gehen, da er selbst nichts im Haus hatte. Als wir aufbrachen, hatte ich den Eindruck, einen wichtigen Meilenstein passiert zu haben. Ich fühlte mich ganz unbeschwert. Auch Sabazius war guter Laune, und das hob meine Stimmung noch mehr, denn es konnte ja nur bedeuten, daß unsere Arbeit erfolgreich gewesen war. Nach dem Frühstück fuhren wir mit dem Taxi in die Innenstadt zurück. Von dem Augenblick an, wo wir eingestiegen waren, hörte Sabazius auf zu sprechen. Wenn ich ihn ansprach, knurrte er einsilbige Antworten, und als wir ausstiegen und uns Richtung Oxford Circus wandten, wurde mir sein Unbehagen machtvoll bewußt.

»Was ist los?« fragte ich.

»Spürst du es denn nicht?« erwiderte er mit einem seltsamen Blick.

»Ich spüre nur dein Unbehagen.«

»Auf manchen Ebenen bist du so feinfühlig«, sagte er und sah mich weiter an, »und auf anderen blind wie ein Grubengaul.«

Ich holte tief Luft.

»Ein Fühlender muß jederzeit auf der Hut sein«, sagte er mit tonloser, teilnahmsloser Stimme. »Er muß ständig am Rande seiner selbst leben und wach sein für die feinsten äußeren und inneren Veränderungen. Wenn er nicht so leben kann, dann ist er nicht wirklich ein Fühlender.«

Ein Zorn stieg in mir hoch, den ich nicht unterdrücken konnte. Zwar änderte dieser Zorn nichts an meiner tiefen Achtung vor diesem Mann und allem, was er tat und sagte – wenn er eine Frage stellte, dann hatte sie Hand und Fuß, und wenn er eine Aussage machte, dann war diese Aussage auf genaue Beobachtung gegründet –, aber ärgerlich war ich trotzdem. Etwas in mir konnte immer noch aus dem Geleis springen und mich mitschleifen in Zorn, Angst oder Hoffnungslosigkeit. Besorgt über das, was ich da in mir entdeckte, spürte ich meinen Zorn wachsen und sah zugleich, wie er mein Vertrauen und meine Achtung in sich aufnahm. Plötzlich verschob sich der Brennpunkt meiner Emotionen, aber nicht weit genug, um den Zorn ganz verschwinden zu lassen. War es möglich, zornig und zugleich

nicht zornig zu sein? In eine Emotion verstrickt zu sein und gleichzeitig kritisch neben ihr zu stehen? Es war möglich, denn genau das tat ich gerade.
»Weißt du, wovon ich rede?« fragte Sabazius.
»Ich glaube schon.«
»Dachte ich mir, daß du das sagen würdest«, versetzte er.
»Du machst mich wütend«, sagte ich.
»Ich tue nichts dergleichen.«
»Tust du wohl!«
Nach einem kurzen Auflachen sagte er: »Mich beschäftigt weniger deine Wut als das, was vorher passiert ist.«
»Ich fürchte, das habe ich verpaßt«, schnappte ich.
»Genau das ist es. Du fürchtest. Du hast noch keinen Mut.«
Wir gingen einige Minuten schweigend weiter, bis ich schließlich sagte: »Alles war bestens, bis wir in dieses Taxi eingestiegen sind. Ich war guter Laune, du warst guter Laune, wir haben gelacht und geplaudert...«
»Und dann hab ich dir alles verdorben, hm?«
Ich wollte »Ja!« schreien, aber das Wort blieb mir im Hals stecken. Statt dessen sagte ich: »Ich weiß nicht, worauf du hinaus willst.«
»Natürlich weißt du das.«
»Nein, keine blasse Ahnung.«
»Unsinn.«
Irgendwo in mir ein vages Schuldgefühl. »Was meinst du damit, daß ich keinen Mut habe?«
»Verstehst du deine eigene Sprache nicht mehr?«
Ich seufzte und sagte nichts darauf.
»Um Mut zu finden, muß man Mut haben«, sagte er und beschleunigte seinen Schritt. »Aber man muß erst herausfinden, was die Elemente des Muts sind, bevor man akzeptieren kann, daß man Mut hat. Mut ist nicht irgendeine Eigenschaft des Menschen; Mut ist die Bereitschaft, das zu leben, was man *ist*. Es kann geschehen, daß die Welt den Mut eines Menschen zurückweist, aber wenn er sich davon ent-mutigen läßt, dann hat er nie wirklich Mut gehabt. Wer glaubt, daß Mut sich zurückweisen ließe, der weist den Mut selbst zurück.«
»Habe ich noch nie Mut gezeigt?«
»Weißt du's nicht?«
»Ich bin mir nicht ganz klar darüber.«
»Damit beantwortest du deine Frage selbst. Ein Mensch, der den Mut in sich suchen muß, verschwendet seine Zeit. Entweder hast du ihn, oder du hast ihn nicht.«

Wir gingen weiter die Oxford Street hinauf. Plötzlich hängte er sich bei mir ein. Schon nach wenigen Sekunden bemerkte ich die ersten befremdeten Blicke anderer Passanten. Mein Unbehagen wuchs, und dann blieb Sabazius vor einem Schaufenster stehen und zeigte begeistert auf die Abendkleider in der Auslage. In seinem Gesicht war ein Ausdruck von Ehrfurcht. Zwei Mädchen kicherten, als sie an uns vorbeigingen. Ich versuchte meinen Arm zurückzuziehen, aber er saß fest wie in einem Schraubstock.

»Was ist denn?« fragte er.

»Das weißt du ganz genau.«

»Warum flüsterst du?«

»Weil mir das hier äußerst unangenehm ist.«

»Und weshalb?«

Ich stand stocksteif da und starrte ins Schaufenster, sah aber nur unsere Spiegelbilder. Ich wußte zwar, daß Sabazius sich aus irgendeinem Grund und mit irgendeiner Absicht so verhielt, aber was nützte mir das, die Leute wußten es ja nicht.

»Warum tust du das?« fragte ich.

»Warum tut man überhaupt irgendwas?« gab er leichthin zurück. »Täten wir das hier nicht, dann würden wir etwas anderes tun.«

»Dann laß uns doch was anderes versuchen.«

»Ich mag jetzt lieber das.«

»Ich nicht.«

»Dann tu doch was anderes.«

Ich versuchte meinen Arm aus seinem zu ziehen, aber es war aussichtslos.

»Wie soll ich was anderes tun, wenn du so an mir hängst?«

Er grinste mich an, als hätte ich etwas Komisches gesagt. »Dann schlag mich doch. Wenn du fest genug zuschlägst, werde ich wohl loslassen müssen.«

»Ich will dich aber nicht schlagen.«

»Dann mußt du halt mitmachen, was ich will.«

Mit einem sanften Hüftschubs setzte er uns wieder in Bewegung. Während wir weitergingen, versuchte ich verzweifelt, die Situation irgendwie zu rationalisieren. Was machte es denn aus, was die Leute dachten? Eigentlich sollte es gleichgültig sein. Aber aus irgendeinem Grund war es absolut nicht gleichgültig. Ich zitterte, und die Kehle war mir wie zugeschnürt. Ich wußte, daß es eine kleine Lücke in meinem Sein gab, wo solche Dinge belanglos waren, aber ich konnte sie nicht finden. Als wir von der Oxford Street abbogen und uns meiner Haustür näherten, seufzte ich erleichtert auf. Die Erleichte-

rung war nicht von Dauer, denn Sabazius zerrte mich bis zur nächsten Straßenecke weiter. Dort blieb er stehen und fragte: »Wie fühlst du dich?«
»Grauenhaft.«
»Weshalb?«
»Ich habe fast ganz die Kontrolle über meinen Körper verloren.«
»Was tut er?«
»Er schlottert.«
»Kannst du nichts dagegen tun?«
»Nein.«
»Warum schlotterst du?«
Da brach es aus mir heraus, daß ich Angst hatte vor dem, was andere Leute dachten. Daß ich nicht den Mut hatte, sie denken zu lassen, was sie halt dachten. Danach fragte ich ihn noch einmal, was denn vorhin schiefgegangen war.
»Das mußt du selbst herausfinden«, erwiderte er.
»Aber es schien doch alles in Butter zu sein.«
»War es auch.«
»Weshalb fühle ich mich dann jetzt so?«
»Weil du ein Idiot bist.« Er ließ meinen Arm los und schob seine Hände in die Manteltaschen. »Du glaubst immer noch an das Auf und Ab, Hin und Her, Raus und Rein deiner Emotionen. Wenn du aufhörst, an diesen Glauben zu glauben, ist alles in Ordnung.«
»Leichter gesagt als getan.«
»Ach was!« versetzte er mit Nachdruck. »Du kommst deshalb nicht zum Handeln, weil du deinem Handeln gern mit Gedanken den Rücken decken möchtest. Die meisten Menschen sind nicht in der Lage, ohne Denken zu handeln. Sie agieren nicht, sie re-agieren. Was sie tun, das tun sie stets *wegen* etwas anderem. Sie sind schon immer leicht zu beherrschen und zu lenken gewesen, weil sie mit Haut und Haaren dem Glauben verfallen sind, das Denken müsse dem Handeln vorausgehen. Der Unterschied zwischen dem Menschen und seiner Welt besteht darin, daß die Welt in Bewegung ist, während der Mensch nur Bewegungen macht, *Schritte unternimmt.* Die Bewegungen des Menschen haben mit Bewegung nichts zu tun, nur mit Angst. Angst treibt ihn, ernährt ihn, kleidet ihn und zerstört ihn schließlich.« Er schwieg einen Augenblick und sah mich traurig an. »Es kommt eine Zeit, Peter, wo der Mensch scheinbar das Richtige tun wird, aber er wird auch das Richtige nur aus Angst tun, und diese Angst wird alles Gute, das er tut, unfruchtbar machen. Das Richtige zu tun, ist nicht genug. Man muß lernen, es ohne Angst zu tun. Vor

Angst hat dein Körper gezittert, und er wird bis in alle Ewigkeit zittern, wenn du deine Angst nicht verlierst.«
Ich lächelte und sagte: »Und das erfordert Mut. Der Mensch ist ängstlich, weil er zu wenig Mut hat, und weil er ängstlich ist, kann er nicht ohne zu denken agieren.«
»Reden wir nicht von dem Mut, der anderen Leuten fehlt«, entgegnete Sabazius. »Reden wir von dem Mut, der dir fehlt.«
Diese Worte stießen mich zurück in meinen zitternden Körper. Ich sagte, ich wolle versuchen, nicht mehr ängstlich zu sein, aber das schien ihn nur zu ärgern. »Gerade dein *Versuchen* ist ja das, was verhindert, daß du wirklich bewegt wirst«, sagte er. »Siehst du das denn nicht?«
»Aber...«
»Komm, wir trinken ein Bier.«
Einen derartigen Vorschlag hatte er in unserer ganzen gemeinsamen Zeit noch kein einziges Mal gemacht. Wir landeten in einer leeren Kneipe, wo noch der Raumspraygeruch in der abgestandenen Luft hing. Sabazius bestellte zwei Pintkrüge Bier und trug sie zu einem der Tische. Wir setzten uns, er prostete mir zu und leerte das halbe Glas auf einen Zug. Ich trank ein paar Schlückchen und setzte meinen Krug wieder ab. Ich wollte gerade etwas sagen, als er sein Glas wieder hob und ansetzte. Als er es hinstellte, war es leer. Ich lächelte und nippte noch einmal. Er stand auf und kam mit zwei frischen Krügen wieder. Für das zweite Bier brauchte er nur wenig länger als für das erste. Ich sah zu, daß ich mit dem ersten fertig wurde, und begann mein zweites.
Es war, als versuchte ich, mit einem Seemann um die Wette zu saufen. Sobald er einen Krug geleert hatte, erschien er sofort wieder mit zwei neuen. Und das Ganze lief vollkommen wortlos ab. Allmählich füllte sich die Wirtschaft, Geschäftsleute und Sekretärinnen, ein paar einsame Trinker, die in ihre Zeitung starrten, hier und da auch ein Arbeiter. Und Sabazius tischte ununterbrochen auf. Ich hatte jetzt schon drei volle Krüge vor mir stehen. Nach einer Stunde war der Raum gerammelt voll. Das Stimmengewirr klang fern und gedämpft. Sabazius schüttete ein Glas Bier nach dem anderen in sich hinein und lächelte mich an. Mein Atem wurde immer tiefer und schnaufender. Trotz allem fühlte ich mich irgendwie wohl. Es war, als wäre der Druck einmal von mir genommen, als dürfte ich mich mal richtig gehen lassen. Allein hätte ich so etwas niemals gewagt.
Und dann schien Sabazius plötzlich betrunken zu werden. Er lächelte immer mehr und fing an, die Leute in unserer Nähe anzusprechen.

Ich sah ihm staunend zu. Sein fast perfektes Englisch begann nachzulassen, und hier und da ersetzte er schon Worte, die er anscheinend vergessen hatte, durch griechische. Obwohl ich im Grunde nicht glaubte, daß er wirklich betrunken war, passierte es mir immer wieder, daß ich ihm passende Ausdrücke vorsagte, während er um Worte rang. Seine Sprachschwierigkeiten wurden immer schlimmer, und jetzt begannen auch die anderen Leute ihm zu helfen. Er verwandelte sich rapide in einen reizenden Ausländer, in einen reizenden, betrunkenen Ausländer. Was mich aber am meisten verblüffte, war seine Fähigkeit, völlig leere Sätze so von sich zu geben, als enthielten sie etwas höchst Wichtiges. So plapperte er endlos über Pferderennen, Politik und die steigenden Lebenshaltungskosten. Die Leute waren fasziniert. Sie nickten und lächelten ihm zu, ob sie ihn nun verstanden oder nicht.
Der große Moment kam, als er aufstand und auf Griechisch einen Trinkspruch ausbrachte. Er stand leicht wankend, den Bierkrug in der Hand, und ließ einen Sturzbach von Worten in seiner Muttersprache los. Etliche Leute klatschten. Vielleicht lag das nur an seinem sonderbaren Gesichtsausdruck, jedenfalls klatschten sie, und er verbeugte sich. Als ich ihn so stehen sah, kroch ein Gefühl eisiger Kälte an mir hoch. Ich versuchte dagegen anzukämpfen, aber es war sinnlos. Und dann blieb plötzlich alles stehen wie auf eine absonderliche Postkarte gebannt. Aber inmitten dieses Ozeans unbewegter Gesichter und Körper drehte Sabazius sich nach mir um und sah mich an. Sein Gesicht brach auf zu einem Lachen, einem entsetzlichen Lachen, das in Wellen einer sichtbaren roten Substanz, der Substanz des reinen Hohns, auf mich zu schwappte.
Ich kam erst vier Stunden später wieder zu mir und fühlte mich wie eine Dörrpflaume. Ich lag in meinem Wohnzimmer auf dem Sofa, mit einer Decke zugedeckt. Es dauerte ein paar Sekunden, bis die Erinnerung wiederkehrte. Nicht die Spur einer Ahnung, wie wir aus der Wirtschaft herausgekommen waren. Ich dachte daran, nach Sabazius zu rufen, wußte dann aber instinktiv, daß er mich nur abgeladen hatte und – womöglich voller Verachtung – gegangen war. Verzweiflung überkam mich und trieb mich zurück in den Schlaf. Als ich wieder aufwachte, war es sieben Uhr abends. Ich lag völlig lethargisch da und starrte an die Decke.
Als mein Körper aus seiner dumpfen Ohnmacht zu erwachen begann, stand ich auf, machte mir einen starken Kaffee und ließ ein Bad einlaufen. Ich nahm den Kaffee und etwas trockenes Brot mit ins Bad. Was für eine Wohltat würde das sein, den Druck in meinem

Schädel durch die Poren entweichen zu lassen. Als ich in dem dampfenden Wasser lag, fiel mir wieder ein, was Sabazius über meinen Mangel an Mut gesagt hatte. War das wirklich so? Hatte ich überhaupt keinen Mut? Ich tröstete mich mit dem Gedanken, daß ich doch so etwas wie Mut haben mußte, denn schließlich war ich ja doch ganz schön weit gekommen. Wer so etwas auf sich nahm, der hatte doch sicherlich Mumm. Aber was ist Mumm? Ich merkte schnell, daß ich diese Frage nicht beantworten konnte, trank etwas Kaffee und kaute an meinem Brot. Ich spürte keinerlei Emotion in mir, war aller Sensibilität beraubt. Nur eines wußte ich genau, nämlich daß ich ein Narr war. Mit diesem netten Gedanken ganz im Vordergrund meines Bewußtseins legte ich mich zurück, bis nur noch das Gesicht über der Wasseroberfläche war.

Sabazius hatte gesagt, es ginge ihm nicht um meinen Zorn, sondern um etwas, das vorher geschehen und mir entgangen war. Ich ging die Ereignisse vom Ende unseres Frühstücks an noch einmal durch und versuchte herauszufinden, was dieses Etwas gewesen sein mochte. Irgendwas war passiert, als wir das Café verließen, aber was? Wir waren die Straße entlanggegangen und hatten ein Taxi herangewinkt, das war alles. Kaum saßen wir im Taxi, hatte Sabazius vollkommen abgeschaltet. Irgendwas muß da gewesen sein. Vielleicht hatte er an einem Wort, einer Geste, einem Gesichtsausdruck gemerkt, daß ich wieder mal in eine Falle geraten war. Ich seufzte und wendete meine Aufmerksamkeit der Wärme des Wassers zu. Wozu sollte ich mir das Hirn zermartern, wenn mir nichts einfiel, worüber ich hätte nachdenken können? Doch Sekunden später umkreiste ich das Problem schon wieder, versuchte den Moment aufzuspüren, wo dieses ungreifbare Etwas geschehen war. Ehe ich mich versah, wallte Selbstmitleid auf, gefolgt von Wut. Da war ich also wieder am gleichen Punkt.

Des Rätsels Lösung war da und doch nicht zu greifen. Dann wurde mir jäh bewußt, daß ich mich dem näherte, was Sabazius gemeint hatte, denn ich empfand eine Bewegung in mir, wie ich sie auch bei Sabazius' Tadel gespürt hatte. »Fühlst du es denn nicht?« hatte er gesagt, und im selben Augenblick hatte ich es gefühlt. Ich lag vollkommen still, bis der Sinn seiner Worte und meine Reaktion sich zusammenfügten. Als mir deutlich wurde, was passiert war, verwandelte meine Wut sich in Scham. Es hatte nicht das geringste zu fühlen gegeben, bis ich plötzlich das Gefühl bekam, es müsse etwas zu fühlen geben. Ja, ich war tatsächlich in eine Falle geraten, und diese Falle war nichts anderes als meine Angst vor Fallen. Sabazius brauchte nur anzudeuten, daß irgend etwas nicht in Ordnung war,

und schon ging ich ihm auf den Leim und reagierte mit Schuldgefühlen. Ein Idiot bist du, sagte ich mir, Idiot, Idiot, Idiot.
Mut. Ich hatte keinen Mut, weil ich voller Angst und Selbstmitleid war, die mich wie wilde Tiere umschlichen. Das Verbrennen meines Will-Steins war eine Farce gewesen, denn ich hatte den Willen, meine Angst zu überwinden, gar nicht erst besessen. Diese Gedanken brannten sich in mein Bewußtsein ein, und die eben erst gemachte Entdeckung ging nach hinten los. Das Selbstmitleid, das wie eine unsichtbare Säure in mir lag, wurde zu wirklichem Selbstmitleid, und ich bemitleidete mich selbst wegen meines Selbstmitleids. Es gab keinen Ausweg. Ich mochte mich winden, soviel ich wollte, überall gab es nur Schuldgefühle und immer mehr Schuldgefühle: Weil ich Angst hatte, weil ich keinen Mut hatte, weil ich Peter Derwent war. Unter der Last dieser Schuld sackte mein Körper vollends zusammen. Es würde keinen brüllenden Durchgang durch den Tod geben, keinen Triumphschrei des befreiten Seins – nur Angst.
In tiefer Kraftlosigkeit ließ ich mich weiter ins Wasser sinken. Ich war am Ende meiner Reise. Es war aus. Wenn ich Sabazius das nächste Mal sah, würde ich ihm sagen, daß ich meine wahre Natur entdeckt hätte. Ich war ein Feigling, ein Mensch, der all seiner Mühe und Liebe nicht würdig war. Wie seltsam, daß er sich den Falschen ausgesucht hatte und so viel Fürsorge und Aufmerksamkeit an ihn verschwendete. Jahre der Arbeit – und alles umsonst. Der Entschluß war gefaßt, und ich wollte aufstehen, aber mein Körper gehorchte nicht. Etwas drückte mich mit einer Kraft, gegen die ich nichts ausrichten konnte, unter Wasser. Panik. Ich würde also nicht erst irgendwann in der Zukunft sterben, sondern ich starb bereits, still, hier und jetzt, tötete mich selbst, ohne auch nur einen Finger zu rühren. Nur ein einziger Gedanke tauchte in mir auf, ein sehr merkwürdiger Gedanke: Beim Ertrinken sind Tränen sinnlos. Gelähmt vom Sog der Selbstaufgabe, wartete ich. Es gab nichts mehr zu tun als zu sterben, zu sterben im ungläubigen Staunen über meine Dummheit.
Aber ich starb nicht. Als ich zu mir kam, lag ich neben der Wanne auf dem Boden. Ich wußte nicht, wie ich herausgekommen war. Völlig durchgefroren und heftig zitternd raffte ich mich auf, stolperte ins Schlafzimmer, zog die Überdecke vom Bett und wickelte mich darin ein. Bei jedem Schritt stand mir das dumpfe Grauen vor Augen, das ich erlebt hatte. Ich zitterte immer mehr und biß in eine Ecke der Decke, damit wenigstens die Zähne nicht mehr klapperten. Im Wohnzimmer schaltete ich den elektrischen Heizofen ein, setzte mich

davor und wartete ab, bis das Zittern nachließ. Die Arme fest an den Körper gepreßt saß ich da und versuchte mich mit dem Gedanken vertraut zu machen, daß ich beinah gestorben wäre. Ein unglaublicher Gedanke. Depressiv zu werden, war ja schon schlimm genug, aber ein »unfreiwilliger Selbstmordversuch« war doch noch eine ganz andere Sache. Fast zwanzig Minuten lang starrte ich in den Reflektor der Heizsonne, eher fühlend als denkend, und ließ das Geschehene ohne Worte vor mir ablaufen. Stille. Das Geräusch der sich dehnenden Drahtwicklung. Das leise Bullern des Windes am Fenster. Und dann traf mich plötzlich mit ganzer Wucht und wie eine Offenbarung der Gedanke, daß ich mich *nicht* umgebracht hatte. Ja, irgend etwas hatte mich unter Wasser gedrückt, aber ebenso hatte mich auch etwas wieder herausgezogen, etwas, das stärker war als meine Verzweiflung und größer als meine Angst.

Als ich so weit aufgewärmt war, daß ich nicht mehr zitterte, ging ich noch einmal ins Bad und stellte mich auf die Stelle, wo ich aufgewacht war. In dem Versuch, das Dunkel der Erinnerungslosigkeit aufzuhellen, versetzte ich mich zurück in die Situation, wo ich bewegungsunfähig in der Wanne gelegen hatte. Sofort erinnerte ich mich an den Gedanken, daß Tränen beim Ertrinken sinnlos sind, und auch an meinen Entschluß, mit Sabazius zu brechen. Aber was mich aus der Wanne gezogen hatte, war und blieb mir vollkommen verschlossen. Ich schüttelte den Kopf, ging zurück ins Zimmer und zog mich an. In meinen Kleidern fühlte ich mich gleich viel besser. Ich steckte mir eine Zigarette an und setzte mich aufs Sofa. Was für eine verdrehte Welt war das doch! Seit ich Sabazius kennengelernt hatte, stand sie Kopf. Mein ganzes Leben war seither eine Kette von Merkwürdigkeiten. Ich lächelte, aber dieses Lächeln erstarb sogleich, denn mir wurde mit einem Schlag die Ungeheuerlichkeit meiner Erfahrung bewußt. Bestürzt erkannte ich, wie blasiert ich gewesen war. Zum ersten Mal gestand ich mir ein, daß ich eigentlich noch gar nichts geschafft hatte, daß ich die unglaublichsten Erfahrungen durchlebt und jämmerlich wenig erkannt hatte. Ich hatte das alles irgendwo akzeptiert und einfach weggesteckt, aber so konnte man mit solchen Phänomenen nicht umgehen. Es war wider alle Regeln der Vernunft, daß diese Ereignisse überhaupt stattgefunden hatten, aber sie hatten stattgefunden, und das würde so weitergehen, bis ich wirklich starb.

Und dann die Frage der »Wärme«. In den Anfängen meiner Arbeit mit Sabazius hatte ich wie unter dem Schutzdach einer liebevollen Wärme gelebt, im Wohlgefühl reiner, unverfälschter Gegenwärtigkeit der Dinge. Meine Versuche zu »sehen« hatten eine Wesensqualität der Dinge enthüllt, die alle meine Vorstellungen über Einheit weit in den Schatten stellten. Doch aufgrund irgendeines Ego-Tricks hatte ich die Tuchfühlung zu dieser Wesensqualität verloren und es geschafft, sie aus meinem Blickfeld zu räumen, so daß ich sie nicht einmal beim »Sehen« mehr wahrnahm. Jetzt war in mir eine Leere, und die Leere sehnte sich danach, mit dieser Wesenhaftigkeit des Schauens gefüllt zu werden, die das Innere verwandelt, es weich und empfänglich macht für ein direktes Erleben universaler Harmonie. Vielleicht hatte Sabazius das gemeint, als er mir mangelnden Mut vorwarf. Sicherlich hatte er diese Leere in mir erkannt und zugesehen, wie ich allein und blind in der farbigen Landschaft des Sinns und der Offenbarung herumwanderte. Ich konnte »sehen«, wollte aber nicht akzeptieren, daß alles, was ich sah, eine Einheit bildete. Also lief ich in Zorn und Selbstmitleid weg, vergrub mich in der leeren Schale meines Ego und riskierte immer mal wieder einen Blick hinaus, in der Hoffnung, diese ganze verdammte Geschichte würde verschwinden und nicht wiederkommen. Und trotz alledem war ich nicht gestorben. Etwas hatte mich aus dem Bad gehoben, und dieses Etwas mußte Mut sein, jenes wesentliche Element jenseits meines Ego, dessen *Wille* es war, mich erkennen zu lassen, was Mut ist. Nur aufgrund von Mut kann man Mut fassen, hatte Sabazius gesagt. Mit diesem Gedanken im Sinn verließ ich die Wohnung und suchte mir ein Taxi.

Als ein Taxi anhielt, ließ ich mich auf den Rücksitz fallen und schloß die Augen. Ich saß ganz still und spürte der Qualität meines Erkennens nach. Es war warm. Ich war angefüllt mit warmem Wissen. Was für ein schöner Gedanke. Anstatt mich von Wissen zu ernähren, das das Herz wärmt, hatte ich von kaltem Wissen gelebt und wie ein blöder Computer Informationen gespeichert – weil ich ein blöder Computer war. Was mich an Wissen erreichte, hatte ich eingefroren und weggestapelt, hatte es im Tiefkühlfach meines Bewußtseins seiner Wesenseigenschaften beraubt. Die einzige Wärme in mir war emotionale Wärme gewesen, die Hitze der Angst. Anstatt wirklicher zu werden, hatte ich mich nur immer mehr auf den Verstand zurückgezogen. Plötzlich mußte ich lachen, lachte über mich selbst, über meinen Versuch, die Energie des Willens zu unterdrücken, die einen Menschen über das bloße Re-agieren hinaustragen konnte. Ich öffnete die Augen und schaute hinaus zu den unzähligen Menschen, die sich in den Straßen drängten, und zum allerersten Mal sah ich sie, wie sie wirklich sind. Und dann kamen die Tränen, keine klebrigen Emotionstränen, sondern Tränen der Dankbarkeit. Ich dankte mir selbst für den Mut, nicht zu sterben.

23. *Sterben und wiedergeboren werden*

Sabazius hörte sich meine Geschichte wortlos an. Als ich fertig war, bot er mir eine türkische Zigarette an und sagte: »Ich glaube, du bist jetzt zum Kern der Sache gekommen.« Dann sagte er, er freue sich über meinen Fortschritt; zwischen meiner Erfahrung mit den Steinen und dem Selbstmordversuch liege nur ein winziger Unterschied. Normalerweise, so vertraute er mir an, dauerte es Monate oder gar Jahre, bis diese beiden Dinge zusammenfänden.

»Meinst du damit, daß Selbstmord ein ganz natürliches Vorkommnis im Leben eines Fühlenden ist?«

Sabazius schüttelte den Kopf. »Nein, es ist ein symbolisches Vorkommnis im Leben eines Fühlenden. Aber wie bei allen echten Symbolen strahlen seine Schwingungen aus bis auf die natürliche Ebene und finden Ausdruck in einem konkreten Ereignis. Ein Symbol, das sich nicht so manifestiert, hat seine Energie verloren.«

»Es überrascht mich trotzdem«, sagte ich.

»Laß für den Moment mal einfach ruhen, was du verstehst und nicht verstehst«, sagte Sabazius. »Du mußt jetzt erst einmal in deine Erfahrung zurückgehen und sie zu dir sprechen lassen. Solche Erfahrungen haben eine Menge zu sagen, wenn man das Ohr dafür hat.«

»Was soll ich tun?«

Er nahm mir die Zigarette ab und sagte: »Setz dich ganz aufrecht hin und zieh das Kinn auf die Brust wie ein Küken.« Er lächelte über seine Wortwahl und fuhr fort: »Wenn du ganz gesammelt bist, dann atme aus und sieh zu, was passiert.«

»Du meinst, ich soll es mir vorstellen?«

»Na ja, es wird nicht vom Himmel fallen, oder?«

Ich versuchte es, aber das Bild des Ertrinkens war so überwältigend, daß ich die Augen wieder öffnete. Sabazius gab mir einen Hinweis. Er sagte, ich müsse mich vom Ende her herantasten, denn das würde meine Emotionen umkehren und den Zugang erleichtern. Die Vorstellung »umgekehrter« Emotionen fesselte meinen Intellekt einige Sekunden lang, aber dann gelang es mir doch, diese interessante Idee beiseite zu lassen. Ich fand jedoch keinen Anfangspunkt, so sehr ich mich auch bemühte. Sollte ich da anfangen, wo ich jetzt gerade war, oder an einer Stelle kurz nach dem entscheidenden Moment? Als Sabazius merkte, daß ich nicht weiterkam, legte er mir mit leiser Stimme nahe, einfach den letzten Teil des Geschehens noch einmal an mir vorbeiziehen zu lassen, bis sich ein klares Bild einstellte. Dort sollte ich beginnen. Nach einigen Minuten gelang es mir, mich in solch ein Bild einzublenden, und von da an sah ich fasziniert zu. Vier Szenen erschienen nacheinander. In der ersten stand ich nackt da und wollte mich gerade anziehen, in der zweiten saß ich in die Decke gewickelt vor der Heizsonne, in der dritten lag mein noch nasser Körper auf dem Badezimmerboden, und in der vierten sah ich meinen untergetauchten Körper bewegungsunfähig in der Wanne liegen. Immer wieder ließ ich diese vier Bilder vorbeiziehen, und allmählich verfestigte sich ihre Gesamtbedeutung zu einem Gefühl der Stille. So still und friedlich wurde es in mir, daß mich das Folgende total überraschte.

Ich sah mich nämlich urplötzlich in die Vergangenheit zurückversetzt. Ich war zehn Jahre alt und saß in eine Decke gehüllt vor dem prasselnden Kaminfeuer. Meine Mutter war auch im Zimmer, aber ich konnte sie nicht sehen. Ich spürte Wassertropfen, die mir aus dem Haar auf den Nacken fielen, aber zugleich sah ich sie fallen, als stünde ich selbst hinter mir. Ich schaute an mir hinunter und sah meine Hände, zu Fäusten geballt, in meinem Schoß liegen. Ich war über irgend etwas böse, aber worüber, das wußte ich nicht. Meine Gedanken waren sehr verworren. Hinter meinem Zorn lag eine Art Traurigkeit, ein tiefes Empfinden meiner Unfähigkeit zu verstehen, weshalb ich böse war. Das Feuer wußte es. Könnte ich seine Sprache sprechen, dann würde es mir erzählen, weshalb ich traurig und böse war, und wenn ich das wüßte, würde mein Zorn verfliegen. Aber ich würde die Sprache des Feuers nie lernen. Nur Feuer konnte Feuer verstehen. Die Szene verschwamm, und eine andere bildete sich. Ich war eben geboren, noch naß vom Schoß meiner Mutter. Ich lag auf dem Rücken und spürte den Druck meiner Hand auf meiner Brust. Die Hand war warm, aber zu klein, und ich wollte zurück in die Große Wärme. Ich wollte wieder dahin, wo die Trommel war, die Trommel, die den endlosen Rhythmus der Geborgenheit schlug. Wie ich mich nach der Trommel sehnte! Als sei mein Sehnen erhört worden, fühlte ich mich augenblicklich in meine Mutter zurückversetzt. Die flüssige, warme Dunkelheit war da von Horizont zu Horizont, vor allem aber der Klang der Trommel, der stete Schlag der Unsterblichkeit. Aber es war noch etwas in dieser Dunkelheit, etwas Helles und doch Unsichtbares. Ich spürte es. Ich sah mich danach um, zerteilte die Dunkelheit mit meinen geschlossenen Augen, griff danach, ohne mich zu bewegen. Und dann wußte ich plötzlich, was es war – Wissen. Das Wissen um meine Geburt. Das Wissen, daß

ich geboren werden und leben mußte, daß ich mich entscheiden mußte zu leben.
Ich kehrte ins Zimmer zurück und sah deutlich, daß mein Fühlen sich lückenlos von jenem Augenblick bis zu diesem gegenwärtigen erstreckte. Ohne ihn zu sehen, spürte ich einen sich verjüngenden Tunnel, einen Tunnel von endlos kleiner werdenden Ringen. Ein Teil von mir war durch diesen Tunnel geflohen und hatte seinen jetzigen Platz eingenommen; ein anderer war zurückgeblieben – doch zwischen Kind und Mann war ein unzerreißbares Band geschmiedet. Ich öffnete die Augen, und langsam gewann das Zimmer seine Konturen zurück. Sabazius saß mit geschlossenen Augen auf seinem kleinen Stuhl. Ich hatte meine eigene Geburt erlebt und meine vergessene Entscheidung, geboren zu werden, wiedergefunden. Hier schien der Schlüssel zu meinem Leben zu liegen: Es war *meine* Entscheidung gewesen, und auch der Mut zu dieser Entscheidung war *meiner*. Das war der Hintergrund meiner Traurigkeit als Junge: ich hatte mich nicht erinnern können, daß ich mich selbst geboren hatte. Kein Wunder, daß ich so lange in stillem Zorn gelebt hatte. Alle Menschen beginnen mit dem Mut, die Verantwortung für ihr Leben auf sich zu nehmen, aber ihre Geburt in die Welt des Verstandes hinein beraubt sie dieses Wissens. Doch wenn man es erinnert, und dieses Wissen dann noch um die Erfahrung des Todes erweitert wird, gewinnt der Mut eine neue Dimension, denn er ist nicht mehr nur der Mut zu leben, sondern auch der Mut, nicht zu sterben. Das ist die verlorene Dimension des Muts. Vom Moment unserer Geburt an geben wir unseren Mut zum Leben auf und handeln uns dafür Angst ein, die Sorge ums bloße Existieren. Was für eine beschwerliche Art von Mut das doch ist. Im bloßen Existieren wirbeln wir von Augenblick zu Augenblick dem Tod entgegen und verstricken uns immer tiefer in das Hirngespinst der rationalen Wirklichkeit. *Leben* heißt dagegen, in das Wissen vom fortdauernden Leben eingeweiht zu werden.
»Alexis!«
»Ja.«
»Ich bin gerade noch einmal geboren worden.«
»War es eine gute Geburt?«
»Ja.«
Wir schwiegen wieder eine ganze Weile. Dann sagte er: »Es gibt gewisse Dinge an dir, die du noch nicht verstehst. Ein Mensch verwirrt sich innerlich, weil noch kleine Knoten in seinem Sein vorhanden sind, die seine Energien in Unordnung bringen. Ich habe dir mal beschrieben, wie alles, was ein Mensch tut, automatisch wird.

Nun, das gilt auch für Reaktionen; alle menschlichen Reaktionen sind total automatisch. Menschen haben nur eine Spur von Kontrolle über sich selbst, und die Knoten in ihrem Sein haben die Tendenz, sich zu vergrößern, und nehmen ihnen auch dieses bißchen Kontrolle noch weg. Ihr Mut schwindet immer mehr und stirbt schließlich, und dann ist nichts mehr übrig als automatische Reaktionen. Da hast du in konkreten Begriffen, was es bedeutet, keinen Willen zu haben. Eine automatische Reaktion ist ein ›Auslöser‹, der in den Menschen sozusagen eingebaut ist. Jede einzelne Reaktion hat ihren eigenen Auslöser. Manchmal werden mehrere Auslöser zugleich betätigt, und dann tritt Panik ein, aber das steht auf einem anderen Blatt. Es kommt darauf an zu verstehen, daß Auslöser nicht nur psychischer, sondern auch physiologischer Natur sind. Wenn man etwas lernt, gleichgültig was es ist, dann findet in der Struktur des Seins eine feine Veränderung statt. Ein neuer Auslöser entsteht, und das verändert den ganzen Menschen, denn sein Geist wirkt in sämtlichen Zellen seines Körpers. Ich sagte dir ja schon ganz zu Anfang: Ein Mensch *hat* keinen Körper, er *ist* ein Körper. Da aber Körper und Geist des Menschen ein und dasselbe sind, *hat* er auch nicht Geist, sondern *ist* sein Geist. Er ist eine Einheit, die sich nicht aufspalten läßt. Wer glaubt, daß der Mensch Körper *und* Geist ist, unterliegt dem Hirngespinst der rationalen Wirklichkeit, und das gleiche gilt für den, der glaubt, der Mensch lebe in seinem Körper wie ein Fuß im Strumpf. Der Körper entwickelt sich, wandelt sich und zerstört sich schließlich, weil er aus Geist besteht. Der Körper ist ein Ausdruck des Geistes, und der Geist ist ein Ausdruck des Körpers. Ohne Geist kein Körper und ohne Körper kein Geist. Selbst das niedrigste Insekt hat einen elementaren Geist. Wenn ein Mensch die Reise in sich selbst hinein antritt, dann ist er die Reise, das Bereiste und der Reisende zugleich. Gehen wir einen Schritt weiter: Wenn ein Mensch auf Situationen reagiert, dann re-agiert er wiederum nur auf sich selbst. Das stellt ihn vor viele Probleme, deren wichtigstes darin besteht, daß er nicht weiß, daß er selbst das Problem ist. Er weiß nicht, was er selbst ist, und macht deshalb die Welt und ihre Bewohner verantwortlich für das, was er ist, und diese anderen Bewohner machen wiederum ihn und alle anderen in gleicher Weise verantwortlich. Deshalb sagen wir, die Welt sei *be-wohnt*. Die Menschen leben in einer Welt der *Gewohnheit*, in einer Welt automatischer Auslöser. Löst du mich aus, dann löse ich dich aus. Löst du mich nicht aus, wodurch du mich natürlich erst recht auslöst, dann löse ich dich auch nicht aus, womit ich bei dir natürlich auslöse, daß du mich weiterhin nicht auslöst.

Verstehst du? Das ist es, was wir mit dem Wort Emotion benennen. Emotion ist das Empfinden, daß unsere Auslöser betätigt werden, daß unser psychisches und chemisches Sein automatisch und blind reagiert. Re-agieren ist deshalb das Agieren *nach* einem inneren Geschehen. Wenn wir andere für diesen Akt verantwortlich machen, dann drücken wir uns nur an der Tatsache vorbei, daß unser Akt überhaupt kein wirklicher Akt ist, sondern bloße Re-aktion. Das ist auch der Unterschied zwischen ›Sich bewegen‹ und ›Schritte unternehmen‹. Sich bewegen heißt frei zu sein von Re-aktionen, und wer frei ist von Re-aktionen, der ist fähig zu einem wirklichen Akt, zu einem mutigen *Willensakt*. Erst wenn ein Mensch die Freiheit des echten Willensakts gewinnt, ist er ein Fühlender. Er unterliegt dann nicht mehr der Herrschaft automatischer Auslöser.

Deshalb ist es so wichtig zu sterben, bevor du geboren wirst, und geboren zu werden, bevor du stirbst. Wenn ein Mensch nicht zu sterben lernt, bevor er geboren wird, führt seine Geburt ihn nur in den Tod, und wenn er nicht richtig geboren ist, bevor er stirbt, führt dieser Tod ihn nur in neue Geburt. Nun ist dieses Wissen ganz tief in der inneren Struktur des menschlichen Geistes vorhanden und kämpft während des ganzen Lebens eines Menschen um Befreiung. Leider haben die Menschen weder das Herz noch den Bauch für solche Freiheit; sie sind viel zu sehr damit beschäftigt, als Bündel von fixierten Einstellungen zu leben. Was ihnen fehlt, ist der Wille zum Willen. Deshalb müssen sie lernen, daß wirklicher Wille nichts mit dem Verstand zu tun hat, sondern ein Produkt von Herz und Bauch ist. Es ist wirklich sehr einfach. Wenn ein Mensch ›verdauen‹ kann, daß er ein Herz hat, dann hat er das Herz, mutig zu ›handeln‹. Von diesem Augenblick an hat er Zugang zu dem Mut, wahrhaft in der Welt zu wirken und jetzt erst wird Geburt etwas, das zum Leben hinführt und nicht zum Tod. Der Tod selbst verwandelt sich in ein Fest des Lebens, er wird ein ›Akt‹, an dem man voll beteiligt ist, ohne das irgendeine Re-aktion nötig wäre. Wenn nun diese Erkenntnis über den Geist hereinbricht, dann bricht sie auch die verhärteten Einstellungskomplexe auf und schlägt die Gewohnheitsebene des Bewußtseins in Stücke. Aber die Stücke bleiben liegen, sie müssen zusammengekehrt und entfernt werden. Läßt man sie liegen, dann fängt das Ganze von vorn an, und das führt schließlich zum rationalen Wahnsinn.«

Sabazius sagte mir da mit anderen Worten, daß meine Auslöser für Zorn, Hoffnung und Verzweiflung jetzt im Schmelztiegel waren, um ein für allemal eingeschmolzen zu werden. Der Schmelztiegel war meine Erfahrung des Sterbens und Wiedergeborenwerdens. Alles, was mir seit Beginn der »Arbeit« widerfahren war, diente dem Zweck, diesen Schmelztiegel zu bilden. Und wieder mal war ich alles selbst: der Schmelztiegel und sein Inhalt; was ich zu sein glaubte, sollte darin aufgeschlossen werden zu dem, was ich wirklich war. Mein ganzes Leben lang war ich zwischen zwei Arten oder Ebenen des Wissens hin und her gependelt, zwischen warmem Wissen und kaltem Wissen. Es kommt nicht darauf an, *was* ein Mensch weiß, aber entscheidend ist, *wie* er zu diesem Wissen gekommen ist. Das »Was« des Wissens ist eiskalt und tödlich, aber das »Wie« ist von sprühender Lebendigkeit. Der menschliche Geist ist ein ständig schwingender Puls, und wenn diese Schwingung sich mit dem Was-Rhythmus, dem eiskalten Strom der Ideen, verbindet, dann erlebt der Mensch die Kältestarre der Rationalität; schwingt sie aber zum Wie-Rhythmus hin, dann setzt ein Tauprozeß ein, der den Geist belebt und erleuchtet, so daß er die gewöhnlichsten Dinge als phantastisches Neuland erlebt. Ich erinnerte mich, daß schon lange vor meiner Begegnung mit Sabazius manchmal plötzlich Situationen eingetreten waren, in denen mir die Dinge viel klarer erschienen und ich durchschauen konnte, was mich bedrängte; aber zwischen diesen einzelnen »Pulsen« klafften Lücken von Monaten und Jahren, und ich hatte den größten Teil meiner Zeit in einem finsteren Tal voller Zweifel und Nichtbegreifen verbracht. Diese Lücken waren jetzt auf Stunden oder Minuten geschrumpft, vielleicht deshalb, weil sie so furchtbar schmerzhaft geworden waren. Die alten Lücken bestanden aus dumpfer Abgestumpftheit, während die neuen voller glühender Kohlen waren, die mich zwangen, auf den allesumspannenden Rhythmus des Lebens zuzutanzen. Frieden war so viel besser als Krieg. Inspiration war so viel besser als die tödliche Nüchternheit. Warm zu sein, war unendlich viel besser, als kalt zu sein. Das letztere zu wählen, war hanebüchene Dummheit.

Sabazius vertiefte mein Verständnis, indem er die Einstellung des Menschen zum *Chaos* zerpflückte. Was der Mensch als Chaos empfindet, so sagte er, ist überhaupt kein Chaos. Der Mensch ist aus dem uranfänglichen Sein aufgetaucht und hat sich eine Struktur von fixierten Einstellungen geschaffen, durch die er die Welt betrachtet. Diese Einstellungsstruktur verlangt von ihm, seine Anfänge als chaotisch zu »sehen«, während das Chaos jedoch in Wirklichkeit in seinem »Sehen« liegt. Chaos ist also bloß ein Wort, das der Mensch erfunden hat, um die Tatsache zu vertuschen, daß er das ganze Ausmaß seiner eigenen Natur nicht sehen kann und will. Taucht am Rand dieser Einstellungsorganisation etwas auf, das eben diese Orga-

nisation in Frage stellt, dann wird es sofort als »potentielles Chaos« eingestuft und so zurechtgebogen, daß es in die »vernünftige Ordnung der Dinge« paßt.
Das Problem besteht nun darin, daß diese vernünftige Ordnung tatsächlich alles andere als vernünftig ist. Der Mensch empfindet sich selbst und die Welt nicht mehr mit all seinen *Sinnen*, sondern pfropft sich selbst und seiner Welt einen *Sinn* auf. Seine Fähigkeit zu fühlen, ursprünglich die Grundlage seines Wissens, ist gelenkter, also manipulierter Sensibilität gewichen. Er umgibt sich mit »Fakten«, hat dabei aber die »Tatsächlichkeit« der Dinge ganz aus dem Auge verloren. Wenn sein Interpretationsschema jedoch einmal versagt oder seine Einstellungsorganisation im Schlaf oder in tiefer Versunkenheit in den Hintergrund rückt, dann wird seine »Tatsächlichkeit« plötzlich sichtbar und deutet auf etwas anderes, etwas so Großes, daß sein Verstand sich hinterher vergeblich einen Reim darauf zu machen versucht. Wenn ihm der Mut fehlt, solche Hinweise anzunehmen, dann stürzt er automatisch in das Chaos der von seinem begrenzten Einstellungsprogramm vorgeschriebenen Re-aktionen. Das – und nicht der Hinweis selbst – ist eigentlich der Grund seines Entsetzens: seine Unfähigkeit, den Hinweis rational zu erfassen.
Dieses Entsetzen war mir wohlbekannt. Immer wenn ich mich gegen die »Hinweise des wahren Fühlens und Wissens« stemmte, brach Chaos aus, mal stärker, mal schwächer. Schwang ich aber mit dem Fühlen und ließ es ungehindert wachsen, dann hüllte es mich ein und trug mich zu inneren Horizonten des Seins. Das hatte Sabazius »die Hülle des Schauens« genannt. Er selbst konnte augenblicklich in sie eintreten, während ich stunden- oder tagelang daran arbeiten mußte. Die Hülle des Schauens war außerdem übertragbar. Ging Sabazius in die Hülle, so wurde ich unweigerlich mitgerissen. Saßen wir dann gerade in einem Zimmer, dann verblaßten und zerflossen die Farben darin und erzeugten neue Farben und Strukturen. Gingen wir gerade draußen spazieren, dann legte sich ein seltsamer Schleier über die Landschaft, und ich fühlte mich von einer tiefen Stille eingehüllt, die in der materiellen Welt selbst zu entspringen schien. Manchmal bildete sich die Hülle des Schauens aber auch spontan, und das war dann ein Zeichen dafür, daß der Generator des Sehens »angesprungen« war. Das konnte im Schlaf, aber auch im Wachzustand eintreten. Wenn ich in diesem Augenblick gerade leer war, dann konnte ich mich öffnen; wurde ich aber gerade von meiner Einstellungsorganisation beherrscht, dann wurde ich aufgebrochen, und dieses Aufgebrochenwerden erlebte ich als Chaos. Wenn das »Etwas« sich näherte,

schnürten die Galgenstricke aus Glauben, Unglauben, Meinungen und Ansichten sich fester um die Psyche, und dann begann die Schlacht zwischen dem, was ich war, und dem, was ich zu sein glaubte. Es dauerte eine ganze Weile, bis ich einsah und zugab, daß das riesenhafte Etwas, das in solchen Momenten wie ein dunkler Schatten über die Grenzen meines Verstandes herandräute, tatsächlich die dimensionslose Dimension meiner eigenen Natur war und nicht das Nahen eines unsäglich chaotischen Alptraums. Solche Erfahrungen spotteten aller Worte und aller Versuche, einen Sinn zu erkennen.

Gegen drei Uhr früh schnitt Sabazius das Thema Sprache an. Er hatte schon oft darüber gesprochen, aber diesmal zielte er unmittelbar auf den Kern. Sprache, so sagte er, besteht nicht aus Wörtern, sondern aus Lauten. Die Sprache erscheint dem Menschen als Lautgestalt und wird erst dann in Wörter übersetzt. Wörter, die nicht Übersetzungen von Lauten sind, sind überhaupt keine Wörter, sondern Wortattrappen. Laut und Gefühl sind dasselbe. Ein Mensch kann dann mit »Gespür« sprechen, wenn er das Gefühl des Wissens in sich spürt. Wissen ist Laut, Laut ist Fühlen und Gefühle sind Wörter, die noch nicht Wörter geworden sind. Sabazius betonte, daß alle Wörter Gefühle ausdrücken. Der Mensch hat überhaupt nur gelernt, Wörter in Lautform zu äußern, weil er die Laute zuvor in sich gehört hat. Anders gesagt, seine Gefühle haben sich spontan in Sprache übersetzt. Der Mensch hat die Sprache nicht erfunden, sondern entdeckt, weil er sein Herz sprechen hörte. Daher auch der Mythos, daß das Herz der Sitz von Weisheit und Intelligenz ist. Es ist jedoch so gut wie unbekannt, daß Wissen als Laut in der Magengegend erzeugt wird, ein Laut, der dann zum Herzen aufsteigt und als Gefühl empfunden wird. Der Mensch verdaut in seinem Magen nicht nur Nahrung, sondern auch Wissen in der Form reiner Energie. Dieses Wissen wird dann zu einem Laut, steigt als Gefühl zum Herzen auf, wird im Kopf organisiert und reorganisiert und fast augenblicklich in der Kehle artikuliert. Deshalb ist es ein Irrtum, das Gehirn als Sitz der Intelligenz zu betrachten, denn es ist nur eine Art Lagerhaus, in dem die Früchte der Intelligenz des Magens und des Herzens ihrer künftigen Verwendung harren. Der Mensch ist erst zum Menschen geworden, als er lernte, seinem Körper zuzuhören, und seit er diese Fähigkeit verloren oder aus dem Auge verloren hat, ist er nicht mehr im eigentlichen Sinne Mensch. Wenn sich im Magen zu viele Reaktions-Auslöser gebildet haben, ist kein zusammenhängendes Denken mehr möglich. Sabazius lachte und sagte, das sei der Punkt, an dem der Mensch sich in einen Plattenspieler, ein Instrument langweiliger

Wiederholungen verwandle. Sprache ohne Herz ist nicht Sprache, denn sie enthält kein Lautempfinden. Deshalb achten die Menschen nicht auf sie, denn wie sollen sie auf etwas achten, das im Grunde laut-los ist? Sie können natürlich solche Wörter im Gehirn speichern, aber intuitiv wissen sie, daß sie ohne Sinn sind. Interessant wird die Sache jedoch, wenn jemand sagt, er müsse sich etwas »vom Herzen reden«, denn hier wird erkennbar, daß er sich vage erinnert, daß Kommunikation oder Denken ohne Herz ein schlichtweg absurdes Unterfangen ist. Sabazius übersetzte meinen Ausdruck »warmes Wissen« in ein wunderschönes Bild: er sagte, warmes Wissen sei *Sprache bei Bluttemperatur*.

So manches ging in diesen frühen Morgenstunden noch zwischen uns hin und her. Ich verstand nicht alles und konnte nicht alles würdigen, spürte jedoch, wie es sich in mich einbrannte, mich ins Gleichgewicht brachte und stabilisierte. Und das war jetzt notwendiger als alles andere. Viele Jahre hatte ich in einem Vakuum gelebt, in einem leeren, fremden Land, wo meine Gedanken nicht mir gehörten und meine Aktionen bloße Reaktionen waren, und dann trat dieser Mann, der anders war als alle Menschen, die ich je gekannt hatte, in mein Leben, nahm mich bei der Hand und führte mich zu einer keilförmigen Lücke in mir selbst. Als ich durch diese Lücke schaute, zersplitterte die Welt, in der ich lebte und die ich für die *ganze* Wirklichkeit gehalten hatte, wie eine Glasscheibe, und dahinter fand ich immer weitere Scheiben, die ebenso wirklich und ebenso selbstverständlich schienen und doch zerbrachen wie die erste. Die Illusion des Lebens hat viele Schichten. Deshalb mußte ich lernen, auf neue Art zu *sehen* und *zuzuhören*. Ich hatte Augen, konnte aber mein Sehen nicht sehen; ich hatte Ohren, konnte aber mein Hören nicht hören. Mein Sehen zu sehen, mein Hören zu hören, das war mein Erwachen, mein Eintritt in die dimensionslose Dimension meiner eigenen Natur.

24. Der dritte Baum

Ich schlief nach diesen langen Gesprächen fünfzehn Stunden ohne Unterbrechung. Als ich aufwachte, gab Sabazius mir eine Tasse Tee und sagte, ich solle mich schnell anziehen. Es war ein sonniger Morgen. Katze sah mir beim Anziehen zu, als machte ich es falsch.

Ich fragte Sabazius, wohin wir denn wollten. Er sagte, er habe keine Ahnung. Kurz darauf verließen wir seine Einzimmerwohnung und bestiegen einen Bus Richtung Piccadilly. An der Shaftesbury Avenue stiegen wir aus, gingen aber nur ein paar Schritte weiter und warteten dann an der nächsten Haltestelle. Minuten später saßen wir in einem Bus, der ins East End fuhr. Sabazius sagte während der ganzen Fahrt nichts. Wir waren eine gute halbe Stunde gefahren, als er plötzlich aufstand, um an der nächsten Haltestelle auszusteigen. Ich wußte überhaupt nicht, wo ich hier war.
»Wohin gehen wir?« fragte ich noch einmal.
»Hab ich doch gesagt, ich weiß es nicht.«
Wir bogen nach links in eine enge Straße ein, die auf der einen Seite von kleinen Läden und auf der anderen von einem rostigen Eisenzaun gesäumt war. Am Ende dieser Straße bogen wir wieder nach links ab. Ich fragte mich, weshalb Sabazius wohl nicht zugab, daß er ein Ziel hatte, denn offenbar wußte er genau, wohin er wollte. Als wir uns dem Ende dieser Straße näherten, hörten wir ein vielstimmiges Singen. Da erst bemerkte ich die Kirche. Es war eine sehr schöne Kirche, klein, aber gut erhalten. Ich staunte über die Schönheit des Gesangs. Einen Augenblick lang war ich ratlos, dann fiel mir ein, daß Sonntag sein mußte. Gerade, als wir an der Kirche vorbeigingen, öffneten sich die Türen und etliche Familien von Farbigen strömten heraus auf die Straße. Dunkle Anzüge, weiße Hemden und dazwischen Nylonkleider in allen Farbtönen. Kleine Mädchen mit Strohhüten, die mit künstlichen Blumen geschmückt waren. Kleine Jungen in langen Hosen, die wie abwesend an ihren Fliegen nestelten. Als wir vorbeigingen, umfingen die Kinder uns mit Blicken der Unschuld.
Auf der gegenüberliegenden Seite einer ziemlich belebten Hauptstraße lag ein Park. Zur Rechten war der Eingang von einer Reihe hoher Bäume flankiert. Von unserem Standort aus betrachtet, wirkte der Park riesig, aber ich stellte bald fest, daß er eigentlich recht klein war. Wir überquerten die Straße und folgten dem Hauptweg, der diagonal durch den Park verlief. Den Mittelpunkt bildeten ein Kreis von Bäumen, ein Kiosk, ein Schlechtwetter-Unterstand und ein Kinderspielplatz. Von dieser Stelle gingen vier Wege aus. Sabazius folgte dem zweiten links. Als wir diesen Weg ein kleines Stück gegangen waren, bekam ich das Gefühl, daß wir uns unserem Ziel näherten.
»Sind wir jetzt gleich da?« fragte ich.
»Was meinst du?« erwiderte er.
»Du weißt ganz gut, was ich meine.«

»Ja, stimmt. Aber du hast noch nicht verstanden, was ich gemeint habe.«
Einige Minuten später sah ich, daß wir uns einem Ausgang näherten und bald wieder auf einer Straße sein würden. Aber als wir nur noch zwanzig Schritte vom Ausgang entfernt waren, bog Sabazius plötzlich scharf nach links ab und ging über den Rasen weiter. Es war fast so, als hätten zwei einzeln stehende Bäume auf dieser Seite ihn wie Magnete angezogen. Ganz in der Nähe der Bäume bemerkte ich eine niedrige Bank aus einem Baumstamm, der auf zwei in die Erde getriebenen Pflöcken ruhte. Sabazius setzte sich so, daß er die Bäume sah, und winkte mir, neben ihm Platz zu nehmen. Zehn Minuten verstrichen, ohne daß etwas geschah. Wir starrten zu den Bäumen hin, als erwarteten wir etwas. Nach weiteren zehn Minuten wurde es mir langweilig, und ich fing an, mich umzuschauen. Er stieß mir den Ellbogen in die Rippen. Ich sah wieder zu den Bäumen hin.
Eine gute Stunde muß so vergangen sein, bevor etwas geschah. Anfangs wußte ich das Geräusch nicht einzuordnen, aber dann wurde es immer deutlicher. Ein scharrendes Geräusch am unteren Ende eines der beiden Bäume. Ich starrte hin und sah eine ziemlich große Ratte hinter dem näheren der beiden Bäume hervorkommen, gefolgt von einer kleineren. Aus irgendeinem Grund hielt die zweite Ratte die Schwanzspitze der ersten in der Schnauze. Sie bewegten sich äußerst vorsichtig und schnüffelten alle paar Schritte lange in der Luft herum. Ich blickte zu Sabazius hin, aber er war völlig von den Ratten gefesselt. Jetzt führte die große Ratte die kleine zum Baum zurück und fing an, ihn zu umrunden. Nach drei Runden gingen sie zum zweiten Baum und taten dort dasselbe. Und dann geschah etwas sehr Merkwürdiges. Die Ratten entfernten sich von beiden Bäumen, blieben dort wieder eine Weile schnuppernd stehen und umrundeten dann eine Stelle, an der kein Baum stand.
Sabazius schoß derart flink zu der Stelle hin, daß keine der Ratten die geringste Fluchtchance hatte. Er packte jede mit einer Hand, hob sie hoch, und blieb dann an der Stelle, die sie umrundet hatten, vollkommen still stehen. Was dann passierte, traf mich völlig unvorbereitet. Sabazius und die Ratten waren plötzlich weg, und an ihrer Stelle erschien ein dritter Baum. Ich war überzeugt, ein Trugbild vor mir zu haben, und schloß die Augen für einige Sekunden, aber als ich sie wieder öffnete, war der Baum noch da. Erst nach etwa zehn Minuten verschwand der Baum wieder dahin, woher er gekommen war, und an seiner Stelle stand wieder Sabazius. Ich bewegte mich nicht. Sabazius kam herüber und hielt mir die Ratten vors Gesicht. Ich

zuckte zurück, aber er lachte und sagte, ich solle ihnen in die Augen schauen. Da sah ich sofort, weshalb die eine Ratte die andere geführt hatte. Die kleinere war blind. Sabazius setzte sie einen Meter voneinander entfernt auf die Erde. Sofort rannte die dicke zu der blinden hin, ließ sie den Schwanz packen, und schon huschten sie hintereinander her zu den Bäumen zurück und verschwanden im Wurzelwerk.
»Hättest du gedacht, daß Ratten untereinander so kameradschaftlich sind?« fragte Sabazius mich. Ich sagte, das sei schon erstaunlich, aber weit mehr interessiere mich der Baum, der sich da materialisiert habe. Er seufzte und schüttelte den Kopf. »Was hast du?« fragte ich.
»Der Baum hat sich nicht materialisiert«, antwortete er. »Er ist da für alle, die Augen für ihn haben.«
»Aber jetzt seh ich ihn nicht mehr«, sagte ich.
»Dann bist du nicht besser dran als die kleine blinde Ratte.«
»Aber ...«
»Hör auf zu labern und hör zu. Du kannst den Baum deshalb nicht sehen, weil du glaubst, den Baum zu sehen, sei wichtiger, als die Ratten zu sehen. Das ist dein Grundirrtum. Ohne die Ratten hättest du den Baum niemals gesehen.«
»Was haben sie denn gemacht, daß ich ihn sehen konnte?«
»Sie haben dir einen überdeutlichen Hinweis gegeben. Sie haben dir sein Vorhandensein geradezu vorbuchstabiert.«
»Das stimmt«, gab ich zu und erinnerte mich an meine Empfindung, als die Ratten ein Stück »leeren« Rasen umrundet hatten. »Aber jetzt sehe ich ihn nicht mehr.«
Sabazius sah mich einige Sekunden scharf an. »Weil du die Welt immer noch in ›Gewöhnliches‹ und ›Außergewöhnliches‹ unterteilst. Wenn du damit aufhörst, werden alle möglichen Dinge wie durch Zauber erscheinen.«
Irgendwo tief in mir wußte ich, was er meinte, aber dieses verborgene Wissen wollte nicht zur Oberfläche kommen. »Woher hast du gewußt, daß die Ratten auftauchen würden?«
»Das wußte ich nicht.«
»Aber du bist doch zielsicher wie ein Pfeil genau an diese Stelle gekommen.«
»Ich bin immer zielsicher wie ein Pfeil unterwegs.«
Jetzt war ich dran mit Kopfschütteln. »Da komm ich nicht mit«, sagte ich. »Willst du behaupten, du hättest nicht gewußt, daß genau hier die beiden Ratten erscheinen würden?«
»Ich wußte weder, was passieren würde, noch daß es hier passieren würde.«

»Weshalb hast du mich dann hergebracht?«
»Ich hab dich nicht hergebracht. Du bist freiwillig gekommen.«
»Das stimmt aber nicht ganz«, wandte ich ein, denn dessen war ich mir einigermaßen gewiß. »Ich bin gekommen, weil ...«
»Weil du es wolltest«, warf Sabazius ein. »Und für mich heißt das, daß du aus eigenem Willen gekommen bist.«
Ich zögerte und sagte dann: »Eigentlich will ich ja nur wissen, weshalb etwas passiert ist, wenn es stimmt, daß du vorher nichts wußtest.«
Er sah mich verwundert an. »Weshalb passiert überhaupt irgendwas?« gab er zurück.
»Du weißt ganz gut, was ich meine«, sagte ich leicht gereizt. »Warum sagst du es nicht einfach, anstatt um den Brei herumzureden?«
»Weil es überhaupt nichts bringt, dir was zu sagen«, fauchte er mit einem Anflug von Ärger im Gesicht. »Dein Kopf ist vollgestopft mit Sachen, die man dir eingetrichtert hat. Mach dir das klar, und du bekommst vielleicht einen Blick für die Dinge, die angeblich nicht da sind.«
Ich atmete ganz langsam aus und versuchte mich zu sammeln. »Entschuldige, Alexis«, sagte ich. »Heute scheine ich nicht besonders in Form zu sein.«
Er setzte sich neben mich und sagte: »Es ist unmöglich zu erklären, was hier passiert ist, aber man kann erklären, was jetzt gerade in dir passiert. Dein Fehler besteht darin, daß du Ereignissen Orte zuweist und sie damit voneinander isolierst. Und dann fängst du an, für jeden Ort festzulegen, was an ihm passieren darf und was nicht. Deshalb ist die Welt voller Institutionen. Alles hat seinen Platz, und wenn irgendwas außerhalb des vorgeschriebenen Platzes stattfindet, wird es automatisch *deplaziert* genannt. Stimmt das nicht?«
Ich nickte.
»Ihr habt alle vergessen, daß die Welt ein *eigenständiges Geschehen* ist. Sie ist kein Ort, sondern ein Geschehen. Erst muß man aufhören, die Welt in Orte aufzuteilen, dann bekommt man vielleicht einen Blick für die Welt als Geschehen. Das kann natürlich nur bei einem Menschen eintreten, der gelernt hat, selbst *als Mensch zu geschehen*. Dieser Mensch kann tausend Meilen weit reisen oder einfach nur um die nächste Ecke gehen – und etwas wird geschehen. Das bedeutet nichts anderes, als daß dieser Mensch *im* Augenblick als Zeuge zur Verfügung steht, während andere Menschen bestenfalls *für* den Augenblick da sind. Der Augenblick ist ein Geschenk für alle, die bereit sind, die Hand auszustrecken und es anzunehmen. Hier stellt

sich ein Problem, denn manche Menschen reden davon, *für* den Augenblick zu leben, und sie glauben, das sei ein unmittelbares Leben, ein Leben in der Gegenwart. Das ist aber ein Irrtum, denn solche Menschen sprechen davon, ›sich selbst im Augenblick zu verlieren‹, während andere, die wahrhaft im Augenblick leben, sich darin finden. Der Augenblick besteht nämlich in Wahrheit nicht aus irgendeiner Erfahrung, die in ihm stattfindet, sondern ist die Erfahrung des Augenblicks selbst. Solche Augenblicke sind zeitlos. Und sie spotten jeder Ortszuweisung. Um wirklich dahinterzukommen, muß man erkennen, daß der Augenblick als solcher seine eigene Bedeutung *ist* und sich jedem entzieht, der eine Bedeutung in ihm *sucht*. Dieses Suchen schafft nämlich nur eine Barriere zwischen einem selbst und der wirklichen Bedeutung des Augenblicks. Die Bedeutung des Augenblicks kann nur erfassen, wer alle Fragen nach seiner Bedeutung über Bord wirft. Nähert man sich dem Augenblick mit Fragen nach seiner Bedeutung, dann schafft man sich nur einen Augenblick eigener Wahl. Solch ein Augenblick hat keine Bedeutung außer der, die ihm beigemessen wird.«

»Ja, aber was ist jetzt mit dem Baum?« fragte ich, weil ich wissen wollte, was denn nun tatsächlich geschehen war, als ich ihn sah. »Habe ich nicht den Augenblick gerade dadurch unterbrochen, daß ich ihn sah?«

»Keineswegs«, erwiderte Sabazius. »Der Baum, den du gesehen hast, war ein Teil der Bedeutung des Augenblicks. Es war eine zeitlose Erfahrung. Der Baum hat einmal genau an der Stelle gestanden, und was du gesehen hast, war seine einstige Existenz. Deine frühere Erfahrung vom selben Baum bestand darin, daß du ihn nicht sehen konntest.«

Ich lächelte, als mir klar wurde, was das bedeutete. »Du sagst mir damit wieder mal, daß der Mensch die Zeit selbst schafft.«

»Natürlich tut er das. Es spielt keine Rolle, wie man sich dem Augenblick nähert, die Annäherung selbst setzt Absicht voraus. Absicht setzt Bedeutung voraus, Bedeutung schlägt sich in Gedanken und Handlungen nieder, und Zeit entsteht im Bewußtsein als Ausgeburt von Bedeutung und Absicht. Zeit ist einfach der Abstand zwischen zwei Ideen, zwei Ereignissen oder zwei Handlungen, die dem Augenblick aufgepfropft werden. Aber an dieser Frage des im Augenblick oder für den Augenblick Lebens ist noch etwas Merkwürdiges. Wer für den Augenblick lebt und sich in ihm verliert, der verliert sich nicht wirklich, und wer sich im Augenblick findet, weil er in ihm lebt, findet sich nicht wirklich selbst. Sich im Augenblick zu verlieren, heißt, etwas zu suchen. Es ist ein Versuch, den Augenblick mit Behagen zu erfüllen. Dieses Behagen ist aber nun wieder das Hauptanliegen des Ich, also bedeutet dieses Sich-Verlieren im Augenblick, daß man tatsächlich mit dem angefüllt wird, was man zu verlieren glaubt, nämlich mit *Ich*. Findet man sich aber im Augenblick, dann ist das Gegenteil der Fall, denn sich im Augenblick finden, heißt den Augenblick als solchen zu erfahren, also als zeitlosen Augenblick, in dem alle zeitlichen Begriffe wie Ich oder Behagen sich vollkommen verflüchtigen.«

Das war wieder mal Elementarunterricht. »Ich vergesse immer wieder, daß Ich nur ein Begriff ist«, sagte ich kleinlaut.

Sabazius lachte und versetzte mir einen ordentlichen Schlag auf den Rücken. »Nein – du erinnerst dich ständig daran. Dein Erinnern ist das, was dich von dem trennt, was ist.«

»Inwiefern?«

»Siehst du das nicht?«

»Nein.«

»Warum nicht?«

»Ich verstehe nicht, weshalb das Erinnern das Problem ist.«

»Das kommt daher, daß du jetzt im Moment mit Erinnern beschäftigt bist.«

Ich starrte minutenlang entmutigt ins Gras, bevor mir klarwurde, was er gesagt hatte. Plötzlich sah ich es ganz deutlich. »Ich überlagere das Wirkliche immer wieder mit meiner Idee vom Wirklichen, die ich aus meiner Erfahrung vom Wirklichen abgeleitet habe«, sagte ich. »Und meine Erinnerung an das Wirkliche mag noch so authentisch sein, sie ist nicht das Wirkliche selbst.«

Sabazius nickte beifällig. »Erinnerung ist nur da nötig, wo es um Interpretation des Wirklichen geht, hat aber mit dem Wirklichen selbst nicht das geringste zu tun. Ein Mensch, der das Wirkliche erfahren hat, dann aber für den Rest seines Lebens an dieser Erinnerung klebenbleibt, wird feststellen, daß seine Erinnerung schal wird und ihm letztlich nur das Leben sauer macht. Sobald eine Erfahrung des Wirklichen sich in die Erinnerung dieser Erfahrung verwandelt, beginnt die Energie der Erfahrung zu sterben. Schon nach ein paar Tagen gibt sie dem Menschen keine Kraft mehr, und nach einigen Wochen oder Jahren ist sie so tot, daß ihr bloßes Vorhandensein im Gedächtnis eine Art Folter wird. Hält der Mensch dann weiter an der Erinnerung fest, dann treibt er sich entweder selbst in den Wahnsinn, oder er verringert den Druck, indem er die Erinnerung emotional auflädt. Die Welt ist voll von emotionalen Rationalisierungen des Wirklichen.

Eine Philosophie des Wirklichen ist reine Zeitverschwendung. Als reine Konstruktion schiebt sie sich zwischen die Wirklichkeit und den Menschen, der sie erfahren möchte, und macht die Bedeutung des Augenblicks unsichtbar und unerreichbar. Keine Wortkonstruktion kann dem Menschen das Wirkliche nahebringen, nur das Aufhören des Erinnerns kann das. Eine Erinnerung an das Wirkliche ist eine vergessene Wahrheit. Also ist alles Erinnern im Zusammenhang mit dem Augenblick und seiner Bedeutung tatsächlich ein Vergessen, denn wenn man sich an das Wirkliche erinnert, ist man seiner nicht mehr inne. Und wozu versuchen, etwas zu erinnern, das doch jeden Augenblick zur Verfügung steht? Wer auch immer über das Wirkliche zu sprechen oder zu schreiben wagt, muß aus dem Augenblick heraus sprechen oder schreiben. Was aufgrund von bloßer Erinnerung gesagt oder geschrieben wird, ist völlig energielos. Deshalb sind nur wenige Menschen große Künstler. In wahrer Kunst schwingt die Energie des Augenblicks, weil der Künstler im Augenblick lebte, während er sie schuf. Wer das nicht erkennt, erkennt überhaupt nichts. Deshalb ist Kunst auch für unsere Welt so wichtig. Sie hält die Welt buchstäblich zusammen, weil sie einen Keil in alle Interpretationen der Wirklichkeit treibt.«

Diese konzentrierte Aussage über die Natur der Wirklichkeit und des Augenblicks kam wieder einmal mit solcher Kraft und Entschiedenheit, daß ich völlig sprachlos war. Während Sabazius sprach, schien in ihm die Energie zu glühen, von der er sprach, und als er schwieg, schien er in dieser Energie zu verschwinden wie ein Vogel in einer Wolke. Still wie die Bäume saßen wir da. Nur ein feiner Windhauch, wie ein Seufzer über dem Angesicht der Erde. Ohne daß ich über irgend etwas nachzudenken versuchte, strömte der Sinn seiner Worte in einer ganzen Folge wortloser Erkenntnisse in mich ein. Wenn ich in der Erinnerung an den Augenblick lebte, wurde ich nur immer unwirklicher. Die Erfahrung des Selbst, die ich und viele meiner Zeitgenossen suchten, war in Wirklichkeit die Erfahrung des Augenblicks, in der alle Vorstellungen und Ideen über das Selbst untergingen. Eine Idee über das Selbst mochte noch so schön oder wohldurchdacht sein, sie verewigte doch nur den Mythos, daß es ein Selbst zu entdecken oder zu finden gab. Die Suche nach dem Selbst und die Frage nach seiner Bedeutung war das, woran alles scheiterte. Könnten wir nur aufhören zu suchen und in den Augenblick eintreten, dann könnten wir die Natur unserer Natur erkennen, weil wir sie dann *sind.*

»Gehen wir?« fragte Sabazius.

Ich lächelte und sagte: »Ja.«
Später am Nachmittag – ich stand mit Sabazius an der Themse und schaute auf den Fluß hinaus – fand in meinem Bewußtsein eine Art Explosion statt. Ohne daß ich danach gesucht hätte, wurde mir plötzlich klar, was »erkennen« tatsächlich bedeutet. Es gibt zwei Ebenen des Erkennens. Auf der ersten Ebene, der uns am besten bekannten, ist Erkennen ein »Akt des Verstandes«, während es auf der zweiten ein »Akt des Sehens« ist.
Ein Akt des Verstandes *läßt die Dinge wirklich erscheinen*, fügt die Dinge säuberlich zusammen und gibt ihnen so den Anschein von Substanz; ein Akt des Sehens dagegen *läßt das Wirkliche als solches erscheinen*. Das stimmte genau mit Sabazius' Aussage überein: Wenn wir sehen, befinden wir uns *im* Augenblick und erfahren seine Bedeutung; wenn wir mit dem Verstand zu erfassen versuchen, haben wir nichts als die Bedeutung, die wir um den Augenblick herum konstruieren. Deswegen bekam ich auch so oft »eins auf die Finger«, denn selbst wenn ich mich an die Einzelheiten früherer Erfahrungen und Gespräche genau erinnerte, waren alle Aussagen darüber zwangsläufig dummes Zeug. Die Leblosigkeit solcher Aussagen, mochten sie noch so zutreffend sein, ließen genau erkennen, wo ich in jedem Augenblick stand. Ein Mann wie Sabazius, der jeden Augenblick in seiner ganzen Fülle und Bedeutung lebte, ließ sich nicht hinters Licht führen.
Sabazius lachte und zwinkerte mir zu, als ich ihm davon berichtete. »Der Mensch benutzt sein Erinnerungsvermögen völlig unkontrolliert, und zwar für alles«, sagte er und lehnte sich an die Sandsteinmauer. »Er sieht nicht, was das fehlende Element seines Verstehens ist, nämlich das Zuhören. Der Mensch hört überhaupt nicht zu, er hört einfach. Zuhören impliziert hören, aber hören impliziert durchaus nicht zuhören. Wer dem zuhört, was er ist, gewinnt dadurch echtes Wissen gemäß dem, was er ist; wenn er aber nur hört, was er ist, kann er das immer nur von anderen hören. Zuhören bedeutet für diesen Menschen, daß sich das, was er ist, als exaktes Wissen seinem Denkvermögen mitteilt; hört er aber bloß etwas über sich, dann erzeugt das Denkvermögen selbst das Wissen, ein ganz anderes Wissen natürlich. Er fügt nur Denkakt zu Denkakt, und das kann endlos so weitergehen, denn es gibt keinen Denkakt, der die Natur des Selbst erfaßt.
Wissen, das allein vom Denkvermögen erzeugt wird, ist deshalb bloßes *Hörensagen* und hat keinerlei Grundlage in der Wirklichkeit. Wenn man einen anderen Menschen nur sprechen *hört*, tappt man

automatisch in die Falle des Re-agierens, eine andere Möglichkeit gibt es nicht. Hört man aber zu, dann entsteht die Möglichkeit der *Kommunikation*. In wirklicher Kommunikation ist für die meisten Gespräche kein Platz, denn Gespräche bestehen normalerweise aus nichts als Re-aktion. Sie sind vollgestopft mit Erinnerung. Im Zuhören gibt es kein Erinnern. Wer zuhört, wird nichts als die unmittelbare Erfahrung des Augenblicks in Worten mitteilen. Da der Augenblick alle Bedeutung enthält, gibt es für den Zuhörenden nichts zu erinnern – aber viel zu entdecken. Das Entdecken gehört zur Erfahrung des Augenblicks. Wenn du zuhörst, entdeckst du alles mögliche, an dir selbst, am anderen und in der Welt. Im Zuhören ist man empfänglich für die feinsten Spuren der Wirklichkeit, während man im bloßen Hören viel zu sehr damit beschäftigt ist, in seinem Gedächtnis nach klugen Antworten zu kramen.«
»Die Natur des Menschen ist die Natur des Entdeckens«, sagte ich, mit seinen Worten spielend, »denn die Natur des Menschen ist die Natur des Augenblicks.«
Sabazius sah sich verstohlen um. »Paß bloß auf, daß dich keiner hört«, sagte er mit gespieltem Ernst. »Man könnte dich für einen Philosophen halten.«
Wir lachten so laut, daß ein paar Leute sich umdrehten. Dann gingen wir Richtung Westminster Bridge weiter. Vor dem Panorama bedeutender Gebäude zog sich etwas in meiner Magengrube schmerzhaft zusammen. Die Turmbauten des Verstandes. Korridore und Zimmer und Vorzimmer des Verstandes. Überall Verstand, der für alles gute Gründe wußte. Ein Grund zum Leben, ein Grund zum Lieben, ein Grund zum Kämpfen, ein Grund zum Lügen und sogar ein Grund zum Sterben. Vernunft gegen Unvernunft, und beide aus derselben Verstandestätigkeit geboren. Demokratie – eine Idee, ein Wort, das weder die Bedeutung noch die Bedürfnisse des Menschen erfassen kann. Sie einzureißen ebenso sinnlos wie sie aufzubauen. Unmöglich, sich intellektuell oder physisch von ihr loszusagen, solange die Sinne noch in ihrer Frequenz schwingen. Verwirrung. Verwirrung ist der geheime Name aller Verstandesstrukturen. Je mehr eine Struktur vom Verstand geformt ist, desto katastrophaler wirken sich die Mängel dieses Verstandes aus. Das gilt für alles, was auf Verstandestätigkeit allein gebaut ist, denn es liegt in der Natur des Verstandes, den Denkenden von sich selbst, von anderen und von der Welt abzuschneiden. Und die Zukunft in aller Munde. An die Zukunft knüpft der Mensch die Hoffnung, daß all seine Verstandesstrukturen plötzlich in ein Utopia münden werden, in genau das Utopia, an das zu

glauben er niemals zugeben würde. Aber was ist dieses Utopia, das sie da »im Hinterkopf« haben? Ist es nicht eine blasse Ahnung, daß der Mensch eines Tages aufhören wird, mit sich selbst im Konflikt zu stehen? Daß Harmonie wunderbarerweise an die Stelle des Krieges und Begreifen an die Stelle des Unwissens treten wird? Diese heimliche Hoffnung hat der Mensch für sich selbst und seine Kinder, aber diese Hoffnung behält er lieber für sich und schaut zu, wie seine gedanken-volle Welt in einen weiteren Zyklus des Mißverstehens, der Konfrontation und Verwirrung stürzt. Vielleicht findet sich das ja eines Tages alles irgendwie von selbst. Vielleicht stoßen die Psychologen und Politiker, die religiösen und gesellschaftlichen Führungsgestalten eines Tages auf die richtige Formel, zeichnen den endgültigen Aufriß des menschlichen Verhaltens und setzen die Bewegung zu wirklicher Vernunft in Gang. Kann natürlich auch sein, daß alles immer schlimmer wird, daß alles unter den Schlägen eines wildgewordenen Rationalismus in Stücke geht und die Menschheit sich eigenhändig ins Neandertal zurückversetzt.
Wäre es nicht einfacher und viel besser, wenn jeder einzelne sich aus eigener Kraft dazu aufraffte, erwachsen zu werden, sich seine verhunzte Natur ehrlich vor Augen zu halten und dann seine andere Dimension zuzulassen? Ist Ehrlichkeit zuviel verlangt? Offenbar ja, denn wirkliche Ehrlichkeit ist nur dem möglich, der aus dem Wachtraum aufgewacht ist, der in die Erfahrung des lebendigen Augenblicks eingetreten ist und sein ganzes Sein von dessen Energie erneuern läßt. Das wird dazu erforderlich sein, aber es ist auch genau das, was die rationale Welt so kategorisch ablehnt.

25. *Wer Herz hat, geht nicht in die Falle*

In der Tiefe des Schlafs ein Widerschein bewußter Sensibilität. Anfangs wußte ich nicht, ob es das Eintreten in einen Traum oder das beginnende Erwachen war, aber innerhalb weniger Sekunden klärte sich diese Frage. Ich rief mich selbst. In Kehle und Herz begann ein neuer Rhythmus der Erfahrung zu pulsieren, und der Gehirngenerator rastete hörbar in eine andere Gangart ein. Augenblicklich fühlte ich mich vom Körper weggezogen und in die Schaltkreise des Bewußtseins versetzt, wo die eigentliche Arbeit eines Fühlenden

stattfindet. Binnen weniger Minuten tobte eine innere Schlacht, bis es mir gelang, von meiner Ego-Panik loszulassen und mich der Empfindung eines neuen Wissens, das mir nahegebracht wurde, zu ergeben. Als diese Erfahrung des Erkennens sich ihrem Ende näherte, erschienen große Löcher in meiner Seins-Gestalt, und aus diesen Löchern wehte ein machtvoller, brausender Wind.
Schlaf.
Sabazius hielt seine Kaffeetasse in beiden Händen und trank schlürfend. Ab und zu nickte er und lächelte kaum merklich in sich hinein, wenn irgendein Teil meines Berichts seine Vermutung darüber, wo ich gewesen war, bestätigte. Als die Beschreibung meiner Nachtarbeit fertig war, fragte er, was für einen Reim ich mir auf all das machte.
»Ich komme mir vor wie ein Teil von einer Kraft, die an sich selbst arbeitet«, sagte ich. »Es ist fast so, als würde ich mich für einen neuen Anzug umschneidern.«
»Das ist eine gute Beschreibung«, nickte Sabazius. Und dann sagte er: »Aber irgendwas ist dir noch rätselhaft.«
»Ich verstehe nicht, was ich eben gesagt habe, das ist das Rätsel. Ich spüre, was es bedeutet, aber es wird mir nicht klar.«
»Das liegt nur daran, daß du das Rätsel personalisiert hast. Streich das Persönliche daraus, betrachte es nicht mehr als dich persönlich, sondern die ganze Menschheit betreffend, dann wird es bald klarwerden.«
Ich versuchte es, stieß aber völlig ins Leere. Irgend etwas war grundsätzlich falsch an der Art und Weise, wie ich meine Erfahrung zu depersonalisieren versuchte. Und dann bemerkte ich plötzlich, sozusagen aus dem intellektuellen Augenwinkel, was für einen Fehler ich machte. Wenn ich versuchte, meine Erfahrung von mir persönlich abzulösen und als Erfahrung aller Menschen zu betrachten, dann stellte ich mir die Menschheit wiederum als *ein* Wesen vor, unvorstellbar groß, aber ein *Individuum.* Meine Depersonalisierung war also in Wirklichkeit eine Über-Personalisierung. Ich beschrieb Sabazius mein Problem.
»Genau, mach da weiter«, sagte er.
»Mit der Über-Personalisierung?«
»Ja.«
Er starrte mich mit einem bohrenden Blick an, als könnte er so in meinen Kopf treiben, was er schon sah. »Ich lande dann wohl bei einer Art Über-Bild vom Menschen als einem kollektiven Individuum«, sagte ich und wiederholte damit praktisch, was ich schon geäußert hatte.

»Ein Über-Was?« fragte Sabazius.
»Ein Über-Bild.«
»Wovon?«
Ich lachte nervös.
»Vom Menschen.«
»Wo landest du also?«
Da begriff ich plötzlich, worauf er hinauswollte. »Beim Übermenschen«, sagte ich verblüfft.
»Und genau aus diesem Grund wird der Mensch niemals die Kraft verstehen, die ihn zu verfeinern versucht«, sagte Sabazius und schmunzelte, weil ich ihm so bereitwillig ins Messer lief. »Er rutscht immer wieder in seine Übermensch-Phantasie ab und stellt sich ein einziges großes Wesen vor, dem alle Macht und alles Wissen innewohnt. Das ist der dunkle Punkt, der ihn die Macht suchen läßt. Es ist auch der dunkle Punkt, der ihn zu einem Machtmenschen werden läßt, wenn er Wissen über sich selbst erlangt hat, dann aber wieder auf seinen Intellekt zurückgreift. Ob er nun aber Wissen hat oder nicht, spielt hier kaum eine Rolle, denn alle Menschen suchen Wissen bewußt oder unbewußt als *Macht*, während Fühlende das Wissen als *Freiheit* suchen. Die Natur der Macht ist Verhaftung – deshalb ist die Welt in einem so verheerenden Zustand. Wer Macht sucht, hat dafür nur einen einzigen Grund: sie auszuüben und seine Launen auszuleben. Wissen als Freiheit ist dagegen nichts anderes als Liebe in Aktion; dieses Wissen durchschaut die Natur der Macht mit einem Blick. Wenige Menschen wissen, daß Liebe die vollkommene Macht ist, daß man in der Liebe keine Schritte mehr zu unternehmen braucht, sondern sich frei bewegen kann. Liebe interessiert sich überhaupt nicht für die Lokalisierung der Macht, weder im Einzelnen noch in einer projizierten Gottheit namens Übermensch; ihr einziges Ziel ist es, durch klare Kommunikation Barrieren einzureißen. Klarheit ist das entscheidende Merkmal echten Wissens, echter Liebe, echter Freiheit und echter Macht. Übermenschen sind immer Phantome und immer unklar. Was sie von anderen verlangen, ist stets in dunkle, geheimnisvolle Worte gekleidet und folgt einer unergründlichen Logik, die ihre Opfer nur in ein Gespinst von Verwirrung und Konflikt hineinzieht. Wissen als Macht – gleichgültig, welche Absicht damit verbunden ist – führt immer zu einer Übermensch-Vorstellung. Das kann gar nicht anders sein, denn Macht-Wissen steht immer unter der Herrschaft eines Identitäts-Komplexes, der sich das Selbst nur als einzigartig und einzeln vorstellen kann. Selbst der projizierte Über-Gott des Menschen sitzt in diesem Käfig gefangen.

Er ist der *eine* wahre Gott, und kein anderer ist wie Er. Wissen als Freiheit hat jedoch mit dieser Vorstellung nichts zu schaffen, denn hier regiert der Identitäts-Komplex nicht mehr: es gibt keine persönlichen und eigennützigen Absichten mehr, keine persönlich gefärbten Vorstellungen von den Dingen, die die Saat des Übermenschen enthalten.
Um das ganz zu verstehen, muß man sich irgendwann einmal klarmachen, daß das ungeheuer weite Territorium des Bewußtseins nicht persönlich ist, also nicht zu irgendeinem Individuum gehört. Bewußtsein ist nicht im Menschen, sondern der Mensch ist im Bewußtsein als Form enthalten. Bewußtsein ist die Matrix des Seins, Sein ist die Matrix der Form, Form ist die Matrix der Wahrnehmung, und Wahrnehmung ist die Matrix der Identität. Um mit seiner Identität und ihrem Traum der Über-Individualität ins Reine zu kommen, muß der Mensch sich zuerst seiner Wahrnehmung annehmen, und das kann er wirkungsvoll nur dann, wenn er die Leere der Form durch einen Akt des Sehens im Augenblick erkennt. Erst dann erfährt er sein Sein als die letzte Grenze der Form und kann von der Fülle des *Bewußtseins an sich* aufgenommen werden. Solch ein Mensch sieht sich nicht länger als ein Selbst und kann deshalb nicht mehr von Gewinn und Verlust beeinflußt werden. Deine Panik, als du dich in die Fülle des Bewußtseins hineingezogen fühltest, war, wie du selbst recht gut weißt, die Angst vor der völligen Zersplitterung deiner Identität oder Rest-Identität in ihre noch unerkannten Bestandteile. Aber indem die Identität nach allen Seiten zu fliehen versuchte, zersplitterte sie sich selbst. An dieser Stelle ist wichtig, was wir über die Befehlszentrale schon gesagt haben. Die Befehlszentrale ist in einem sich entwickelnden Menschen die Fähigkeit, das Bewußtsein und seinen Seinsgehalt ohne Einmischung des Ego wahrzunehmen. Diese *Nur-Wahrnehmung* haftet an nichts und besitzt nichts als ihren inneren Zusammenhalt. Menschen, die von der Natur des Bewußtseins überhaupt nichts wissen, unterliegen in ihrer Wahrnehmung dem Diktat des Ego, und das ist *anhaftende Wahrnehmung*. Ein Akt des *Sehens* ist Nur-Wahrnehmung, ein Akt der *Interpretation* des Gesehenen ist anhaftende Wahrnehmung. Kann ein Mensch das, was er ist, durch das Fühlen zutagetreten lassen, dann tritt seine anhaftende Wahrnehmung den Rückzug an, bis er schließlich wird, was er ist – Bewußtsein an sich. Das rationale Bewußtsein kann dieses An-sich weder verstehen noch kann es ihm näherkommen, denn aufgrund seiner Natur muß es das An-sich bei jedem Schritt personalisieren, damit ihm sein Traum vom Übermenschen erhalten bleibt.«

»Dann sind Bewußtsein und Augenblick ein und dasselbe, und das An-sich ist ein Akt des Sehens ohne Absicht.«

»Jetzt hast du es«, nickte Sabazius. »Der Augenblick wird als bedeutungs-voll erlebt, denn er ist die Bedeutung des Seins, die die selbsterrichteten Bewußtseinsschranken durchbricht. Wer lediglich *des* Augenblicks bewußt ist, der ist in Wirklichkeit unbewußt, er lebt im Wachtraum; wer aber *im* Augenblick bewußt ist, der ist Bewußtsein an sich. Was ein Mensch sein Bewußtsein nennt, ist tatsächlich unbewußt, nur ein selbstinszenierter Traum, und was er sein Unbewußtes nennt, ist tatsächlich voll bewußt, denn es ist das An-sich, das die wahre Natur der Form kommentarlos betrachtet. Das Bewußtsein besteht aus Ebenen oder Schichten des Denkens, die durch ständiges Erinnerungs-Wiedererkennen in Bewegung gehalten werden, während das Unbewußte aus Wissen besteht, einem Wissen, aus dem Gedanken aufsteigen, die mit der Wirklichkeit übereinstimmen. Wenn ein Mensch also zulassen kann, was er ist, dann wird das Denken durch ein direktes Wissen verdrängt. Ein Erkenntnisakt findet statt, ein Akt des Willens, und der Mensch beginnt die Natur seiner eigenen Natur fühlend zu erfahren. An dieser Stelle beginnt auch sein Traumbild von sich selbst aufzubrechen, und da seine Idee von sich selbst als einem Selbst – seine Identität – der Kern dieses Traumbilds ist, schwankt er eine ganze Zeitlang zwischen Panik und Stille, zwischen Furcht vor Identitätsverlust und Erkennen des Bewußtseins an sich. Je mehr wahre Freiheit er jedoch durch sein Erkennen des An-sich erlangt, desto mehr legt sich seine Panik, und wenn sie ganz überstanden ist, erkennt er, daß seine Natur Bewußtsein ist, und läßt den Wachtraum hinter sich. Im Augenblick des Todes bricht dieser Mensch endgültig aus dem Wachtraum hervor und reitet den Wind.«

»Ist das derselbe Wind, der in meinem Traum durch die Löcher in meinem Sein sauste?«

»Und immer noch willst du alles serviert bekommen«, versetzte er scharf. »Mit dem Kopf weißt du inzwischen, daß es derselbe Wind ist, und ich soll deinen intellektuellen Verdacht bestätigen. Gut, nehmen wir an, ich sage, es ist derselbe Wind. Was hast du dann?« Bevor ich antworten konnte, tat er es selbst: »Du hast Zustimmung anstatt Bestätigung. Du wärst nur ein Anhängsel von mir. Schon an der Art deiner Frage habe ich gemerkt, daß du nicht mehr zuhörst, sondern nur noch hörst. Und hätte ich dir geantwortet, dann würde ich nicht mehr sprechen, sondern bloß noch reden. Wenn du glaubst, was einer sagt, der nur redet, dann stimmst du ihm zu und wirst ein

Anhängsel von ihm. Jemand, der *sprechen* kann, darf so etwas niemals zulassen; er verlangt bedingungslos, daß Bestätigung nur aus dem kommt, was man ist, nicht aus dem, was man zu sein glaubt. Wenn du zum Beispiel einfach glaubst, was ich sage, dann bist du ein ausgemachter Trottel. Was ich dir zu bieten habe, geht aus dem hervor, was ich bin; es ist an dir, das zu überprüfen, indem du auf das lauschst, was du selbst bist. Wenn du dem, was ich bin, nicht zustimmen kannst, weil es nicht mit dem übereinstimmt, was du zu sein *meinst*, dann hast du dich mit Logik stranguliert; und wenn du dem, was ich bin, zustimmst, weil es mit dem übereinstimmt, was du zu sein *meinst*, hast du dich ebenfalls mit Logik stranguliert. Logik sollte zum Ausdruck bringen, was ein Mensch *ist*, nicht was er zu sein *meint*. Wer *im* Augenblick lebendig ist, wer Herz hat, geht nicht in diese Falle. Aber das hat natürlich auch wieder einen Haken, denn viele Menschen glauben, daß sie *auf* ihr Herz hören, während sie tatsächlich nur die Diktate ihrer Emotionen hören. Diese diktatorischen inneren Zwänge entspringen ihrem Mögen und Nichtmögen. Das rationale Bewußtsein ist nur ein Emotionen-Verstärker.

Kein Wunder also, daß die Leute derart in die Klemme geraten, wenn sie sich bei der Kommunikation allein auf die Logik verlassen – oder zu verlassen glauben. Die Logik der alltäglichen Kommunikation ist mit Emotionalität durchsetzt, weil bei solcher Kommunikation immer ein Interesse im Hintergrund steht. Dieses Interesse formt die Logik des Redenden, gibt ihr Richtung, Struktur und Farbe. Die sogenannte logische oder objektive Kommunikation, die der Mensch als Antwort auf seine Konflikt-Probleme herumzeigt, ist also in Wirklichkeit der Nährboden dieser Probleme, denn die Inhalte dieser Art von Kommunikation werden angetrieben von der Energie emotionaler Erpressung. Die Welt ist ein einziges Gewoge von Konflikten, weil der Virus der Emotionalität durch diese Kommunikation ständig neu übertragen wird. Diese unter dem Deckmantel der Logik versteckte Emotionalität hat das echte Fühlen fast ganz verdrängt.

Aber das heißt natürlich nicht, daß alle Menschen, die nur reden, keines echten Gefühls fähig sind. Manchmal öffnet sich plötzlich die Barriere der emotionalen Erpressung und läßt das Fühlen zu. Aber dieses echte Fühlen überlebt bei einem Menschen, der es gewohnt ist zu reden anstatt zu sprechen, meist nur wenige Sekunden, weil es einen ungeheuren Aufwand erfordern würde, dieses Gefühl auszudehnen, und weil es zudem sein Leben in den Grundfesten erschüttert und völlig in Frage stellt. Wenn du in die Welt zurückgehst und in die Begegnung mit Menschen, wie sie nun mal sind, wirst du bald merken, was ich meine. Sie haben Schirme um sich herum aufgebaut, damit ihr Ideen-Selbst weiterleben kann. Aber hin und wieder läßt ihre Wachsamkeit nach, sie werden vom Wind erfaßt und durchdrungen und wachen für einen Moment auf. Leider sind sie im nächsten Augenblick wieder fest eingeschlafen und bestreiten energisch, jemals aufgewacht zu sein. Sie machen dann aus der Wahrheit des Erwachens einen interessanten Gesprächsgegenstand, laden ihn mit emotionaler Erpressung auf, und eh du dich's versiehst, beherrscht Bitterkeit das Bild. Deshalb muß ein Fühlender seine ›Klienten‹ mit größter Sorgfalt aussuchen. Wenn sie nicht genügend Gesicht haben, würde er seine Zeit, seine Mühe und sein Wissen nur nutzlos an sie vergeuden.

Gewöhnlich zu sein, ist ja so langweilig. Alle Menschen haben es satt, gewöhnlich zu sein. Deshalb erfinden sie außergewöhnliche Eigenschaften für sich selbst und entwickeln sich im Handumdrehen und ohne es zu bemerken zu außergewöhnlichen Langweilern. Sie verbringen ihr ganzes Leben damit, solche Eigenschaften zu verfeinern. Sie behängen sich mit Gesichtsausdrücken, Gebärden und schlagfertigen Antworten für alle Gelegenheiten. Befragst du jemanden über einen Anderen und analysierst dann die Antwort, dann wirst du fast immer feststellen, daß du informiert worden bist, wie interessant oder langweilig dieser andere ist. Jeder hat jeden anderen auf einer Skala von Persönlichkeitsprojektionen festgenagelt. Das ist der ganze Gehalt des Spiels, das gewöhnliche Menschen miteinander spielen. Sie erfinden für sich selbst Eigenschaften und wetteifern dann mit den erfundenen Eigenschaften anderer. Sind sie gut in diesem Spiel, dann nennt man sie interessant, sind sie schlecht, dann gelten sie als langweilig. Dieses Spiel hat viele Ebenen, verläuft aber auf allen Ebenen nach denselben Regeln.

Der Zweck des Spiels besteht natürlich darin, die Zeit auszufüllen. Zeit ist der ausgemachte Feind des gewöhnlichen Menschen. Zeit ist das langweiligste von allen Dingen, die der Mensch sich erschaffen hat. Andererseits hat er seine Welt so angelegt, daß die Zeit möglichst wirkungsvoll ausgefüllt wird. Wenn nämlich nichts Interessantes oder Ablenkendes zur Hand ist, dann ist sofort die langweilige Zeit zur Stelle. Zeit ist der heimliche Grund für das Aktivitätschaos in unserer Welt. Die Angst vor der Langeweile zwingt den Menschen darüber hinaus auch noch, andere interessant zu machen. Wenn ein interessant-gewöhnlicher Mensch einen langweilig-gewöhnlichen Menschen trifft, bemüht er sich sofort, den Langweiligen interessant zu machen. Langweilige Menschen darf man nicht langweilig bleiben lassen, denn sonst drängt sich die Zeit mit ihrer zähen Schwere dazwischen, und der interessante Mensch entpuppt sich trotz all seiner interessanten Eigenschaften als ebenso langweilig. Anders gesagt, seine eigene Interessantheit wird ihm langweilig, weil sie ihren Sinn verliert. Das ist der Punkt, wo das Recken und Gähnen anfängt, denn wenn die langweilige Zeit sich einmal durchgesetzt hat, hilft nur noch die Flucht in den Schlaf.

Kommen wir aber auf die Tatsache zurück, daß alle Menschen fähig sind, winzige Momente des wahren Bewußtseins zu erleben. Natürlich machen solche Augenblicke das Spiel nur noch komplizierter. Was passiert? Jemand erinnert sich bei einem interessanten Gespräch an einen Moment wahrer Bewußtheit und würgt diesen Moment sofort als Beschreibung wieder hoch. Dieses Widergekäute steht meist nur am Rande oder ganz außerhalb des Gesprächszusammenhangs und wird dazu benutzt, irgendeine Scheintheorie oder Lieblingsidee zu untermauern. Vor allem in religiösen Diskussionen wimmelt es von Argumenten dieser Art. Man muß sich ganz klarmachen, daß ein Mensch, der sich an solch einen Augenblick erinnert, im Moment des Erinnerns wachträumt. So etwas bleibt in jeder noch so intensiven Diskussion bloßes Wortgeklingel und häuft nur Konfusion auf Konfusion. Der Zweck aller interessanten Konversation besteht darin, interessant zu sein oder interessant zu erscheinen, und deswegen verdeckt die Energie des Spiels die Energie des Augenblicks – aber selbst wenn man das zum Thema macht, ändert sich nichts. Gespräche, in denen die Energie des Augenblicks durchbrechen kann, fegen den ganzen Müll interessanter Eigenschaften weg und machen *Durchdringung* möglich. Sie werden zu einem Akt der Kommunikation im Gegensatz zu bloßer Konversation. Solche Augenblicke werden stets von Menschen ausgelöst, die sich mehr oder weniger deutlich der Natur ihrer Natur bewußt sind. Wir können deshalb unterscheiden zwischen ›gewöhnlichen Menschen‹ und ›natürlichen Menschen‹. Natürliche Menschen hören zu und sprechen, gewöhnliche Menschen hören und reden. Natürliche Menschen sind empfänglich für das, was *ist*, und daher jederzeit bereit, ihre wahre Natur zu zeigen; gewöhnliche Menschen sind ständig damit beschäftigt, ihre selbstgemachte Natur darzustellen und zu verteidigen. Das Leben eines solchen Menschen muß im allgemeinen erst einmal gründlich ins *Auge* gehen, bevor er das *sehen* kann – und dann ist noch nicht sicher, ob er wirklich hinsieht. Und der Hintergrund für all das ist der Unterschied zwischen Zustimmung und Bestätigung. Wirklich erwachte Menschen glauben nichts; sie durchdringen einfach alles, bis nichts mehr da ist.«

Ich saß da und starrte auf den Boden meiner leeren Tasse. Wie seltsam, dachte ich, daß wir die verschlüsselten Botschaften, die wir uns ständig zuschicken, nicht verstehen können. Wir sprechen von kaltblütigem Mord, schaffen es aber nicht, die Verbindung zu kaltblütigem Gerede und kaltblütigem Denken herzustellen. Im Namen der Objektivität beraubten wir uns fortwährend selbst der Fähigkeit zuzuhören und als fühlende, lebendige Kraft in die feinen, Verbindungen knüpfenden Ströme der Sprache einzutauchen. Akzeptabel sind für uns nur Dinge, die zusammenpassen oder passend gemacht werden. Und die Teile dieses gewaltigen Puzzlespiels werden immer kleiner, immer schwieriger wird es, sie zu sehen, zu berühren, mit ihnen umzugehen. Wir nähern uns dem Punkt, an dem wir überhaupt keinen Kontakt mehr zur Sprache haben, und im gleichen Maß verlieren wir den Kontakt zu uns selbst und anderen. Die verbindende Kraft der Sprache erstickt unter der Last der Fakten, die sie zu tragen hat, und sie wird mehr und mehr zu einer Liste von Gegenständen mit Wertangaben. Die natürliche Energie, das Medium des Menschseins, gefriert zu »objektiver Sprache«, und wir selbst erstarren darin. Die meisten von uns sind schon wandelnde Kühlschränke und einige sogar Tiefkühltruhen. Nach außen hin mögen wir noch frisch und appetitlich wirken, aber die Zellstruktur unseres inneren Seins befindet sich in rapider Auflösung. Vielleicht interessieren wir uns deshalb so sehr für die Zeugung – oder zumindest für den Akt selbst. Er ist die letzte noch verbliebene Möglichkeit, unsere Wesensnatur – Bewußtsein an sich – zu *kommunizieren*. Dementsprechend ist die Hoffnung, die wir in unsere Kinder setzen, im Grunde nicht die Hoffnung auf den physischen Fortbestand unseres Lebens, sondern wir erwarten von ihnen, daß sie stellvertretend für uns selbst zu vollem Bewußtsein erwachen. Die Unsterblichkeit, die wir suchen, ist in Wahrheit die Unsterblichkeit des Augenblicks, die zeitlose Erfahrung des Erwachens aus dem Wachtraum. Ganz tief in uns wissen wir das, denn immer wieder mal taut unsere gefrorene Sprache so weit auf, daß sie selbst-verständlich wird. Leider dauert es nur Sekunden, bis unser wortloses Erkennen wieder in objektive Wortsequenzen verpackt und ins Tiefkühlfach des Gedächtnisses geschoben wird. Und da wir keine innere Wärme haben, nichts, was diese Erinnerungen wieder zu wirklichem Erleben auftauen könnte, werden solche Augenblicke immer seltener, bis sie schließlich ganz aufhören. Wenn es so weit ist, kann man die Lage der Menschheit nicht mehr so beschreiben, daß Blinde von Blinden geführt werden. Wenn es so weit ist, dann werden die Lebenden von den Toten

geführt. Im harten Licht des Tages mögen solche Gedanken den Toten wie den Lebenden als »unnötige Dramatisierung« erscheinen, aber in Augenblicken der Stille, wenn das Spiel verebbt, wenn der Gehirncomputer plötzlich allein dasteht, regen sich andere Gedanken.
Sabazius wartete ab, bis ich meine Gedanken zu Ende gedacht hatte, und rundete dann seine Argumentation ab. »Was den Menschen vom Menschen trennt«, sagte er plötzlich, »ist das Denken. Er ist so sehr damit beschäftigt, über seine Gedanken nachzudenken und sich mit ihnen zu identifizieren, daß er nie dazu kommt, in das Bewußtsein an sich einzudringen. Er vermag nichts weiter, als seine eigenen Gedanken und die Gedanken anderer zu *verstehen* – die Dimension des *Begreifens* fehlt. Gelingt es ihm aber doch, für einen Sekundenbruchteil in das Bewußtsein an sich einzudringen und das immer wieder zu tun, dann entdeckt er allmählich, daß er einen ganz neuen Zugang zu seinen eigenen Gedanken und den Gedanken anderer finden kann. Er findet Gedanken sogar als Bilder in sich selbst wieder. Anfangs, immer noch schlaftrunken vom Wachtraum, erkennt er nicht, was da geschieht, und schenkt den Bildern keine Beachtung, aber dann beginnen die Augenblicke wirklicher Bewußtheit zu wachsen, und er wächst mit, wächst in sich selbst hinein und sieht immer deutlicher, was Wissen als *Erfahrung* ist. Deshalb muß er lernen zuzuhören, denn ohne Zuhören findet niemand einen Zugang zur ›Kunst des Sprechens‹.
Wirkliches Zuhören ist aber nur einem leeren Bewußtsein möglich, einem Bewußtsein, in dem alle Gedanken über die Dinge verstummt sind, und der Weg dorthin ist lang. Wer ihn gehen will, muß sich klarmachen, daß das Alltagsbewußtsein aus *Gedanken über Dinge* besteht, während Bewußtsein an sich *Erkennen als Akt* ist. Bewußtsein an sich ist erst möglich, wenn das Alltagsbewußtsein verstummt, und das ist in dem Augenblick der Fall, wo die Gedanken aufhören. Menschen, die davon nichts wissen, reden oft von der Möglichkeit, Gedanken ohne das Medium der Sprache zu ›senden‹ oder zu ›empfangen‹, so als ließen sich Bewußtseinsinhalte irgendwie über die Kluft zwischen zwei Menschen hinüberfunken. Das ist natürlich Unsinn. Schon durch die Sprache, mit der sie darüber reden, hindern sie sich daran zu verstehen. Das Bewußtsein als Sprach-Gebilde ist zu solch einer Kommunikation nicht in der Lage; dazu muß es erst einmal als Sprache und daher als Denken zum Stehen kommen. Das individuelle Bewußtsein kann weder Bewußtseinsinhalte senden noch sie empfangen – denn es ist selbst sein Inhalt. Deshalb kommt es zunächst darauf an, die Idee oder Emotion der Individualität zu durchbrechen, der praktisch alle Menschen verfallen sind; sie halten

sich für einzigartig und von allem anderen getrennt – und sind es auch, aber nur durch diesen Glauben. Das ist der Punkt, an dem das Fühlen seine Bedeutung gewinnt. Ein Mensch, der das Bewußtsein an sich nicht *fühlen* kann, hat keinen Zugang zum Bewußtsein eines anderen, ja nicht einmal zu seinem eigenen. In einem unbedachten Augenblick rutscht er vielleicht einmal hinein und erlebt einen Blitz des Erkennens, aber im nächsten rasten seine Bewußtseinsprogramme wieder ein, und er schläft wie zuvor.
Jedes Einzelbewußtsein existiert im vieldimensionalen rahmenlosen Rahmen des Bewußtseins an sich. Wenn nun ein Mensch sein Einzelbewußtsein zum Schweigen gebracht und sich selbst als Bewußtsein an sich erfahren hat, gewinnt er Zugang zu den Gedanken anderer. Daran ist gar nichts Wunderbares, es ist ganz natürlich. Gewöhnliche Menschen, die den Unterschied zwischen Bewußtsein an sich und Einzelbewußtsein nicht sehen, suchen automatisch nach einem Übertragungsmedium, nach einer mentalen Energieverbindung zwischen Einzelbewußtsein und Einzelbewußtsein, aber es gibt keine. Trotzdem suchen sie in ihrer Ratlosigkeit immer weiter nach ›Sendern‹ und ›Empfängern‹, weil sie einfach nicht sehen können, daß Bewußtsein an sich und Einzelbewußtsein nicht dasselbe sind. Sie würden es nicht einmal sehen, wenn sie es schwarz auf weiß besäßen, denn so etwas kann man zwar durch Nur-Wahrnehmung begreifen, aber nicht durch anhaftende Wahrnehmung verstehen. Das Einzelbewußtsein ist ein Kreislauf von Ereignissen. Es dreht sich stets um sich selbst, fällt stets auf sich selbst zurück, kommt stets in sich selbst zum Stillstand. Das Prinzip dieser unentrinnbaren Spiegelung des Einzelbewußtseins in sich selbst heißt Logik. Deshalb muß der Mensch seine Geschichte werden, muß er alles, was er ist, zusammennehmen und von einem Ende zum anderen durchdringen. Er muß sein eigenes Bewußtsein lesen und dieses Buch dann zuklappen.

26. Die Höhle des blauen Mondlichts

Sabazius verlangte mir in den nächsten Wochen ein geradezu beängstigendes Arbeitspensum ab. Ich hatte kaum noch eine Minute für mich selbst. Als ich ihn nach dem Grund dafür fragte, sagte er, ich müsse meine inneren Systeme in die nötige Sprungbereitschaft verset-

zen, um eine neue Stufe erreichen zu können. Das war das Gesetz: Man arbeitete hart und erreichte eine bestimmte Dichte des Seins, dann arbeitete man noch härter und erreichte wieder eine neue. Also arbeitete ich. Anfangs war ich so in diese Arbeit versunken, daß ich das leichte Zittern in meinen Fingern gar nicht beachtete, aber als es sich auf immer mehr Körperteile übertrug und mich sogar hin und wieder aus dem Schlaf weckte, begann ich mich doch zu fragen, ob ich mich vielleicht überanstrengte.
Zweifel.
Sabazius war natürlich wieder einmal unterwegs und unerreichbar, so daß ich für mein Tun und Lassen allein verantwortlich war. Sollte ich mein Übungsprogramm kürzen, abändern oder ganz unterbrechen? Stundenlang erwog ich diese Möglichkeiten. Danach war ich nur noch unsicherer. In meiner Ratlosigkeit arbeitete ich genauso weiter wie zuvor, unternahm jedoch am Abend lange »therapeutische« Spaziergänge. Bei einem dieser Spaziergänge stieß ich auf die Frage, die ich brauchte, eine Frage, die sich sofort in eine zweite verwandelte und dann in eine Antwort. Weshalb mache ich mir solche Sorgen über meinen zuckenden Körper? Macht es etwas, wenn er zuckt? Ich blieb stehen und stellte mir diese Fragen immer wieder, bis sie ganz eingedrungen waren. Und dann kam auch schon die Antwort. Nein, es macht nichts, wenn ich zucke. Ich hatte nur *gedacht*, es macht etwas. Deshalb ging ich auch spät abends spazieren: Ich wollte nicht, daß man das Zucken sah. So einfach diese Antwort auch war, sie erlaubte mir, mein Verhaltensmuster zu durchbrechen und von jetzt an ganz unbeschwert zu zucken. Und so ging und zuckte ich am Tag, zuckte fröhlich am Abend und zuckte mich schließlich in den Schlaf, ohne mich weiter darum zu kümmern. Als Sabazius zurückkehrte, war meine »Behinderung« bis auf ein leichtes Zucken am linken Auge zurückgegangen.
»Ist irgendwas Interessantes passiert?« fragte Sabazius.
Ich erzählte ihm von dem Zucken.
»Ist das alles?«
»Nein, es gibt noch was. Als ich vor ein paar Tagen schlafen ging und die Augen zumachte, schien in mir ein Licht anzugehen.«
»Beschreib das Licht.«
»Es ist silbrig-weiß.«
»Kannst du Näheres darüber sagen?«
»Ich habe den Eindruck, daß es lebendig ist«, sagte ich, »und daß ich in einer Art riesigen Höhle sitze. Die Höhle selbst besteht aus diesem Licht.«

»Wie fühlt es sich an?«
»Weich und silbern.«
»Wie lange bleibt das Licht?«
»Nur ein paar Minuten.«
»Und was passiert dann?«
»Ich weiß nicht. Danach weiß ich nur noch, wie ich am Morgen die Augen aufmache.«
Es hatte mich völlig überrascht, als es geschah. Der Tag war wie üblich verlaufen, ich war mit meinem täglichen Übungsprogramm fertig, hatte ein wenig gelesen, eine leichte Mahlzeit zu mir genommen, einen Spaziergang gemacht, und war gegen zehn Uhr ins Bett gegangen. Aber als ich die Augen schloß, war alles anders als sonst. Die Dunkelheit war von fast leuchtender Intensität, und dann verwandelte sich diese leuchtende Dunkelheit in die Höhle des Lichts. Überall silbernes Licht. Funkelndes Mondlicht ohne Mond.
»Wie fühlst du dich morgens beim Aufwachen?« fragte Sabazius.
»Ruhig.«
»Wie ruhig?«
»So ruhig wie nur möglich.«
»Träume?«
»Nur einer – und der fühlte sich nicht wie ein Traum an.«
»Was ist darin passiert?«
»Ich sah drei Leute nah beieinander stehen. Der Mann in der Mitte hatte den Oberkörper entblößt und stand mit dem Rücken zu mir. Als er sich umdrehte, hatte er drei Augen. Das in der Mitte hatte eine Art Kapuze und war halb geschlossen.«
»Hat dieser Mann etwas zu dir gesagt?«
»Nein.«
»Hast du etwas zu ihm gesagt?«
Ich schüttelte den Kopf. »Es gab nichts zu sagen. Die Tatsache, daß er da war, schien alles zu sagen.«
»Und was sagte sie?«
Ich lachte auf und schaute zur Decke hoch. »Ich weiß nicht. Und doch weiß ich es irgendwo.«
»Wonach suchst du da oben?«
Zögernd sagte ich: »Auf deine Frage hin ist mein Kopf ganz von selbst nach hinten gegangen.«
»Sieh mal an«, sagte er. Dann sah er mich scharf an und fügte hinzu: »Die Aktion deines Körpers *war* die Antwort auf meine Frage.«
»Wie denn das?«
»Das spielt jetzt keine Rolle.«

Ich wußte, daß es keinen Sinn hatte, das Thema weiter zu verfolgen, und schlug vor, essen zu gehen. Der Vorschlag schien ihm zu gefallen, und wir gingen in ein kleines indisches Restaurant ganz in der Nähe. Während wir auf unser Essen warteten, ließ Sabazius mich noch einmal die Höhle des Lichts beschreiben. Er hörte aufmerksam zu und sagte dann, dieser zweite Bericht enthalte mehr Details als der erste. Ich erklärte ihm, ich habe das Bild der Höhle hier im Halbdunkel des Restaurants viel deutlicher vor Augen. Er schloß die Augen und wir saßen einige Minuten ganz still; dann sagte er mit immer noch geschlossenen Augen: »Feucht-kühles Licht von oben. Lautloses Licht erfüllt die Höhle deines Herzens.« Er öffnete die Augen und sah mich an. »Was wirst du jetzt tun, nachdem du die Höhle gefunden hast?«
»In ihr bleiben?«
»Das sieht dir ähnlich«, schnaubte er. »Du arbeitest monatelang daran, die Höhle zu finden, und was tust du, wenn du sie gefunden hast? Du rollst dich ein und schläfst.«
»Was soll man denn in ihr tun?« fragte ich.
»Frag den Dreiäugigen, der wird es dir sagen.«
Wir aßen schweigend.
Als wir das Restaurant verließen, sagte er, ich solle wieder in meine Wohnung gehen und weiterarbeiten. Wenn ich das Gefühl hätte, ich sei fertig, sollte ich sofort ins Bett gehen, und wenn die Höhle des Lichts erschien, sollte ich spüren, was hinter meinem Rücken lag. Dann fügte er noch hinzu: »Was immer du tust, dreh dich nicht um.« Damit versetzte er mir noch einen Klaps auf den Rücken, und weg war er. Als ich meine Haustür aufschloß, bemerkte ich, daß meine Hände wieder zitterten.
Vorbereitung.
Ich zog mich aus, faltete die Sachen sorgfältig und legte sie ordentlich auf einen Haufen. Nach ein paar einfachen Übungen (vorwiegend zur Streckung des Körpers) stellte ich mich aufrecht in die Mitte des Zimmers und brachte meinen Atem unter Kontrolle. Als ich so weit war, daß ich nur noch mit dem Brustkorb atmete, spreizte ich Beine und Arme leicht und fing an, meinen Atem bewußt nach unten zu lenken. Schon nach drei oder vier Minuten strömte der Atem spürbar durch Arme und Beine. Dann kam Stufe zwei. Dazu gehörte, daß ich den Atem (oder was ich als Atem empfand) durch Finger- und Zehenspitzen ausströmen ließ. Aber auch das »Einatmen« durch Zehen und Finger gehörte dazu. Nachdem ich hierin zu einem inneren Rhythmus gefunden hatte, ging ich zur dritten Stufe über, die

darin bestand, durch einen Punkt am Scheitel aus- und einzuatmen. Als ich auch diesen Rhythmus gefunden hatte, blieb nur noch die Dimension der Farbe hinzuzufügen. Hierbei mußte ich den Atem, der durch den Scheitel kam, als golden und den Atem, der durch Zehen und Finger kam, als violett visualisieren. Sabazius bezeichnete diese Art der Atmung als »Wasch-Atem«, der das Herz »poliert«. Wenn alle Teile dieses Prozesses sich zusammenfügten, wurde daraus ein Bad von violetter Energie, die durch den Körper aufstieg und durch den Scheitel ausströmte, und von goldener Energie, die in Kaskaden herabfloß und durch Finger und Zehen austrat.

Nachdem ich so eine halbe Stunde geatmet hatte, zog ich ein dickes Kissen vom Sofa, legte es auf den Boden und setzte mich darauf. Der nächste Teil der Arbeit bestand darin, mich auf eine imaginäre Fadenlinie zu sammeln. Solch ein Faden ist schwer vorzustellen, da man ihn nicht wirklich sieht. Man muß ihn als ein »Gefühl« aufspüren, aber mit der vollen Intensität innerer Schau. Der Faden ist im Grunde kein Etwas, das man finden muß, sondern ist einfach die Reduzierung aller Bewußtseinseinmischungen bis zu dem Punkt, wo man sich wie ein Faden *fühlt*, wie ein unendlich feiner Spalt, der sich auf unvorstellbare Art nach beiden Seiten hin über alle Begriffe von Entfernung oder »Hierheit« hinaus erstreckte. Also suchte ich den Faden, und als ich ihn gefunden hatte, befand ich mich in jener fein ausbalancierten Zone, in der das Bewußtsein ohne jeden Kommentar das Bewußtsein betrachtet. Diese Zone ist mit Worten nicht hinreichend zu beschreiben. Ich kann nur sagen, daß sie sich anhört wie ein krachender Blitz und von einer leuchtenden Festigkeit ist. Meine erste Begegnung mit dieser Zone hatte mich zur Oberfläche schießen lassen wie eine Blase, die sich vom Grund eines Tümpels löst. Je öfter ich mich ihr jedoch näherte, desto deutlicher erkannte ich, was sie war; und was sie war, gewann schließlich die Oberhand über das, was ich zu sein glaubte.

Sammlung.

Noch sechs tiefe Atemzüge, bei denen ich die Hände zusammenlegte und Stirn, Lippen und Herz mit den Fingerspitzen berührte. Dieses kleine Ritual war einfach eine symbolische Bekräftigung meiner Entschlossenheit. Dann stand ich auf, legte das Kissen an seinen Platz zurück und ging zu Bett. Kaum hatte ich das Licht gelöscht, als eine Flut visionärer Bilder losbrach. Blumen mit Zeichen vermischt. Neonblitze zahlenartiger Symbole, sprühend vor unbegreiflichem Sinn. Ein Feuerwerk, vor dem das Bewußtsein in tiefes Schweigen versank. Dann plötzlich die Höhle des Lichts. Feuchtes Mondlicht, kühl wie Mitternachtsfrost. Stille ohne die Bedeutung von »Stille«. In der Höhle des Lichts vergeht keine Zeit und nichts bewegt sich. Das feuchte Mondlicht strömt nicht herab, es ist fixiert, ohne fest zu sein, feucht ohne Nässe, kühl ohne Kälte. Es ist Helle und Kühle und Stille und Erkennen nahtlos verbunden. Es *ist*. Die einzig mögliche Andeutung ist die einer riesenhaften Haube des Lichts, in der man sitzt, ohne zu sitzen. Wer könnte wirklich sagen, was diese Haube ist oder nicht ist? Mit Sicherheit kann man nur sagen, daß sie nicht aus Verstand besteht. Keine klappernde Denkmaschine könnte hier existieren oder auch nur den Weg hierhin finden. Und doch weiß etwas von diesem Ort, etwas, das nicht Verstand ist, das sich ohne Bewegung bewegt, das denkt, ohne zu denken. Wie Sabazius sagte, kann dieses »Etwas« den *anderen* Raum erfassen, den Raum, den man mit den Möglichkeiten der Sprache als hinter einem liegend beschreiben müßte. Ein sich vortastender Fühler des Schauens und dann sofort ein ruckartiges Zurückziehen. Furcht? Nein, nicht Furcht – Angst. Ein Angstwissen von dem, was der Verstand selbst in seinen besten Momenten nicht erreichen kann. Mein Atemrhythmus veränderte sich, und langsam stieg ich zu meiner eigenen Oberfläche auf und öffnete die Augen. Die gewohnte Dunkelheit des Zimmers. Um mich die warmen Decken, und vom Fenster her ein kühler Windhauch. Materie sammelt sich knirschend wieder in ihren Atomen. Dann Schlaf.

Sabazius erschien um halb neun. Er saß am Küchenfenster und sah mir beim Frühstücken zu. Ohne ihn anzusehen, sagte ich: »Ich habe alles gemacht, wie du gesagt hast.«

»Und?«

»Es war fast zuviel.«

»Du wirkst auf mich ganz gesund und munter.«

Ich stand auf und stellte mein Geschirr ins Waschbecken. »Ich habe das Gefühl, daß ich an dieser Stelle eine Weile steckenbleiben werde.«

»Das geht den meisten Menschen so.«

Wir sahen einander an.

»Mach dir keine Gedanken darum«, sagte Sabazius. »Es dauert so lange, wie es dauert. Länger nicht.«

Um zehn saßen wir im St. James's Park. Der Himmel war fast wolkenlos. Zwanzig bis dreißig Schritte vor uns stand eine junge Mutter mit einem nagelneuen Kinderwagen ganz still da und schaute hinaus auf den Teich. Sie schien wie verzaubert. Etwas rechts von ihr standen zwei fette Enten und schauten in dieselbe Richtung. Ein

Windhauch kam zwischen ihnen hindurch vom Wasser herauf und strich mir über die Wange.
»Wie schön sie ist«, sagte Sabazius plötzlich.
Ich sah ihn erstaunt an. »Ich wußte gar nicht, daß du solche Dinge bemerkst«, sagte ich.
»Ohne Falsch und ohne Bosheit«, setzte er seine Betrachtung fort.
Ich sah die Frau mit ganz neuem Interesse an. Sie stand noch genauso da. »Woher willst du das wissen?« fragte ich.
»Was wissen?«
»Daß sie ohne Falsch und Bosheit ist.«
»Das hab ich nicht gesagt.«
»Ich hab es aber gehört. Sogar gesehen.«
Er schüttelte den Kopf. »Ich meinte damit den Raum. Der Raum ist ohne Falsch und Bosheit, nicht die Frau. Wenn Menschen lernen könnten, so miteinander zu sprechen, als schauten sie auf einen See mit blauem Himmel darüber, dann könnte ihr Sprechen wirklich Sinn haben. Aber natürlich sind ihnen die Donnerwetter des Verstandes lieber.«
Die Frau drehte sich um und kam mit ihrem Kinderwagen auf uns zu. Als sie vorbeiging, sah ich tiefe Furchen auf ihrer eben noch glatten Stirn. Sie schaute nicht zu uns hin, aber ich wußte, daß sie uns aus dem Augenwinkel beobachtete. Mißtrauen. Verdacht. Ich sah ihr nach, bis sie aus dem Gesichtsfeld verschwand.
Wir saßen fast zwei Stunden lang still da. Ich vergaß völlig, daß Sabazius bei mir war. Ich sah nur die Welt und ihre Schönheit. Die Schönheit der Bäume. Die Schönheit des Grases, des Wassers, des Himmels und der leichten Brise, die mich streichelte. Was war diese Schönheit? Sie konnte die Aufmerksamkeit eines Menschen fesseln, ihn anhalten und ganz still werden lassen. Wenn er sich von dieser Schönheit einhüllen ließ, kamen all seine Konflikte zur Ruhe. Für Sekunden lebte er in einem anderen Raum, einem Raum ohne Ehrgeiz und Intrige. In solchen Augenblicken regte sich eine wehmütige Sehnsucht nach Erkenntnis. Wie oft hatte ich schon gesehen, wie Menschen nach solchen Augenblicken den Kopf schütteln und mit einem Achselzucken in ihre karge innere Welt zurückkehren. Sie wußten zwar, daß sie nicht wußten, fanden aber in sich nicht die Energie, ihrem Nichtwissen nachzugehen – bis sie wußten. Und das ist wirklich die Krux der ganzen Sache. Wenn man immer nur dem nachrennt, was man schon weiß, häuft man nur Kohlen auf bereits brennende Feuer; schaut man sich aber da um, wo man noch nicht weiß, dann entstehen ganz neue Feuer, neue Netze der Sensibilität.

Die Menschen sprechen von ihrem Durst nach Erkenntnis, aber dabei verdursten sie vor vollen Krügen, weil sie sich weigern, ihren wahren Durst zu löschen. Und ihr wahrer Durst will nicht neues Wissen, sondern wahres Wissen. Wahres Wissen enthält das Wesen der Schönheit, aber wer solcher Schönheit nur immer achselzuckend den Rücken kehrt, wird nie den Sinn der ganzen Übung erfassen: selber schön zu werden. Wahres Wissen macht den Menschen schön; neues Wissen läßt ihn nur bis zur Unkenntlichkeit eintrocknen. Sabazius hatte recht gehabt, als er sagte, daß alles aus drei Prinzipien besteht. Als ich so über den Teich schaute, sah ich die drei Prinzipien des Wissens – ganz deutlich: neues Wissen, wahres Wissen und Angstwissen. Neues Wissen bezieht sich auf das Funktionieren der Welt, wahres Wissen auf die Wesensnatur des Menschen und Angstwissen auf das undurchdringliche Dunkel, dem das Licht entspringt. Über dem Horizont des Lichts hängt eine Schwarze Sonne, und aus dieser schwarzen Sonne gehen alle Dinge hervor.

»Alles in Ordnung?« fragte Sabazius.

Als ich ihn ansah, schien er weit weg am Ende eines Tunnels zu sein.

»Du siehst aber seltsam aus«, sagte ich.

»Nicht halb so seltsam wie du«, erwiderte er. »Ich glaube, ich bring dich jetzt besser nach Hause.«

»Ich habe eben ...«

Er legte mir einen Finger auf den Mund. »Das Sprechen über den Raum zerstört den Raum. Laß ihn in Ruhe.«

Am Piccadilly Circus hielt er ein Taxi an und bugsierte mich hinein. Immer wenn ich etwas sagen wollte, brachte er mich mit einem Blick zum Schweigen. Und die ganze Zeit wuchs ein Gefühl, das Gefühl, daß ich mich weniger einem »Etwas« näherte, sondern dieses »Etwas« sich vielmehr mir näherte.

27. *Gut und Böse*

Ich könnte leicht behaupten, ich hätte das seltsame Gefühl schließlich überwunden, aber es entspricht mehr der Wahrheit, wenn ich sage, daß ich ihm auswich. Sabazius blieb die drei Tage, die das Gefühl anhielt, bei mir. Nicht daß ich mich schlecht fühlte oder nicht allein zurechtgekommen wäre – es war nur eine Art düstere Atmosphäre um mich, und manchmal verdichtete sich diese Atmosphäre plötzlich, so daß ich mich nicht mehr bewegen konnte. Solchen Augenblicken ging immer eine Veränderung in meiner Atmung voraus, und dann stellte sich eine Starre des Blicks ein. Einmal sah ich gerade aus dem Schlafzimmerfenster auf einen Baum, als mein Blick erstarrte. Der Baum verwandelte sich in eine ganze Allee von Bäumen, die sich in der Ferne verlor. Dieser »Alleen-Effekt«, der Eindruck eines gläsernen Raums, der sich ohne Vorwarnung plötzlich auftat, verblüffte mich an solchen Erlebnissen am meisten. Den Raum erfüllten wellenartige Bewegungen, und er war so faszinierend, so hypnotisch, daß ich völlig erstarrte. Wenn der Augenblick vorbei war, behielt ich ein Gefühl zurück, als hätte ich irgendwie die Materie selbst durchdrungen; erst später wurde mir klar, daß ich in Wirklichkeit nur irgendeinen winzigen Objektausschnitt ungeheuer vergrößert hatte. Mein Blick heftete sich an irgendeine Facette, etwa einen Zweig oder einen Farbpunkt, und dann nahm der Hintergrund eine atemberaubende Tiefe an. Als ich mit Sabazius darüber sprach, sagte er, diese Art des Sehens sei auf Veränderungen in meinem inneren Rhythmus zurückzuführen. Später würde ich lernen, willentlich von meiner normalen Wahrnehmung auf diese andere umzuschalten, aber für den Moment müsse ich mich mit den Launen dieses Rhythmus abfinden, bis er sich stabilisiert habe. Danach würde ich Menschen dann auf ganz neue Weise betrachten lernen und ihre untrennbare Verflochtenheit in die Natur der Materie erkennen. Feinste Bewegungen des Körpers würden für mich dann »Bände sprechen«. Beiläufig fügte Sabazius hinzu, das Potential der menschlichen Wahrnehmung sei unerschöpflich. In seiner schwächsten Ausprägung könne es die Oberfläche der Dinge genauestens erfassen und in seiner stärksten die Natur der Materie mit einem einzigen Blick durchdringen. Dies sei die Bestimmung des Menschen – wenn er nur aufwachen wollte.

Und dies, so fuhr er fort, ist auch Sinn und Funktion der Kunst. Kunst ist mehr als nur die dekorative Oberfläche der Zivilisation; sie ist der Versuch, durch die Entwicklung der Sinne in die Natur des Universums einzudringen. Ohne die Kunst ist der angebliche Fortschritt des Menschen nichts als ein trudelndes Abstürzen ins Nichts, ein endloses Jonglieren ohne Reim und Rhythmus. Es fehlt die Poesie darin. Eine Zukunft, die nur noch aus Verstand besteht, wird eine rhythmuslose Zukunft sein, eine in Zahlen gefaßte Welt, in der tödliches Schweigen herrscht. Der Verstand ist nicht das Ur-Vermögen des Menschen – das *denkt* er nur.

Durchdringung und nicht Interpretation ist das, worauf es ankommt.

Durch die Entwicklung seiner Fähigkeit zu fühlen kann der Mensch einen Sinnes-Keil bilden und ihn in seine scheinbar konkrete Wirklichkeit treiben. Die Verbundenheit der Dinge weist nicht auf eine Beziehung *zwischen* diesem und jenem hin, sondern darauf, daß dieses jenes *ist*. Kann man dies und jenes als Eins wahrnehmen, dann findet die Wahrnehmung zu einem neuen Rhythmus. Von jetzt an wird nämlich Durchdringung möglich, und zwar tatsächlich und nicht bloß faktisch. Man kann natürlich in solch eine Erfahrung hineinrutschen, ohne zu wissen, wohin man da geraten ist. Solche Erfahrungen werfen eine äußerst wichtige Frage auf, die Frage nach der Natur des Chaos.

Zunächst einmal stimmt die Idee, daß die Welt sich aus Dingen zusammensetzt, nur insofern, als der Mensch sie eben so *betrachtet*. Sieht er aber unverhofft doch einmal, daß sie nicht zusammengesetzt ist, dann interpretiert er diese Erfahrung verständlicherweise als eine Erfahrung des Chaos. Natürlich ist aber dieses Chaos nichts weiter als der vorübergehende Zusammenbruch seiner Ideenkonstruktion von der Welt. Hat er seine Ideenwelt wieder zusammengeflickt, dann fängt er an dummes Zeug zu reden von Übergriffen aus irgendwelchen dunklen Bereichen; diese dunklen Bereiche bestehen nämlich ausschließlich aus seiner »bewußten« Blindheit, aus seinen blankpolierten Ideen über alles. Kaum noch vorstellbar, daß man um diese Blindheit herum auch noch eine »Wissenschaft« aufbaut, die nichts produziert als wissenschaftlich verbrämte Unwissenheit. Aber auch das ist im Grunde verständlich. Wem will man verübeln, daß er sich gegen das Grauen geistiger Zerrüttung zu wappnen versucht? Daß es sich nur um eine eingebildete Bedrohung handelt, weiß ja niemand. Man muß einfach bei Verstand bleiben, um seine Pflichten zu erfüllen, um die wahrgenommene Wirklichkeit in strikter Übereinstimmung mit bestehenden Gesetzen interpretieren zu können, basta! Was diese Verständigkeit zu untergraben scheint, kann daher nur als tiefe Bedrohung erfahren werden, als ein Abgrund, der all die mit viel Schweiß erarbeiteten Errungenschaften der Zivilisation verschlingen wird. Ist etwas mit den bestehenden physikalischen und psychologischen Gesetzen nicht zu erfassen, dann rührt man besser gar nicht erst daran.

Das Problem besteht nun natürlich darin, daß sehr viele Menschen doch von Dingen beeinflußt werden, die es nicht geben kann, weil es sie nicht geben darf. Und obgleich die Zeugnisse dafür in vielen Fällen unabweisbar sind, verweigert sich der Intellekt diesen Dingen täglich aufs Neue. Bestenfalls räumt er ein, daß hier wohl ein

emotionales Bedürfnis vorliegt, das die Gesellschaft noch nicht befriedigen kann. Aber auch das wird sie gewiß irgendwann können. Die Wissenschaft schreitet ja so rasch voran, und sicher wird es gelingen, den Aberglauben, dieses Riesengespenst des Irrationalen, zu besiegen. Daran darf keine Sekunde gezweifelt werden.
Aber warum ist das so? Warum beharren die Menschen auf derlei Unsinn? Sind wir nicht die Straße des Rationalismus weit genug gegangen, daß wir ihn endlich als Gespenst erkennen und zur Ruhe betten können?
Dieses Gespenst erscheint lebendiger als je zuvor, produziert ganze Bibliotheken von metaphysischem Quatsch, um die Mühle des Stumpfsinns in Gang zu halten. Wo kommt das her, und wie kann man es anhalten?
Antwort: Durch das Erkennen zweier zusammengehöriger Tatsachen, nämlich daß das vom Ego konstruierte Weltbild auf der rationalen Ebene wie auf der irrationalen Ebene falsch ist und daß jedes Gedankengebäude, das seine Interpretationen der Welt für wahr hält, falsch sein *muß*. Wirklichkeit ist im Rahmen des »Verstehens« nicht mehr als eine Metapher, gebaut auf unseren Glauben, daß unser Verstehen der Wirklichkeit die Wirklichkeit selbst konstituiert. Der Abgrund ist mit anderen Worten nicht nur der Abgrund des Aberglaubens, sondern Aberglaube und Rationalität sind in ihm gleichermaßen zu Hause. Wenn das nicht rechtzeitig erkannt wird, geht die Zivilisation zugrunde, aber aus ganz anderen Gründen als denen, die heute angenommen werden. Es gibt nur eine Möglichkeit, das aufzuhalten: nämlich zu entdecken, was das *Fühlen* vermag, zu entdecken, daß es möglich ist, einen Keil in die sogenannte Wirklichkeit zu treiben, ohne daß der Verstand in sich zusammenbricht. Wenn das geschieht, werden die beiden Kräfte Aberglaube und Rationalität ein drittes Prinzip hervorbringen, das alles wandelnde Prinzip des *unmittelbaren Begreifens*. Dies bedeutet einen Umsturz zu einer ganz neuen Psychologie des Selbst, und dieser Umsturz muß vollzogen werden, ob es uns paßt oder nicht.
Mein eigenes Experimentieren mit diesem dritten Prinzip hatte mich mit *Angstwissen* konfrontiert. Das Ideen-Selbst stand nun dem An-sich gegenüber, und diese Tatsache gab mir eine Reihe von Fragen auf. Vor allem beschäftigte mich die Einsicht, daß selbst die Befehlszentrale noch nicht ausreichend verfeinert und stabilisiert war, um sich dem zu stellen, was kein Gesicht hat. Mein Versuch, mich einem Zustand anzunähern, der in sich selbst gesichtslos war, in dem keinerlei Reaktion mehr stattfand, war zumindest für den Moment

fehlgeschlagen. Immer wenn ich mich zu diesem verborgenen Bereich hintastete und ihn schließlich berührte, wurde dadurch eine flakkernde Reaktion des Ideen-Selbst ausgelöst. Zugleich wußte ich aber, daß es hier nicht um ein *Entweder/Oder* ging. Das heißt, ich spürte zwar, daß das Ideen-Selbst und das An-sich einander auf merkwürdige Art irgendwie überlappten, aber es war ein Balanceakt von großer Präzision erforderlich, um zu erreichen, daß keiner von beiden Zuständen so etwas wie autonome Existenz beanspruchen konnte. So jedenfalls erschien es mir. Auf niedrigen Ebenen des Seins war das relativ einfach, aber je tiefer ich in die feineren Bereiche eindrang, desto mehr Präzision wurde von mir verlangt. Zuerst suchte ich »Balance«, die Balance zweier entgegengerichteter Kräfte, aber wenn diese Balance schließlich ganz fein geworden war, wuchs plötzlich etwas ganz anderes schattenhaft über den Horizont meines Erkennens herauf. Es war, als versuchte ich einen ganz neuen Seinszustand zu erzeugen, in dem die Zwiespälte der Existenz verstummt, aber nicht ausgelöscht waren.

Sabazius sagte in diesen drei Tagen wenig. Er fing an, sich ziemlich hölzern zu bewegen, wie ein Puppe an unsichtbaren Fäden, und auch seine Sprechweise bekam etwas Ruckartiges. Da ich nur zu gut wußte, daß er mir mit seinem Verhalten immer etwas mitteilte, beobachtete ich ihn aufmerksam aus dem Augenwinkel, und wir spielten unser Spiel, ohne auch nur mit einem Wort zu erwähnen, daß wir wußten, daß wir wußten. Was für ein Erlebnis, in der Nähe eines solchen Mannes zu sein, an dem selbst die Körperbewegungen Kommunikationsmittel waren! Und wie sonderbar, daß ich einfach glauben konnte, daß seine »Mitteilungen« Sinn und Zweck hatten. Vertrauen. Ich vertraute ihm, weil er vertrauenswürdig war. Am Abend des dritten Tages bestätigte Sabazius, daß er in engster Verbindung mit mir und meinen Erfahrungen stand, indem er nach nebenan ging und eine Flasche Wein holte. Von diesem Augenblick an waren seine Bewegungen wieder normal. Ich nahm die Flasche dankbar an, entkorkte sie und schenkte uns ordentlich ein.

»Na, da hast du ja mal wieder jede Entscheidung säuberlich umgangen«, sagte er mit einem gequälten Blick. »Aber vielleicht hast du ja was gelernt.«

»Ich bin mir nicht sicher, was«, erwiderte ich.

»Das macht nichts. Was du gelernt hast, wird wie ein Skalpell an dir arbeiten, bis du es sicher weißt.«

Erst als wir die Flasche halb geleert hatten, wagte ich eine Interpretation meiner Empfindungen. Ich sagte, ich habe etwas erlebt, das emotional sehr schwer zu ertragen sei, und dieses Etwas betreffe den Unterschied zwischen Angstwissen und Bedrohungswissen. Weiter, sagte ich, sei ich noch nicht gekommen.

»Dann bist du auf etwas sehr Wichtiges gestoßen«, sagte Sabazius. »Ohne diese Unterscheidung kommt nämlich selbst ein Fühlender unterwegs zu Fall.« Er trank bedächtig einen Schluck Wein und fuhr dann fort: »Angstwissen ist nicht wirklich beängstigend, aber Bedrohungswissen ist immer bedrohlich. Angstwissen trägt den Menschen über alle Begrifflichkeit hinaus, Bedrohungswissen trägt ihn nur in *absolute* Begrifflichkeit hinein.« Wieder hielt er inne und sah mich durchdringend an. »Angstwissen ist Balance jenseits der Balance, Bedrohungswissen ist lediglich perfekte Balance unter der Herrschaft absoluter Ideen. Entscheidend wichtig ist deshalb die Erkenntnis, daß absolute Ideen – oder besser gesagt, Ideen *über* ein Absolutes – keine Tatsachen sind, sondern bloß Fakten des Bewußtseins. Das sogenannte Absolute ist immer dualistisch angelegt, immer absolut dies oder absolut das und daher immer absolut gut oder absolut böse. Beide Möglichkeiten stellen eine ›Bedrohung‹ dar, die das Bewußtsein fasziniert, und je nach Disposition wird der eine mehr zu dieser und der andere mehr zu jener Idee des Absoluten neigen. Noch einmal: beide existieren nicht *tatsächlich*, sondern nur *faktisch*, das heißt nur im Bewußtsein des Menschen. Es ist nicht zu bestreiten, daß es in der Welt Gut und Böse gibt, aber das heißt nicht, daß sie als absolute Prinzipien an sich tatsächlich existieren, sondern nur, daß sie im Bewußtsein des Menschen als absolute Prinzipien an sich faktisch existieren. Wenn es solche absoluten Prinzipien geben soll, dann müssen sie ja irgendwo sein, und der einzige Ort, der dafür in Frage kommt, ist das menschliche Bewußtsein. Da dieses Bewußtsein aber ganz von seiner emotionalen Verhaftung an Ideen und Empfindungen beherrscht wird, bedeutet das Fasziniertsein von der Drohqualität von Gut und Böse nur weitere Verhaftung und wird schließlich absolute Verhaftung, wenn man Gut und Böse in den Rang des Absoluten erhebt. Das könnte man als die ›letzte Falle‹ bezeichnen.

Das absolut Gute ist nun dummerweise auch nur faktisch, aber nicht tatsächlich, etwas anderes als das absolut Böse; welcher Seite man auch zuneigen mag, in der Falle sitzt man auf jeden Fall, denn die Falle ist das Bewußtsein selbst, ganz abgesehen von seinem Inhalt. Wer an seinem individuellen Bewußtsein haftet, lebt in Ketten. Freiheit ist Freiheit von gut und böse, von positiv und negativ, von allen Ideen *über* Freiheit – kurz, vom Bewußtsein. Das heißt natürlich auch – ganz im Gegensatz zur landläufigen Ansicht –, daß sowohl Gott als auch der Teufel Götter dieser Welt sind, ebensosehr dem Bewußtsein unterworfen, wie das Bewußtsein ihnen unterworfen ist. Solche Götter werden solange wirklich sein, wie das Bewußtsein von ihrer Wirklichkeit träumt. Übrigens existieren solche Götter, man kann sogar ihr Wirken erfahren. Aber sie existieren nur faktisch, also als Traum, und selbst die Ansicht, daß sie nicht existieren, ist nur ein Traum, und zwar ein Traum, der je nach den emotionalen Umständen jederzeit ins Gegenteil umschlagen kann. Das Bewußtsein als bloßer Inhalt traut sich nie recht selbst über den Weg, immer bleibt ein Verdacht, daß die Dinge auch anders sein könnten, als sie zu sein scheinen. Das ist die Natur der Bedrohung, der Abgrund der Ungewißheit, der vor jedem bloß *mentalen* Schritt gähnt.

Was kann der Mensch nun daran ändern? Nichts, solange Veränderung nur eine Idee ist, an der er haftet. Dann läuft er nämlich nur im Kreis herum und merkt nicht, daß das Bewußtsein selbst eine Kreisbahn ist, auf der man unweigerlich immer wieder an den Anfangspunkt zurückkommt. Die Ausrottung des Bösen zugunsten des Guten ist schon deswegen vollkommen unmöglich, weil alle wachträumenden Menschen damit beschäftigt sind, solche Kreise zu schlagen, und weil sich zudem alle auf verschiedenen Punkten ihrer Kreisbahn befinden. Bewußtseinskreise bestehen aus Ereignissen, Ereignisse aus Reaktionen aufgrund von Emotionen, und da Reaktionen nur wieder die Grundlage von Reaktionen sind, wird aus Gut fortwährend Böse und Böse Gut. Nichts ist sicher, alles im Fluß – nicht festzuhalten. Mit Hilfe seiner Logik versucht der Mensch einige dieser Kreise so zu vernetzen, daß sich ein Sinn ergibt; während aber eine Gruppe aus einer bestimmten Auswahl von Kreisen einen Sinn ableitet, tut eine zweite Gruppe das zum Erstaunen der ersten mit einer scheinbar ganz entgegengesetzten Auswahl von Kreisen. Unterdessen versucht jeder einzelne auf seinem Privatkreis weiterzukommen, und natürlich gibt es an den Schnittpunkten ständig Zusammenstöße. So wird es also mal besser und mal schlechter, mal scheint es zu gelingen, mal fehlzuschlagen, und alle Versprechen macht es selbst zunichte. Natürlich gibt es darin auch einen Fortschritt, nämlich ein sich Ansammeln von Wissen über das ›Dies‹ und das ›Jenes‹, aber dieses zirkuläre Wissen ist nur eine Art Verzierung, nur Ablenkung von der Tatsache, daß die Barbarei der Vergangenheit nur durch die Barbarei der Gegenwart ersetzt worden ist und daß die Barbarei der Gegenwart Sekunde für Sekunde in eine künftige und noch schrecklichere Barbarei übergeht.

Mit anderen Worten, der Verstand wird den Menschen nicht aus sich selbst heraus freisetzen, er wird ihn nur sich selbst vorwerfen wie ein Stück Fleisch einem Tiger. Er mag sich in den komplizierten Blechbehältern, die der Verstand ersinnt, noch so weit ins Universum hinausbefördern – die Natur des Universums erkennt er dabei nicht, noch wird er sehen, daß man es auch anders durchqueren kann. Seine subtilsten Versuche, in die Natur des Bewußtseins einzudringen, werden fehlschlagen, weil er versucht, Bewußtsein mit Bewußtsein zu durchdringen; immer bleibt ihm das unbehagliche Gefühl, daß sein ›objektives Wissen‹ nur soviel Substanz hat wie eine Idee, daß es bloßes *Faktum* ist und einfach nicht den Charakter des *Tatsächlichen* gewinnt. Mit solchen zur Wahrheit erklärten Ideen bewaffnet, wird er stolz in die subtile Barbarei der Zukunft marschieren, und alles, was er baut, wird unter der Last seines kenntnisreichen Unwissens zusammenbrechen, bis der Kreis sich endlich schließt, und er sich selbst zu Asche macht. Das ist der eigentliche Grund seiner Wut, seiner Enttäuschung, seiner Verzweiflung, denn tief innerlich weiß er, daß er nicht weiß, weiß er sogar mit seinem Verstand, daß der Verstand nicht imstande ist, das ›Etwas‹ hervorzubringen, nach dem er sucht. Aber er hat natürlich die Möglichkeit, aus seinem Verstand auszusteigen und das emotionale Geratter seiner Ideen kurzzuschließen. Die Kreise und die Kreise in den Kreisen und die sich überschneidenden Kreise müssen nicht unbedingt ein solches Wirrwarr bilden. Sie können sich auch harmonisch zusammenfügen. Aber nur dann, wenn der Rhythmus des Daseins, der Rhythmus des Verstandes, der Rhythmus der Emotion, der ungeheuer komplizierte Tanz der Ideenbildung in Übereinstimmung mit dem tatsächlich Existierenden umstrukturiert wird. Harmonie ist Fortschreiten, nicht Kreiseln. Sie ist eine Spirale und nicht ein Kreis. Sie ist unteilbare Tatsächlichkeit, nicht dualistisches Faktum. Und neben all dem her erstreckt sich ein *Zustand der Ruhe*, in dem man das Ende seiner selbst als einzelnem Wesen erreicht. Es kommt kurz gesagt darauf an, sich in der spiraligen Dimension der Wirklichkeit so weit voranzutasten, bis das An-sich erkannt und die Natur des Selbst wiedererkannt wird. Eine andere Möglichkeit gibt es nicht.«

Wieder einmal schloß er mit diesem Ton der Endgültigkeit, der in mich eindrang wie ein Nagel in Holz. Während seine Worte sich in meinem Bewußtsein nachbildeten, war eine Reihe von Bildern aufgestiegen und bestätigte, daß seine Darstellungsweise tief und weitreichend genug war, um die ganze Skala menschlicher Erfahrung zu erfassen, ohne daß diese Skala menschlicher Erfahrung in ihrer ganzen ermüdenden Breite vorgeführt werden mußte. Er sagte keineswegs, man solle die Logik zugunsten einer Anarchie des Bewußtseins über Bord werfen; er sagte vielmehr, daß Logik ein Zustand mentaler Anarchie *ist*, sobald ihre Basis, das Fühlen, zu bloßer Emotionalität mit dem Decknamen »Überzeugung« verkommen ist. Das Aussteigen aus dem Bewußtsein ist ein Einsteigen in einen Zustand der Ruhe, in dem die Einzigartigkeit und Getrenntheit des Ich samt dem dazugehörigen Kreis der Emotion spurlos verfliegen. Wenn das geschieht, wird man fähig, die wirre Geometrie logischer Konstrukte zu *durchschauen*. Dieses Durchschauen ist nur möglich, wenn das sphärische Auge des Bewußtseins an sich das einzelne Selbst ungehindert betrachten kann. Wenn der Logikschleier des Bewußtseins zerreißt, das heißt, wenn seine dualistische Wahrnehmung von einem Moment reiner Bewußtheit unterbrochen wird, dann schießt die Bedeutung aller Bedeutungen explosionsartig ins Bewußtsein und reorganisiert den biologischen Rhythmus. Bei ausreichender Stärke dieser Unterbrechung werden Gut und Böse von jetzt an als synonyme Ausdrücke erlebt, als schlichte Traumgespinste, die den Traum aller Träume absichern: daß eines der beiden absoluten Prinzipien am Ende triumphieren wird. Um das durchschauen zu können, muß der Mensch in seine eigenen psychischen Schaltkreise eindringen und entdecken, daß er selbst ein logisch konstruierter historischer Mythos ist. Das ist keine einfache Aufgabe, denn als logisch konstruierter Mythos zappelt der Mensch natürlich im Netz seiner eigenen Mythologie, weit entfernt von der Freiheit, der er so verbissen nachjagt. Immer im Kreis herum geht er in seiner Suche nach Vollendung, nach dem höchsten Gut, nach dem letzten Sinn und tappt doch immer nur in die Falle seiner eigenen Dummheit. Das Gute wird nicht über das Böse triumphieren und das Böse nicht über das Gute; sie werden einfach als synonyme Ausdrücke für Unwissenheit weiterbestehen, für die Tatsache, daß der Traum vom künftigen Utopia wirklich nichts als ein Traum ist – ein sehr biegsamer Traum, der irgendwann zurückpeitschen und den Menschen ganz und endgültig blenden kann.

28. *Der Raubvogel und die Treppe*

Dann war es plötzlich Sommer. Blauer, wolkenloser Himmel von Horizont zu Horizont. Bäume, vorher wie zwischen die Häuser geduckt, traten wie grüne Fackeln aus den Schatten hervor. Ich öffnete alle Fenster meiner Wohnung und ließ die warme Luft durch die Zimmer streichen. Sabazius kam kurz nach elf Uhr und wirkte überhitzt und staubig. Wir beschlossen, zwei Stühle in den Garten zu tragen und den Rest des Tages dort zu verbringen. Als wir mit allem Notwendigen beladen die Treppe hinabstiegen, lachte Sabazius und meinte, einen alten Mann könne man nicht so schuften lassen.

Was für ein prachtvoller Tag das wurde! Bis in den späten Nachmittag hinein saßen wir da, unterhielten uns, rauchten und aßen und störten uns nicht am lärmenden Verkehr, der hinter den hohen viktorianischen Häusern dahinbrauste. Sabazius taute in der Sonne sichtlich auf, und ich fragte mich, ob ihm das beinah tropische Klima seiner Heimat nicht fehlte. Als dieser Gedanke sich in meinem Kopf formte, warf er mir plötzlich einen Blick zu, den ich nur als sonderbar beschreiben kann, und begann über meine Übungsarbeit zu sprechen. Wir diskutierten den Ablauf, sprachen über die subtilen Gefühle, die in Wissen übersetzt werden mußten, und darüber, was dann mit diesen Wissen anzufangen sei. Danach entstand ein langes Schweigen, und wir schlossen beide die Augen.

Vom Denken entbunden, beobachtete ich nur noch unbeteiligt die Bilder und Gedanken, die in mir aufstiegen. Völlig unverbundene Bilder und ebenso unzusammenhängende Gedankenschnipsel rückten kurz in den Brennpunkt und traten dann wieder zurück. Der größte Teil dieser Informationen war »abstrakter« Natur, das heißt, sie kleideten sich kaum in Worte und Bedeutungen und ich gewann den Eindruck, daß sie Hinweise von zu niedriger »Frequenz« waren. Es war wie ein Blick in den Schaltkreis des Gedächtnisses, diesen Suppentopf, in dem meine Geschichte ruhelos wallte und wogte. Als ich aber tiefer in mich einsank und mich dem Schlaf näherte, wich der ruhelose Ozean der Information einem friedvolleren Bereich des Bewußtseins, wo Farbkleckse aufstiegen wie halb aufgeblasene Ballons. Immer seltener wurden die störenden Informationsbrocken, und ich schaltete von Schlaf auf bewußten Traum um. Hier entfaltet sich das Traummaterial völlig frei und unbeeinflußt wie in einem normalen Schlaftraum, aber der Träumende ist sich jederzeit bewußt, daß er träumt.

Plötzlich fand ich mich geduckt auf einem schmalen Sims an einem Bergabhang. Direkt vor mir ein lotrechter Absturz von unvorstellbarer Tiefe. Dieses Sims war eigentlich ein Pfad, der sich in einem Winkel von fünfundvierzig Grad in eine von der Sonne ausgedörrte Schlucht hinunterwand. Als ich zur gegenüberliegenden Seite der Schlucht schauen wollte, verschwamm dort alles und blieb unerkennbar. Ich wandte den Kopf und fixierte meinen Blick auf den Pfad, bis das Schwindelgefühl nachließ. Ich kam zu dem Schluß, daß dieser Traum mich nicht sonderlich interessierte, und versuchte ihn zu löschen. Ich schloß die Augen und visualisierte mich daheim im Garten sitzend, aber als ich sie wieder öffnete, war die felsige Szene unverändert da. Nur der Himmel hatte hier etwas Vertrautes. Da nun klar war, daß dieser Traum mich nicht so einfach wieder aussteigen lassen würde, sah ich mir den Pfad nach oben und unten hin genau an und kam zu dem Ergebnis, daß Abstieg mehr meiner augenblicklichen inneren Verfassung entsprach. Ich erhob mich und tastete mich vorsichtig abwärts.

Diese Art zu träumen, beziehungsweise in einen Traum einzutreten, ist nichts, womit man spielen kann. Als Sabazius mir die Methode gezeigt hatte, war er auf zwei Punkte besonders eingegangen: Erstens soll man niemals für längere Zeit irgendwo stehenbleiben, weil das Traumbild auf irgendeiner psychischen Ebene zu einer Vervollständigung hinstrebt und deshalb vom Traumreisenden verlangt, nach besten Kräften an seinem Traum teilzunehmen. Es ist nicht schlimm, wenn man Fehler macht, denn Fehler sind das Brot des Lebens. Zweitens darf man nie vergessen, daß es ein Traum ist. Wenn das geschieht, kann der Traum sich nicht vollenden und wiederholt sich dann endlos. Um zu verhindern, daß man sich selbst in einen Traum »einsperrt«, wie Sabazius es nannte, muß man den Eintritt in den Traum an der Hand eines erfahrenen Träumers lernen. Diese Mahnungen vor Augen, stieg ich vorsichtig den schmalen Pfad hinunter.

Was für eine kahle, atemberaubende Landschaft! Die Schlucht selbst war so tief, daß sie sich unten in unergründlichem Dunkel verlor. Nach wenigen Schritten geschah etwas, das mich flach an die Felswand drückte. Hoch über mir hörte ich einen pfeifenden Schrei, und als ich aufblickte, stürzte ein Schatten aus dem Himmel herunter und wie ein Geschoß an mir vorbei. Wie ein Stromschlag durchzuckte mich etwas. Nur für einen Sekundenbruchteil hatte ich dieses Geschoß tatsächlich gesehen, aber der Eindruck übersetzte sich in mir in das Bild eines großen, mit angelegten Flügeln herabstoßenden Raubvogels. Als ich in die Schlucht hinunterschaute, sah ich gerade noch, wie ein schwarzer Punkt sich aus dem Dunkel löst und in weitem Bogen aufstieg. Von diesem Zwischenfall tief erschüttert, fiel ich für einen lähmenden Moment in den Fehler, diese fremde Gegend für wirklich zu halten. Das Gefühl ging vorbei, und nach einigen tiefen Atemzügen setzte ich meinen Weg fort.

Hinter einer Wegbiegung um einen Felsvorsprung wurde der Pfad ein gutes Stück breiter, um sich später wieder zu verengen. Ich nutzte die

Verbreiterung, um für einen Moment stehenzubleiben und mir den Schweiß abzuwischen. Vor mir stieg der Weg an und verschwand hinter einem zweiten Felsvorsprung. In dem Wissen, daß dieser Traum mich erst wieder loslassen würde, wenn ich ihm bis an sein Ende folgte, gab ich mir einen Ruck und ging weiter. Als ich den Felsen umrundet hatte, wurde meine Aufmerksamkeit von etwas Weißem angezogen, das ich durch verdorrte Büsche schimmern sah. Wie elektrisiert war ich, als ich sah, daß es mit weißer Farbe an die Felswand gemalte Kreuze waren. Hier waren Menschen gewesen, und die Kreuze mußten eine Bedeutung haben. Minuten später erfuhr ich diese Bedeutung. Kurz hinter den Kreuzen, ein wenig nach links hinauf, war der Pfad am Fuß einer Steintreppe zu Ende. Die Stufen waren glatt und ausgetreten und führten nicht einfach weiter den Berg hinauf, sondern in den Berg, in eine Höhle. Wie ein Kind, das einen Geheimpfad entdeckt hat, fing ich an, die Stufen hochzusteigen. Aber es sollte nicht sein. Im gleichen Moment wurde ich von blendender Dunkelheit aufgesaugt und auf der mittleren Bewußtseinsebene abgesetzt. Als ich die Augen aufschlug, sah ich Sabazius' Gesicht, das mich stirnrunzelnd anschaute.

»Wo warst du?« fragte er.

Ich beschrieb ihm meine Reise.

Er hörte zu, ohne mich anzusehen, und sagte dann, ich hätte in der Gestalt des Raubvogels ein sehr machtvolles Zeichen erhalten.

»Und die Treppe?«

Er zuckte mit den Schultern. »Kann alles Mögliche bedeuten«, sagte er. »Wenn ich du wäre, würde ich sie einfach vergessen.«

»Aber das war doch der Höhepunkt des Traums!« protestierte ich und erinnerte mich an meine Empfindung, als ich sie entdeckt hatte. »Ich finde, so ein Bild kann man nicht einfach wegwischen.«

Sabazius rollte die Augen in gespielter Verzweiflung. Dann sagte er: »Die Treppe kümmert sich schon um sich selbst, aber *du* wirst dich um den Raubvogel kümmern müssen.«

Ich wollte noch etwas erwidern, wußte aber, daß es keinen Zweck hatte, und schwieg. Was es mit der Treppe auf sich hatte, würde sich irgendwann zeigen.

Es war halb fünf und immer noch sonnig und warm. Ich ging nach oben, machte etwas zu essen und brachte es auf einem Tablett herunter. Sabazius begutachtete mein Werk interessiert. Er nahm sich ein nett zurechtgemachtes Eiersandwich und biß hinein. »Du hast ein so ordentliches Gehirn«, sagte er. »Sogar deine Sandwiches sind ordentlich.«

»Reicht es nicht?« fragte ich.
Er sah lächelnd auf das Eckchen, das sich noch in seiner Hand befand. »Wo ich herkomme, würde man dir für solche Gastlichkeit die Gurgel durchschneiden.«
»Das hier ist London«, erwiderte ich.
»Allerdings.«
Ich biß selbst ein Häppchen von meinem Sandwich ab und fragte: »Fehlt dir Griechenland?«
»Weshalb fragst du?«
»Weil ich manchmal den Eindruck habe, daß du uns für eine Bande von aufgeblasenen Wichtigtuern hältst.«
»Wer ist wir?«
Ich lächelte. »Alle Nicht-Griechen.«
»Was für eine blöde Bemerkung«, sagte Sabazius. »Nichts als intellektuelle Hohlheit.«
»Ich hab doch nur Spaß gemacht.«
»Nein. Du hast dich geärgert. Du hast dich geärgert, weil ich deine Sandwiches kritisiert habe. Du hast in meinen Worten eine ungerechtfertigte Kritik an die Briten gesehen und wolltest es in meiner Person allen Griechen heimzahlen. Schon deiner Frage, ob Griechenland mir fehlt, habe ich angehört, daß du das eigentlich gar nicht wissen wolltest. Deshalb wollte ich wissen, weshalb du fragst. Dann hast du mit deinen ›aufgeblasenen Wichtigtuern‹ angefangen, und schon ging deine Superschlauheit wieder mit dir durch.«
Mir wurde klar, daß er seinen Finger da auf einer ziemlich empfindlichen Stelle hatte, und fragte: »Was glaubst du denn nun wirklich von uns?«
»Daß ihr eine Bande von aufgeblasenen Wichtigtuern seid.«
Ich lachte laut los.
»Also, wer ist jetzt superschlau? Das hast du ja wirklich sauber hingedreht.«
»Ich habe überhaupt nichts hingedreht«, gab er zurück. »Deine Scharfzüngigkeit besteht aus boshaftem Witz, meine aus der Notwendigkeit, deinen Kopf über Wasser zu halten. Wie humorvoll ist ein Humor, der einen anderen Menschen einfach so zum Spaß herunterputzt?«
Dieser Satz ließ mich betroffen verstummen. War das wirklich so? Bestand die Schärfe meines Humors in Boshaftigkeit? Meine Augen tasteten suchend umher, während ich zu ergründen versuchte, wodurch diese Schärfe entstanden war. Dann wurde mir klar, daß ich in einer Umgebung aufgewachsen war, in der jeder seinen intellek-

tuellen Witz an der Oberfläche anderer blasierter Geister wetzt, und mußte wohl oder übel zugeben, daß er recht hatte. Das war ein Charakterzug, der mir früher zwar einen gewissen Status eingetragen hatte, jetzt aber nur noch signalisierte, daß ich in den Wachtraum zurückfiel.

»Kannst du's sehen?« fragte Sabazius.

»Ja, kann ich.«

Er amüsierte sich über meine todernste Miene. »Es ist gar nicht so einfach, der Idee von sich selbst zu entkommen«, grinste er. »Vor allem dann nicht, wenn man in sie verliebt ist.«

»Ich dachte, das wüßte ich.«

»Du magst es wohl denken, aber das heißt noch nicht, daß du es *weißt*. Selbst wenn du denkst, daß Denken noch nicht Wissen ist, weißt du nicht.«

»Aber es ist unmöglich, nicht über das nachzudenken, was man weiß.«

Sabazius sah für einen Augenblick zur Seite, als hätte ihn jemand von dort angesprochen, und sagte dann: »Das ist ein immer wieder neues Problem. Über eine Sache nachzudenken, ist eigentlich um diese Sache herumdenken, das mußt du dir ganz klarmachen. Erst dann nämlich löst sich der Knoten der Frage, was man denken oder nicht denken soll. Das Denken ist nur der Schatten des Wissens. Es hat zwar Form, aber keine Substanz. Es hat Länge, Breite und Höhe, aber keine Tiefe. Eine Erfahrung des Wissens ist eine Erfahrung der Tiefe. Wenn Wissen blitzartig in das Bewußtsein eines Menschen dringt, dann setzt sein Bewußtsein sozusagen aus. In diesem Augenblick *ist* er Wissen. Und unmittelbar darauf weiß er, daß er Wissen *hat*, das heißt, daß er durch die Erfahrung verändert worden ist. Ein Augenblick des Erkennens reorganisiert auf sehr subtile Weise alles bereits Erkannte. Er *fühlt* natürlich diesen Unterschied. Wenn er fortfährt, sich selbst *als* Wissen zu suchen, dann wächst sein Erkennen des Wissens proportional mit und ebenso seine Fähigkeit, zu vermitteln, was er erkennt; sucht er aber in allem nur die Erkenntnisse, die er bereits gewonnen hat, dann kann er auch mit seinem Moment des Erkennens, in dem er Wissen *ist*, nichts weiter anfangen, als um ihn herumzudenken, und seine Fähigkeit, anderen und sich selbst diese Erfahrung zu vermitteln, stirbt ab. Er sucht nur noch Schatten, kämpft mit ihnen und wird von ihnen überwältigt.«

Ich blieb stumm.

»Fällt dir dazu nichts ein?«

Ich schüttelte den Kopf.

Sabazius sah mich lange an, um meine Gefühle fest zu verankern. Dann fuhr er fort: »Es gibt nur eines, was schlimmer ist als Fragen, auf die du gar keine Antwort willst, nämlich Antworten auf Fragen zu verlangen, die bereits beantwortet sind. In dem Augenblick, wo du etwas nicht mehr verstehst, wovon du weißt, daß du es verstehst, kannst du davon ausgehen, daß du deinem Wissen ausweichst und mit Schatten boxt. Sobald du aber den Versuch aufgibst, lediglich zu erinnern, was du weißt, wird es sich dir ganz von selbst erschließen, und zwar reicher als zuvor – denn was du wahrhaft weißt, ist das, was du *bist*. Wahres Wissen ist also niemals statisch, sondern ein Ausdruck des *immerfort begreifenden Willensakts*. Wenn du dich auf das bloße Erinnern fixierst, beraubst du den Augenblick seiner Energie. Es kann dir anfangs schwerfallen, das, was du sagst, als das zu erkennen, was du weißt; das liegt jedoch nur daran, daß du es auf eine völlig neue Art ausgedrückt hast. Die Wahrheit steht nie still, sie ist immer in Bewegung und enthüllt sich auf unerwartete Weise, und in dieser fortwährenden Expansionsbewegung kann kein Dogma bestehenbleiben. Letztlich ist es also gleichgültig, ob man behält oder vergißt, was man weiß, denn bei beidem handelt es sich um bloße Gedächtnisfunktionen, und Gedächtnis hat nichts mit dem zu tun, was wahres Wissen ist: Entdeckung. Gespräche, die aus dem bloßen Austausch von Gedächtnisinhalten bestehen – Konversation –, sind nur ein energieloses Daherplappern der äußeren Gestalt des Wissens. Daraus entsteht nichts weiter als Verwirrung, Konfrontation und Geringschätzung. Reproduktion von Gedächtnisinhalten ist immer Re-aktion und kann daher jede beliebige Richtung nehmen. Man kann nie wissen, wohin es führen wird. Ein Willensakt ist dagegen Wissen, das sich *ereignet* und daher in jedem Augenblick angemessen und gültig ist. Solch ein Akt erfaßt den gesamten Inhalt des Gedächtnisses und bewirkt dauerhafte positive Veränderungen.

Das Gedächtnis kann deswegen kein Instrument des Wissens sein, weil jemand, der sich erinnert, nur eine vergangene Erfahrung des Wissens aufwärmt und über den gegenwärtigen Augenblick breitet. Solche Erinnerungsbilder können zwei Formen annehmen: sie sind entweder frühere Begegnungen mit wahrem Wissen, die durch oftmaliges Erinnern völlig kraftlos geworden sind, oder sie sind Erinnerung an bloß Gelerntes, das nie Energie besessen hat. Immer wieder passiert derselbe Fehler: man macht eine Erfahrung von wirklichem Wissen, sucht aber dann nicht weitere Erfahrung dieser Art, sondern erinnert sich nur noch daran und sucht dann anderen zu vermitteln, woran man sich erinnert, was man aber im Augenblick des Erinnerns in Wahrheit vergessen hat. Alle großen Glaubenssysteme und Ideologien bestehen aus solchen erinnerten Wahrheiten. Kein Wunder, daß sie keine Energie, kein wirkliches Wissen und keine Richtung haben. Ihre einzige Hoffnung, wieder zum Leben zu erwachen, besteht darin, daß ein Anhänger wider alle Regel aus der Wüste der selbstgemachten und kraftlosen Glaubenssätze herausfindet, den zeitlosen Augenblick erlebt und unerschütterlich für ihn zeugt. Dann können Fühlen und Tatsächlichkeit an die Stelle der Zwillingsschwestern Emotion und Faktizität treten.«

»Und doch ist da eine Lücke, nicht wahr«, sagte ich, weil ich die Lücke in mir selbst spürte. »Es ist nicht einfach ein Überwechseln vom einen aufs andere.«

»Sehr richtig; aber die Lücke oder Kluft, die du meinst, ist in Wirklichkeit eine Überschneidung, die schwierige Übergangsphase zwischen zwei Entwicklungsstufen, in der man manchen Gefahren ausgesetzt ist, wie etwa ein Schmetterling, der gerade aus seinem Larvenstadium hervorgeht, einem Vogel zum Opfer fallen kann. Nichts ist verwundbarer als etwas, das gerade etwas anderes wird. Deshalb braucht man als Mensch eine Befehlszentrale, eine stabile Ich-Struktur, die ständig vor solchen Räubern auf der Hut ist. Nicht daß man sich gegen alle möglichen Formen des Angriffs einigeln soll; nein, man muß lernen, natürliche Abwehrsysteme zu finden. Das Wort ›Tarnung‹ beschreibt besser, was ich meine. Wenn ein Mensch von innen heraus zu strahlen beginnt, muß er dieses Licht mit seinem Leben schützen. Tut er es nicht, dann wird irgendwer es auszulöschen versuchen. Dieser andere versteht gar nicht, was er da tut, er weiß nur, daß ›irgend etwas‹ – das Licht nämlich – ihn irritiert. Man läßt sich nicht gern wecken, wenn man gerade so schön tief schläft. Jedenfalls muß ein Mensch, der sich entwickelt, die Kunst der Verkleidung beherrschen und sich völlig unauffällig unter den anderen Menschen bewegen können, bevor er wagen darf, sich sehr vorsichtig als das zu zeigen, was er ist. Irgendwann geht es nämlich nicht mehr darum, daß jemand *ihn* zerstören könnte, sondern daß das Licht in ihm so hell und stark wird, daß es andere zerstören könnte. In der Überschneidungsphase geht dieses Licht an und aus, so wie der Mensch mal im wahren Bewußtsein ist und mal wieder herausfällt; wenn aber die Sammlung dieses Menschen auf sein Fühlen stetig geworden ist, dann flackert das Licht nicht mehr, und von da an ist er eine wandelnde Bombe. Während der Phase, in der die Sammlung vertieft werden muß, verblassen die Erinnerungen, das Ideen-Selbst des Menschen bildet sich um, schmilzt dahin, bis es schließlich kein

Eigenleben mehr besitzt. Natürlich besteht der Mensch nach wie vor aus Fleisch und Blut und muß so natürlich wie möglich mit der Welt umgehen können; zum Zweck der Kommunikation greift er deshalb auf die früher entwickelte stabile Ich-Struktur zurück.«

An dieser Stelle unterbrach ich Sabazius und fragte ihn nach dem Unterschied zwischen der gewöhnlichen Ich-Struktur und der stabilen Ich-Struktur eines Fühlenden. Wenn das Ideen-Selbst schmilzt, wie kann dann überhaupt noch irgendeine Ich-Struktur bestehenbleiben?

»Das ist nicht schwer zu beantworten«, sagte er. »Aber die Frage hat doch ihre Tücken, also hör gut zu. Das Gedächtnis ist die letzte Hürde in der Entwicklung eines Menschen. Das Licht, das dem undurchdringlichen Dunkel der Tatsächlichkeit entspringt, kann erst seine volle Wirkung entfalten, wenn das verstanden wird. Dieses Licht oder Wissen manifestiert sich in dem Augenblick, wo das Gedächtnis nachläßt, denn das Gedächtnis ist der ›Fensterladen‹ des Bewußtseins. Alle Konflikte entstehen aus den emotionalen Spannungen zwischen den Elementen des Gedächtnisses. Emotionale Spannung, welcher Art auch immer, besteht aus der Phantasiebeziehung zwischen Fakten und Identität. Identität ist wiederum ein Produkt der Wahrnehmung, und Wahrnehmung kann einem unentwickelten Menschen nur Fakten, also unzusammenhängende Wissensbrocken, vermitteln. Da die menschliche Psyche ein plastisches Medium ist, hinterlassen solche Fakten Ein-drücke in ihr, und diese Eindrücke ziehen weitere Faktenbruchstücke an, die wieder neue Eindrücke erzeugen. Je mehr solcher Eindrücke im Medium der Psyche vorhanden sind, desto sicherer wird der Mensch, daß er mit seinem Sehen tatsächlich die Bedeutung des Gesehenen erfaßt, und es endet schließlich damit, daß er sich selbst ganz zu verstehen glaubt und als ›objektives Faktum‹ zwischen alle anderen Fakten einreiht. Deshalb habe ich Emotion und Faktizität als Zwillingsschwestern bezeichnet. Die Energie der Emotionalität wird sozusagen abgezweigt, um das Faktenbewußtsein in Gang zu halten, und das Faktenbewußtsein dient wiederum dazu, das *Ur-Faktum* des anhaftenden Erkennens, nämlich die Identität, abzusichern. Der Mensch nimmt sich selbst als isolierte Einheit, als Faktum, wahr, weil das Gedächtnis mit all seinen Eindrücken sich ihn nicht anders vorstellen kann. Ein Fühlender ist dagegen nicht mehr sklavisch an das Faktum seiner Existenz gebunden und kann sich der stabilen Ich-Struktur einfach bedienen, ohne in den Glauben zurückzufallen, daß es *tatsächlich* wirklich ist. Das ist die Antwort auf deine Frage.

Ich habe eben gesagt, das Gedächtnis mit seinen Eindrücken könne sich den Menschen nur als Faktum vorstellen. Das Wort ›vorstellen‹ ist hier von besonderer Bedeutung, weil es auf die Wechselwirkung zwischen Faktizität und Tatsächlichkeit hindeutet. Sich etwas vorzustellen ist nach landläufiger Anschauung identisch mit denken, aber das ist ein Irrtum, denn Denken ist nur das Geklapper artikulierter Wahrnehmungen, das Inbeziehungsetzen von Fakten, das nie aufhört, weil halt ein Loch im Eimer ist. In Wirklichkeit ist Vorstellen aber keine Tätigkeit, sondern ein Empfangen. Wenn ein Mensch sich in diesem Sinne etwas vorstellt, dann denkt er es sich nicht aus, sondern es wird in ihm geboren. Voraussetzung ist dafür natürlich, daß das Gedächtnis still ist, denn nur dann kann er von einem Körnchen echten Wissens ›geschwängert‹ werden. Läßt er dieses Körnchen wachsen und blühen, dann erwächst daraus irgendwann die Erfahrung, noch einmal geboren zu werden. In diesem zeit- und objektlosen Augenblick tritt Tatsächlichkeit an die Stelle der Faktizität und Fühlen an die Stelle der Emotion. Leider ist nicht zu vermeiden, daß die plastische Oberfläche des Gedächtnisses auch von dieser Erfahrung be-eindruckt wird, und der Mensch greift allzu oft auf die Erinnerung an das Körnchen Wissen zurück anstatt auf das Wissen selbst – aber damit macht er es bald auch zu einem energielosen objektiven Faktum. Die meisten Energiesymbole des Menschen sind auf diese Weise abgestorben. Nur wenn der Mensch sich immer wieder Zugang zu diesem geheimen Ort verschafft, an dem das Bewußtsein als Ganzes aufleuchtet, wird er ihn allmählich begreifen und eher auf ihn als auf seine Objekt-Erinnerungen zurückgreifen. Natürlich tut er meist das Gegenteil, und seine Fähigkeit, wahres Wissen zu empfangen, erlischt. Der Drang, sich weiter zu entwikkeln, erstickt, und die schöpferische Kraft des Menschen erschöpft sich im Versuchen, das nirgendwo hin führt. Was ich damit sagen will, ist dies: Jedem wirklichen Schritt zu wirklichem Wissen liegt zugrunde, daß ein Individuum für einen Moment aufgehört hat, ein Individuum zu sein. Alles übrige ist emotionale Arithmetik. Wer sich mit dieser Arithmetik beschäftigt, kann nicht einmal die Grunddimension seines Seins erfassen und daher auch keine stabile Ich-Struktur aufbauen, die er braucht, um auch nur anfangen zu können.«

»Es sei denn, er findet einen Lehrer.«

Sabazius schüttelte den Kopf und sagte:

»Solche Dinge lassen sich nicht lehren oder lernen; man kann sie nur erfahren.«

»Aber du bist doch mein Lehrer«, wandte ich ein. »Und du selbst hattest auch einen Lehrer.«
»Nein.«
»Also, ich weiß noch genau, wie du gesagt hast, daß du von deinem Lehrer gelernt hast und daß du schließlich dein eigener Lehrer geworden bist und ihn verlassen hast.«
Sabazius lachte und stupste mich mit dem Finger. »Hörst du eigentlich selber, was du sagst? Du hast gerade eine höchst wichtige Erkenntnis ausgesprochen und merkst es nicht einmal. Der Mann, den ich verlassen habe, war nicht mein Lehrer – er war sein eigener Lehrer. Als mir diese Tatsache klarwurde, war ich mein eigener Lehrer.«
»Wie kommen wir dann dazu, in diesem Garten zu sitzen und miteinander zu sprechen. Bist du nicht eben jetzt dabei, mich zu lehren, mein eigener Lehrer zu sein?«
»Nein. Du versuchst dich selbst zu lehren, nur gelingt es dir bislang noch nicht recht. Alle deine Erfahrungen sind aus dir selbst gekommen. In solchen Augenblicken hast du auf das geantwortet, was du bist, du hast die volle Verantwortung für deine Eigenverantwortlichkeit übernommen. Immer wenn du so handelst, öffnen sich deine Augen. Ich kann deine Augen nicht öffnen. Nur du selbst kannst das.«
»Dann ...«
»Ja?«
Ich sprach den Satz nicht zu Ende, denn was ich in dem Augenblick fühlte, ließ sich nicht in Worte übersetzen. Ich wußte nur, daß sich tief in mir etwas sehr Machtvolles regte, etwas unvorstellbar Schönes und Freies.

29. *Erinnern oder erkennen*

Das Rätsel des Lehrens und Lernens löste sich noch am selben Abend. Sabazius lenkte meine Aufmerksamkeit noch einmal auf die Rolle, die das Gedächtnis für den Menschen spielt. In jedem Menschen, so sagte er, gibt es zwei Grundpersönlichkeiten, den Erinnernden und den Erkennenden. Den Erinnernden muß man lehren, der Erkennende lehrt sich selbst. Diesen Unterschied kennen allerdings nur Erkennende, weil er durch Erinnern nicht zu erkennen ist. Das heißt allerdings nicht, daß Erinnernde keine Erkenntnisse haben können, es heißt nur, daß sie die Natur solcher Erkenntnisse nicht erkennen können. Nach landläufiger Anschauung ist Erkennen nichts weiter als ein Schlußfolgern aus Daten, die bereits im Gedächtnis gespeichert sind, aber das ist in Wirklichkeit nur Erinnern, bloßes Jonglieren mit Gedächtnisinhalten. Wirkliches Erkennen ist dagegen ein Willensakt, an dem das Gedächtnis nicht beteiligt ist, eine Begegnung mit der Wirklichkeit ohne jede Einmischung durch vorgefaßte Anschauungen.

Alles Erinnerte ist aus zweiter Hand, das heißt, es gehört nicht zum gegenwärtigen Augenblick. Wer nur von seinen Erinnerungen lebt, schneidet sich selbst von der unmittelbaren Erfahrung der Wirklichkeit ab. Das Erinnern erlaubt uns zwar, die Wirklichkeit aus zweiter Hand endlos zu manipulieren, aber gibt uns nicht die Möglichkeit, sie zu durchdringen, denn das setzt eine Befreiung der Sinne von allen Einmischungen des Gedächtnisses voraus. Beim gewöhnlichen Menschen beherrscht das Gedächtnis die Sinne und interpretiert die Wirklichkeit nach seinen Vorurteilen; beim natürlichen Menschen sind Gedächtnis und Sinne unabhängig voneinander, und nur so können sie ihre Funktionen in der Domäne des Bewußtseins richtig erfüllen.

Wie schnell sich ein Mensch entwickelt, hängt allein davon ab, ob er diese Erkenntnis *als Erfahrung* gewinnt. Eine Erfahrung von Wissen setzt je nach der Dichte dieses Wissens eine gewisse Menge von Energie im Organismus frei, die wiederum auf die Wahrnehmung zurückwirkt und dadurch weitere Durchdringung ermöglicht. Da aber die gesamte zivilisierte Welt sich um die Formung der Sinne durch das Gedächtnis bemüht und Wirklichkeit daher in ihrer unmittelbaren Form hier praktisch nicht mehr existiert, ist dieser Kristallisierungsprozeß des Wissens zum Stillstand gekommen oder zumindest stark verlangsamt. Die Menschen sind vollkommen von ihrer eigenen – intelligenten – Natur abgeschnitten. Sie können, anders gesagt, nicht natürlich sein. Die Psyche des gewöhnlichen Menschen wird von einem Film gesteuert, der »Gedächtnis« heißt, während der natürliche Mensch durch Augenblickserkenntnisse geleitet wird, die er seinem unverstellten Blick verdankt.

Auch der gewöhnliche Mensch sucht nach wirklicher Wirklichkeit, findet dabei aber immer nur Schmerz, Leiden und Kummer, weil er sich eines Instrumentes bedient, das von allem nur dem Leben nachempfundene Duplikate fabrizieren kann. Deshalb besteht die Aufgabe eines natürlichen Menschen nicht darin, die Suchenden mit

Ideen oder Philosophien zu traktieren, sondern er muß Umstände schaffen, in denen sie die Bedeutung des Augenblicks *erfahren* können. Kompliziert wird die Situation dann, wenn Leute, die sich selbst für natürliche Menschen halten, aber in Wahrheit kein wirkliches Wissen von ihrer eigenen Natur besitzen, ihr eingebildetes Wissen in der Form von Lehren weiterzugeben versuchen, die nur wieder auf ein Jonglieren mit Gedächtnisinhalten hinauslaufen. Daraus wird nur das altbekannte Hin-und-Herschieben psychischer Muster, und nur weil irgendwer meint, sie müßten verändert werden. Fühlende Menschen interessieren sich nicht für solche Spiele; ihnen geht es allein um wirkliches Wissen als Erfahrung. Ein Fühlender wird nie sich selbst gratulieren, wenn einer seiner Schüler aufwacht, denn er weiß, daß dieser Schüler sich selbst geweckt hat. Im Grunde lehren Fühlende nichts und niemanden, sie bringen nur sich selbst uneingeschränkt ins Leben ein und vertiefen ihr eigenes Erkennen. Ein Fühlender zu sein, kommt deshalb einer Art *Tanz* gleich, einer Reihe von hieroglyphischen Bewegungen, die die verborgene Natur des Wirklichen sichtbar werden lassen.

Was geschieht nun mit dem Gedächtnis, wenn es von den Sinnen abgekoppelt wird? Es dauerte eine Weile, bis diese Frage sich mir blitzartig erschloß. Wenn das Gedächtnis seinen richtigen Platz im Bewußtsein einnimmt, wird es zu einem Kanal dreidimensionaler Kommunikation. Es besteht jetzt nicht mehr nur aus Reaktionen, aus Identität und Identifizieren, sondern wird zu einem Instrument der Synthese, gelenkt von der Bedeutung des Augenblicks. Mit anderen Worten, der Erinnernde existiert nicht mehr, und der Erkennende führt das Zepter. Es dauert nur im allgemeinen eine ganze Zeit, bis der Erkennende einen festen Stand gewinnt, und diese Zeit ist von einem ständigen Hin und Her zwischen den beiden Zuständen gekennzeichnet, bis der Organismus endlich durch das Medium des Fühlens seine unlösbare Verbundenheit mit allen Dingen erkennt. Das wurde Sabazius nie müde zu betonen. Menschen müssen »ihre Geschichte werden«, ihr Gedächtnis muß »energetisch aufgeladen« werden, bis die imaginäre Kluft zwischen der Identität und dem, was sie identifiziert, keine »objektive« Bedeutung mehr hat. Erst jetzt gewinnt das Bewußtsein an sich die Freiheit, sich außerhalb der engen Grenzen des Verstandes zu manifestieren. Und da jetzt auch eine Befehlszentrale aufgebaut ist, kann das übliche Chaos des zersplitterten Ego, das »Bedrohungs-Wissen«, sich nicht mehr einstellen. Im allgemeinen nehmen die Menschen jedoch lieber »objektive« Standpunkte *neben* dieser Möglichkeit ein; sie streiten die Existenz des

An-sich entweder aus »objektiven« Gründen ab oder schaffen einen ebenso »objektiven« Angstpuffer zwischen sich selbst und dem An-sich, den sie als absolutes Prinzip bezeichnen. Die Gläubigen und die Gottlosen träumen also den gleichen »objektiven« Traum: daß das rationale Bewußtsein tatsächlich bewußt ist.

Sabazius ließ nicht zu, daß ich dieses Wissen in irgendeiner Weise intellektualisierte. Wir gingen nicht in der Form einer glatten Beweisführung darauf zu, sondern eher stockend und zögernd, stets eingedenk der Tatsache, daß nur ein Erkennender dieses Wissen in seiner Tatsächlichkeit aufnehmen kann, ohne es zu Fakten zu verfälschen. Als wir zu der Frage kamen, was mit dem Gedächtnis geschieht, wenn es nicht mehr an die Sinne geheftet ist, wußte ich ohne jeden Zweifel, daß ich in das Geheimnis eingedrungen war. Ich wußte es, weil ich in den Zustand innerer und äußerer Ruhe eingetreten war, den alle Menschen suchen, aber wegen der Art ihres Suchens nicht finden können. Nur durch einen Raum, in dem es kein Ego gibt, kommt man zur Pforte des Erkennens, durch die man in die Matrix des Bewußtseins an sich gelangt. Im günstigsten Fall ist das Gedächtnis wie ein dünner Schleier zwischen uns und der Wirklichkeit, aber meist ist es eine dicke Betonwand, die uns den Ausweg aus der Wüste der Verzweiflung versperrt. Und wir selbst sind im günstigsten Fall bewußt genug, um zumindest intellektuell einräumen zu können, daß unser Gedächtnis mit seinem Ego-Komplex eine Barriere darstellt, aber meist ziehen wir verächtlich über alles her, was auch nur anzudeuten scheint, daß es jenseits des objektiven Wissens noch etwas in sich selbst Bedeutungsvolles geben könnte. Und so stolpern wir in der Welt herum, gratulieren uns zu den Kunstprodukten des Verstandes und unserer physischen und psychischen Abhängigkeit von ihnen – und berauben uns damit der Energie, die uns darüber hinaustragen könnte.

Wir können Energie nur als Mittel zu objektiven Zwecken betrachten und daher nur ausbeuten, aber nie als das erkennen, was sie wirklich ist: die Substanz des Wissens.

Deshalb sprach Sabazius immer wieder über die Bedeutung der Kunst. Wahre Kunst, so sagte er, lebt in der schmalen Überschneidungszone des Wirklichen mit dem, was der Mensch für wirklich hält. Wahre Kunst trägt den Künstler, die Kunst und den Betrachter über die bloße Bewunderung eines Kunstwerks hinaus und eröffnet den Zugang zu einer Art der Wahrnehmung, die sich jedem intellektuellen Verstehen entzieht. Kunst kann man so wenig wie Menschen oder die Wahrheit als »gut« bezeichnen; sie kann nur »wirklich« oder

»unwirklich« sein. Das Gute ist wiederum nur ein Kunstprodukt des rationalen Bewußtseins und hat als solches keinen echten Bezug zur Wirklichkeit, weil eben das rationale Bewußtsein diesen Bezug nicht hat. Das »objektive« Gute gibt es mit anderen Worten schlichtweg nicht. Wer aber den Mut hat, das Wirkliche zu suchen, für den ist es auch erreichbar. Und auch das war ein Punkt, auf den Sabazius immer wieder hinwies: *Moralität* ist im Grunde nichts anderes als das Streben nach *mehr Realität*, nicht nach einem Gutsein gemäß irgendwelcher Normen. Moralität ist demnach die zu bloßer Spielerei mit Gedächtnisinhalten verkümmerte Form unseres ursprünglichen Wirklichkeitsempfindens. Sie ist Wirklichkeit in einer zutiefst entkräfteten Form. Die moralische Verwirrung in der Welt ist eine Folge der Bewußtseinsverwirrung. Wenn der Mensch das Herannahen des Wirklichen spürt, verkleben seine Ideen von der Wirklichkeit zu einer undefinierbaren Masse, und da er von dieser Masse nicht lassen mag, um die Wirklichkeit zu erfahren, endet er bei einer ebenso dümmlichen wie wertlosen Rationalisierung der Masse zu einer weiteren moralischen Aussage. Aus einer Schublade fällt der Boden heraus, aber darunter ist gleich die nächste, die alles auffängt. Es kann also nur darum gehen, in tiefer Ernsthaftigkeit das zu suchen, was außerhalb aller Schubladen liegt. Weil das aber vom Suchenden verlangt, den Raum zwischen den Schubladen aufzusuchen und dieser Raum zu werden, machen wenige je den Versuch oder erkennen auch nur, daß dieser Versuch gemacht werden muß. Und so wogt die Menschheit endlos hierhin und dahin, um einen Blick auf das Wirkliche zu erhaschen, eine Erfahrung, die ihr ein für allemal die Bedeutung des Augenblicks, ja der menschlichen Existenz überhaupt vermittelte – aber durch eben diese Weise des Suchens verriegelt der Mensch die Tür, die er öffnen möchte.

Und wenn es nun doch jemand schafft, macht das einen Unterschied? Vermutlich nicht. Das Wissen, das dem Augenblick angehört, läßt sich nicht in die Begriffe des hergestellten Wissens übersetzen, weil es dabei augenblicklich vom rationalen Bewußtsein zensiert und zu etwas *Zeitlichem* gemacht wird. Das rationale Bewußtsein, das aufgrund seiner Natur immer hinter der Zeit zurück ist, kann sich Wirklichkeit als der Zeit vorausgehend oder ganz außerhalb der Zeit liegend nicht vorstellen. In der Regel sind die am Gedächtnis haftenden Sinne des Menschen zu gründlich konditioniert, als daß so etwas geschehen könnte. Sabazius wiederholte, daß die Sinne, insbesondere der Gesichtssinn, unter der Herrschaft selbstgefertigter Anschauungen stehen. Das Auge ist mit anderen Worten ein Zusatzaggregat des

Verstandes geworden. Dadurch aber gerät der Verstand selbst in eine Zwickmühle, denn er ist sowohl der Zensor als auch das Zensierte. Die Augen sind also keineswegs ein Spiegel der Seele, sondern Spiegel einer angenommenen Identität mit allen zugehörigen Einstellungen und Anschauungen. Deshalb sprechen wir von »lebendigen Augen«, von »toten Augen«, von »leeren Augen«, von »unschuldigen Augen«. Die Augen eines Menschen verraten seinen genauen psychischen Standort in jedem Augenblick. Die vielfältige Persönlichkeit, die aus dem menschlichen Auge herausschaut, ist – für jedermann sichtbar – ein Komplex, ein kompliziertes Gefüge von Spannungen oder bewußten Absichten. Kein Wunder, daß man die Augen bei so vielen Gelegenheiten abwendet oder in irgendeiner Form verdeckt. Wie unbehaglich wird uns doch zumute, wenn wir mal einem *sehenden* Auge begegnen.

Aber das ist noch nicht alles. Sabazius hatte immer gesagt, daß jeder Mensch von vielen Persönlichkeiten beherrscht wird, nicht nur von einer Persönlichkeit, die sich auf verschiedene Weisen äußert. Was er damit meinte, wurde deutlich, als er über die Bildung von Einstellungen sprach. Eine Persönlichkeit besteht aus einer »Kette von Einstellungen«, ebenso wie die Idee der Identität aus einer »Kette von Persönlichkeiten« besteht. Eine zornige Persönlichkeit ist immer zornig, eine friedvolle immer friedvoll. Sie können sich nicht ändern, aber sie können ausgetauscht werden wie Spielkarten. Jeder »Einstellungskomplex«, also jede Persönlichkeit, bildet eine »Bewußtseinsschablone«, die jederzeit ein- oder ausrasten kann, je nachdem, was für Umweltreize mit welchen Gedächtnisinhalten zusammenwirken. Das ganze ist ein rein mechanisches Geschehen. Das rationale Bewußtsein besteht aus vielen Schablonen, die unbemerkt ein- und ausrasten können, weil die Idee der Identität als eine Art Kitt wirkt und die Illusion einer stetigen und sinnvollen Entwicklung vorgaukelt. Persönlichkeit ist also nur eine Kette von Einstellungen, die unter bestimmten Umständen aktualisiert wird. Solange der Mensch sich dem Diktat solcher Einstellungsschablonen beugt, findet er niemals zu einem Zustand der Ruhe, in dem alles Reflektieren aufhört und er diesen Zusammenhang sehen oder erkennen kann.

Um in diesen Zustand der »reflexiven Ruhe« zu gelangen, muß der Mensch Mittel und Wege finden, um Sekunde für Sekunde zu erspüren, was in ihm geschieht; er muß, anders gesagt, den Mut finden, sich die beobachtbare Tatsache einzugestehen, daß er überhaupt keine Willensfreiheit besitzt. Wille ist Begreifen, und für jeden Menschen, der auch nur eine Spur wirklicher Intelligenz besitzt, liegt auf der Hand, daß Begreifen für den Menschen in seiner gegenwärtigen Verfassung unerreichbar ist. Gewiß, er kann die Dinge verstehen, aber dieses Verstehen erlaubt ihm nicht, in die Natur der Dinge, die er versteht, einzudringen. Es ist also nicht damit getan, diese Einstellung gegen jene auszubalancieren, sondern es geht darum, das Selbst von dem gesamten Einstellungsgerüst abzulösen, so daß es kein Ideen-Selbst mehr ist. Läßt man das geschehen, dann kommt das Bewußtsein an sich ins Bild, und das rationale Bewußtsein gibt langsam seine reaktiven oder besser reaktionären Gewohnheiten auf. Nur dann kann es wie sein Inhalt von Erinnerungen ein Medium der Kommunikation werden, und erst jetzt begreift der Mensch sich selbst als Ausdruck des *immerfort begreifenden Willensakts.* Das darf man jedoch nicht mit einer religiösen Erfahrung verwechseln; es ist die Erfahrung, *wirklich zu sein* und nicht bloß *in* der Wirklichkeit zu sein.

Das rationale Bewußtsein ist jedoch außerstande, diesen Experimentalprozeß zu begreifen, geschweige denn, sich auf ihn einzulassen, und simuliert ihn so gut es kann durch religiöses und philosophisches »Nachvollziehen«. Diese »Promenadenmischung« von Weltbild gibt sich zwar logisch, psychologisch, theologisch und wissenschaftlich exakt, hat aber keinen Platz für »schöpferisches Erkennen«. Wohin das führt, sieht man in allen Schattierungen an den Erzeugnissen der akademischen Welt, namentlich aber an gewissen philosophischen Systemen, deren Anhänger, aller natürlichen Energien des Fühlens beraubt, nichts weiter im Sinn haben als eingetrocknete Reflexionen ihrer selbst. In diesem angeblich emotionsfreien Bestreben gerät das Ideen-Selbst in einen permanenten Verzweiflungskrampf, in dem es sich selbst zerfleischt. Und wohin soll die Betrachtung des mechanischen Bewußtseinsgerüsts auch sonst führen? Manch einer entgeht diesem Schicksal, indem er sich in ein emotional aufgeladenes System stürzt und seine Tage im Kampf um etwas, woran er nicht glaubt, hinbringt. Lieber eine bewußte Lüge leben, als wimmernd in den Stacheln bewußter Leblosigkeit zu enden. All das ist aus einem simplen und geradezu lächerlich offensichtlichen Grund zum Scheitern verurteilt: Das rationale Bewußtsein kann kein wirkliches Wesen finden – es kann nur das Ideen-Selbst durch die »Augen« des Ideen-Selbst betrachten. Sabazius legte großes Gewicht auf diesen Punkt, denn hier zeigt sich die Teufelskreisnatur aller Versuche, mit begrenzten Ideenstrukturen etwas zu erreichen, was außerhalb ihrer Reichweite liegt. Der Mensch kann seiner eigenen unausdenklichen Natur nur ansichtig werden, wenn er ihr Pulsieren als Ausdruck des

Willens in sich selbst erfährt. Nur dann kann er zu wissen behaupten, daß das, was er weiß, wirklich ist. Wille ist die Grundlage wirklichen Wissens, und ein Leben außerhalb des Willens ist ein blindes Herumstolpern im Dunkel des selbstgemachten »Lichts«.

Und doch ist dem Menschen ein Wissen von zutiefst praktischer Natur zugänglich, ein inneres Wissen, das all die scheinbar unlösbaren intellektuellen Probleme bereinigen kann, mit denen er sich umgibt. Was er sich so verbissen mit den Mitteln der Logik zu verschaffen sucht, aber weder für sich selbst noch für andere zu *realisieren* vermag, erschließt sich wie von selbst, wenn er sich der Tatsache öffnet, daß er *auf* der Oberfläche der Wirklichkeit schläft. Natürlich ist es schwer, sich dem zu öffnen, denn es setzt ja voraus, daß sein vom Ego gelenktes rationales Bewußtsein ein paar unsichere Schritte in das schöpferische Dunkel des Bewußtseins an sich wagt. Nun fordert aber dieses schöpferische Dunkel eine neue Form des Sehens und einen neuen Grad von Bewußtheit, und davor scheut das Ego zurück wie ein Tier vor dem Feuer. Anschließend beschreibt es jedoch seine eigene chaotische Reaktion als die Natur der Sphäre, in die es da für einen Moment geraten ist. Das ist die Klippe des Interpretierens, an der das menschliche Ego aufläuft und so auf der Zeit-Seite des Bewußtseins festgehalten wird. Das Bewußtsein an sich ist das Feuer, welches Feuer verzehrt, die klare Flamme, in der die Schlacken des objekten Verstandes verbrennen, um einer immer tieferen Schau der Wirklichkeit Platz zu machen. Alle Arten des psychischen Zusammenbruchs bestehen vor allem aus Verwirrung angesichts der sich nähernden Wirklichkeit und sind keineswegs, wie mancher glauben möchte, ein Hinweis darauf, daß Bewußtsein in seiner Tiefe letztlich primitiv und chaotisch ist. Das Bewußtsein an sich ist alles andere als chaotisch, sondern eine Matrix, wie sie organisierter und intelligenter nicht vorstellbar ist. Ist nicht auch das rationale Bewußtsein seiner Tiefe entsprungen? Solange der Mensch das nicht sieht, wird er sich weiter selbst zerfleischen und wieder zusammenflicken – und zwar beides mit demselben Instrument. Daran ist nichts zu deuten. In seiner ganzen Ignoranz und Dummheit ist der Mensch bereit, sich selbst und alle anderen Lebewesen aus lauter Mißtrauen in einem Holocaust des Hasses zu vernichten. Täglich spielt er mit dieser Idee, und irgendwann wird er in seinen verzweigten Gedankengängen einen »guten Grund« finden, es tatsächlich zu tun. Das ist die Bestie im Menschen, der Teil seiner selbstgemachten Natur, der die Kräfte einer unvorstellbaren Zerstörungswut entfesseln kann.

Gute Absichten oder Ideen über das »Gute« reichen nicht aus, um die Bestie zu bändigen. Gute Absichten sind auch nur Phantasien, kraftlose Hoffnungen, die nimmermüde in das Vakuum menschlicher Verzweiflung und Bedürftigkeit hineingeplappert werden. Energie, visionäres Wissen und effektives Agieren anstelle von affektivem Reagieren – das tut jetzt Not. Kein noch so ausdauerndes Reden, Predigen, Argumentieren oder Indoktrinieren wird die Bestie bändigen können. Das kann nur die Gegenwart und das Wirken von Menschen, die tief unter die Oberfläche des Bewußtseins gedrungen sind. Vor diese Herausforderung sieht sich der Mensch auf jeder Ebene des Forschens gestellt. Dreht er ihr den Rücken, dann führt er damit selbst die Katastrophe herbei, die er vermeiden möchte. Es ist also an der Zeit, die Vorstellung aufzugeben, daß andere irgendwie logische Antworten auf unser unlogisches Verhalten finden werden, denn unser unlogisches Verhalten wurzelt ja gerade in unserer totalen Abhängigkeit von der Logik. Die Angst des Menschen vor sich selbst ist eine Erfahrung, und nur die Erfahrung von etwas, das jenseits der Angst liegt, kann ihn aus ihren Klauen befreien. Aber was hat die Macht, die Angst zu tilgen, unbeantwortbare Fragen zu beantworten und das übel zugerichtete, desillusionierte und emotional instabile rationale Bewußtsein zu erlösen? Liebe. Wer von Liebe spricht, wird bald sagen hören, er sei ein wirklichkeitsferner Idealist, er verschließe vor der rauhen Wirklichkeit der menschlichen Natur die Augen. Und doch ist Liebe die Antwort, die Antwort, von der wir wissen, daß wir sie nicht geben können. Die Liebe selbst ist längst weginterpretiert, und geblieben ist uns nur die Ideologie der Toleranz, aus der all der Argwohn erwächst, der uns innerlich zerfrißt. Ist Liebe nicht einfach eins von diesen Idealbildern, die in den Köpfen der Poeten herumspuken, oder die schwächliche Hoffnung spiritueller Freaks, denen aller gesunder Menschenverstand abgeht? Will jemand behaupten, Liebe sei mehr als biologische Anziehung und ästhetisches Empfinden? Wo ist denn diese Liebe, dieses höchste Gut, von dem alle reden, ohne daß es jemand vorzeigen könnte? Solche Argumente führen wir gegen die Tatsächlichkeit der Liebe an, und es sind ja auch sehr treffende Argumente, denn sie bestätigen die entsetzliche Tatsache, daß der rationale Verstand wirklicher Liebe nicht fähig ist, daß er aus sich selbst heraus keine ausreichend starke Kraft entwickeln kann, um mit seinen eigenen Ausgeburten fertigzuwerden. Und doch hat das Ganze eine sehr einfache Lösung, denn Liebe ist keine Absonderung des Süßholzbewußtseins, sondern der *Akt des Standhaltens* angesichts der atemberaubenden, allumfassenden Natur der

Intelligenz. Der Intellekt kann mit Liebe nur als emotionaler Idee etwas anfangen; Intelligenz ist Liebe in Aktion. Die Welt lieben, heißt einfach, die Natur und Bedeutung menschlichen Versagens zu begreifen. Es heißt, alle projizierten Bilder hinter sich zu lassen und die eigene Natur zutiefst zu erfahren. Dann kann die Liebe sich selbst als Weisheit erschließen.

30. Bewußtseinsschablonen

»Du brauchst nichts weiter zu tun, als über diesen Teppich zu gehen«, sagte Sabazius und zeigte auf ihn. Dann wartete er, ohne mich anzusehen. Ohne zu wissen, was das sollte oder was ich sollte, tat ich es einfach. Als ich mich dann nach ihm umdrehte, hatte er sich auf der anderen Seite des Zimmers hingesetzt. »Das hast du fein hingekriegt«, sagte er und lächelte mich an. »Du hast als Idiot angefangen, und es ist dir gelungen, bis zum Schluß ein Idiot zu bleiben. Das ist die Beharrlichkeit, die man braucht, um den Teppich zu meistern.« Er stand auf, ging auf den Teppich zu, sah ihn kurz an und überquerte ihn dann ohne jede Spur von Unschlüssigkeit. Als er mich erreichte, sagte er: »Verstehst du?«

»Ja.«

»Dann mach es nach.«

Sehr behutsam überquerte ich den Teppich ein zweites Mal.

»Was hast du gelernt?« fragte Sabazius.

»Daß ich nicht wie du über den Teppich gehen kann.«

»Wie kommt das?«

»Ich sehe den Teppich als Teppich und mich selbst als Gehenden.«

Er nickte wie zustimmend. »Mach's noch mal.«

Ein drittes Mal ging ich über den Teppich.

»Was hast du diesmal gelernt?«

»Ich fürchte mich vor dem Teppich«, sagte ich. »Ich spüre die Kluft zwischen ihm und mir und kann sie nicht überwinden.«

»Wie kommt das?«

»Ich weiß nicht. Ich weiß, was ich tun könnte, aber ich kann es nicht tun.«

»Wie hast du dich bei dieser Einsicht gefühlt?« »Hilflos.«

»Und?«

»Angst, daß ich den Kniff für die Überbrückung der Kluft nicht mehr weiß.«

»Und weißt du ihn nicht mehr?«

»Sieht so aus.«

»Was glaubst du, woher das kommt?«

»Meine Angst?«

»Sicher; aber was ist die Grundlage deiner Angst?«

»Mein Wissen um die Kluft.«

»Fein«, schloß Sabazius das Verhör. Er setzte sich auf den Rand des Teppichs und winkte mich zu sich herunter. »Wir fangen jetzt noch mal beim Grundsätzlichen an. Es ist ganz normal, daß die Fähigkeit zu *sehen* an diesem Punkt der Entwicklung ein bißchen einrostet. Fühlende bezeichnen das als ›das Gleichgewicht, das das Gleichgewicht stört‹. Das ist ganz einfach, wirklich. Es geschieht nichts weiter, als daß der Sehende trotz seines Sehens anfängt, seine Akte des Sehens zu erinnern, und dieses Erinnern hält ihn davon ab, tatsächlich zu sehen. Das bedeutet eine Reduzierung der Energie, und daraus entstehen kluge Gedanken, und bevor der Sehende weiß, was los ist, weiß er nicht mehr, was los ist. Alle hochkomplizierten mystischen Philosophien entwickeln sich aus diesem Dilemma. Die Kluft erzeugt Angst, und die Angst verlangt, daß die Kluft mit etwas Bedeutung Tragendem gefüllt wird. Es macht keinen Unterschied, ob man sich der Bedeutung der Kluft bewußt ist oder nicht, die Angst erfaßt jeden, ohne Ansehen der Person. Selbst du kannst nach all deinen Erfahrungen und all deiner Arbeit noch nicht augenblicklich die Stille finden, die in den Dingen liegt. Du mußt entweder stundenlang daran arbeiten oder durch Umstände außerhalb deiner selbst hineingezogen werden. Das hat zwei Gründe. Erstens ist dein Sehen noch nicht stabil genug, und zweitens beginnen deine Erfahrungen des Sehens jetzt das Sehen zu überlagern, das dir schon möglich ist. Du mußt dir noch einmal ganz neu klarmachen, was geschieht, wenn du etwas anschaust und dich dabei mit diesem Gegenstand identifizierst; dann gibst du nämlich die Energie des Sehens ab und füllst den Gegenstand damit. Dasselbe geschieht, wenn du an dich selbst denkst, das heißt, dich zu einer Idee objektivierst; auch dann ziehst du die Energie von dir selbst ab und investierst sie in ein Ideenobjekt. In beiden Fällen ist das Sehen unvollständig. Ein Akt des Sehens ist nur dann vollständig, wenn der Sehende sich seiner selbst und des angeschauten Objekts hundertprozentig bewußt ist, und zwar gleichzeitig. Wo diese *doppelte* Blickrichtung fehlt, identifizierst du dich entweder *mit* einem Objekt oder *als* ein Objekt, und beides geht auf Kosten der Wirklichkeit.

Solange du nur in *eine* Richtung schaust, ist dein ganzer Organismus in der Gewalt deiner vielen Persönlichkeiten oder Einstellungsketten. Sie zerren dich von Augenblick zu Augenblick mal hierhin, mal dahin. Mit dem doppelten Schauen kann der Sehende sehen und zugleich den Sehenden sehen. An diesem Schauen zerbricht die Idee des beständigen Selbst, so daß der Sehende sich selbst in seinen vielen Aspekten sehen kann. Je weiter sich diese Fähigkeit zu sehen entwikkelt, desto tiefer kann der Sehende in die Dinge eindringen. Anders gesagt, das Sehen löst die Ideen auf, mit denen wir die Dinge umgeben, zieht den Schleier der Faktizität weg und läßt ihre Tatsächlichkeit sichtbar werden. Alle Dinge werden von unseren Ideen über sie verdunkelt, und um die Dinge erkennen zu können, müssen wir die Ideen einfach ablegen. Natürlich glaubt kein denkender Mensch, daß so etwas möglich ist. Objekt bleibt Objekt, sagen sie, denn schließlich ist ein Objekt ja etwas, was man ›da draußen‹ wahrnimmt und niemals anders als ›da draußen‹ wahrnimmt. So denken und sehen sie, weil sie *glauben*, daß eine Kluft existiert. Die Kluft, so glauben sie, ist ein Faktum, an dem man nicht rütteln kann. Und natürlich haben sie vollkommen recht. Für das Ego gibt es die Kluft, es muß sie sogar geben, denn ohne sie würde das Ego gar nicht existieren. Die Menschen verstehen ihr eigenes Ego nicht, und deshalb können sie auch nicht den inneren Sprung tun, der zum Sehen notwendig ist; geschieht der Sprung aber doch einmal unbeabsichtigt, so machen sie sich die größten Sorgen um ihren Geisteszustand und definieren die Tatsächlichkeit der Erfahrung schnell in eine faktische Unmöglichkeit um. Kurz gesagt, sie schließen messerscharf, daß nicht sein kann, was nicht sein darf. Und im Rahmen ihres vom Verstand gelenkten Sehens ist ihre Anschauung durchaus stimmig.

Sehen ist Sehen und Nichtsehen ist Nichtsehen. Man kann nicht beinah sehen. Man sieht, oder man sieht nicht, Übergänge gibt es nicht. Was der Mensch als Sehen interpretiert, ist einfach ein Hin-und-her-Tasten seiner Sinne über den Punkt hinweg, an dem wahres Sehen wirklich werden könnte. Manchmal berührt jemand den Punkt und hat dabei sonderbare Empfindungen, aber solche Empfindungen sind nicht Sehen, sondern nur Momente einer verschleierten Panik, die eintreten, wenn das Ego aus dem Augenwinkel bemerkt, daß da etwas an seinen Rockschößen zupft. Für einen winzigen Augenblick starrt der ganze Sinn der Existenz das Ego aus diesem Punkt an, und dadurch gerät es natürlich in eine schreckliche Lage, denn einerseits gibt es nichts, wonach das Ego sich mehr sehnt, als den Sinn der Existenz zu erkennen, aber andererseits weiß es intuitiv, daß dieses

Erkennen sein Ende wäre. Es weiß, daß es verspielt hat, wenn es die Kontrolle über den Organismus lockert und dieses Erkennen zuläßt. Und doch ist es fasziniert. Es ist fasziniert von der Idee, sich dieses Wissen zu verschaffen, und dabei doch zu bleiben was es ist, denn dieses Wissen zu *haben*, bedeutet Macht zu haben, Macht über andere Egos, die das Wissen nicht besitzen. Deshalb verleitet das Ego den Menschen oft genug dazu, tändelnd mit dem Wissen zu experimentieren – in der Hoffnung, daß auch der Sinn der Existenz sich auf lange Sicht unter die Kontrolle logischer Prozesse bringen läßt. Das ist der Kern dessen, was der Mensch ›Verdammung‹ nennt. Er errichtet einen Damm, mit dem er den Sinn der Existenz einzufangen versucht, um ihn dann tröpfchenweise zur Verfügung zu haben. Dem Ego geht es überhaupt nicht um die Möglichkeit der vollen Offenbarung; es will nur gerade genug davon haben, um in den Augen anderer Egos als etwas Besonderes dazustehen. Andere Egos streiten natürlich rundweg ab, daß es solches Wissen überhaupt gibt; Wissen, so sagen sie, ist grundsätzlich nur eine Idee im Bewußtsein des Menschen. Beide Standpunkte sind ohne eigene Bedeutung. Sie besagen lediglich, daß manche Egos sich durch das Verleugnen des Wissens aufplustern und andere durch das Herumspielen mit ihm. Beiden Parteien ist dasselbe Ende bestimmt, ein Tod ohne Brüllen.
Eine halbe Sekunde Sehen ist mehr als eine Viertelsekunde Sehen. Was bedeutet das? Es bedeutet einfach, daß mehr oder weniger Energie zur Verfügung steht, denn Sehen ist Energie. Der menschliche Körper ist ein größerer Energiegenerator als alles, was der Mensch je gebaut oder erdacht hat. Wenn ein Organismus sich durch kontinuierliche Akte des Sehens für den Sinn der Existenz öffnet, wird er fähig, unbegrenzte Mengen von Energie bereitzustellen. Ein Akt des Sehens läßt diesen Generator anspringen, und die Energie, die er erzeugt, speist weitere Akte des Sehens. Wenn genug Energie zur Verfügung steht, expandieren die Akte des Sehens und tragen den Sehenden weit über die Grenzen des intellektuellen Wiedererkennens hinaus, und wenn man dafür sorgt, daß der Generator nicht wieder stehenbleibt, erkennt die Psyche sich selbst schließlich als Energie. All das ist möglich, wenn man nur einmal innehält und die Welt richtig anschaut. So einfach ist es, wie du selbst weißt, und gerade diese Einfachheit macht es so schwer erreichbar. Und so schwer verständlich. Die Menschen möchten ihr Verstehen nur am Schwierigen üben und vertiefen, nicht am Einfachen. Das Einfache ist Zeitverschwendung – Verschwendung guter, solider, logischer, faktengefüllter Zeit. Da Existieren schon so schwierig ist, muß es auch schwierig

sein, es zu verstehen. Ist es nicht schwierig, dann kann es auch nicht der Mühe wert sein, denn einfache Dinge geben uns ja keine Macht in die Hand. So etwa sieht der Gedankengang derer aus, die – durch Religion oder Wissenschaft – den Sinn der Existenz zu ergründen versuchen. Um Macht geht es letztlich. Deshalb darfst du nicht wieder in den Wachtraum zurückfallen, denn wenn das, was du weißt, in deinem Ego eingeschlossen bleibt, unerreichbar für den ausgleichenden Einfluß von Akten des Sehens, wirst du dich in einen Machtmenschen verwandeln, ohne es zu bemerken.«

Von diesem Augenblick an reduzierte Sabazius meine Übungsarbeit auf ein Minimum, verbrachte dafür aber wieder viel mehr Zeit mit mir. Wir gingen viel spazieren, und ich schaute dabei auf mein Schauen. Staunen. Staunen über die Welt und mich selbst. Leer. Leer von überflüssigen Gedanken, Ideen, Vorstellungen, Meinungen und Hoffnungen. Lebendig. Offen für das Wunder, lebendig zu sein. Im Lauf der nächsten Wochen verliebte ich mich in den Teppich, vielmehr eigentlich in alles, was ich anschaute – insbesondere Obst. Die Energiemenge, die von einem Schaufenster oder Straßenstand mit Bergen von Äpfeln, Bananen, Orangen und Grapefruits ausging, war verblüffend; ganz zu schweigen von der Tatsache, daß ich mit einem Blick erkannte, ob die Früchte frisch oder alt waren. Altes Obst verhält sich anders, wenn man es anschaut. Als Sabazius verkündete, der Türke habe Geburtstag und wir müßten eine Menge Obst einkaufen, freute ich mich riesig.

»Wird gefeiert?« fragte ich.

»Na klar«, erwiderte er mit einem erstaunten Blick. »Der Tag, an dem ein Mensch geboren wird, ist der wichtigste Tag in seinem Leben.«

»Werden viele Leute kommen.«

»Ein ganzer Haufen.«

»Und wann wird gefeiert?«

»Heute abend.«

»Soll ich ihm ein Geschenk kaufen.«

»Wenn dir was einfällt, ja.«

»Was hast du für ihn?«

»Das ist ein Geheimnis. Ein Geschenk muß immer ein Geheimnis sein.«

Ich akzeptierte das kommentarlos und fragte dann, wo die Feier stattfinden würde.

»Rate mal«, sagte Sabazius.

»In der Fabrik?«

»Nein.«
»Beim Türken zu Hause?«
»Der Türke hat keine Wohnung. Er wohnt in der Fabrik.«
Ich lachte und sagte: »Dein Zimmer faßt ja wohl nicht mehr als ein halbes Dutzend Leute.«
»Stimmt«, sagte er. »Aber deine Wohnung schon.«
Ich starrte ihn ein paar Sekunden einfach an. »Du hättest mich auch fragen können«, sagte ich.
»Und wie hätte deine Entscheidung gelautet?«
»Nun, ich hätte vermutlich ja gesagt.«
»Vermutlich?«
»Okay, ich hätte ja gesagt, aber ...«
»Fang nicht wieder an zu labern. Du hättest ja gesagt, und nur darauf kommt es an. Und überhaupt, wenn ich dir schon früher was erzählt hätte, dann hättest du nur darüber nachgedacht und nicht mehr schauen können.« Ich schloß die Augen und ließ das Körnchen Ärger wegschmelzen. Es wehrte sich kurz, flitzte hierhin und dahin – und starb. »Mag der Türke Curryragout?« fragte ich.
»Was glaubst du?«
»Also, wenn er es mag, könnte es mein Geschenk sein«, sagte ich. »Es könnte sogar unser Geschenk sein, falls du nicht schon was gekauft hast.«
»Es *ist* unser Geschenk«, erwiderte Sabazius und sah mich schelmisch an. »Genau das hatte ich vor.« Er ließ mir einen Augenblick Zeit, um meine Verblüffung zu überwinden, und sagte dann: »So sind die Dinge, Peter.«
Wir mußten dreimal los, um alles zu besorgen. Die bloße Zahl und Menge der Zutaten war für mich kaum zu fassen. Fünfzehn Pfund Steakfleisch, fünf Pfund beste Nieren, acht große Salatzwiebeln, sechs Pfund Tomaten, fünf große Paprikaschoten, drei Pfund Pilze, drei frische Knoblauchknollen und einige Stengel einer besonderen Rinde namens Dalchenni. Die zweite Fuhre bestand aus drei Flaschen Maisöl, zehn Pfund Kartoffeln, zehn harten Äpfeln, zehn Bananen, fünf Dosen Mandarinen, zehn Orangen und noch ein paar Zwiebeln für Zwiebelringe. Dann kam der Fisch. Sabazius kaufte sechs ansehnliche Räuchermakrelen. Dann wanderten noch etliche Pakete Langkornreis, ein Sortiment Käse und drei große Salatköpfe in die Plastiktüten. Auf die Salatblätter, informierte Sabazius mich, sollte der Fisch gelegt werden. Den Abschluß bildeten einige frische Zitronen. Die dritte Fuhre war die schwerste. Wir schleppten zwei Kisten Wein, auf denen noch Unmengen von Weißbroten lagen, in

meine Wohnung. Zwischen die Flaschen waren Pappteller und -becher geklemmt.
Ich schaute mich in der Küche um. »Noch nie so viel Zeug gesehen«, sagte ich. »Wie lange brauchen wir, um das alles fertigzumachen?«
»So lange, wie wir halt brauchen«, gab Sabazius zurück. »Keine Minute länger.«
Gegen zwei Uhr nachmittags machten wir uns an die Arbeit. Sabazius spülte das Fleisch und die Nieren sorgfältig ab und legte sie beiseite. Dann goß er gleiche Mengen Öl in drei große Pfannen und fügte je einen Teelöffel Chillipulver hinzu. Inzwischen schälte ich die Zwiebeln und würfelte sie so fein wie möglich. Wir lösten die Knoblauchzehen von den Knollen, schälten sie und hackten sie ganz fein. Sabazius erhitzte die Pfannen und schmorte darin die Zwiebeln mit dem Knoblauch und etwas Ingwer an. Als die Zwiebeln goldgelb waren, mischten wir das Fleisch und die Nieren hinein und legten die Deckel auf. Jetzt blieb eine Dreiviertelstunde Zeit, um den Rest des Gemüses vorzubereiten.
Wir saßen einander gegenüber am Küchentisch. Zwischen uns eine große Schüssel mit Wasser. Ich mußte Kartoffeln schälen. Sabazius schnitt die Paprikaschoten durch, schabte die weißen Samen heraus und wusch die Schoten in der Wasserschüssel. Die Pilze durften nicht naßwerden. Jede der Gemüsearten kam nach dem Putzen in eine eigene Schale, damit man später leichtes Hantieren hatte. Dann mußten die Makrelen entgrätet werden. Während ich das tat, wusch Sabazius den Salat, brach die größeren Blätter ab und belegte damit zwei große Porzellanplatten. Dann half er mir, die Fische in gleichgroße Stücke zu schneiden, und arrangierte sie kreisförmig auf den Platten. Tomatenstücke und Zitronenscheiben bildeten die Dekoration. Als das zu seiner Zufriedenheit geraten war, bedeckte er alles mit sauberen Geschirrtüchern und stellte die Platten unten in den Kühlschrank. Um viertel nach drei nahm Sabazius die Deckel von den Pfannen – er hatte in der Zwischenzeit immer wieder mal umgerührt – und gab das Gemüse und die Gewürze hinein. Tomaten, Paprika und Pilze wanderten nacheinander hinein, gefolgt von genau bemessenen Mengen Chillipulver, schwarzem Pfeffer, Cayennepfeffer und Curry. Drei Dalchennistangen und einige Lorbeerblätter bildeten den Abschluß. Nachdem alles gut vermischt war, half ich Sabazius, ein wenig von der Flüssigkeit aus den Pfannen abzugießen. Daraus sollte später mit etwas heißem Wasser eine Soße für die Kartoffeln entstehen. Nun kamen die Deckel wieder auf die Pfannen, und das Gas wurde heruntergedreht.

»So, jetzt müssen wir hier nur noch saubermachen«, sagte ich. »Möchtest du ein Glas Wein?«
»Noch nicht. Später wird es mehr als genug Wein geben.«

31. *Zwei helle Augen – lauernd*

Der Türke erschien um sieben Uhr mit drei Freunden. Er trug einen dunklen Anzug, ein fast weißes Hemd und eine schwarze Fliege. Die Fliege hing schlaff wie eine tote Krähe an seinem Kragen. Die übrigen Gäste kamen in Abständen von fünf bis zehn Minuten an. Anfangs versuchte ich alles ganz perfekt zu machen und ging jedesmal zur Tür, aber nach einer halben Stunde hatte ich zuviel mit Weineinschenken zu tun, um mich noch darum zu kümmern. Deshalb blieb die Tür einfach offen. Sabazius tauchte dann und wann auf, unterhielt sich kurz mit jemandem und verschwand wieder in der Küche. Um neun Uhr war meine Wohnung ein Bienenstock.
Es war wie ein Traum, eine innere Bildfolge, in der Felsen sich in Vögel und Bäume in Menschen verwandeln. Es war beileibe nicht das, was ich erwartet hatte. Aber was hatte ich eigentlich erwartet? Ich sah zum Türken hinüber. Er hockte wie ein japanischer Ringer mit auf die Knie gestützten Händen auf der Stuhlkante. Meine Augen wanderten umher. Wer waren diese Leute? Waren es wirklich Freunde des Türken, oder spielten sie nur wie ich eine Rolle, dem Türken zuliebe? Er selbst wirkte nicht gerade hocherfreut. Er sprach mit einem dunkelhaarigen Mädchen, wobei sein Gesicht innerlich so regungslos blieb wie die auf der Stuhlkante ausbalancierte Masse seines Körpers äußerlich. Ich schaute ihn einige Sekunden lang an, füllte mir dann einen Pappbecher bis zum Rand mit Rotwein und leerte ihn mit einem Zug bis zur Hälfte.
Als es Zeit war, das Essen aufzutragen, räumte ich den Tisch ab, legte ein grünes Tischtuch auf und darauf mein großes Küchenbrett. Sabazius trug die Pfannen herein und stellte sie ab. Dann half ich ihm, den Reis, die Fischplatten und etliche Schalen mit Obst und Zwiebelscheiben zu holen. Brot, Käse und sonstige Leckereien kamen auf einen Beistelltisch. All das wurde von Beifallsbekundungen begleitet. Wie immer ließ Sabazius niemanden an die Pfannen mit dem Hauptgericht heran. Er füllte jeden Teller mit Sorgfalt und reichte ihn mit

einem Kopfnicken weiter. Als alle außer Sabazius, mir und dem Türken versorgt waren, ging er in die Küche und kam mit einem meiner besten Teller und einer weißen Schale zurück. Die Schale füllte er mit Reis, und auf den Teller lud er eine mehr als großzügige Portion von dem Ragout. »Das ist für den Türken«, sagte er und schob mir den Teller und die Schale zu. »Laß es nicht fallen.« Diese Mahnung noch im Ohr, bahnte ich mir den Weg zum Türken hin und setzte ihm würdevoll sein Geburtstagsmahl vor. Er nahm es wortlos an. Erst das Mädchen machte mich darauf aufmerksam, daß ich das Besteck vergessen hatte. Da ich mit der unberechenbaren Natur des Türken vertraut war, kramte ich sofort ein Tablett hervor und belud es mit allem was er vielleicht brauchen könnte, einschließlich einer Flasche Wein. Nicht, daß ich immer noch Angst vor ihm hatte, aber ich mochte einfach seine ganze Art nicht. Außer dem Mädchen, das seit seiner Ankunft mit ihm sprach, hatte keiner auch nur den Versuch gemacht, ihn anzusprechen, und ich bekam den Eindruck, daß die anderen so dachten wie ich. Er quittierte das wohlgefüllte Tablett mit einem beifälligen Nicken und ließ mich sein Glas auffüllen. Ich lächelte dem Mädchen zu, als wollte ich sagen: »Diesmal bringst du mich aber nicht aus der Fassung«, aber sie schaffte es doch, denn sie sprach mich plötzlich griechisch an, und ich radebrechte so gut es ging eine Antwort.

»Tut mir leid, da haben Sie einen schwachen Punkt getroffen«, sagte ich dann wieder auf Englisch. »Mein Griechisch ist nicht so besonders.«

»Klang aber ganz gut«, erwiderte sie.

»Sind Sie Griechin?« fragte ich.

Sie lachte und schüttelte den Kopf. »Nein, Deutsche; aber meine Mutter war Griechin. Sprechen Sie Deutsch?«

»Ja.«

»Französisch?«

»Ja.«

Kurze Pause. »Türkisch?«

»Kein Wort. Sie denn?«

»Ja, ich habe es vom Türken gelernt. Er ist ein sehr guter Lehrer.«

Ich sah den Türken an, überrascht, daß jemand ihn lobte, aber er war zu sehr mit Essen beschäftigt, als daß er sich mit uns hätte abgeben können. »Ich weiß Ihren Namen noch nicht«, sagte ich.

»Alix.«

»Ich bin Peter Derwent.«

»Ja, ich weiß«, sagte Alix. »Ich habe alles über Sie gehört.«

»Das macht mich ein bißchen unsicher«, sagte ich. »Ich kenne kaum jemanden hier.«
Sie hielt mir ihren Becher zum Nachschenken hin. »Holen Sie sich doch was zu essen und kommen Sie her.«
»Okay«, sagte ich.
Als ihr Becher fast voll war, nahm sie mir die Flasche aus der Hand und sagte: »Die können Sie gleich hierlassen. Dann brauchen Sie später nicht dauernd aufzustehen.«
Ich ging zum Tisch, wo Sabazius schon auf mich wartete. Er gab mir einen Teller mit Ragout und fragte: »Fühlt der Türke sich wohl?«
»Scheint so.«
»Und das Mädchen?«
»Die bestimmt. Sie redet ganz schön viel.«
Sabazius schaute in die Pfanne neben sich und gab mir einen leeren Papierteller. »Für mich, bitte«, sagte er.
Einen Moment lang war ich verblüfft, dann wurde mir klar, daß er nun auch versorgt werden wollte, nachdem er alle anderen bedient hatte. Ich setzte meinen eigenen Teller ab, füllte ihm auf und gab ihm den Teller. Er kostete sofort und sagte dann: »Ich kenne das Mädchen nicht.«
»Sie spricht Griechisch«, sagte ich.
»Was bedeutet das?«
Ich lachte. »Ich weiß nicht. Ich dachte nur, es sei vielleicht irgendwie wichtig.«
Er starrte mich an. »Sie ist fremd hier.«
»Der Türke kennt sie«, sagte ich. »Er hat ihr sogar Türkisch beigebracht.«
Sabazius murmelte etwas vor sich hin, das ich nicht verstand.
»Stimmt was nicht?«
»Ich weiß nicht.«
»Sie heißt Alix.«
»Und?«
»Ich dachte, das sagt dir vielleicht was.«
Er sah mich kühl an.
»Ich werde sehen, was ich herausfinden kann«, sagte ich.
Als ich mich abwendete, sagte er noch: »Paß auf, Peter. Ihre Augen sind zu hell.«
Ziemlich verunsichert ging ich zu Alix und dem Türken zurück. Was hatte Sabazius gemeint? Ich schaute Alix direkt in die Augen, aber sie wirkten ganz normal. Der Türke hatte sich zurückgelehnt und die Augen geschlossen. Sein Teller sah aus wie abgeleckt. Ich setzte mich

auf den Boden und kostete das Ragout. Es war sehr scharf. Alix füllte ihr Glas und stellte es vor mich hin. »Sie vernachlässigen sich«, sagte sie. »Ich werde mich wohl um Sie kümmern müssen.«
Nach dem Essen half ich Sabazius beim Abräumen. Ich wollte mit ihm über das Mädchen sprechen, aber er wirkte unnahbar und gar nicht gesprächig. Er wuchtete die zweite Kiste Wein hoch und trug sie ins Wohnzimmer. Ich blieb noch einige Sekunden in der Küche stehen und versuchte mit mir zu Rate zu gehen, wußte aber nicht recht, worüber eigentlich. Ich gab auf und beschloß die Sache irgendwie zu improvisieren. Auch Alix ignorierte mich, als ich zurückkam. Sie saß wie der Türke mit geschlossenen Augen entspannt da. Ich setzte mich wieder auf den Teppich und sah unschlüssig den anderen zu, wie sie redeten und tranken. Als ich eben aufstehen wollte, um zu Sabazius zu gehen, sagte Alix: »Haben Sie keine Musik?«
»Natürlich.« Ich stand auf. »Klassisch?«
Sie sah mich irritiert an. »Wo sind Ihre Platten?«
Wir gingen direkt an Sabazius vorbei, aber er zeigte keinerlei Reaktion. Ich zeigte Alix meine Platten und sah zu, wie sie in ihnen stöberte. »Das wird's wohl tun«, sagte sie und zog eine Platte heraus.
»Sind Sie sicher?« fragte ich beklommen.
»Ja.«
Ich nahm an, daß der Klang von Popmusik die ganze Party stören würde, aber niemand schien ein Ohr dafür zu haben. Ich drehte etwas leiser und sagte: »Ist vielleicht nicht jedermanns Geschmack.«
»Was ist schon Geschmack?« erwiderte sie kalt.
Ihr Tonfall behagte mir nicht. »Was ist los?« fragte ich.
Sie sah mich mit einem Blick an, den ich nur als verächtlich empfinden konnte, und antwortete: »Ihre großen Unschuldsaugen ärgern mich. Sie sind unecht.«
»Möchte wissen, wovon Sie eigentlich reden.«
Sie sah mich direkt an. »Sie haben Angst.« »Wovor?«
Sie drehte lauter und fing an zu tanzen.
»Wovor hab ich Angst?« fragte ich noch einmal.
»Na, zum Beispiel haben Sie Angst zu tanzen.«
Ich sah mich nach den Leuten in unserer Nähe um, aber sie waren ganz in ihre Gespräche vertieft.
»Sagen wir doch einfach, daß ich Ihre Art zu tanzen nicht mitbekommen habe.«
»Haben Sie's mal versucht?«
»Mehrmals.«
»Und?«

Ich lächelte matt. »Ein voller Erfolg war es nicht gerade.«
»Das muß aber unangenehm gewesen sein«, sagte sie im gleichen Tonfall.
Erstaunt und verärgert fragte ich: »Was zum Teufel wollen Sie eigentlich?«
»Ich will, daß Sie mit mir tanzen.«
»Das stimmt doch wohl nicht ganz«, erwiderte ich. »Es ist schon etwas subtiler: Sie wollen, daß ich *für* Sie tanze.«
Sie hörte auf zu tanzen. »Ich glaube, wir brauchen erst mal was zu trinken.«
Ich hielt sie am Arm fest. »Sie kriegen was zu trinken, wenn Sie mir gesagt haben, was Sie vorhaben.«
»Gar nichts hab ich vor. Ich bin es bloß satt, ständig das Richtige zu den richtigen Leuten zu sagen.«
»Sie erstaunen mich«, sagte ich. »Ihre Art, die falschen Dinge zu handhaben, läßt auf einige Übung schließen.«
Alix blinzelte, als sei sie plötzlich unsicher geworden. »Sie sind nicht ganz unecht«, sagte sie. »Aber sie arbeiten hart daran.«
»Passen Sie auf«, sagte ich, »Sie bleiben hier und ich hole uns was zu trinken.« Ich ging an den Tisch und nahm eine Flasche Weißwein und zwei Trinkbecher. Sabazius war nirgends zu sehen. Als ich zu Alix zurückging, saß sie auf den Boden. Ich gab ihr einen Becher und schenkte ein. Sie probierte erst und stürzte dann den ganzen Becher in großen Schlucken hinunter.
»Ich weiß überhaupt nicht, was hier vorgeht«, sagte ich, »und um ganz offen zu sein, es ist mir auch nicht besonders wichtig. Aber ich bin neugierig.«
»Mit Recht.«
»Dann sagen Sie mir doch, was los ist.«
Sie drehte ihren Becher zwischen den Fingern und sagte: »Man hat mir gesagt, ich soll Sie in Ruhe lassen!«
»Wer?«
»Ihr Busenfreund Alexis natürlich.«
»Wann?«
»Als Sie den Rücken drehten.«
Ich biß mir leicht auf die Unterlippe. »Was hat er denn gesagt?«
»Er sagte, Sie seien noch nicht so weit, daß Sie mit einer wie mir umgehen könnten.«
»Das scheint mir allerdings auch so.«
»Stimmen Sie allem zu, was er sagt?«
»Ich stimme weder zu, noch stimme ich nicht zu.«

»Oh, sehr philosophisch«, erwiderte sie sarkastisch. »Jetzt sagen Sie bloß noch, daß alles, was er sagt, einfach so durch Ihren Kopf schwebt.«
»So könnte man es sagen.«
»Dann sind Sie wirklich nur ein Maulheld«, zischte sie flüsternd. »Sie lassen sich von ihm einwickeln und merken es nicht einmal.«
»Dann will ich Ihnen mal was sagen, was ich merke«, sagte ich leise. »Wenn ich nur *einen* Finger an Sie legte, wäre es aus mit mir.«
Ihr Gesicht verzog sich zu einem Grinsen. »Und doch würden Sie nichts lieber als das tun, nicht?« Bevor ich etwas erwidern konnte, wurde ihr Gesicht wieder ganz weich, fast kindlich. »Ich könnte Ihnen nichts anhaben, selbst wenn ich es wollte«, sagte sie. »Ich will ja nichts weiter, als Ihnen helfen, Ihre Angst zu überwinden.«
Ihre Art, die verschiedensten emotionalen Register zu ziehen, verblüffte mich. Entweder besaß sie eine ganz ungewöhnliche Kontrolle über ihre Persönlichkeiten, oder sie waren derart entgleist, daß sie die Sprünge gar nicht mehr bemerkte. »Das ist sehr freundlich von Ihnen«, gab ich zurück. »Aber ich werde das Gefühl nicht los, daß Sie mich einzig von meiner Angst vor Ihnen befreien wollen.«
»Damit kommen Sie der Wahrheit schon sehr nahe, aber es ist eine andere Wahrheit, als Sie meinen.« Sie seufzte und sah mich an. »Sie sind nun mal überzeugt, daß ich eine destruktive Kraft bin, aber das stimmt nicht. Wenn das hier mein Spiel wäre, hätte ich Ihnen doch nicht gesagt, daß Alexis mich zurückgepfiffen hat.«
In möglichst entgegenkommendem Tonfall sagte ich: »Es wäre wohl das beste, ganz einfach zu sagen, worin denn nun meine angebliche Angst besteht.«
Ihr Gesicht verzog sich schmerzlich, und ich fragte mich schon, ob ich etwas falsch gemacht hatte. »Es wird Ihnen nicht gefallen«, sagte sie.
»Stellen Sie mich auf die Probe.«
»Sie sind impotent«, sagte sie ohne Umschweife.
Ich starrte sie lange entgeistert an, bevor ich wieder etwas zu sagen wagte. »Erzählen Sie mir mehr.«
»Sind Sie sicher, daß Sie es vertragen können?«
»Ich denke, ja.«
Sie sah weg, meine Hilflosigkeit schien ihr unangenehm zu sein. »Können wir irgendwo in Ruhe reden?«
»In der Küche.«
Sie folgte mir in die Küche. Ich schloß die Tür, drehte mich zu ihr um und sagte: »Ich vertraue Ihnen immer noch nicht.«

»Kann ich Ihnen nicht verdenken. Ich hatte auch kein Vertrauen zu dem Menschen, der mir aus der gleichen Situation geholfen hat.«
»Also weiter.«
»Sie sind vor sechs Jahren impotent geworden, nachdem Sie Ihre Frau verlassen hatten. Anfangs haben Sie sich dagegen gesträubt, aber dann gewöhnten Sie sich daran und machten keine Versuche mehr.« Sie starrte in den Ausguß, als wäre da meine persönliche Geschichte niedergeschrieben. »Und dann haben Sie Alexis getroffen, und Ihr Leben war derart angefüllt, daß Ihr Problem überhaupt nicht mehr wichtig war. Erst seit kurzem fangen Sie wieder an, darüber nachzudenken, und in den letzten Tagen haben Sie kaum noch an etwas anderes denken können. Es dämmert Ihnen, daß Sie niemals vollständig sein werden, wenn diese Sache nicht bereinigt wird.«
Ich lehnte mich an die Wand. »Ich bin sprachlos«, sagte ich. »Das klingt, als hätten Sie in meinem Kopf gelebt.«
Alix lachte. »Nicht ganz – Sie haben in meinem gelebt.«
Ich mühte mich verzweifelt, das Geschehen irgendwie einzuordnen. »Alexis hat noch nie einen Fehler gemacht. Weshalb sollte er jetzt einen machen?«
»Weil er in einem ganz ähnlichen Boot sitzt wie Sie«, war ihre bestürzende Antwort. »Verstehen Sie mich richtig, er hat nicht dasselbe Problem wie Sie, er mag nur eben keine Frauen, hat nichts mit ihnen zu schaffen.«
»Wie können Sie so etwas wissen?«
»Wie konnte ich wissen, was in Ihnen vorgeht? Sie haben nie darüber gesprochen, nicht mal mit Alexis.«
»Und doch bin ich sicher, daß er es weiß«, versuchte ich mich herauszuwinden. »Schon allein die Tatsache, daß er Ihnen gesagt hat, Sie sollen mich in Ruhe lassen, spricht dafür.«
»Sie könnten darüber stundenlang so weiterreden«, sagte Alix fast traurig. Dann kamen ihre Argumente wie Geschosse: »Okay, Alexis weiß also, daß Ihr Problem bereinigt werden muß, und zwar bald; aber Sie müssen sich klarmachen, daß er das trotz seines Wissens immer weiter hinauszögern wird, denn er kann für Sie nicht mehr tun als für sich selbst.«
Ich lachte nervös, schüttelte den Kopf, suchte nach einer treffenden Erwiderung. »Tut mir leid«, sagte ich, »ich glaube Ihnen kein Wort.«
»Sie sind dumm, und das ist noch schlimmer, als unecht zu sein. Sie werden nie etwas daran tun, und er wird es auch nicht.«
Was sie sagte, wurmte mich. »Wenn ich auch nur für eine Sekunde glaubte, daß irgend etwas Wahres an Ihren Worten ist...« Ich sprach

nicht weiter und starrte sie an. »Was zum Teufel würde ich dann tun? Ich weiß nicht, wohin die Dynamik dieser Situation sich wenden muß, damit ich meine angebliche Freiheit wiederbekomme. Was würden Sie denn nun für mich tun?«
Sie erwiderte meinen Blick, gab aber keine Antwort.
»Na, was?« wiederholte ich.
Sie trat einen Schritt vor, bemerkte meine Reaktion und blieb stehen. »Sie begehren mich mehr als alles, was Sie je begehrt haben«, sagte sie. »Aber Sie wollen sich das selbst nicht eingestehen. Die Frage ist also nicht, was ich für Sie tun würde, sondern was ich schon getan habe. Würde ich noch einen Schritt auf Sie zu tun, dann könnten Sie nicht mehr widerstehen wie in den vergangenen sechs Jahren – Sie wären frei.«
Ich zitterte und konnte nichts dagegen tun. »Dann tun Sie Ihren verdammten Schritt!«
Ihr Körper bewegte sich augenblicklich, aber nicht, wie ich es erwartet hatte. Er schien in kleinen Wellen zur Seite zu rücken und sich wegzubeugen, und dann stand sie plötzlich so dicht vor mir, daß ich ihren Atem im Gesicht spürte. Ich wollte um Hilfe schreien, wußte aber, daß es zu spät war, daß ich zu weit gegangen war. Ihre Arme umschlangen meinen Hals und ihr Gesicht kam auf mich zu. Ich schrie auf, aber ihr Mund verschluckte den Schrei, und dann hatte ich das grauenhafte Gefühl, daß ihre geöffneten Lippen sich über mein Gesicht, über meinen ganzen Kopf stülpten. Ich wurde mit dem Kopf voran in ihren Mund gesaugt, von einer weichen, lebendigen Höhle verschlungen. Aus dem Hintergrund der Höhle, hoch oben, sahen zwei helle, harte Augen auf mich herunter.
Die Augen des Raubvogels.
Es blieb keine Zeit, über die Ungeheuerlichkeit meines Fehlers nachzudenken. Ich fiel in die Dunkelheit ihres Mundes, rollte noch ein Stück weiter und blieb liegen. Ich konnte mich selbst nicht sehen, wußte aber, daß ich nackt war. Ich rappelte mich auf, spreizte die Beine und klammerte mich mit den Zehen in den feuchten, gummiartigen Grund unter mir. Die silbernen Augen des Raubvogels musterten mich. Instinktiv wußte ich, daß ich nicht direkt in diese Augen blicken durfte, und sammelte meine Aufmerksamkeit auf einen Punkt direkt unter ihnen. So würde ich jede Regung entdecken, die einen Angriff signalisierte. Ich brauchte nicht lange zu warten. Die Augen blinzelten, und gleich darauf hörte ich fern das Schlagen großer Schwingen. Ich atmete hinaus in das Dunkel und entspannte mich, so gut es ging. Das Schwingenschlagen kam näher. Und dann ein Laut,

der mir das Blut in den Adern gefrieren ließ, der Schrei eines herabstoßenden Raubvogels. Panik. Der Impuls zu fliehen und mich zu verkriechen. Das erbarmungslose Wissen, daß es unmöglich war. Sie kam aus dem Punkt der Mitternacht direkt unter diesen Augen, die nicht ihre Augen waren. Und sie war übermächtig. Ihre Klauen waren stark genug, meinen Schädel zu sprengen. Es gab nur eine einzige Waffe, mit der ich sie besiegen konnte, und sie kannte diese Waffe, wußte auch, daß ich sie kannte, glaubte mich aber zu schwach, um sie zu finden. Hatte sie mich nicht schon eingefangen und verschlungen, nackt dem Todesstoß ausgeliefert? Immer näher kam sie, und ich suchte nach der verborgenen Kraft, und obgleich ich sie noch nicht gefunden hatte, als sie zustieß, muß sie wohl gespürt haben, daß ich nahe daran war, denn ihr Angriffswinkel änderte sich fast unmerklich, und irgend etwas streifte mich an Kopf und Schulter. Als sie sich wieder in die Dunkelheit hinaufschwang, die ihr Reich war, fühlte ich ihren Zorn und ihre Enttäuschung wie eine greifbare Substanz um mich. Sie hatte mich verfehlt, aber sie würde mich kein zweites Mal verfehlen. Ich wartete. Wie dumm war ich gewesen zu glauben, ich könne allein mit ihr fertigwerden. Würde ich jetzt sterben oder in ihre Gewalt geraten, weil ich den Raum des Nicht-Zurückschlagens nicht finden konnte? Aber wie kann man furchtlos der Furcht an sich gegenüberstehen, ohne zu zittern, ohne einen Gedanken an Gefahr und Verlust? Ich wußte es nicht. Ich wußte nur, daß ich es schaffen mußte, und zwar schnell. Heranrauschender Schwingenschlag, Schwingen wie schwarze Messer im Dunkel. Unbeholfen und ohne recht zu wissen wie, atmete ich zu ihr hin, versuchte mich selbst als Tatsächlichkeit jenseits von aller Substanz zu lokalisieren. Fühlen. Ein Anflug von Stärke, während das Fühlen sich aus sich selbst heraus verstärkt und schlecht und recht die unsichtbare Hülle zu bilden versucht. Noch nicht ganz. Ein weiterer langer Atemzug mit offenem Mund, der sich zu einem langen A und M formt, ein Laut, der mein Leben flackernd verlöschen läßt, es gleitet weg von mir und umhüllt mich als undurchdringliche Blase.
Licht.
Ich sah, wie sie plötzlich abdrehte, wie ihre riesige schwarze Gestalt grotesk verzerrt die Flucht ergriff. Dann wieder völlige Dunkelheit, in der ich schutzlos preisgegeben stand. Allein. Verwundbar und ohne die Kraft, weiter verwundbar zu bleiben. Geräusche, irgendwie vertraut. Stimmen wie von weither. Normale Dunkelheit ohne Furcht. Ich öffnete meine schon offenen Augen und sah mich um. Die Küche. Stapel von Papiertellern. Das kleine Fenster zum Garten

hin. Beim ersten Schritt durchfuhr mich ein heftiger Schmerzkrampf. Ich rang nach Luft und hielt mich am Tisch fest. Und dann wurde mir so übel, wie ich es noch nie erlebt hatte. Ja, ich lebte, aber ich hatte eine tiefe Narbe in mir, die mich für den Rest meiner Tage daran erinnern würde, daß die Welt nicht nur aus Erde und Himmel besteht, sondern auch aus Kräften weit jenseits des Vorstellbaren.

32. *Visionen*

Ich putzte mein Erbrochenes auf und ging sofort ins Bett. Jeder Versuch, mich wieder den Gästen anzuschließen, wäre barer Unsinn gewesen. Ich lag einige Zeit wach und lauschte auf das Steigen und Fallen meines Atems; dann ließ ich mich mit einem Seufzer der Erleichterung und Müdigkeit auf den Schlaf zutreiben. Gleich darauf war ich aber wieder wach, hellwach und die Augen geöffnet. Eine Stimme hatte klar und unmißverständlich meinen Namen gesprochen. Ich kreuzte die Hände auf meiner Brust und gab der Stimme mit einem kurzen Kopfnicken zu erkennen, daß ich sie gehört hatte. Einige Sekunden vergingen ereignislos, dann fühlte ich Energie prikkelnd in mir aufsteigen. Als sie meinen Kopf erreichte, bildete sich sacht die Höhle aus feuchtem, blauem Mondlicht.

Eine riesige Haube aus blauweißem Licht.

Ein blauer Kegel steigt auf und verliert sich in schwindelnder Höhe. Ich brauchte nicht hinzuschauen, um das zu wissen. Man hat in der Höhle keine Augen, nur Bewußtheit – vollkommenes Sehen, ohne zu sehen. Diesmal war meine Erfahrung der Höhle jedoch irgendwie gefärbt von dem, was Sabazius über das Einschlafen gesagt hatte. Ich wußte, ich durfte nicht einschlafen, sonst würde mir etwas entgehen. Eine Sekunde oder ein Jahrhundert. Wer weiß – vielmehr, wen interessiert es? Ich weiß nur noch, daß ich einfach wartete, endlos lange, wie mir schien, und dann gewahrte ich ein Flackern im Scheitelpunkt der Höhle, wurde hinaufgetragen und drang auf eine Weise, die ich nicht beschreiben kann, hindurch. Eine Gestalt. Die Gestalt einer Frau in Weiß. Eine erschreckend schöne Frau mit einem Schwert in der Hand. Und noch während ich sie anschaute, wurde sie etwas anderes – Mutter, Behüterin, eine Matrix, der endlos das Leben entspringt. Ich beugte mich ihrer Gegenwart, ihrer Macht, ihrer

Kraft mich zu töten oder zu erwecken, ihrem Recht, mich zu richten oder anzunehmen, zu schlagen oder zu streicheln, aufzuheben oder niederzuwerfen. Das Schwert in ihrer Hand war zweischneidig, eine schreckliche Waffe, die mir das Herz herausreißen oder die Rückkehr zu einem Leben in neuer Fülle bedeuten konnte. Prüfender Blick, doch diesmal nicht aus den Augen des Raubvogels, sondern eines machtvollen Wesens, das anderen seine Eigenschaften übertragen und sie so von den Fesseln gewöhnlicher Geburt befreien kann. In welche Richtung das Schwert fallen würde, war unmöglich vorauszusehen, und das Geheimnis bestand darin, es nicht zu versuchen.

Das Schwert fiel, drang in mich ein, durchschnitt die Eingeweide des Seins und Nichtseins und ließ mich hoch hinaufschnellen. Liebe und Weisheit. Wer Weisheit ohne Liebe sucht, wirft sich in die Arme einer unfruchtbaren Vision, und wer Liebe ohne Weisheit sucht, begegnet der weißen Göttin und wird zerfleischt. Wohin man auch reist, man begegnet ihr, und die Richtung, die man selbst hat, bestimmt ihr Tun. Es genügt nicht, die brennende Macht der Leidenschaft oder ein unstillbares Verlangen nach Wissen zu haben, sie müssen in das Miteinander von Liebe und Weisheit verwandelt werden, nur das nimmt ihnen die Schärfe. Das tiefe Bedürfnis des Menschen geht weit über Liebe und Wissen um ihrer selbst willen hinaus. Liebe aus Verlangen verwandelt alles in Besitz, und Wissen als Besitz tötet das Wesen des Wissens mit dem Schwert selbstkonstruierter Wahrheit. Die Wahrheit kann man nicht als ein *Ding an sich* suchen, denn solch ein Ding gibt es nicht. Nur das Wirkliche existiert, und nur das Miteinander von Liebe und Weisheit führt zu ihm hin. Verschwommen taucht eine Szene auf. Ein langer weißer Korridor. Ein Korridor mit weißgetünchten Wänden. Links von mir eine Tür. Ich öffne sie und trete in einen großen Wohnraum mit Möbeln. Eine Frau und ein kleiner hellhaariger Junge spielen miteinander. Der Junge stellt seiner Mutter Fragen, die sie nicht beantworten kann oder will. Ich höre mir eine der Fragen an und beantworte sie mit langsamer, monotoner Stimme. Der Junge sieht verwundert zu mir auf. Ich spreche zu ihm, sehe aber dabei die Mutter an, als meinte ich eigentlich sie. Der Junge sagt etwas, eine Frage zu meiner Antwort, und ich lächle die Mutter an. Sie schaut mich gequält an, wendet ein, meine Antwort sei zu offensichtlich, und ich sage, das Offensichtliche sei nie offensichtlich. Sie nickt, und deutet an, daß ich jetzt gehen muß. Ich öffne die Tür und trete wieder auf den weißen Korridor. Er sieht aus wie zuvor, fühlt sich jetzt aber anders an. Ich spüre, daß höchste Vorsicht geboten ist, presse mich an die rechte Wand und spähe den Gang entlang. Das Atmen fällt mir schwer. Es ist, als wäre meine Kehle irgendwie verengt. Ich breite die Arme gegen die Wand und versuche dieses Erstickungsgefühl loszuwerden, aber es wird nur noch ärger. Ich höre das gepreßte Keuchen meines Atems überall. Muß weiter. Muß in Bewegung bleiben. Ich drücke mich an der Wand entlang und komme an eine Steintreppe, die nach rechts hinabführt. Hinter der Ecke presse ich mich wieder mit dem Rücken an die Wand. Muß den Grund der Treppe erreichen. Das Atmen wird immer schwieriger. Rechts und links plötzlich vage Gestalten. Uniformierte Gestalten mit glänzenden Helmen und Waffen. Ich kann durch sie hindurch das Treppenhaus sehen und weiß doch, daß sie keine Phantome sind. Eine der Gestalten hebt ihre Waffe und schlägt nach mir. Brennender Schmerz in der Brust. Und dann fallen sie alle über mich her, schlagen und stoßen ihre Klingen in meinen Körper. Der Schmerz ist so heftig, daß er ein unfühlbares Gefühl wird, ein Gefühl weit jenseits des Schmerzes, das mich meine Peiniger und mich selbst in benommener Klarheit betrachten läßt. In erschreckender Klarheit das Wissen um menschliches Leiden. Aller Schmerz des Menschen in eine Erfahrung gedrängt. Der innerste Kreis von Haß, Bösartigkeit, Arglist und Kälte. Nichts bleibt übrig. Nichts mehr da, um damit zu fühlen. Ein Körper, so weit jenseits des Fühlens wie seine Angreifer, eine formlose Fleischmasse. Aber nicht tot. Irgendwie lebendig, um die Dumpfheit des Schmerzes zu erfahren, zu erkennen, zu sehen, zu verstehen, zu durchdringen – und dabei aufrecht zu bleiben.

Allein.

Mein Atem geht wieder normal, und die Treppe ist leer. Ich stoße mich von der Wand ab und gehe die letzten Stufen hinab in ein weites Gewölbe. Direkt vor mir einige Säulenbögen. Die Durchgänge rechts und links der Säulen sind dunkel. Aber der Raum zwischen ihnen erstrahlt in einem bernsteinfarbenen Glühen. Was habe ich da vor mir? Eine Art Geburtsszene – Mutter und Kind. Die Szene wechselt, und jetzt stehen zwei Gestalten tief in dem überwölbten Durchgang. Links eine hochgewachsene blonde Frau in enganliegendem schwarzem Jackett, Netzstrümpfen und Stöckelschuhen. Rechts ein schnauzbärtiger Mann in schwarzem Abendanzug mit Stock und Zylinder. Ein Zauberkünstler und seine Assistentin. Sie beginnen ihre Vorstellung singend und tanzend, aber ich höre nichts. Nach ein paar Sekunden halten sie inne und starren mich an. Sie wechseln einige Worte, die ich wieder nicht verstehe, drehen sich um und gehen auseinander. Zwischen ihnen taucht wieder die Mutter-Kind-Szene

auf, nur diesmal wirkt sie wie aus Pappkarton ausgeschnitten. »Vergiß das Baby nicht«, sagt die blonde Frau. »Du darfst das Baby nicht vergessen.« Die Szene löst sich auf, und sie nimmt den Mann bei der Hand. Sie gehen hinter die rechte Säule. Ich möchte gern wissen, was die Frau meint, und folge ihnen, aber zu meiner Überraschung huschen sie nur um die Säule herum und zurück in das Gewölbe. Ein Buffet? Ein langer Tisch steht jetzt da, beladen mit Speisen. Die beiden fangen an zu essen. Ich stehe neben ihnen und bedränge sie mit Fragen, aber das köstlich gerundete Hinterteil der Frau lenkt mich von den Antworten ab. Ich kann mich nicht mehr beherrschen und fange an sie zu streicheln. Anfangs beachtet sie mich gar nicht, aber dann sieht sie mich mit einem ungehaltenen Blick an und schiebt meine Hand weg. Beschämt trete ich zurück.
Eine Art Dunkelheit.
Ich stehe an einem wunderschönen Strand, der sich zu beiden Seiten hin erstreckt, so weit das Auge reicht. Im Hintergrund ein paar Bäume und dahinter eine Wildnis, in der es nur Gestrüpp gibt. Es ist sehr hell, der Himmel sehr blau. Ich schaue aufs Meer, das vollkommen still daliegt. Stimmen. Die Stimmen von Kindern, die in der Sonne spielen. Zehn oder fünfzehn Kinder, manche im Wasser, manche im fast weißen Sand des Strandes. Die Luft ist erfüllt von fröhlichem Lachen. Ich gehe näher heran, aber sie können mich nicht sehen. Warum nicht? Ich fühle die Sonne auf meinem Körper, also weshalb sehen sie mich nicht? Das Licht wird schwächer; das Meer verliert die Farbe des Himmels und nimmt die Farbe wachsender Schatten an. Wo sind die Kinder? Ich bin allein und fühle mich nicht mehr unsichtbar. Wie warm sich die heraufziehende Dunkelheit anfühlt. Wie leuchtend die Schatten sind, die langsam die Landschaft verschlucken. Sickerndes Blau, Bernstein und Blau durchmischt und erstarrt zu fluoreszierender Dunkelheit. Und alles lebendig. Land und Meer atmen ihr Leben in die Dunkelheit. Aber was ist das da? Eines der Kinder, ein goldschopfiger kleiner Junge mit fast strahlend weißer Haut. Er steht da und schaut aufs Meer hinaus. So klein und doch so stark, so jung und doch so entschlossen. Er dreht sich nach mir um und sagt etwas, das mich mit Furcht erfüllt. Er möchte aufs Wasser hinaus, zu irgendeinem Ort, den nur er kennt. Ich lehne es ab. Ich versuche zu erklären, daß kein Boot da ist und daß uns ein Boot angesichts des nahenden Sturms auch nicht viel nützen würde. Er runzelt die Stirn und schaut wieder aufs Meer. Und dann rennt er zu meinem Entsetzen ins Wasser und schwimmt los. Einen Moment stehe ich wie gelähmt – Angst um den Jungen, Angst ihm zu folgen.

Aber ich weiß, daß ich ihm folgen muß, und so stürze ich mich ins Wasser.
Es ist sinnlos. Er scheint die Kraft eines erwachsenen Mannes zu haben. Ich kann ihm nur schlecht und recht folgen und hoffe, irgendwie helfen zu können, wenn der Sturm losbricht. Und jetzt bricht er wirklich los, zornig bäumen sich die Wellen auf. Kein Mensch kann darin überleben. Aber ich sehe den Jungen vor mir, wie er sich voranstößt, sein Kopf ein Goldklumpen im Wasser. Was für ein Mut! Ich rufe ihm zu, er solle umkehren, zurückschwimmen an den sicheren Strand, aber er hört mich nicht oder will nicht hören. Warte auf mich! schreie ich. Versuch nicht, allein hinzukommen. Und noch während ich schreie, merke ich, daß ich es sein werde, den die Kräfte verlassen, der gerettet werden muß. Aber was ist das? Der Junge hebt sich aus dem Wasser, wird über den weißen Fingernägeln der Wellen gehalten, unter ihm ein dunkler Umriß. Er ruft mir zu, mich zu eilen, noch einmal alle Kräfte anzustrengen. Worauf sitzt er da? Es sieht aus wie ein großer glatthäutiger Fisch, der dem Jungen zu gehorchen scheint. Ich erreiche sie und sitze nun rittlings auf dem Fisch, den rechten Arm um den Jungen gelegt. Und auf geht es, wir nehmen Fahrt auf, besiegen das Element mit etwas, das ihm selbst angehört. Der Fisch ist ein blauschwarzer Delphin mit einem herrlichen Kopf. Ich sehe seine Augen, während er auf und ab über das Wasser schnellt. Ich rufe dem Jungen zu, sich am Kopf des Delphins festzuhalten, und bin plötzlich nicht mehr nur in dieser Szene, sondern auch darüber, erlebe und betrachte sie gleichzeitig. Mein Körper ist violettblau gegen das Weiß seiner Haut, mein Haar schwarz gegen sein goldenes. »Die Insel!« schreit er. Und noch einmal: »Die Insel!« Welche Insel? Ich sehe nur den schwarzen Mund des Himmels über dem Meer. Wohin bringst du mich, kleiner Junge? Bin ich wirklich bei dir? Ich sehe euch beide, wie ihr langsam in den Mund des Himmels verschwindet. Ihr werdet von mir fortgezogen, und ich kann mich nur verwundert fragen, was ihr vorhabt, du und dein violettblauer Mitreisender.
Ein Zimmer in einem Haus.
Ich stehe mitten in diesem Zimmer und habe ein Ei in der rechten Hand. Das Ei ist warm und hat einen ziemlich deutlichen Riß. Ich zeige jemandem das Ei und sage, das Wesen darin brauche Hilfe. Ich drücke vorsichtig, und dabei bricht ein Stück Schale ab und läßt das dünne Häutchen darunter sichtbar werden. Sofort regt sich dahinter etwas und stößt seinen Kopf gegen das Häutchen. Ich zeige aufgeregt auf das Geschehen, denn ich weiß, daß jetzt etwas geboren wird und

daß diese Geburt in meiner Hand stattfinden wird. Aber was ist in dem Ei? Ich erkenne undeutlich etwas hinter der Haut, etwas das stößt und drückt. Sicherlich irgendein Vogel. Aber als das Häutchen zerreißt und das Wesen sich herauswindet, da ist es eine haarige Raupe, eine wunderschöne Raupe mit schwarzen und goldenen Ringen. Sie wächst so schnell, daß sie im nächsten Moment schon nicht mehr in das Ei passen würde. Nach wenigen Sekunden ist sie schon größer als meine Hand. Staunend sehe ich diesem unglaublichen Wachstum zu. Jetzt ist sie schon so groß, daß ich sie mit beiden Händen halten muß, und immer noch wächst sie. Ich kann nichts weiter für sie tun, als sie auf meinen Händen zu tragen.
Das war die letzte Vision. Als ich die Augen wieder öffnete, war es fünf Uhr morgens. Alles war still. Ich schaute hoch in den verschwommenen Umriß der Decke und fragte mich, was das alles bedeuten mochte. Aber es war sinnlos, es interpretieren zu wollen, ich mußte es in und an mir arbeiten lassen, mußte es wachsen lassen wie die Raupe, damit es ausgären und zu einer reifen Erkenntnis werden konnte.

33. Die Göttin und das Kind

Sabazius hörte sich die Geschichte meiner Erlebnisse der vergangenen Nacht wortlos an. Als ich fertig war, stand er auf und kam zu mir herüber. »War ziemlich viel los diese Nacht, nicht wahr?« sagte er, aber bevor ich etwas antworten konnte, griff er meinen Kopf mit beiden Händen und drückte so stark, daß sich meine Schädelknochen tatsächlich etwas einbogen. Etwa eine Minute lang hielt er diesen Druck aufrecht, dann ließ er los, hauchte einen langen Atemzug auf meinen Kopf und ging zu seinem Sessel zurück. Als er wieder saß, fragte er, wie ich mich fühlte.
»Wie taub überall«, antwortete ich.
»Und insgesamt?«
»Irgendwie hohl innerlich.«
»Wie meinst du das?«
»So als ob meine Gefühle hohl wären.«
»Das hast du noch nicht ganz erfaßt«, erwiderte er. »Gefühle sind niemals hohl. Was du meinst, ist dein emotionales System. Wenn die

Sinne einmal ordentlich durchlüftet werden, fühlen sie sich anders an. Gewohnheit und Reaktion sind die Gewichte, die den Körper niederdrücken und kein wirkliches Fühlen zulassen. Diese beiden Dinge sind das Schwerkraftsystem des rationalen Bewußtseins. Nehmen Gewohnheit und Reaktion ab, dann bricht dieses Schwerkraftsystem in sich zusammen, und auf dem Höhepunkt dieses Zusammenbruchs zerfallen auch die Emotionen, die ihrer Natur nach reaktiv sind. Dieser Prozeß erzeugt das Gefühl der Hohlheit. Das alles bedeutet nichts anderes, als daß das Gewicht der Willenlosigkeit von dir abfällt. Die Raupe mit den schwarzen und goldenen Ringen hat dich innerlich ausgefressen und deine Energien so ausgerichtet, daß du dich selbst gebären kannst.«

Ohne genau zu wissen, wovon er sprach, wußte ich, wovon er sprach. »Was ist mit den anderen Bildern?« fragte ich.

Sabazius lachte. »Wäre alles nur ein Traum gewesen, dann müßten wir diese Bilder jetzt einzeln durchsprechen; aber es war nicht Traum, sondern Vision. Es war die Schau deiner eigenen Energien, die dich innerlich so umbildeten, daß die Raupe geboren werden konnte. Du bist dem Raubvogel entkommen, und zwar ganz aus eigener Kraft; das hat ein Loch in deine sexuelle Stauung gesprengt, aber dieses Loch ist noch nicht groß genug. Jetzt mußt du die Energie, die du aus dieser Begegnung gewonnen hast, an die Göttin zurückgeben, denn von ihr hast du sie auch bekommen. Die Göttin und der Raubvogel sind ein und dieselbe Person. Wenn du dich dieser Pflicht entziehst, wird sie sich die Energie auf andere Weise zurückholen und dann etwas noch Schrecklicheres tun – sie wird die Raupe verschlingen.«

»Wie kann ich die Energie zurückgeben?«

»Durch einen Akt deiner biologischen Funktion.«

Ich starrte ihn verdutzt an. »Soll das etwa heißen...« begann ich stockend, brachte den Satz aber nicht zu Ende.

»Nein«, kam er mir zu Hilfe, »es soll nicht heißen, daß du mit irgendwem ins Bett hüpfen sollst. Es soll heißen, daß du dich der Göttin in einem vollkommen gesammelten Akt der Liebe und Achtung hingeben mußt.«

»Meinst du symbolisch?«

Er verzog schnaubend das Gesicht. »Nein, ich meine nicht symbolisch. Das würde dein Problem nur verfeinern.«

»Dann willst du doch, daß ich mit irgendwem ins Bett hüpfe!«

»›Hüpfend‹ kommst du hier überhaupt nicht weiter. Du hast dir einfach klarzumachen, was in den letzten sechs Jahren in deinem

Leben losgewesen ist. Du hast nämlich in dieser Zeit nur deswegen keine Beziehungen zu Frauen gehabt, weil du nicht konntest, und nicht etwa weil du nicht wolltest. Es war vollkommen unmöglich, weil deine ganze Energie in deinem Verstand steckte.«
»Und wenn ich es jetzt versuche und nichts passiert?«
»Wie?«
Ich lief rot an und suchte nach Worten. »Es könnte doch sein, daß ich das nicht kann, was du von mir willst.«
»Ah, verstehe. Du findest das nicht etwa albern oder falsch, was ich sage, sondern hast einfach nur Angst, daß du als Mann versagst, hä?«
Ich nickte. Er nickte im Gleichtakt mit. Dann stand er auf, kam herüber und hockte sich direkt vor mich hin. »Ich gebe dir mein feierliches Ehrenwort, Peter, daß das nicht geschehen wird. Du hast dem Raubvogel gegenübergestanden und hast ihn ohne Gegenschlag geschlagen; dadurch hast du die dunkle Seite deiner Natur überwunden, und aufgrund deiner Absicht, der Göttin deine Energie zurückzugeben, wird sie dir diese Energie schenken. Wenn du das getan hast, bist du auf allen Ebenen geklärt und vorbereitet.«
Seine Reaktion auf meine Not berührte mich tief. »Bleibt also nur noch die Frage: Wer, wann und wo«, sagte ich und versuchte ein Lächeln.
Sabazius erhob sich und sagte: »Es spielt keine große Rolle, mit wem du aufwachst; wenn möglich, sollte es eine Frau mit ein wenig Sensibilität sein.«
»Muß ich sie aufklären?«
»Das würde ich nicht raten. Es müßte schon eine sehr ungewöhnliche Frau sein, die so etwas versteht.«
Ich schaute den kleinen Rosenblütenlampenschirm auf seinem Tisch an und fühlte die Hohlheit meiner Emotionen. Sollte ich nun doch endlich aus dem Gefängnis ausbrechen? Wie erschreckend das Dunkle und Lichte der Göttin gewesen war. Und jetzt sollte ich ihr wieder gegenübertreten, bewußt und körperlich, um etwas zu tun, das ich als unmöglich zu betrachten gewohnt war.
Sabazius schaltete sich in meine Gedanken ein und sagte: »Und sie ist die inkarnierte Liebe. Alle Frauen sind Spiegelungen der Göttin.«
»Und Männer?« fragte ich.
»Männer sind Spiegelungen des *Kindes* in den Kindern, die Frauen gebären.«
»Das versteh ich nicht«, sagte ich achselzuckend.
»Irgendwas bedrückt dich noch«, sagte er. »Was ist es?«
Ich dachte kurz nach und antwortete: »Vielleicht will ich mich nur

drücken, aber irgendwie muß ich immer denken, daß es eine Art Ausbeutung ist.«

»Nur weil du oberflächlich daran denkst. Es ist nichts Ausbeuterisches daran, sich der Göttin durch eine der ihren zu nähern.«

»Aber was ist mit der Frau, die daran beteiligt sein wird?«

»Frauen sind Spiegelungen der Göttin«, erwiderte er lächelnd, »aber nur die Göttin selbst ist wirklich. Männer, die Spiegelungen des *Kindes* in den Kindern, die Frauen gebären, vollziehen den Liebesakt mit Spiegelungen der Göttin, ohne zu erkennen, wer sie ist; und Frauen, die Spiegelungen der Göttin, vollziehen den Liebesakt mit Spiegelungen des *Kindes*, ohne daß ihnen je die Natur dieser Beziehung klar wird. Die Göttin in der Frau sucht das *Kind* im Mann, und das *Kind* im Mann sucht die Göttin in der Frau. Aber beide sind im Wachtraum, weshalb man auch mit Recht sagt, daß sie ›miteinander schlafen‹, und sie können einander nicht finden, weil die Spiegelung der Zeit auf ihren Gesichtern liegt. Zeit ist Tod. Die Göttin und das *Kind* nicht finden, ist Tod. In der alten Zeit nannte man es *einander erkennen*, wenn ein Mann und eine Frau sich liebten, und dieses Erkennen war das Wiedererkennen der Göttin und des *Kindes*. Das ist jetzt nicht mehr so. An die Stelle des Erkennens ist etwas getreten, das man ›tut‹ oder ›macht‹ oder gar ›ausführt‹. Wirkliches Lieben ist das Erkennen dessen, was man liebt; ›Machen‹ ist nur ein Ausbeuten der Liebe, und man merkt es nicht einmal. Einen anderen Menschen auszubeuten, ist für dich jetzt ebenso unmöglich, wie es für mich unmöglich ist, dich dazu aufzufordern.«

Ich erinnerte mich an meine Vision und fragte: »War das Kind in meiner Vision das *Kind*?«

Er schüttelte den Kopf und nickte dann. »Das Kind in deiner Vision war nicht das *Kind*«, sagte er, »und doch ist das *Kind* das Kind in deiner Vision. Die Frau in Weiß in deiner Vision war nicht die Göttin, und doch ist die Göttin die Frau in Weiß. Du warst nicht der blaue Reisende in deiner Vision, und doch ist der blaue Reisende du. Jetzt im Augenblick verstehst du deine Vision nicht, aber deine Vision versteht dich.«

»Dann ist das Kind mein Begreifen, mein Begreifen dessen, was ich noch nicht verstehe.«

»Sehr richtig. Und dieses Begreifen kann erst durch einen Willensakt, der dein Problem beseitigt, an die Oberfläche deines Bewußtseins kommen. Deshalb mußt du die Göttin in einer Frau finden.«

»Was ist die Insel?«

Diese Frage schien für ihn nicht mehr zum augenblicklichen

Gesprächsfaden zu gehören. Er wendete sich plötzlich ab und ging hinüber zum Gaskocher. »Vergiß die Insel«, sagte er. »Die hat mit etwas anderem zu tun.«
Ich sah zu, wie er den Kessel füllte und das Gas anzündete. »Es wird nicht leicht sein, jemanden zu finden«, sagte ich etwas mutlos. »Ich habe seit fast drei Jahren kaum noch alte Bekannte getroffen.«
Sabazius sah mich verwundert an. »Wovon redest du?«
»Wie ich die richtige Frau finden soll.«
»Das ist ein Problem?«
»Na ja, es ist lange her.«
Er kratzte sich theatralisch den Kopf. »Ich weiß immer noch nicht, was du meinst?«
»Ich meine, daß ich nicht weiß, ob eins der Mädchen, die ich kenne, mit mir ins Bett gehen will.«
Sabazius barst schier vor Lachen. »Dann geh doch mit einem Mädchen ins Bett, das du nicht kennst!« prustete er. »Das sollte kein Problem sein; es gibt eine Menge Frauen, die auf der Jagd nach dem *Kind* im Mann sind.« Von da an weigerte er sich, noch irgend etwas über das *Kind* oder die Göttin zu sagen. Nur eine Bemerkung machte er noch, bevor er sich ganz dem Teekochen widmete: »Es wird dir nicht schwerfallen, eine Frau zu finden. Du brauchst nur aufzuhören, in *Örtlichkeiten* zu denken, dann wird sie plötzlich da sein.«
Er machte den Tee und reichte mir eine Tasse. Dann kehrte er mir den Rücken und fing an, mit etwas herumzuhantieren, das er dicht am Körper haben mußte. Ich fragte ihn, was er denn da mache, aber er ignorierte mich. Die heftigen Bewegungen seiner Ellbogen und Schultern ließ in mir den Eindruck entstehen, daß er mit irgendeinem kleinen, aber sehr kräftigen Tier kämpfte. Noch einmal fragte ich, und er antwortete schlicht: »Ich binde mich los.« Darauf wußte ich mir keinen Reim zu machen und fragte, ob ich nicht zusehen dürfe. »Lieber nicht«, antwortete er nach einer Weile, »es würde dich wahrscheinlich umbringen.« Das Gefummel ging noch ein paar Minuten weiter, und dann blieb er plötzlich ganz still stehen. »Bist du bereit?« fragte er. Ich sagte, ich wisse nicht, ob ich bereit sei oder nicht. »Dann bist du bereit«, sagte er und drehte sich zu mir um.
Ich weiß nicht, was ich erwartete; jedenfalls ließ mich das, was dann tatsächlich geschah, erschrocken zurückprallen. Ich sagte bereits, daß er sich umdrehte, aber das stimmt eigentlich nicht ganz; ich müßte sagen, daß nur sein Rücken sich drehte, während die Vorderseite, die jetzt hätte sichtbar werden sollen, in den Saum dieser Drehbewegung verschwand. Als er sich drehte, wurde keine Vorderseite sichtbar,

und der Rücken, den ich noch wegdrehen sah, verschwand hinter der nicht vorhandenen Vorderseite und wurde ebenfalls unsichtbar. Aber das war noch nicht alles. Bis hierher hätte ich das Ganze vielleicht noch irgendwie verkraftet, aber es kam etwas hinzu, das mir buchstäblich die Haare zu Berge stehen ließ. An der Stelle, wo Sabazius eben noch gestanden hatte, saß eine Katze – nicht seine eigene – und leckte sich in aller Seelenruhe. Ich starrte wie gebannt die Katze an, als könnte ich an ihr erkennen, was geschehen war, aber je länger ich sie anstarrte, desto rapider sanken meine logischen Prozesse in Trümmer und desto mehr begann ich zu zittern. Es gab zwei Alternativen, und die erste war völlig ausgeschlossen: Entweder hatte Sabazius sich in eine Katze verwandelt, oder er hatte die Katze vor dem Bauch gehalten und beim Umdrehen irgendwie unauffällig abgesetzt. Hatte ich nicht selbst das Gefühl gehabt, daß er mit einem Tier kämpfte? So war es bestimmt, sagte ich mir und versuchte die Tatsache zu übersehen, daß die Katze nicht im mindesten so wirkte, als hätte sie eben gekämpft.

Erst nach zehn Minuten, die Katze hatte sich inzwischen zum Schlafen hingelegt, wagte ich ein ganz leises »Alexis?«. Keine Antwort. Allerdings hob die Katze den Kopf und sah mich an. Ich fragte mich ernsthaft, ob ich jetzt wohl den Verstand verlor. Wie als Antwort auf meine Gedanken stand die Katze auf, streckte sich und kam auf mich zu getappt. Ich erstarrte und erwartete das Unvermeidliche. Das Unvermeidliche geschah. Die Katze sprang mir auf den Schoß und rollte sich ein. Wieder starrte ich sie minutenlang nur an, bis der Mut, sie anzufassen, sich in mir regte. Sie war warm und weich und schmiegte ihren Kopf in meine Hand. Ich wußte, daß ich nicht einfach endlos so sitzenbleiben konnte, hielt die Katze mit den Händen und stand auf. Sie wand sich aus meinen Händen und kletterte mir auf die Schulter, wie es Siamesen gern tun. Als ich ihr mein Gesicht zuwendete, sah sie mich mit einem sehr sonderbaren Blick an. »Tut mir leid«, sagte ich und schaute in diese Augen, »ich kann einfach nicht akzeptieren, daß du Alexis Sabazius bist.« Kaum hatte ich diese Worte gesagt, sprang sie auf den Boden. Den Schwanz zu einem perfekten Fragezeichen erhoben, antwortete sie mir in ihrer eigenen Sprache. »Ich weiß nicht, was du mir sagen willst«, sagte ich. Sie trottete quer durchs Zimmer, blieb vor Sabazius' Stuhl stehen und sprang dann mit einem Laut, der bedrohlich menschlich klang, hinauf. Das war zuviel für mich. »Nein, nein, unmöglich!« rief ich. »Ein Mensch kann sich nicht in eine Katze verwandeln!« Nachdem ich das endlich los war, sah ich mich im Zimmer um und suchte das

Versteck, in dem sich die Katze vor ihrem wundersamen Erscheinen aufgehalten haben mußte. Ich entdeckte mindestens vier Plätze, wo sie leicht hätte versteckt werden können – sofern sie gut dressiert war. Dann setzte ich mich wieder auf den Bettrand und betrachtete die Situation noch einmal ganz nüchtern. Was für ein Narr ich doch war! Wozu wollte ich mir beweisen, daß ein Mensch sich nicht in eine Katze verwandeln kann, wenn ich doch mit eigenen Augen gesehen hatte, wie ein Mensch sich in nichts verwandelte? Wie kann ein Mensch nichts sein und doch ein Mensch bleiben?

Immer noch sah ich die Katze an, aber als ich einmal blinzelte und dann die Augen wieder öffnete, saß Sabazius wieder auf seinem Stuhl und sah mich an. Von der Katze keine Spur mehr. Ich stand auf und ging mit unsicheren Schritten auf ihn zu. Er regte sich nicht. Auf halbem Wege blieb ich stehen und betrachtete genau dieses Bild, aber ich mochte noch so angestrengt hinschauen, ich entdeckte nicht die geringste Bewegung. Ohne seine gesunde Gesichtsfarbe und seine unbezweifelbare Gegenwart in seinem Blick, hätte ich geschworen, daß ich einem Toten gegenüberstand. Lange Zeit stand ich so da, und entdeckte plötzlich eine winzige Atembewegung. Ich wagte nicht zu sprechen, der Raum wäre sicherlich klirrend zersprungen wie ein Spiegel. »Das meine ich mit ›losbinden‹«, sagte er unvermittelt. Wie aus einem Bann befreit, fing ich wieder an, mich nach der Katze umzusehen. Als ich Sabazius wieder ansah, lächelte er. »Hast du was verloren?« fragte er. Ich fand meine Stimme wieder und berichtete, eine Katze sei erschienen, als er verschwunden war, und habe dann einiges sehr Ungewöhnliches getan, bevor sie selbst wieder verschwunden sei. Sabazius fragte mich, was denn die Katze getan habe, und während ich es schilderte, merkte ich, daß er das Lachen kaum noch an sich halten konnte. Ich brach ab und sagte: »Ich weiß nicht, was ich davon halten soll. Anscheinend willst du mich davon überzeugen, daß du dich tatsächlich in eine Katze verwandelt hast, daß du die Katze warst und sie mir diese Tatsache mit ihrem Verhalten deutlich machen sollte.« Ich suchte nach den richtigen Worten und fuhr dann fort: »Ich kann das einfach nicht akzeptieren, es ist ein schrecklicher Gedanke.« Das Lächeln wich aus seinem Gesicht, und er erwiderte kurz: »Es gibt Dinge, die dich noch mehr erschrecken werden, also gewöhn dich lieber daran.«

Ich weiß nicht, ob es Angst war oder einfach die Tatsache, daß seit der Geburtstagsfeier zuviel in so kurzer Zeit auf mich eingestürmt war – jedenfalls brach ich plötzlich zusammen und erinnere mich nur noch, wie der Teppich auf mich zustürzte, sein Muster wie die

Luftaufnahme vom Straßengewirr einer Stadt. Als ich wieder zu mir kam, lag ich unter einer Decke auf dem Bett. Sabazius stand am Fenster. Ich blieb liegen und sah ihn an, ohne etwas zu sagen. Ich wußte, ohne es aussprechen zu müssen, daß ich an einem Scheideweg stand. Während ich mich noch ganz von diesem Wissen oder Fühlen durchdringen ließ, dröhnte ein großes Flugzeug in geringer Höhe über das Haus hin. Seine Motoren klangen wie eine Warnung. Ich schloß die Augen und versuchte zu verstehen, was ich mir da mitteilen wollte. Die Katze. Ich sah sie vor mir, wie sie mich anschaute, zu sprechen versuchte, die konzentrierte Bewegung des kleinen Körpers auf den Stuhl zu. Ich öffnete die Augen und schaute zu Sabazius hin. Ein Mensch. Ein ganz normaler Mensch, der aus dem Fenster schaut. Stille und ein Fenster. Ja, das war es. Sabazius besaß auf eine Weise Zugang zum Fenster, die mir fehlte, und gelegentlich tat er das Unerwartete – er ging einfach durch die Tür. Ich wußte noch nicht, wo die Tür war, hatte aber schon oft den Zug gespürt, wenn sie aufging. Und dann mußte ich plötzlich innerlich lachen. Was macht es denn, wenn ein Mensch sich in eine Katze verwandeln kann? Das hebt den gesunden Menschenverstand nicht aus den Angeln, es erweitert ihn nur, bereichert das Leben und läßt die Imagination Substanz gewinnen. Aber im Grunde ist es doch etwas anderes als Imagination, denn an ihr wird selten so etwas wie Gesetzlichkeit erkennbar. Die Welt jenseits der Tür ist gesetzmäßig, voller scheinbar vertrackter Rätsel, die den Verstand verwirren und auf der grauen Straße der Logik zum Stolpern bringen. Nein, nicht Imagination regiert die Welt, sondern *Freude*, die Fähigkeit, aus der selbstgeschaffenen Dunkelheit herauszutreten und Wirklichkeit zu erfahren. »Du bist wach«, sagte Sabazius. Ich zog die Decke weg und schwang die Beine auf den Boden.
»Ja, ich bin wach.«
»Möchtest du rausgehen oder lieber weiterschlafen?«
»Ich möchte viel lieber rausgehen.«

34. *Lorna oder Der Durchbruch*

Zwei Tage danach lernte ich Lorna in einem Café kennen. Es war sehr voll, und wir saßen zufällig (zufällig?) am selben Tisch. Sie weinte plötzlich, aber als ich sie fragte, was denn los sei, wollte sie nicht sprechen. Als sie aufgehört hatte zu weinen, entschuldigte sie sich und wandte sich wieder ihrem Essen zu. Ich schätzte ihr Alter auf etwa fünfundzwanzig Jahre, dieses – wenn der Ausdruck erlaubt ist – Niemandsland im Leben einer Frau zwischen Mädchenhaftigkeit und Reife.

Sie hatte ein frisches Gesicht, dunkles Haar, und trug ein zweiteiliges, heufarbenes Kleid. Dem Kleid nach zu urteilen arbeitete sie wohl in einem Büro. Sie stocherte lustlos in ihrem Essen und versuchte ihre Gedanken durch Anspannen der Gesichtsmuskeln unter Kontrolle zu halten. Dann quollen wieder Tränen, lautlose Tränen zwischen Schmerz und Scham. Irgendwann brachte ich sie doch zum Reden. Sie mochte wohl gedacht haben, daß ein Gespräch mit mir sie von ihren Gedanken ablenken würde, aber es endete damit, daß diese Gedanken einfach aus ihr herauspurzelten. Ich erfuhr erst später die ganze Geschichte, aber immerhin begriff ich, daß diese junge Frau mit ihrem Leben zurechtzukommen, einen Sinn darin zu entdecken versuchte. Ihr Vater sei gestorben, sagte sie, und dieser Tod hatte sie offenbar zutiefst schockiert. Sie hatte das selbst nicht erwartet, denn sein Tod war seit Monaten abzusehen gewesen. Aber als sie dann erfuhr, daß er tatsächlich gestorben war, hatte dieser Gedanke von ihrem Leben Besitz ergriffen. Seit Tagen konnte sie an nichts anderes mehr denken, und hier in diesem überfüllten Café ließ sie zum ersten Mal ihren Gefühlen freien Lauf. Als das mittagliche Gedränge nachließ, entwickelte sich unser Gespräch in alle möglichen Richtungen, und ich verfolgte interessiert, wie sie jede dieser Schleifen mit dem Tod ihres Vaters in Verbindung brachte. So hatte sie zum Beispiel in den letzten fünf Jahren in der Public-Relations-Abteilung einer Firma gearbeitet, und diese Arbeit gefiel ihr so gut, daß sie dabei bleiben wollte; seit dem Tod ihres Vaters wußte sie jedoch plötzlich, daß ihr Job eine Farce war und ihr Engagement eine Lüge. Wer die Grundsätze dieser Arbeit vertritt, so sagte sie, muß wider alle bessere Einsicht glauben, daß er mit dem, was er tut, die Struktur der Kommunikation sinnvoll ergänzt. Jetzt wußte sie, daß alles, was dort gesagt und getan wurde, nur die Schminke im Gesicht einer Leiche war. Die Luft war voller sterbender Wörter, und verwesende Wörter lagen wie fauliger Gestank zwischen den Gesichtern. Das war ihr aufgegangen, als ihr all die toten Wörter einfielen, die zwischen ihr und ihrem Vater hin und her gegangen waren. Sie hatten einander weder erkannt noch geliebt, es war nur eine private Public-Relations-Übung gewesen.

Bis in ihre Kindheit wirkte der Tod ihres Vaters zurück. Ihr fielen plötzlich Dinge wieder ein, die seit zwanzig Jahren irgendwo in ihr verschlossen gewesen waren. Sie erinnerte sich, wie sie sich im Kleiderschrank versteckt hatte und zwischen den Kleidersäumen kauerte, während ihre Mutter draußen nach ihr rief. Sie hörte die Schritte der Mutter ins Zimmer kommen und sich wieder entfernen, hörte wie die Stimme lauter und wieder leiser wurde und schließlich nicht mehr zu hören war, wenn die Mutter zur Hintertür hinausrief: »Lorna!« Und dieses Stillwerden, so hatte sie erst kürzlich entdeckt, vor allem die Stille des Todes im Gesicht ihres Vaters, war das, was die Erinnerungen auslöste. Sie beschrieb diese Stille meisterlich, und ich kann hier nur ihre eigenen Worte wiedergeben: »Als ich hinkam, lag er voll bekleidet auf dem Bett. Er lag auf der Seite, den Kopf auf dem Kissen. Hätte ich nicht gewußt, daß er tot ist, dann hätte ich gedacht er schläft. In seinem Gesicht war noch Farbe. Ich stand minutenlang da und sah ihn an, und erst allmählich merkte ich, daß ich nach dem Geräusch seines Atems lauschte. Meine Augen fingen an, mir Streiche zu spielen. Ich rechnete jeden Augenblick damit, daß seine Augen sich öffnen oder sein Mund irgendeinen Laut von sich geben würde. Aber natürlich passierte nichts, er war tot, und Tote tun gar nichts. Da erst wurde mir klar, daß er nie wieder träumen würde, daß sein Geist jetzt ganz still war, daß jeder Gedanke und jede Erinnerung ihn verlassen hatte. Er wußte nicht, daß ich da war, und er wußte nicht, daß er da war. Er fühlte und wußte überhaupt nichts mehr. Ich setzte mich vor seinem Bett auf den Boden und versuchte diese Stille zu verstehen. Er schien aus festgewordener Stille zu bestehen. Aber all das änderte nichts an der Tatsache, daß er mein Vater war, daß er ein Mensch war, daß seine Gestalt die Gestalt der Potentialität und des Entdeckens war. Damit wurde ich nicht fertig. Er war tot, aber seine Gestalt sprach vom Leben, er konnte nicht mehr denken oder sprechen, aber er hatte gedacht und gesprochen, und das konnte nie wieder ausgelöscht werden.«

Sie war tatsächlich nicht fünfundzwanzig, sondern dreiundzwanzig. Ich versuchte, mich an mein dreiundzwanzigstes Jahr zu erinnern. Es war das Jahr meiner Heirat, das Jahr, in dem ich die Verantwortung eines Mannes auf die Schultern eines Jungen genommen hatte und damit in den Krieg gezogen war, in den Krieg des Nichtwissens, daß man über andere und sich selbst nichts wußte. Jetzt war ich einundvierzig, fast doppelt so alt wie Lorna, und begann gerade erst zu wissen, was ich wußte, begann zu erkennen, daß die Qualität meines Wissens von der Qualität der Stille abhing, die ich fand. Wie seltsam, daß dieses Mädchen im Tod ihres Vaters auf diese Stille gestoßen war und so viel gespürt hatte, während andere ihres Alters – angefüllt mit

Ideen, Zielen und Träumen – nichts zu empfinden schienen als das Vordringen der stumpfen Klinge ihrer Jugend in die Welt ihrer Fiktionen. Sie war jung, und die Stille, in die sie sich da eingeschaltet hatte, war älter als die Zeit selbst, so alt, daß sie kein Alter hatte, so still, daß das lauschende Ohr sie nicht hörte.

Wir gingen zusammen zu ihrer Wohnung. Sie schloß ohne zu zögern die Haustür auf, und ich folgte ihr die teppichbelegte Treppe hinauf. Es war eine herrliche Wohnung, ganz anders als meine. Sie hatte sich mit voller Absicht einen Freiraum geschaffen, der ganz anders sein mußte als die gleichfalls von Absichten beherrschte Außenwelt. Ein Gesicht schaut in ein Gesicht, und dazwischen liegt die gemeinsame Grenze. Lorna durchbrach diese Grenze, indem sie mich auf den Mund küßte; sie hielt mein Gesicht zwischen ihren Händen und ließ ihre Leidenschaft mit ihrem Atem in meinen Mund überfließen. Sie war nicht mehr Lorna, sie war die Göttin, die das *Kind* sucht, dieses große fruchtbare Wesen auf der Suche nach dem, was sie geboren hatte. Vor vielen Jahren hatte ich die Zähne zusammengebissen und das *Kind* endgültig verlorengegeben, aber während Lornas Mund jetzt meinen verschloß, fanden die verstreuten Bruchstücke des *Kindes* wieder zusammen, erwachte es zu neuem Leben in wiedergefundener Autorität. Ich war wieder lebendig, und ich wußte es, und Lorna und das *Kind* und die Göttin wußten es auch.

Sie streckte sich auf dem Boden aus und schloß die Augen. Als ich mit der Hand die Innenseite ihres Schenkels hinaufstrich, öffnete sie ihre Beine und wölbte sich mir sanft entgegen. Ich sah in ihr Gesicht. Ihre Augen waren noch geschlossen, und sie atmete tief und gleichmäßig mit geöffnetem Mund. Ich streifte ihren Rock hoch, bedeckte ihre Schenkel mit Küssen, hauchte vom Knie bis in die Leiste lange Spuren von warmem Atem auf ihre Haut. Sie nahm meinen Kopf und drückte mein Gesicht in diese dunklen Senken. Ich ergriff die Hände, küßte ihre weiche Innenseite, und sie kam hoch, beugte sich vor und umfing mich mit dieser warmen, vollen, köstlichen Dunkelheit. Ich fühlte sie überall um mich, oben und unten, hörte und fühlte ihr Herz schlagen, hörte ihre Lungen sich leeren und füllen, die kleinen Laute von ihren Lippen, während sie ihren samtenen Raum webte und ohne jede Stütze darin zu schweben versuchte. Ich spürte, wie dieser Raum sich dehnte und einzog, wie das Leben in ihm aufwallte und dann wieder zurückfiel, wenn sie für Augenblicke die Grenzen des natürlichen Kräftespiels überschritt und an den Bereich des »Machens« stieß. Sie erforschte den äußersten Rand der Sensibilität, versuchte ihn zu ertasten, wie ein Blinder ein seltsames, fremdes Ding berührt. Und so schnell wagte sie sich vor. Ihr Verstand hatte nicht die Kraft, ihr den Weg zu verstellen, ihrer absichtslosen Absicht die Energie zu entziehen und sie in ein »Machen« zu verwandeln. Keine Mauer idealistischer Phantasien würde ihr den Blick auf die Qualität ihres Erkennens verstellen. Sie wollte erkennen, und sie war willens, dieses Erkennen durch den Willen aufblühen zu lassen wie eine Blume – eine Passionsblume.

Dann war sie rittlings über mir. Ihre Hände lagen auf meinen Schultern, und mit fast unmerklichen Hüftbewegungen nahm sie mich an und in sich auf. Ich konnte die Augen nicht schließen. Ich wollte die Stille unter ihre Haut kriechen sehen, wollte Zeuge sein dieser tiefen Umarmung, in der die Göttin das *Kind* an ihrer Brust birgt. Wäre ich jetzt nicht Zeuge, dann würde das Zepter der Autorität, das dem *Kind* gehört, wieder verlorengehen, und auch das *Kind* selbst wäre dann verloren – verloren, hilflos und zersplittert wie zuvor. Wie Eis im Frühjahr trieben wir auf den Schmelzpunkt zu. Ich schaute sie an und durch sie hindurch, spürte, wie mein Gesicht sich aus der Lüge des Ausdrucks löste, von mir abfiel und im weichen, blendenden Dunkel der Gewißheit verging. In diesem endlosen, wirbelnden Augenblick brachte ich meine Schamlosigkeit dar, ließ sie wie eine kleine Silberwolke von mir wegschweben. Und dann sah ich, was ich mein Leben lang hatte sehen wollen, ohne es zu wissen – das klare und makellose Licht, aus dem das Dunkel besteht, das dunkle Licht, das in Augenblicken der Ekstase aus den Falten des Seins dringt.

Die Haut deines Gesichts ist frisch und feucht wie ein Rasen aus weißen Fasern. Es ist fast, als kehrtest du aus dem Tod zurück mit einer Gnadenfrist, in der du ein abgründiges Rätsel zu lösen hast. Hörst du mich, Lorna? Welchen Namen trägst du, Lorna? Welchen Namen trugst du, bevor du dich selbst geboren und dein Gesicht gesehen hast? Was für ein köstlicher, sanfter Dschungel du bist. Als du dich über mich beugtest und mich empfingst, sah ich deinen Geist ganz abgelöst, losgerissen von seinem Wissenwollen, nurmehr eine Handvoll glänzender Metallwolle. Da warst du frei, frei zu *sein*, ohne *machen* zu müssen, frei für salzlose Tränen und für den Weg zu einem Tod in Würde. Aber du wußtest es nicht. Du hast es gefühlt, aber ohne zu wissen, was du da fühltest, ohne zu wissen, daß es die Erfahrung der Schamlosigkeit ohne Scham war. Jetzt schämst du dich. In deinen Augen ist noch das Strahlen, aber du schämst dich deiner Schamlosigkeit, weißt von ihr, merkst, wie eilig sie es hat, in deinem Gedächtnis zu verschwinden, um zu Erinnerung zu werden.

Daraus besteht die Schmutzigkeit der Worte, die du hörst: sie sind erinnerte Scham. Worte tragen unsere Scham in die Welt und beschmutzen sie; Worte verdunkeln die Welt mit Bedeutung und ersticken ihren lebendigen Atem. Wenn du das weißt, bist du frei von der Scham der Worte und kannst dich in ihnen bewegen, ohne beschmutzt zu werden. Ich liebe nicht dich, Lorna. Ich liebe nichts, was einen Namen hat. Ich liebe nur den Raum, den du einnimmst, denn dieser Raum ist Liebe. Verstehst du das? Wenn ich dir das sagte, würdest du es verstehen? Ich glaube ja, und du würdest mich dafür hassen, denn Verstehen weiß nichts von Liebe, kann sich nicht *im* Raum so weit erheben, daß es den Raum sieht. In einem Moment der Ekstase hast du dich entschleiert und das fehlende Stück ins Bild gefügt. Ich muß dich dafür nicht lieben, denn du *bist* Liebe, und das ist genug.

Die Haken erinnerter Verzweiflung greifen wieder nach dir, und Erfahrung verzerrt dein Gesicht. Bald wirst du wieder unkenntlich sein, Lorna, ein Bündel von Absichten, aber wenn du es nicht mehr erträgst, wirst du wieder diesen Raum suchen und für einen Augenblick Erleichterung finden. Dennoch, du hast mehr gelernt als die meisten anderen, du hast ein wenig länger losgelassen, so daß die Natur dieses Raums wie eine langsame Säure an deiner inneren Gestalt arbeiten konnte. Wie lange wird es dauern, bis das Loch groß genug ist, damit du hindurchklettern kannst? Einen kurzen Einblick hast du gewonnen, aber du wirst mehr als das erfahren müssen, um lebendig zu werden und dem Tod zu entgehen. Den Tod deines Vaters zu leben, ist nicht genug; du mußt lernen, deinen eigenen Tod zu leben und deine eigene Stille zu werden.

Die Einzelheiten vom Tod ihres Vaters erfuhr ich später. Sie lehnte an der Kamineinfassung und erzählte: »Mein Vater konnte Telefone nicht ausstehen, und als er pensioniert wurde, meldete er sein privates ab. Wenn man mit ihm sprechen wollte, gab es nur die Möglichkeit, zu ihm zu gehen. Nach seinem ersten Anfall habe ich ihn angefleht, das Telefon wieder anschließen zu lassen, aber er wollte einfach nicht. Er sagte, er könne das verdammte Gebimmel nicht ertragen, und damit war das Thema erledigt. Er hatte zwei weitere leichte Anfälle, und als der große kam, war er völlig hilflos.«

»Wer hat ihn gefunden?«

»Niemand hat ihn gefunden. Offenbar hat er es gerade noch geschafft, sich über den Treppenabsatz zur Nachbarwohnung zu schleppen. Dummerweise ist aber die Nachbarin eine kleine alte Frau – zehn Jahre älter als er –, die selbst kein Telefon hat. Natürlich

ist alles, was ich dir sage, aus dritter oder vierter Hand. Ich besitze nur lauter Informationsbruchstücke.«
»Wie kommt das?«
»Weil keiner genau weiß, was passiert ist. Die alte Frau hat ihn wohl über den Treppenabsatz mehr oder weniger zurückgetragen; sie mußte ihn nach dem Wohnungsschlüssel durchsuchen und hat ihn dann irgendwie wieder ins Bett geschafft. Dann wollte sie Hilfe holen, aber da hat er sich mit beiden Händen an sie geklammert...« Der Schmerz kam wieder in ihr hoch, und sie wendete sich ab. »Er wußte wohl, daß er sterben würde, und wollte nicht alleingelassen werden. Anscheinend hat er immer wieder versucht, ihr etwas zu sagen, und soweit ich die Nachbarn verstanden habe, ging es darum, daß irgendwer ihm die Tür vor der Nase zugeschlagen hat.«
»Hast du eine Ahnung, was das bedeuten kann?«
»Ich glaube ja. Im Erdgeschoß an der Fahrstuhltür wurde eine Einkaufstüte mit ein paar Lebensmitteln gefunden. Sie gehörte keinem der anderen Hausbewohner, also muß es seine gewesen sein.«
»Und das heißt?«
»Das heißt ganz einfach, daß der Anfall im Erdgeschoß anfing. Wahrscheinlich hat er an einer der beiden Wohnungstüren da unten geklingelt, konnte aber niemanden davon überzeugen, daß es ernst war, und dann hat man ihm halt die Tür vor der Nase zugeschlagen.«
»Aber wie ist so was denn möglich?« fragte ich bestürzt. »Es muß doch wohl offensichtlich gewesen sein, daß es ihm sehr schlecht ging.«
Sie stieß ein kurzes Lachen aus und schüttelte den Kopf. »Die Leute sind komisch, Peter, sie haben es nicht gern, wenn sie aus ihrem Privatleben gerissen werden. Ich selbst habe nicht gewußt, daß mein Vater schon mehrmals falschen Alarm ausgelöst hatte. Jedesmal ist er zu den Nachbarn runter und hat ihr Telefon benutzt. Als sich herausstellte, daß es immer nur Blähungen waren, haben die Nachbarn natürlich die Geduld verloren.«
»Aber diesmal muß es doch offensichtlich ernst gewesen sein.«
»Nicht unbedingt. Wahrscheinlich hat er sich mächtig zusammengerissen und es damit geschafft, abgewiesen zu werden.«
»Aber eben hast du doch gesagt, daß er bei jeder Kleinigkeit runtergelaufen ist«, wandte ich ein. »Wie paßt das zusammen?«
Lorna sah mich traurig lächelnd an. »Ich glaube nicht, daß da ein Widerspruch besteht. Wir sind dazu erzogen, alle Widrigkeiten tapfer zu ertragen. Nur ist der Tod eben nicht einfach eine Widrigkeit. Solange die Tür offenblieb, bestand die Chance, weiterleben zu

können, und so lange ist er tapfer geblieben. Aber dann war die Tür zu, und die Chance zu leben war weg. Er muß im gleichen Moment gewußt haben, daß es aus war mit ihm.«

Ich sah vor mir, wie er von der Tür wegtaumelte und sich zum Fahrstuhl schleppte. War der Fahrstuhl dagewesen oder gerade unterwegs? Hatte er den Knopf drücken und warten müssen? Wie schlimm mochte der Schmerz in diesen Sekunden gewesen sein? Jetzt verstand ich, was Lorna durchmachte. Nicht die bekannten Einzelheiten dieses Todes quälten sie, sondern die Vorstellung all dessen, was in diesen letzten Minuten geschehen sein *mochte.* Wie zwanghaft schien sie seinen herannahenden Tod immer wieder nachvollziehen zu müssen, erlebte sie die letzten Minuten seiner Angst und Hoffnungslosigkeit. Ich wußte, daß ich grausam sein mußte, um gut zu ihr zu sein.

»Jeder Mensch kann nur seinen eigenen Tod sterben, Lorna«, sagte ich. »Dein Vater ist seinen Tod gestorben, und eines Tages wirst du deinen Tod sterben.«

Von Kummer umgeben, stand sie da, der rechte Arm lag auf dem Kaminsims, der linke hing schlaff herunter. »Ich kann es nicht anhalten«, sagte sie. »Er stirbt immer wieder, in einem fort, und ich kann nichts dagegen tun.«

»Weißt du, woran das liegt?«

»Ich nehme an, daß ich davon besessen bin«, sagte sie und verzog seltsam den Mund. »Da kann man wohl nichts dran ändern.«

»Doch, in deinem Fall kann man.«

»Dann bitte, bitte, sag mir, was!«

Ich wartete einen Augenblick und sagte: »Du brauchst nur zuzugeben, daß du sentimental bist.«

»Bin ich nicht!« rief sie zutiefst schockiert. »Von allen Leuten, die ich kenne, bin ich am wenigsten sentimental.«

»Es ist ein himmelweiter Unterschied, ob man sich schöpferisch auf etwas einläßt oder es imaginativ manipuliert«, fuhr ich ungerührt fort. »Im ersten Moment konntest du den Tod deines Vaters als das fühlen, was er war. Er hat zu dir gesprochen, und du hast es verstanden. Aber später hast du dann angefangen, über die Einzelheiten dieses Todes nachzudenken, und das konnte nur eine sentimentale Spielerei mit diesen Einzelheiten werden. Von dem Augenblick an konntest du den Tod deines Vaters nicht mehr als das nehmen, was er ist, und mußtest ihm einen imaginativen Tod zur Seite stellen. Dein Vater ist einmal gestorben, Lorna; soll er jetzt immer wieder sterben, nur damit dein emotionaler Haushalt funktioniert?«

Sie wendete sich ab und bemühte sich offenbar, in Tränen auszubre-

chen, aber sie kamen nicht, weil der Boden aus ihrer Imagination herausgefallen war. Sie drehte sich wieder um und starrte mich an.
»Vielleicht gibt es einfach nichts zu beweinen«, sagte ich.
»Ich finde den Schmerz nicht mehr.«
»Vielleicht hat er nie existiert.«
»Doch, er hat, er war überall!«
»Wo ist er dann jetzt?«
Sie kniff die Augen zusammen. »So einfach ist es doch wohl nicht.«
»Möchtest du den Schmerz wiederhaben?«
»Nein.«
»Wo drückt dann der Schuh?«
»Ich kann einfach nicht glauben, daß er weg ist.«
»Dann erwartest du, daß er wiederkommt.«
»Kommt er denn nicht wieder?«
»Nur, wenn du wieder sentimental wirst.«
»Ich fühle mich gar nicht danach.«
»Nur, weil du es jetzt im Moment nicht bist. Es hat dir nicht geschmeckt, sentimental genannt zu werden, also hast du aufgehört, sentimental zu sein, und augenblicklich war deine Besessenheit weg. Deswegen konntest du nicht weinen.«
»Und weshalb ist mir jetzt zum Weinen?«
»Vielleicht, weil dein Vater jetzt endlich richtig und mit Anstand tot ist.«
Lorna sagte nichts drauf. Sie sah mich nur an, als hätte ich beiläufig erwähnt, daß das Haus brennt. Wie schön sie war. Schön und unschuldig und verheißungsvoll. Mit einem Wort, sie war selbst eine Göttin.

35. Reise nach Chaos

Am frühen Abend trennte ich mich von Lorna und ging zu Sabazius. Ich war kaum zur Tür herein, als er mich in die Mitte des Zimmers schob. Ich blieb regungslos stehen und starrte an die Wand. Dreimal tauchte er in meinem Blickfeld auf, aber er schien mich nicht direkt anzusehen. Beim dritten Mal machte er eine merkwürdige Handbewegung und ließ laut die Knöchel knacken. Dann Stille. Nicht einmal mehr das Gefühl, betrachtet zu werden.

»Scheint alles in Ordnung zu sein«, sagte er plötzlich.
»Wonach suchst du denn?«
»Ich habe nichts gesucht und nichts gefunden«, lautete die schlichte Auskunft.
»Willst du hören, was passiert ist?«
Er lachte, ging zum Fenster und holte eine braune Segeltuchtasche, die dort stand. »Dafür haben wir jetzt keine Zeit. Wir müssen unser Flugzeug bekommen.«
»Wohin fliegen wir denn?«
Er zog zwei Tickets aus seiner Jackentasche. Ich starrte sie verblüfft an. Es waren Rückflugtickets nach Athen. Abflugzeit: zehn Uhr abends.
»Okay?«
»Ich denke, schon.«
»Du wirst ein paar Sachen holen müssen.«
»Was brauche ich?«
»Hast du ein Paar anständige Tennisschuhe?«
»Ja.«
»Und eine Tasche wie die hier.«
»Bestimmt.«
»Also los.« Er schob mich zur Tür hinaus. »Der Flughafenbus fährt um halb neun.«
»Jetzt ist es halb sieben.«
»Dann haben wir gerade noch Zeit, deine Sachen zu holen.« Während wir bis zur nächsten Ecke gingen und nach einem Taxi Ausschau hielten, fragte ich: »Wie lange bleiben wir weg?«
»Nicht lange.«
»Ich habe nur um die zehn Pfund bei mir.«
»Wo wir hinfahren, könntest du davon einen Monat leben«, erwiderte er. »Das braucht dich am allerwenigsten zu bekümmern.«
Alles lief jetzt mit schwindelerregender Schnelligkeit ab. Zu Hause raffte ich schnell meine Sachen zusammen, und schon saßen wir im nächsten Taxi, das uns zum Busbahnhof am King's Cross brachte. Sabazius zahlte das Taxi, und ich folgte ihm in das grünliche Licht des Warteraums. Kurz darauf saßen wir im Bus und waren unterwegs nach Gatwick.
»Wie fühlst du dich?« fragte Sabazius.
»Gehetzt.«
Er lachte in sich hinein und rutschte tiefer in seinem Sitz. »Wir werden da sein, eh du dich umdrehst«, sagte er.
Ich seufzte und schaute nach draußen in die stille und bunte Dunkel-

heit der Vororte. »Das erste Mal, daß ich privat ins Ausland reise«, sagte ich. »Ist schon ein komisches Gefühl.«
»Warst du schon geschäftlich in Griechenland?«
»Nur zweimal und nur für wenige Stunden. Ich bin praktisch mit dem einen Flugzeug angekommen und mit dem nächsten wieder abgeflogen.«
»Dafür sprichst du aber ganz gut Griechisch.«
»Ich habe es zusammen mit fünf anderen Fremdsprachen gelernt, aber kaum jemals benutzt.«
»Das ist ein Jammer«, erwiderte Sabazius. »Um die Griechen zu verstehen, muß man die feinen Nuancen ihres sprachlichen Ausdrucks erfassen können. Unsere Sprache ist sehr subtil und sehr schön.«
»Und sehr schwierig«, fügte ich hinzu.
Er nickte zustimmend. »Das Subtile und das Schöne ist immer schwer zu erfassen.«
Nach einer Weile fragte ich: »Wohin fahren wir?«
»An einen Ort, wo Bäume gehen und Steine weinen. Es ist ein Ort großer Geheimnisse und Wunder, und viele fürchten ihn.«
»Eine Insel?«
»Ja.«
»Ist es die Insel aus meiner Vision?«
»Könnte man sagen.«
»Hat sie einen Namen?«
»Ja, aber der würde dir nichts sagen.« Er drehte langsam den Kopf und sah mich an. »Wenn du möchtest, daß sie einen Namen hat, schlage ich vor, wir nennen sie *Chaos*.«
Ich akzeptierte diesen Namen mit einem Kopfnicken. Dann fragte ich: »Warst du schon oft auf der Insel Chaos?«
»Neunmal.«
»Dann ist das jetzt das zehnte Mal.«
»Könnte man sagen.«
Irgend etwas an seinem Tonfall machte mich stutzig. »Aber du würdest es nicht sagen?«
»Nein, ich würde etwas anderes sagen.«
Ich hätte ihn gern gefragt, was dieses andere sei, aber er wendete sich ab und schloß die Augen. Ich schaute ihn noch eine Weile an, sah, wie er atmete, und fragte mich, weshalb er das Gespräch abgebrochen haben mochte; aber dann lehnte ich mich ebenfalls zurück und schloß die Augen. Ich öffnete sie erst wieder, als Sabazius mich anstieß.
»Wir sind da«, sagte er.

Meine Segeltuchtasche fest umklammert, stolperte ich auf den Gang. Alles wirkte verschwommen und unwirklich. Draußen stand eine Stewardeß in gelbem Jackett. Wir mußten warten, bis die Leute vor uns sich in ihre Mäntel gekämpft und ihr Gepäck aufgenommen hatten. Dann ging es zentimeterweise voran und hinaus in die schneidende Nachtluft. Weißblaues Licht und ein Gefühl der Leere. Dann schnell über eine Betonfläche in das niedrige Flughafengebäude. Drinnen Zollbeamte, die wie von allen Schülern verlassene Lehrer hinter ihren Tischen hockten. Dann ein langer Gang, erfüllt von hastigen Schritten und Bewegungen, so als könnte das Flugzeug schon abgefertigt und in Bewegung sein. Aber natürlich stand es noch da, ganz still und grau-gelb gestreift, wie mit Leuchtfarbe auf die Dunkelheit gemalt.

Während des Fluges geschah wie bei all meinen vielen Flügen nichts besonderes. Die Maschine dröhnte durch die Nacht, bockte hin und wieder ein wenig, überquerte Städte und Gebirge. Wir schliefen fast die ganze Zeit und merkten wenig von dem, was um uns her vorging. Als ich aus diesem tranceartigen Zustand erwachte, war es halb drei Uhr morgens und die mit Lichtern übersäte Küste Griechenlands bereits in Sicht. Nach einer Steilkurve über der Bucht von Saronikos begann der Landeanflug. Ein plötzliches lautes Brausen zeigte an, daß die Landeklappen unsere Geschwindigkeit verminderten, und dann schwebten wir sanft wie ein Blatt auf das tintenschwarze Meer zu. Am unsichtbaren Band des Leitstrahls entlang tastete die Maschine sich in die Einflugschneise des Athener Flughafens, während gar nicht so weit unter uns Inseln und Schiffe geisterhaft vorbeihuschten. Griechenland. Das Land, in dem die olympischen Götter herrschten und herrschen. Eine Schale voll weichem Licht und flüsternden Winden, wo die Gegenwärtigkeit der Welt so dicht ist wie der betäubende Duft des Jasmin. Es gab kein Zurück. Ich war gekommen, um zivilisiert zu werden, um mich für immer zu wandeln.

Wir verließen das Flugzeug und bestiegen einen Zubringerbus, der uns durch ein Gewirr neuer Gebäude bis zu einer Betonrampe fuhr. Ich ging hinter Sabazius her ins Terminal. Ganze Scharen von Stewardessen in allen möglichen bunten Uniformen wogten hin und her wie in einem undurchschaubaren Manöver. Ich fühlte mich hier sehr unbehaglich. Minuten später hatten wir die Paßkontrolle hinter uns und standen am Wechselschalter. Ich erhielt für meine zehn Pfund ein Sortiment verschiedenster Banknoten und Münzen. Dank unseres kleinen Gepäcks mußten wir nicht zur Gepäckausgabe und gingen direkt zum Zoll. Auch das war schnell erledigt, und kurz darauf

verließen wir das Terminal, um wieder mal ein Taxi zu besteigen. Ich genoß die wenigen Züge der frischen Morgenluft, während Sabazius dem Fahrer unser Ziel nannte, und dann waren wir auch schon wieder eingepfercht und schossen mit halsbrecherischer Geschwindigkeit über eine Schnellstraße.
»Mir ist ganz schwindelig«, sagte ich.
»Dir wird noch mehr schwindeln, wenn wir da ankommen, wo wir hinwollen«, erwiderte Sabazius. »Wir haben eine Überfahrt von hundert Meilen vor uns.«
»Fahren wir jetzt zum Hafen?«
Er nickte. »Die *Ionion* legt um neun Uhr ab. Das heißt, wir haben fünf Stunden Zeit.«
Genau um halb fünf erreichte unser Taxi den Hafen von Piräus. Wir stiegen direkt vor dem noch geschlossenen Fahrkartenschalter aus. Diesmal war ich dran, das Taxi zu bezahlen.
»Wenn die Läden aufmachen, können wir uns Obst kaufen«, sagte Sabazius. »Was wir zum Frühstück nicht essen, nehmen wir uns als Proviant mit.«
»Es ist schon ziemlich hell«, sagte ich.
Ein Gefühl des Fremdseins. Das Licht der griechischen Morgendämmerung sickerte in den Himmel über der Stadt, durchdrang den sternenübersäten Baldachin mit tastenden Strahlenfingern. Ein riesenhaftes Wesen reckt und schüttelt sich wach mit dem Klappern von Rolläden und dem Dröhnen anspringender Maschinen. Laute Zurufe, Anweisungen, und immer wieder Gelächter über irgendwelche kleinen Plänkeleien des Tagewerks. Eine vollkommen andere Welt.
»Ich bin in Griechenland«, sagte ich.
»Und siehst aus, als hättest du deinen Kopf in England gelassen«, erwiderte Sabazius fröhlich. »Aber das ist vielleicht nicht das Schlechteste.«
Als die Läden aufmachten, kaufte ich Obst. Sabazius meinte, ich könne mich ruhig daran gewöhnen, griechisch zu sprechen. Zufrieden mit meiner Leistung kehrte ich mit einigen Tüten, in denen sich Äpfel, Trauben und Granatäpfel befanden, wieder zurück.
»Sind das die einzigen Vokabeln, die du noch weißt?« fragte Sabazius. »Wo ist denn das Brot und der Käse?«
Das Resultat meines zweiten Einkaufs befriedigte ihn. Wir setzten uns vor dem Fahrkartenschalter auf den Gehweg. Sabazius brach ein Stück Brot ab und reichte es mir mit einem Granatapfel. »Du hast sie gekauft, du ißt sie auch«, sagte er.
»Ich hab kein Messer.«

»Aber Zähne.«
Ich lächelte und fing an, die Schale abzunagen. »Ist das nicht die Frucht, die einen mit der Unterwelt verbindet?«
»Das wollen wir in deinem Fall lieber nicht hoffen. Das wäre im Moment wirklich das Letzte, was wir brauchen können.«
Das sagte er zwar ganz leichthin, aber es war ein Widerhaken darin, ein versteckter Wink, der das Grinsen augenblicklich aus meinem Gesicht tilgte.
»Was haben wir hier eigentlich vor?« fragte ich.
»Herausfinden, was für ein Mensch du bist. Wenn du bist, was ich glaube, ist alles in Ordnung, aber wenn du es nicht bist, wirst du dir wünschen, nicht geboren zu sein.«
»Dann ist es eine Art Prüfung, nicht?«
»Nein«, sagte er mit einem merkwürdigen Seitenblick, »die Tage der Prüfungen sind vorbei.«
»Dann ...«
Weiter kam ich nicht, denn jetzt erschien plötzlich ein Mann, der das Vorhängeschloß an der Tür zum Fahrkartenschalterhaus aufschloß. Sabazius sprach ihn an, und sie unterhielten sich eine Weile. Wieder dieses seltsame Unbehagen. Um mich von Sabazius' Antwort auf meine Frage abzulenken, versuchte ich das Gespräch zu verfolgen, aber ich konnte mich nicht konzentrieren, und alles verwirrte sich. Plötzliche Panik und das Gefühl, einfach weglaufen zu wollen, irgendwohin, wo Sabazius mich nicht finden konnte. Dann verschob sich etwas, wurde leichter, klarer, und allmählich bekam ich mit, was Sabazius dem Mann sagte. Ich verstand soviel, daß das Schiff früher abfahren würde.
»Um halb neun«, sagte Sabazius. »Sie haben einen neuen Fahrplan.«
»Wann können wir an Bord?«
»Ab sieben.«
Wir frühstückten zu Ende, besorgten unsere Fahrkarten, plauderten noch eine Weile und gingen dann zur Anlegestelle. Die *Ionion* lag mit weit geöffneter Heckklappe am Ende des Kais. Wir stiegen an Bord und gingen eine der unteren Gangways entlang. Überall saßen schon Passagiere, manche mit Käfigen voller Hühner auf dem Schoß. Eine sehr alte Frau, ganz schwarz gekleidet, lag auf einer der Bänke, bewegte den Kopf hin und her und stöhnte leise. Neben ihr saß ein Mädchen in einem knallroten Kleid und aß einen Apfel. Sabazius fuhr sie scharf an, und sofort legte sie eine Hand auf die Schulter der alten Frau. Weiter vorn stiegen wir eine Treppe hoch und waren wieder draußen an der Sonne. Wir durchquerten eine große, komfortable

Lounge mit hohen Sesseln und traten auf der anderen Seite wieder hinaus in das warme Licht.
»Wo möchtest du sitzen?« fragte Sabazius.
Ich sah mich an Deck um. »Da neben dem Eingang zur ersten Klasse ist ein schöner Platz«, sagte ich. »Da sind auch leere Stühle.«
»Ja, das ist ein guter Platz. Wenn der Wind kommt, sitzen wir da geschützt.«
»Welcher Wind?«
Er sah mich an und lachte. »Heute abend um zehn siehst du hier draußen niemand mehr. Auf dem Meer kann es nachts ganz schön kalt werden.«
»Sollte ich deswegen einen Pullover mitbringen?«
»Genau.«
Als wir uns eingerichtet hatten, fragte ich: »Sind wir denn heute abend um zehn noch an Bord?«
»Allerdings. Um diese Jahreszeit dauert die Fahrt etwa vierzehn Stunden.«
Wir hatten unsere Deckstühle an die Reling gerückt und unsere Taschen in den flachen Wasserablauf gestellt. Ich ließ den Blick über die wuchernde Großstadt schweifen, über die niedrigen Hügel, auf denen sich das Licht sammelte, über die anderen Schiffe in der Bucht. Es fing an, heiß zu werden.
»Möchtest du einen Apfel?« fragte Sabazius.
Ich ließ mir einen geben und biß hinein. »Ich bin noch nie so weit mit dem Schiff gefahren«, sagte ich.
»Wenn wir Griechenland wieder verlassen, wirst du überhaupt noch nie so weit gereist sein«, erwiderte er augenzwinkernd.
So saßen wir da und warteten, warteten, bis das Schiff Passagiere und Fracht aufgenommen hatte, bis die Zeiger meiner Uhr die vom Fahrplan festgesetzte Zeit erreichten. Es schien eine Ewigkeit zu dauern.
Mindestens dreimal ging ich ans Heck, um nachzusehen, ob die Türen endlich geschlossen wurden. Dann hörte man plötzlich, wie sie zuschlugen, und im selben Moment sprang die Maschine an.
Ich lehnte mich über die Reling und sah zu, wie der Hafen von Piräus langsam zurückglitt. Nach zehn Minuten war er schon nicht mehr von der übrigen Küstenlinie zu unterscheiden. Weiter hinten plärrte aus einem Kofferradio ein flotter griechischer Schlager über einen jungen Mann, der dem Wein zuspricht und sich an Mädchen heranmacht. Ich lächelte vor mich hin und biß von meinem Apfel ab. Was für ein Land! Es war mit allen Gerätschaften westlicher Zivilisation

ausgerüstet, aber darunter ging etwas sehr Sonderbares vor sich. Vor dem inneren Auge sah ich Griechenland zwischen den beiden geographischen Hemisphären liegen – fast wie eine schöne Frau zwischen zwei seltsam verschiedenen Männern. Sie kennt beide sehr gut, gehört aber zu keinem von ihnen. Sie war weder Ost noch West, eher eine Überlappung, in der beide Seiten Mühe hatten zu existieren. Sie ist, wie die Griechen selbst sagen, eine *anomalia.* Ein verrückter Gedanke kam mir in den Sinn. Vielleicht existiert Griechenland tatsächlich in anderer Weise als die beiden Hemisphären. Es ist doch möglich, daß es einfach eine Art Loch in der Psyche der Erde ist, eine Öffnung, durch die ein ganz anderes Licht als das der Sonne in die Welt dringt. Hier war so viel geboren worden, das den menschlichen Geist vorantrieb. Durch die Entwicklung Griechenlands war der Mensch erst wahrhaft Mensch geworden – als Denker, als Problemlöser. Nur war daraus wieder ein neues Problem entstanden, denn die Gabe der Vernunft war aus ihrem sakralen Zusammenhang gerissen und zu einem mechanischen Spielzeug gemacht worden. Wir haben diesem Land, ohne es zu wissen, seine größte Gabe weggenommen und eine Parodie ihrer selbst daraus gemacht. Das Wesen des griechischen Geistes hatte sich unter unserem Zugriff verflüchtigt und ist an seinen Ursprung zurückgekehrt, ist wieder aufgegangen in der Landschaft, in der Luft und im Licht.

Erst nach sechs Stunden Fahrt erreichte mich dieses Licht mit seiner ganzen Kraft. Anfangs erfand ich immer neue Gründe, um aufzustehen, um meinen Stuhl anders hinzustellen, um in die Bar zu gehen, um zu reden; aber nach sechs Stunden starrte ich nur noch in das tiefe, endlose Blau des Himmels, kaum daß sich noch ein Gedanke in mir regte. Ich bemerkte jetzt nur noch die Veränderungen des Lichts, langsame, gleitende Übergänge, die das harte Glitzern der Wellen milderten und die Sonne zu einer bernsteingelben Scheibe dämpften. Auch auf dem Schiff war es stiller, nachdem viele Passagiere in zwei Häfen, die wir angelaufen hatten, ausgestiegen waren. Zwar waren andere zugestiegen, aber vergleichsweise wenige, und sie hatten eine sonderbare Stille mit an Bord gebracht. Ich hatte fasziniert am Heck der *Ionion* gestanden und den alltäglichen Gang des Lebens auf den Inseln beobachtet; jetzt war es ganz still in mir, und ich hörte nur noch das Dröhnen der Maschine und meinen eigenen Atem. Irgend etwas geschah mit mir, etwas, das ich weder verstand noch aufhalten konnte. Kurz dachte ich an Lorna, sah ihr Gesicht im Himmel, erinnerte mich, wie sie meine Furcht besiegt und mich in eine andere Welt geschleudert hatte. Ja, das war es. Hier wurde ich ein zweites Mal verführt, wurde hineingesaugt in die Atmosphäre des gewaltigen Ringens, das Griechenland war. Zum ersten Mal in meinem Leben fühlte ich mich heimgekehrt – nicht in ein Land oder zu einem Volk, sondern zu einer Vision, die seit meiner Geburt in mir wartete, eine Vision, die allen Menschen gehören würde, wenn sie nur die Augen öffnen könnten.

Es war schon stockdunkel und recht kühl, als wir die Insel Ikaria erreichten. Ich hatte schon vor Stunden meinen Pullover angezogen. Die meisten Passagiere waren inzwischen ausgestiegen, und die restlichen saßen in der Lounge oder spielten in der Bar Karten. Ein alter Grieche mit griesgrämigem Gesicht kehrte die Abfälle an Deck zusammen. Es war im Grunde nicht kalt, aber nach der Hitze des Tages reagierte meine Haut empfindlich auf die geringsten Luftveränderungen. Sabazius und ich lehnten an der polierten Holzreling und schauten zwei Leuten nach, die an Land gingen und dort von Freunden begrüßt wurden. Nur etwa zehn Menschen standen am Kai und kamen jetzt an Bord. Ich schnipste einen Zigarettenstummel in die Dunkelheit und sah seinem langen trudelnden Fall ins Wasser nach. Dann ging es weiter, hinaus in die dichte Nacht des Ozeans. Hinter uns verschwamm die grünliche Küstenlinie von Ikaria, und vor uns lag die letzte Etappe dieser Schiffsreise.

»Jetzt sind wir bald da«, sagte Sabazius.

Ein leichtes Zittern durchlief das Schiff und meinen Körper. Ich schloß die Augen und lauschte auf die Maschine, die den riesigen Schiffsleib voranschob. Fast unbegreiflich, daß ich in Griechenland war und nicht in London. Es war wie ein Traum, in dem man gewahr wird, daß man träumt, ohne den Traum jedoch abschütteln zu können. Das hier war kein Traum, das wußte ich nur zu gut. Das Schiff, die Kartenspieler und der alte Mann, der das Deck kehrte, waren vollkommen wirklich. Desgleichen auch der Apfel, den ich gegessen hatte, der seltsame Brotring, den ich einem Mann mit einem Korb abgekauft hatte, und das Stück Wassermelone, das wie weiches rotes Eis in meinem Mund geschmolzen war. Ich war in Griechenland – und Griechenland war in mir.

Als Sabazius mich wachrüttelte, wußte ich anfangs überhaupt nicht, wo ich war und was los war. Alle möglichen Stimmungen drängelten sich in mir um den ersten Platz. Er sagte, daß wir uns der Insel näherten, und ich stand auf, um ihm auf unsicheren Beinen durch die Lounge zur anderen Seite des Schiffes zu folgen. Direkt vor uns, mondsilbern und wie ausgeschnitten, lag die Insel Chaos mit ihren steil abstürzenden Felsflanken. Ganz links, fast in einer Linie mit

dem Schiffsbug, blitzte alle paar Sekunden ein gelber Lichtpunkt auf.
»Sieht ganz schön wild und felsig aus«, sagte ich.
»Wild ist sie – und schön«, erwiderte Sabazius.
Fünfzehn oder zwanzig Minuten später passierten wir das Licht und verlangsamten die Fahrt für die Wende. Die Maschinen der *Ionion* erstarben langsam und schienen kurze Zeit ganz stehenzubleiben. Durch die Wucht seiner Masse schwang das Schiff sich in Position. Ich schirmte die Augen gegen die vielen Lichter ab, beugte mich so weit wie möglich hinaus und erhaschte einen Blick auf den Kai. Rumpelnd liefen die Maschinen wieder an, glichen die Bewegungen des Schiffes aus, und dann glitten wir durch die enge Hafeneinfahrt.
Unendlich langsam gewannen die Züge der Küste Gestalt, und dann waren wir plötzlich da. Leinen wurden geworfen, Signalglocken schellten, rasselnd öffneten sie die Heckklappen und die Rampe senkte sich. Sabazius packte mich am Arm, und schon sausten wir treppab und durch den ganzen Schiffsrumpf. Ein paar Minuten mußten wir noch in der Schlange warten, bis die ersten Fahrzeuge, die unmittelbar vor den Heckklappen standen, vom Schiff gerollt waren, dann durften wir auf ein Signal hin den Hauptladeraum durchqueren und von Bord gehen. Ehe mir noch recht klarwurde, daß die Reise zu Ende war, gingen wir schon mit ausgreifenden Schritten den Kai entlang.
Langsam blieben das laute Stimmengewirr und die aufheulenden Motoren hinter uns. Mit jedem Schritt drang ein ganz neuer Laut stärker durch, das pausenlose Zirpen der Grillen. Ich drehte mich beim Gehen um und sah die riesigen Bergschultern, die sich hinter dem Hafen schwarz gegen den Himmel abzeichneten. Kaum wußte man zu sagen, wo die Felsen aufhörten und der Himmel anfing. Alle Augenblicke wurden wir angehupt, und dann donnerte ein mit Passagieren beladenes Auto mit Vollgas an uns vorbei. Endlich erstarben die Lichter und Geräusche des Hafens ganz, und wir gingen im Dunkeln weiter.
»Wie fühlst du dich nach deiner Ankunft?« fragte Sabazius.
»Müde.«
»Soll ich langsamer gehen?«
»Nicht, wenn wir auf ein Bett zugehen.«
»Das tun wir. Ich habe einen Freund in der Stadt, dem ein kleines Hotel gehört; wir werden es also recht gemütlich haben.«
»Mmmm, herrlich«, sagte ich.
»Aber danach gibt es keine Betten mehr«, fügte er schnell hinzu. »Jedenfalls nicht das, was du unter Bett verstehst.«

Wir gingen einige Minuten schweigend weiter, dann fragte ich: »Werden wir im Freien schlafen?«
»Morgen nachmittag sind wir in den Bergen«, sagte Sabazius. »Hoch in den Bergen.«
Das Rauschen unsichtbarer Wellen, die an einen unsichtbaren Strand rollen, und über dem Meer das Sternentuch. Sabazius zog mich an den Straßenrand, und wieder raste ein Auto vorbei und verschwand in der Dunkelheit. Da fiel mir erst das Neonkreuz auf dem Hügel auf.
»Es ist zugleich Kreuz und Leuchtfeuer«, erklärte Sabazius. »Wir Griechen denken sehr praktisch.«
Ich blieb stehen und blickte hinauf. »Dann ist es zugleich Segnung und Warnung«, sagte ich.
»Ganz recht«, nickte er und fügte dann hinzu: »Ich bin froh, daß dir das aufgefallen ist; es wäre ein schlechtes Omen, wenn du es nicht bemerkt hättest.«

36. Verwandlung

Ein greller Sonnenlichtstreifen, der zwischen den Fensterläden hereindrang, durchschnitt das Zimmer. Während ich ihn anschaute, realisierte ich, daß ich wach war, daß meine Augen offen waren; den Übergang zwischen Schlaf und Wachzustand hatte ich überhaupt nicht bemerkt. Ich sah auf meine Armbanduhr, aber sie stand. Ich zog sie auf und schüttelte sie, aber sie wollte nicht. Ich schlug die leichte Bettdecke zurück, stand auf, ging zum Fenster, entriegelte die Läden und stieß sie auf. Ein Schwall von Farbe, Licht und Hitze stürzte ins Zimmer, als hätte ich aus Versehen einen Schmelzofen geöffnet. Berge. Ein Horizont grünüberwachsener Berge, Kette um Kette sich auftürmend und dahinter, noch höher, ein runder Gipfel aus gelbem Fels, der trotzig an den Himmel stieß.
Das kleine Zimmer, das ich bekommen hatte, lag am Ende eines langen, hohen Korridors. Es war einfach und funktionell eingerichtet. Ein riesiges Doppelbett, ein Blechspind, ein kleiner Tisch, ein Stuhl mit senkrechter Lehne und ein Handwaschbecken mit einem Spiegel darüber. Ein winziger abgetretener Läufer vor dem Bett verhinderte, daß einen der Mosaikfliesenboden beim Aufstehen augenblicklich in Kältestarre versetzte. Alles in allem ein sehr freund-

liches Zimmer. Ich setzte mich auf die Bettkante und untersuchte meine Uhr, aber sie verweigerte immer noch den Dienst. Ich stand auf, schlang mir ein Handtuch um und ging den Gang hinunter zum Duschraum. Das Wasser war eiskalt, so daß ich sehr bald hastig den Rückzug antrat. In meinem Zimmer saß Sabazius auf dem Bett und rauchte. Er wünschte mir einen guten Morgen und fragte, was ich denn von der Insel halte.
»Sie sieht aus wie ein Paradies«, sagte ich.
»Und der gelbe Berg?«
»Hat mir eine Gänsehaut gemacht.«
Er sah mir zu, wie ich mich abtrocknete. »Der gelbe Berg ist nicht unser Ziel«, sagte er, »aber wir werden ganz in der Nähe sein.«
»Wie kommen wir denn da rauf?« fragte ich.
»Mit dem Bus.«
»Bus?«
»Nicht den ganzen Weg. Oben in den Bergen gibt es ein Dorf, das heißt Petalothes. Bis dahin fährt der Bus.«
»Und dann?«
»Dann gehen wir zu Fuß weiter. Weiter oben liegt ein Metochion. Bis dahin braucht man eine gute Stunde.«
»Was ist ein Metochion?«
»Du kennst das Wort nicht?«
»Nein.«
»Es bezeichnet ein einfaches Gebäude, das weder Kirche noch Kloster ist, aber von beidem ein bißchen. Die meisten Leute nennen es allerdings Kloster.« Er lachte und fügte hinzu. »Es ist ein *Zwischen-Ort*, wenn du verstehst, was ich meine.«
»Werden wir da oben allein sein?«
»Nein, es werden noch drei andere da sein.«
»Freunde von dir?«
»Na, bestimmt keine Feinde.«
Ich ließ den Kragenknopf offen und zog das Jackett über. »Mir ist eben erst aufgefallen, was der Name des Dorfes bedeutet«, sagte ich. »Es heißt Schmetterlingsdorf.«
Er nickte. »Es gibt viele solche Namen in den Bergen. Manche sind sehr schön, andere eher unheimlich.«
»Zum Beispiel?«
»Die Gegend, in der das Metochion liegt, heißt Kakoperato.«
»Und das heißt?«
»Es hat zwei Bedeutungen. Die eine ist ›schwierig zu passieren‹ und die andere ›sollte nicht passiert werden‹.«

Ich dachte darüber nach und sagte: »Das kann heißen, daß man es versuchen soll, aber auch, daß man sich lieber fernhält.«
»Sehr richtig«, erwiderte Sabazius. »Das ›sollte nicht passiert werden‹ ist eine *Zwischen-Aussage*, wie das Metochion ein Zwischen-Ort ist.«
»Dann habe ich eine Entscheidung zu fällen«, sagte ich.
»Das weißt du?«
»Ich weiß es erst, seit ich es gesagt habe.«
Er sah mich lange forschend an.
»Du bist sehr nah dran«, sagte er.
Kurz darauf verließen wir das Hotel und suchten ein kleines Taverno am Stadtrand auf. Sabazius erzählte, der Name der Stadt sei Elios, und das bedeute eigentlich »Sonne«, in bezug auf die Stadt jedoch »Sonnenblume« oder »Blume der Sonne«. Beim Gang durch die engen Straßen verstand ich diesen Namen sofort, denn Sonnenblumen wuchsen hier praktisch überall. Als wir die Taverne betraten, stand ein großer, schlanker Mann mit gelichtetem rotem Haar und tief gefurchtem Gesicht auf, um uns zu begrüßen. Sabazius und dieser Mann umarmten einander. Sabazius stellte ihn mir als Hippokratés, einen ausgezeichneten Kenner des Landes, vor. Hippokratés sprach sehr gut Englisch, aber äußerst bedächtig. Jedes einzelne Wort ließ den ganzen Raum mitschwingen. Er war etwa so alt wie Sabazius und strahlte so viel natürliche Würde aus, daß ich mich irgendwie geehrt fühlte, in seiner Nähe sein zu dürfen.
»Hippokratés kommt mit uns zum Kloster«, sagte Sabazius; das Wort Metochion benutzte er jetzt nicht mehr. »Er konnte in der letzten Zeit nicht mehr hinauf, weil er einen schlimmen Rücken hatte – aber jetzt geht es ihm wieder besser.«
Ich nickte Hippokratés zu und fragte Sabazius, ob die beiden anderen noch in der Stadt zu uns stoßen würden.
»Von hier aus fährt nur noch ein weiterer mit«, sagte Sabazius. »Die dritte Person ist eine Nonne, die den größten Teil des Jahres oben im Kloster lebt.«
»Wird es ihr nichts ausmachen?«
Er lachte über meine Ausdrucksweise. »Yarondissa ist nicht so etepetete wie die Nonnen, die du in England gesehen hast«, sagte er kichernd. »Sie ist eine alte, kampferprobte Frau mit dem Geist eines Löwen und der Erfahrung eines Gladiators. Wen sie nicht will, den packt sie am Kragen und schmeißt ihn raus.«
»Ist sie eine Einsiedlerin?«
»Nicht im mindesten. Sie liebt Gesellschaft, aber sie hat es auf sich genommen, ihren Gott ganz allein zu suchen.«

Wir saßen jetzt, und aus der Küche drang der Geruch von Braten und Gemüse herüber. Hippokratés beugte sich über den Tisch zu mir hin. »Wenn es dunkel wird«, sagte er in seiner tiefen Stimme, »spricht sie mit den Engeln.« Und dann fügte er mit einem boshaften Augenzwinkern hinzu: »Mit männlichen Engeln, versteht sich.«
Sabazius barst schier vor Lachen und schlug klatschend auf den Tisch. »Das hatte ich schon wieder vergessen«, sagte er und zwinkerte Hippokratés zu. Da ich ihnen sichtlich nicht folgen konnte, fuhr er fort: »Hippokratés hat sie mal gefragt, ob die Engel, mit denen sie spricht, männlich oder weiblich sind. Da hat sie gelächelt und gesagt, sie seien immer männlich.«
»Versteh ich nicht«, sagte ich.
»Hör zu«, sagte Hippokratés. »Engel sind immer gleich, auch wenn sie männliche oder weibliche Namen haben. Sie sind einfach Engel.« Er klopfte mir mit einem Finger auf den Arm. »Ihnen fehlt das, was sie männlich oder weiblich machen würde.«
Sie schüttelten sich vor Lachen. Ich fragte nach einer Weile: »Wird sie uns irgendwie helfen?«
»Nicht direkt«, sagte Sabazius. »Aber sie wird dir sicher beistehen, falls du irgendwie in Schwierigkeiten kommst.«
»Wie kann sie das?«
»Der Berg kennt sie und achtet sie. Wenn sie für dich betet, wird der Berg wahrscheinlich dein Leben schonen.«
Er sprach das mit großer Selbstverständlichkeit aus, und ich versuchte es zwar im gleichen Geist aufzunehmen, aber der Gedanke an einen Berg, der mich zu töten versucht, ließ mich doch erschauern. Ich fragte ihn, ob es denn sein könne, daß der Berg mich ablehnt.
»Gewiß«, erwiderte er. »Der Berg weiß, weshalb du hier bist. Er beobachtet dich seit Monaten.«
»Beobachtet mich?«
»Wartet darauf, daß du kommst.«
Ein Ober erschien, und ich bestellte Hackfleisch mit Kartoffeln. Eine Riesenportion wurde vor mich hingestellt, und Sabazius sagte: »Wenn du das alles ißt, werden wir dich in die Berge tragen müssen.«
»Ihr werdet mich tragen müssen, wenn ich es nicht esse«, hielt ich dagegen. »Seit der Abfahrt aus London habe ich nichts Anständiges mehr zu essen gekriegt.«
»Ich war noch nie in England«, sagte Hippokratés. »Wenn ich mal komme, kann ich dann bei dir wohnen?«
»Ich würde mich riesig freuen.«
»Dann komme ich«, sagte er sofort.

»Wann?«
»Bald. Ich werde bald kommen.«
Plötzlich war die Stimmung ganz anders. Ich sah ihnen noch einige Sekunden zu, wie sie zu essen begannen, dann nahm ich selbst meine Portion in Angriff. Bis zum Ende der Mahlzeit fiel kein Wort mehr.
»Wo ist Takis?« fragte Hippokratés.
»Er versucht seinen Vater zu überreden, seinen Laden zu hüten«, erwiderte Sabazius. »Das wird nicht leicht sein, denn er versucht ihn ständig zu überreden, den Laden zu hüten.«
Hippokratés lächelte und nickte. »Er ist ein guter Junge«, sagte er. »Manchmal komme ich mir selbst wie sein Vater vor.«
»Dann solltest du vielleicht den Laden hüten«, warf Sabazius ein. »Sein richtiger Vater wäre bestimmt heilfroh.«
So frotzelten sie noch eine Weile weiter. Dann schob Sabazius seinen Stuhl zurück und stand auf. »Gehen wir«, sagte er und winkte dem Ober, »der Bus wartet nicht.«
Zehn Minuten dauerte der Weg zur Abfahrtstelle der Busse. Als wir ankamen, war der Bus nach Petalothes schon voll (viele Menschen standen sogar), und der Motor lief. Der Fahrer, ein kräftiger Mann mit aufgerollten Hemdsärmeln, verstaute gerade einen Sack im Gepäckraum.
»Ein erstaunlich neuer Bus«, sagte ich zu Sabazius.
»Die müssen schon in Schuß sein, sonst kommen sie nirgendwo an«, gab er zurück.
Hippokratés entdeckte Takis. »Er ist schon im Bus«, sagte er und zeigte auf eins der Fenster, aus dem uns ein junger Mann mit buschigem Schnauzbart, Sonnenbrille und breitkrempigem Strohhut angrinste. Er stand auf, entriegelte das Fenster und rief uns zu, er habe schon unsere Fahrkarten gekauft. Wir gingen auf die andere Seite des Busses und stiegen ein. Sabazius, das Jackett über dem Arm und mit bis zur Brust aufgeknöpftem Hemd, bahnte uns einen Weg durch die dichtgedrängte Menge.
»Haben wir Sitzplätze?« fragte ich.
»Wenn wir Fahrkarten haben, haben wir auch Sitzplätze.«
Sabazius ließ sich von Takis die Fahrkarten geben und überprüfte die Nummern. Er gab mir eine Karte, zwängte sich etwas zur Seite und drückte mich auf den Sitz neben Takis. Ich sah mich im ganzen Bus um, fand aber keinen freien Platz mehr, geschweige denn zwei. Sabazius schaute sich die Nummern der umliegenden Plätze an. Sekunden später begann ein großes Geschiebe. Ich bat Takis, mir den Tumult zu erklären. Er sagte, manche Leute setzten sich einfach

irgendwo hin, ohne eine Reservierungskarte zu haben. Als ich mich wieder umdrehte, um zu sehen, wie Sabazius zurechtkam, hatten er und Hippokratés sich erstaunlicherweise bereits Sitzplätze erobert. Die Leute, die sie verdrängt hatten, versuchten dasselbe mit den hinter ihnen Sitzenden. Jetzt dämmerte mir, was da vor sich ging. Die Platznummern auf den Rücklehnen bezogen sich nicht auf die Sitze dahinter, sondern auf den Sitz, an dem sie klebten. Vermutlich saßen auf dieser Seite also fast alle Leute falsch, ob sie nun Platzkarten hatten oder nicht. Sabazius und Hippokratés hatten die Sache schon vergessen und waren in ein Gespräch vertieft. Das Bäumchen-wechsel-dich-Spiel verbreitete sich durch den ganzen Bus und erreichte schließlich die, die keine Platzkarten hatten. Der Bus war inzwischen angefahren, und der Schaffner nahm sich der undurchschaubaren Lage an.

»Wir sind ein verrücktes Volk«, sagte Takis.

»In England würden wir sagen ›farbenprächtig‹«, sagte ich.

Er schüttelte entschieden den Kopf. »Nein, verrückt ist besser.«

Der Fahrer hupte an jeder Kurve der Straße, die sich durch die Außenbezirke von Elios hinaufwand. Schwungvoll steuerte er den Bus im Abstand von wenigen Zentimetern an den Häusern vorbei. Ich sah sein dunkles Gesicht im Rückspiegel. Direkt unter diesem Spiegel und hinter einer kleinen Kerze hing die Ikone irgendeines Heiligen, der unheilvoll den Mittelgang hinunterstarrte. In den Ritzen der Metallverkleidung steckte noch ein Strauß Plastikblumen und allerlei anderer Kleinkram. Und über allem, auch über dem Dröhnen des Motors, lag diese fröhliche, unbeschwerte Musik. Ich hatte sie schon in Athen gehört und an Bord der *Ionion*, aber auch fast überall sonst, wo wir bisher gewesen waren. Ich versuchte die Texte mitzubekommen, konnte sie aber nicht übersetzen. Ich fragte Takis, wo er Englisch gelernt habe.

»In der Schule«, sagte er.

»Warst du schon mal in England?«

»Nein, aber England war bei mir«, erwiderte er grinsend. »Meinem Vater gehört das Hotel, in dem du geschlafen hast.«

Etwa eine halbe Stunde später waren wir schon ein gutes Stück außerhalb der Stadt und fuhren stetig bergauf. Weingärten und Olivenhaine glitten vorbei, und manchmal eröffnete unser Serpentinenkurs plötzliche Ausblicke auf die Berge oder aufs Meer.

»Ein sehr guter Fahrer«, sagte ich.

»Die ganze Familie ist Fahrer«, antwortete Takis.

Eine wunderschöne weiße Kirche in einer Gruppe hoher, schlanker

Zypressen, dann mit Quarzadern durchzogene Lavabrocken, die für die Verbreiterung der Straße aus dem Hang gesprengt worden waren. Ein kleiner, weiß-blau angemalter Wegschrein, dessen Heiliger hinter gesprungenem Glas einzementiert war; dahinter ein Esel, der mit hängendem Kopf und absolut still in der sengenden Sonne stand. Plötzlich war die Asphaltstraße zu Ende, und wir fuhren auf einem Schotterweg weiter. Ich hielt mich an der Lehne vor mir fest und beobachtete staunend, wie wir die unglaublichsten Kurven umrundeten, oft so dicht am brüchigen Rand der Straße, daß man das Gefühl hatte, in der Luft zu hängen. Das Berg-Signalhorn, das vor jeder Kurve betätigt wurde, übertönte sogar die aus den Lautsprechern lärmende Musik.
Ein Dorf.
Eine langgestreckte Doppelreihe aneinandergelehnter baufälliger Häuser. Gesichter von Kindern und Erwachsenen, die aus Fenstern und Türöffnungen in den Bus starrten, von der Sonne ausgebrannte adleräugige Gesichter. Langsam schaukelte der Bus die steile Hauptstraße hinauf und hielt an. Der Fahrer stieg aus, öffnete den Gepäckraum und warf den Sack auf den Gehweg. Als ich mich zu Takis hinwendete, um ihn nach dem Namen des Ortes zu fragen, starrte ich direkt in das Gesicht einer alten Frau, die auf der Fensterbank lehnte. Takis sagte durch die Scheibe etwas zu ihr. Sie antwortete mit einem knappen Kopfnicken, lächelte jedoch nicht.
»Das ist ein sehr armes Dorf«, sagte Takis. »Die Leute müssen sehr schwer arbeiten, um leben zu können.«
Kurz darauf fuhren wir weiter nach Petalothes. Bei jeder Kehre tauchte von irgendwoher und immer aus einem anderen Winkel das weite, glitzernde Meer auf, und mir wurde ganz schwindelig, so daß ich die Augen schloß, um meinen Gleichgewichtssinn wiederherzustellen. Es war fast, als wollte der Bus abheben und sich ohne Flügel in den Himmel hochziehen. Kein Wunder, daß die alte Frau nicht gelächelt hatte. Sie wußte, daß man Flügel braucht, um zu fliegen, und daß man diese Flügel weder machen noch kaufen kann – sie müssen wachsen.
Petalothes.
Der Bus erklomm holpernd und schaukelnd die letzten Meter bis zu einer kreisförmigen Betonfläche, die den Eingang zum Dorf bildete. Ein seltsames Gefühl, als der Bus plötzlich wieder in die Waagerechte kam. Hinter der Betonfläche wuchs das Dorf treppenartig den Hang hinauf; jeder Absatz schien zugleich Dach des darunterliegenden Hauses und Fundament des nächsthöheren zu sein. Ich sah Kinder

mit der Sicherheit von Akrobaten auf diesen Absätzen spielen. Das Licht hier oben wirkte, als wäre ein Seidentuch über das Dorf gezogen worden, damit die Sonne es nicht verbrennt. Die Sonne war zwar da, aber ihre Kraft wurde irgendwie durch ihr eigenes Licht gemildert, das auf merkwürdige Weise wie von ihr abgelöst wirkte. In Petalothes schien das Licht der Luft selbst, der Höhe und der Atmosphäre zu entspringen. Überwältigt von allem, was ich sah und empfand, kletterte ich aus dem Bus. Sabazius sagte, ich solle jetzt meine Schuhe wechseln. Ich ging hinüber zu der niedrigen, weißgetünchten Mauer, die den Bushalteplatz in zwölf gleichlangen Abschnitten einfaßte, kramte die Tennisschuhe und Socken aus meiner Tasche und rüstete mich für den Fußmarsch aus. Als ich mich wieder zu den anderen gesellte, inspizierte Hippokratés meine Füße, zog die Schleifen in die richtige Länge und nickte Sabazius zu. Zeit zum Aufbruch.

Das Dorf war der reinste Irrgarten. An manchen Stellen waren die abrutschenden alten Straßen notdürftig mit Betoneinfassungen abgestützt worden, die zugleich auch verhindern sollten, daß die höherliegenden Häuser auf die tieferen absackten. Die Straßen bestanden teils aus Kopfsteinpflaster, teils aus grobem Beton und teils aus behauenen Steinplatten. Fast alle Häuser standen zu irgendeiner Seite geneigt, unsicher aneinandergelehnt da, und ihre Fenster- und Türrahmen schienen dem wachsenden Druck mit letzter Kraft gerade noch standzuhalten. Manche der Treppen waren direkt aus dem Fels gehauen und so steil, daß ich auf allen Vieren hinaufkrabbelte. Dabei überkam mich das Gefühl, in einem großen, dachlosen Haus voller unregelmäßiger Gänge und schiefer Kreuzungen zu sein. Nur wer hier geboren war, hatte eine Chance, seinen Weg durch dieses natürlich gewachsene Labyrinth zu finden. Selbst Hippokratés mußte gelegentlich anhalten, um sich zu orientieren – sehr zu meiner Erleichterung, denn ich war schon ziemlich außer Atem und fragte mich, wie es wohl erst in den Bergen werden sollte. Würde ich mich blamieren, weil ich nicht schritthalten konnte? Die drei anderen hatten fast ständig Dorfbewohner gegrüßt, während ich stumm geblieben war, und doch ging ihr Atem viel leichter als meiner.

Mitten im Dorf war eine Wasserstelle. Hier erhielt ich meine erste alpinistische Lektion. Sobald ich die aus dem Fels herausragende Rinne entdeckte, stürzte ich darauf zu. Einige der Dörfler traten zur Seite, um mich trinken zu lassen. Aber kaum beugte ich den Kopf, als ich eine Hand auf der Schulter fühlte. Hippokratés zog mich sanft zurück und verbot mir sehr höflich, von dem Wasser zu trinken. Ich fragte ihn, was denn mit dem Wasser los sei. Er sagte, das Wasser komme aus dem Berg und sei von bester Qualität, ein Zuviel könne aber trotzdem schaden. Alles andere als überzeugt, befragte ich ihn weiter, aber er schüttelte nur den Kopf wie über ein Kind, das seinen Eltern nicht glaubt. Dann sagte er, das Wasser werde mich nur noch durstiger machen und womöglich auch noch Bauchschmerzen verursachen, weil es so kalt sei. Wenn ein Mensch in die Berge geht, sagte er, muß er seine natürlichen Begierden zügeln können, denn sonst stoßen sie auf ihn herab, und das wäre sein Ende. Einen Schluck durfte ich trinken, dann ging es weiter zum Dorfrand hin und weiter den Pfad entlang. Ein paar Minuten später hatten wir die letzten verstreuten Häuser von Petalothes hinter uns, kamen an einem fensterlosen Waschhaus vorbei, in dem einige Frauen schrubbten und sangen und tauchten in die wilde, dornige Landschaft ein: Richtung Kakoperato.

Jenseits des Hügels lag ein tiefes Tal. Durch eine Reihe von Weinterrassen wand und schlängelte sich der Pfad hinunter. Hippokratés ging voran, dann Takis, Sabazius und ich. Anfangs erlaubte ich mir den Luxus, mich beim Gehen in der Gegend umzuschauen, aber nach zwei bösen Stürzen wurde mir klar, daß ich die Augen besser auf dem Weg behalten sollte. Wären wir langsamer gegangen, dann wäre vielleicht beides möglich gewesen, aber Hippokratés schlug ein enormes Tempo an, und unser Abstieg und dann der Aufstieg auf die gegenüberliegende Seite erforderte meine volle Konzentration. Diese Männer waren nicht zu einem Nachmittagsspaziergang unterwegs, sie waren auf ein Ziel ausgerichtet, als hinge ihr Leben davon ab. Über lose Steine stolpernd und an Steilstellen mehr rutschend als gehend, hielt ich so gut es ging Schritt. Zweimal wuchs der Abstand zwischen Sabazius und mir besorgniserregend, und ich mußte die letzten Kräfte aufbieten, um wieder aufzuholen. Dabei wurde mir dann auch ganz klar, was Hippokratés an der Wasserstelle gemeint hatte, denn der eine Schluck Wasser kollerte in meinem Magen herum wie eine Billardkugel. Auf und ab wand sich der Pfad durch die Hügel. Abwärts kam ich immer wieder etwas zu Atem, obwohl auch hier die vielen spitzen Steine viel Kraft und Konzentration erforderten, aber die steilen Anstiege zermürbten mich allmählich und gaben mir das Gefühl, einer Prüfung mit unfairen Bedingungen unterworfen zu sein. Mehr als einmal beschlich mich der Gedanke, mich hinzusetzen und aufzugeben. Aber der Verdacht, daß man mich hier einfach schmoren lassen würde und ich meinen Weg dann allein zum Kloster finden müßte, ließ mich in Bewegung bleiben. Hätte es einen

ganz klaren Weg gegeben, dann hätte ich dieses Risiko vielleicht auf mich genommen, aber es gab so viele Pfade, manche schmal, manche breit, manche aufsteigend und andere absteigend. Einige sahen wie Hauptwege aus, andere waren kaum als Pfad zu erkennen. Immer wieder ließ ich mich vom Erscheinungsbild der Wege narren. Als ich die anderen zum zweiten Mal aus den Augen verlor, wählte ich einen Weg, der mich, wie ich bald merkte, von ihnen entfernte, und mußte ihnen quer durchs Gelände nachkraxeln. Sie drehten sich nicht ein einziges Mal um. Die Regel lautete offensichtlich: Friß oder stirb.
In den Senken, wo die Bäume dichter standen und Büsche an unseren Kleidern zerrten, wich das brennende Sonnenlicht einem mückenverseuchten Schatten. Noch nie war ich derart wild entschlossenen Mücken begegnet. Sie stürzten sich von allen Seiten auf uns und folgten uns in Wolken bis ins Freie. Ich brach mir ein paar Farnwedel und benutzte sie als Fächer und Mückenscheuche. Etwas getröstet durch diese Erleichterung meines Loses, legte ich mich ins Zeug und versuchte den Abstand zwischen Sabazius und mir so gering wie möglich zu halten. Hippokratés, der jetzt einen lappigen Strohhut auf dem roten Schopf trug, blieb plötzlich an einer Felskante stehen und hob die Hand. Dann sprang er auch schon zur Seite, denn im selben Moment kam ein Maultier um die Ecke, das an schweren Ketten einen Baumstamm hinter sich herschleppte. Dicht hinter dem Tier ein Junge mit einem Stock in der Hand. Als ich den Umfang des Baumstamms sah, wurde mir sofort klar, weshalb der Weg vielfach knöcheltief mit fein zerstoßenem Gestein bedeckt war. Auch die Pflöcke, die in Abständen entlang des Weges eingerammt waren, bekamen jetzt einen Sinn. Ohne diese Pflöcke hätte nämlich der Stamm an manchen Stellen vom Weg abrutschen können und würde dann das Maultier mit sich zu Tal reißen. Langsam, mit hängendem Kopf und stetig stampfenden Hufen zog das Maultier an uns vorbei. Die Augen des Jungen leuchteten erstaunt; Fremde gab es hier oben gewiß nicht oft zu sehen. Plötzlich verklemmte sich der Baumstamm an einem Felsen und riß den Kopf des Maultiers scharf zurück. Der Junge schrie etwas, ergriff einen herumliegenden Ast und hebelte den Stamm mit einer geschickten Bewegung frei. Als ich zu Sabazius eine Bemerkung über diese Geschicklichkeit machen wollte, war niemand mehr zu sehen. Jäh wurde mir bewußt, daß ich nicht hier war, um schöne oder interessante Dinge zu bestaunen, sondern um das Kloster zu erreichen, und zwar in dem Tempo, das Hippokratés vorgab.
Der Rest des Weges war, abgesehen von einem letzten kräftezehrenden Anstieg, geradezu leicht und erholsam. Wir stiegen in eine

schmale Schlucht ab, überquerten einen Bach, stiegen dann durch eine felsübersäte Klamm wieder auf und erreichten oben eine kühle Lichtung im Kiefernwald. Für Uneingeweihte wäre dieser Weg allerdings kaum zu finden gewesen, denn er war erst ziemlich weit oben in der Klamm wieder als Weg zu erkennen, und auch den Wald sah man erst, wenn man einen überhängenden Felsen passiert hatte. Wir gingen langsam über die Lichtung und hinunter in eine natürliche Senke, die von warmem Licht erfüllt war. Der Boden unter den Bäumen war weich und federnd. Etwas links von unserem Weg stand eine kleine Ziegenherde; manche der Tiere trugen große, gewundene Hörner, und fast alle hatten kleine Glocken um den Hals. Der Junge, der sie hütete, lag ausgestreckt daneben und schlief. Anfangs beobachteten die Tiere uns bewegungslos, doch als wir näherkamen, sprangen sie ein paar Sätze zurück, und das Gebimmel ihrer Glocken klang hohl durch die stille Luft. Sekunden später tönten wie zur Antwort auf einen Warnschrei einige harte, monotone Schläge einer größeren Glocke herüber; kurze Stille und dann wieder dieses aufgeregte, schmetternde Bimmeln, das wie ein Angriffssignal klang. Für einen Moment sah ich eine riesenhafte Ziege vor mir, so groß wie ein Haus; zornig schüttelte sie den Kopf, daß die Glocke um ihren Hals nur so schleuderte und ihre Hörner wie spiralige Klingen die Luft zerschnitten. Aber dann wußte ich, das konnte nur die Klosterglocke sein, an deren Strang Yarondissa mit aller Macht zerrte – ein Zeichen, daß sie springlebendig war und uns ganz in der Nähe wußte.

Das Kloster lag so gut versteckt, daß es unsichtbar blieb, obgleich es direkt vor uns lag. Erst als wir schon fast das Tor passiert hatten, ging mir auf, daß wir angekommen waren. Die Erbauer hatten mit viel Umsicht einen Bauplatz auf der anderen Seite eines trockenen Flußbetts gewählt, wo die Bäume aufhörten und das Land langsam zu einem Hügel anstieg. Unmittelbar hinter den Bäumen war das Gebäude so geschickt in die Hügelflanke gefügt, daß es sich überhaupt nicht gegen die Umgebung abhob. Selbst die kleine bucklige Brücke und der Torbogen waren gut getarnt, und erst als die Balken der Brücke ganz aus der Nähe eine Struktur erkennen ließen, sah man auch das Tor. Immer noch schlug die Glocke. Wir überquerten einzeln die Brücke, gingen durch das Tor und stiegen die wenigen Stufen zum Vorhof des Klosters hinauf. Zwei Hunde, die in der Ecke angebunden waren, begannen zu bellen, als unsere Köpfe in Sicht kamen. Der eine war so alt, daß er sich kaum erheben konnte. Hinter den anderen her trat ich ins gleißende Licht, und da, ganz in Schwarz, stand Yarondissa, immer noch an dem kurzen, knotigen Glockenstrang ziehend.

Jetzt ließ sie das Seil los und kam auf uns zu, vom Klang der verebbenden Glockenschläge begleitet. Ihre warmherzige Begrüßung bestand aus Segnungen und einer ungekünstelten Höflichkeit. Sie gab jedem von uns die Hand. Sabazius sprach sie ebenfalls mit vollendeter Höflichkeit und sichtlicher Hochachtung an. Als sie zu mir kam, sah sie mir lange ins Gesicht, wie um es zu lesen; dann schloß sie die Augen und sprach ein langes, schwer verständliches Gebet zu einem Heiligen, von dem ich noch nie gehört hatte. Ihr Gesichtsausdruck und die Bewegungen ihres Kopfes ließen dieses Gebet tief in mich eindringen, und der Klang ihrer Stimme machte es zu einer Wirklichkeit, der ich mich nicht entziehen konnte. Dann hieß sie mich willkommen und wünschte mir, daß ich mich für die Zeit meines Aufenthalts hier oben wohlfühlen möge. Bei meiner Erwiderung sprach ich sie als *Methera* (Mutter) an, dankte ihr für den Segen und wünschte ihr, daß sie so lange leben möge wie der älteste Baum der Insel und daß jede ihrer Segnungen vierfältig zurückkommen möge. Diese Worte überraschten sie nicht im geringsten, wohl aber mich selbst, denn als ich den Mund öffnete, hatte ich noch nichts dergleichen im Sinn gehabt. Sie nahm mich bei der Hand, führte mich über den Hof und ließ mich neben ihrer Freiluftküche Platz nehmen. Ich solle mich ausruhen, sagte sie, und derweil werde sie Kaffee bereiten.

Den Rest des Nachmittags saßen wir zusammen um die Küche herum und unterhielten uns, und als die Schatten sich wie Finger über die Landschaft tasteten und es kühl wurde, legten wir getrocknete Kiefernzapfen aufs Feuer. Wie hell sie aufflackerten, und wie schnell sie verzehrt waren! Hippokratés erzählte mir, daß Yarondissa zweiundsiebzig Jahre alt war und vermutlich eine der letzten Nonnen in der Ägäis, die die Einsamkeit der Bergfesten gewählt hatten, um dort ihrem Gott zu dienen und zu sterben. Sie hatte ein erfülltes und geschäftiges Leben hinter sich, und im Zweiten Weltkrieg, als *Wotan* die griechische Freiheit bedrohte und sich in der gesamten Inselwelt breitzumachen versuchte, hatte sie sich der örtlichen Widerstandsbewegung angeschlossen und die Kämpfer mit Körben voller Granaten und Munition, die unter Obst und Gemüse versteckt waren, versorgt. Ihr ganzes Leben, sagte Hippokratés, hatte an vorderster Front stattgefunden, und das galt auch jetzt, da sie alt und steif war. Ich verstand jetzt, was Sabazius gemeint hatte, als er sagte, sie habe den Geist eines Löwen und die Erfahrung eines Gladiators. Und doch war Yarondissa zartfühlend, denn als es richtig dunkel wurde und ich meine Arme um mich schlang, um warm zu bleiben, holte sie eine Decke und legte sie mir über die Schultern. Ich saß neben dem Weißdornstrauch, bei dem auch die Glocke hing, und beobachtete das tanzende Flackern des Lichts und der langgezogenen Schatten. Das schwarze Kreuz und die Klosterpforte bildeten einen scharfen Kontrast zu dem orangefarbenen Balkenwerk. Yarondissa hatte einen schwarzen Schal um den Kopf gebunden und versuchte zu verhindern, daß Funken vom Feuer aufstoben und die Blätter an den über die Küche ragenden Ästen versengten. Schließlich mußte sie Wasser aufs Feuer gießen und schimpfte mit Takis, weil er zuviel Holz aufgelegt hatte. Plötzlich drang ein seltsamer Laut aus der Dunkelheit – vielmehr eine Lautkombination, die Rufe einer Eule und eines Hahns, die einander über die dunklen Weiten der Berge antworteten. Anfangs glaubte ich noch an ein zufälliges Zusammentreffen, aber dann wurde mir deutlich, daß es etwas bedeutete und nicht bloß eine Laune der Nacht war.

Die Pforte.

Während ich noch lauschte, schaute ich einmal zur Pforte hin. Sie stand offen. Niemand war dort gewesen, seit ich das letzte Mal hingesehen hatte, und es ging auch kein Wind. Beunruhigt von diesem Stück Dunkelheit, das wie ein Keil in die Mauer getrieben war, wendete ich den Blick ab und betrachtete das Klostergebäude. Es war nur knapp zwanzig Meter lang und mit großen grauen Steinplatten gedeckt. Dahinter ragte ein höherer Teil mit grünen Fensterläden auf und verschmolz mit dem dunklen Umriß des Hügels. Neben der Eingangstür drang durch ein tief eingelassenes Fenster das Licht einer einsamen Kerze und das Glitzern vom silbernen Rahmen einer Ikone. Im flackernden Licht des Feuers veränderte das Kloster mit den huschenden Schatten ständig seine Gestalt. Unwillkürlich erschauernd, wandte ich mich wieder dem Feuer zu. Wie hielt es Yarondissa an solch einem Ort aus? Ich spürte, wie das schwarze Auge der Dunkelheit in meinem Rücken mich anstarrte. Plötzlich stand ich und Sabazius sah mich an, und ich wußte genau, was ich zu tun hatte. Er sagte etwas zu den anderen, und sie standen ebenfalls auf. Ich zog die Decke fest um mich zusammen und ging über den Hof zur Pforte. Ich nahm meine Umgebung sehr deutlich wahr, doch zugleich befand ich mich in einer ganz anderen Art von Raum, in dem völlig klar war, daß ich das Kloster sofort verlassen mußte. Als ich kurz vor der Pforte war, begann der jüngere Hund zu bellen und an seiner kurzen Leine zu zerren; der alte stand nur mühsam auf und starrte ins Dunkel, als spürte er dort, was auch ich spürte. Langsam, aber zielstrebig ging ich durch den Torbogen, überquerte die Brücke und trat in die Nacht hinaus. Ich wußte, wohin ich ging, und weil ich es wußte, teilte sich die Nacht unter den Bäumen, wurde dünn und ließ ein seltsames Licht vom Boden aufsteigen. Mein Pfad lag als ein schwach leuchtendes blaues Band vor mir. Ich folgte diesem Band, und Sabazius, Hippokratés und Takis hielten sich dicht hinter mir. Ich wandte mich nach rechts in das trockene Flußbett, und wir gingen am Fuß des steilen Ufers entlang, auf dem oben geduckt das Kloster stand, und während wir vorbeigingen, schallte von oben Yarondissas Stimme herunter, rief uns Segnungen nach für unsere sichere Rückkehr. Ihre Stimme folgte uns noch lange, während wir zwischen riesigen Felsen und Bäumen, die wie große Wächter aufragten, aus diesem Steinbecken aufstiegen. Kleine Tiere mit leuchtenden Augen huschten durch das Unterholz und über den Pfad. Dutzende von Pfaden, vom Winterregen ausgewaschen, zogen sich über die Hügelflanke, aber nur einer hatte das blaue Leuchten der Gewißheit. Mit einer Hand hielt ich die Decke um mich, und mit der anderen zog ich mich an Steinen und Ästen aufwärts.

Hoch oben traten wir aus dem Wald ins Freie und folgten dem Pfad bis vor eine Wand aus Dunkelheit. Erst unmittelbar vor dieser Wand sah ich das leuchtende blaue Band scharf nach links abknicken und dann in einem Winkel von fünfundvierzig Grad abwärts weiterlaufen. Es war ein sehr schwieriger Abstieg, und niemand brauchte mir zu sagen, daß das schwarze Nichts rechts neben mir ein gähnender Abgrund war und daß ein falscher Tritt mich in den sicheren Tod stürzen würde. Und doch hatte diese Dunkelheit etwas Magnetisches. Sie zog irgendwie an meiner Imagination, redete mir ein, ich könne ungefährdet in sie hinaustreten, ja müsse es tun, um zu beweisen, daß ich fähig war, mich allein mit der Kraft des Geistes zu tragen. Immer wieder strebten meine Füße auf den Rand zu, wurden meine Augen von der dichten Schwärze hypnotisch angezogen. Aber jedesmal zog mich etwas zurück, und ich ging weiter. Dann wurde mir urplötzlich klar, wo ich war. Es war, als beleuchtete ein Blitz des Erkennens die ganze Landschaft. Ich stand auf dem schmalen Pfad meiner Traumvision, wo der Raubvogel auf mich herabgestoßen war und mich gestreift hatte, bevor er in die Schlucht hinabtauchte. Wie seltsam, daß ich die Schlucht nicht früher erkannt hatte, denn noch am Nachmittag hatte ich von der Klostermauer aus hinuntergeschaut. Nun, jedenfalls erkannte ich sie jetzt und wußte, was mich von Yarondissas Feuer fortgetrieben hatte. Es war mein Wissen von der

Treppe, von jener Treppe, vor der ich schon gestanden hatte, ohne sie jedoch betreten zu dürfen. Noch vorsichtiger ging ich voran. An der Stelle, wo die weißen Kreuze auf dem Fels waren, berührte Sabazius sanft meine Schulter und übernahm die Führung. Im selben Augenblick begann Yarondissa die Glocke zu schlagen.

Die Treppe trug uns hinauf in eine große Höhle. Ich sah nichts von der Höhle, als wir eintraten, aber ich spürte, wie sie sich vor mir in die Höhe und Tiefe dehnte. Sabazius hielt mich an und sagte, ich solle stehenbleiben. Dann ging er weiter voran und ich hörte ein Geräusch wie von einer sich öffnenden Tür. Als er zurückkam, trug er eine kleine Ölschale mit einem Schwimmdocht in der Hand. In diesem schwachen Licht erkannte ich links von mir den schattenhaften Umriß eines kleinen Bauwerks. Ein schwarzes Holzkreuz auf der Tür wies es als eine Art Kirche aus. Sabazius ermahnte mich noch einmal, auf jeden Schritt zu achten, und ging dann sehr langsam voraus. Schon nach einem kurzen Stück blieb er wieder stehen und winkte uns heran. Als ich ihn erreichte und sah, was er sah, erstarrte ich. Direkt hinter der Giebelwand entlang und über die ganze Breite der Höhle zog sich der Rand eines Abgrunds. Ich fragte Sabazius, wie tief er sei. Sehr tief und sehr gefährlich, war seine Antwort. Dann setzte er sich zu meiner Bestürzung auf die Abbruchkante und tastete mit den Füßen herum. Er hielt die Lampe so weit es ging in das Loch, schaute kurz hinunter und ließ sich dann abwärtsgleiten. Anstatt aber zu verschwinden, wie ich erwartet hatte, blieb sein Oberkörper oberhalb der Kante. »Das ist die erste Stufe«, sagte er und wendete sich langsam zur Seite. »Paß sehr gut auf, die Stufen sind im Durchschnitt etwa einen Meter hoch und nicht gar so stabil.« Als er zwei Stufen tiefer war, ließ ich mich mit Hippokratés' Hilfe hinunter. Das war schon eine gruselige Angelegenheit. Das Licht der Lampe war viel zu schwach, und die Stufen, grob behauene Steine, sanken unter unserem Gewicht in die feuchte Erde. Ich band die Enden der Decke um meine Taille zusammen, tastete mich sehr langsam eine der Titanenstufen nach der anderen hinunter und half den anderen, so gut es ging. Abwärts ging es ins bodenlose Dunkel. Nach einer Zeit, die mir endlos lange erschien, erreichten wir endlich den Boden. Aber auch hier war es nicht gerade behaglich; ein eisiger Zugwind strich über uns hin, und die Finsternis war so dicht, daß die kleine Lampe fast gar kein Licht mehr abzugeben schien. Ich stand stocksteif und möglichst nah an der Lampe da und fragte mich, was ich wohl an einem so wüsten Ort suchte. Nicht in meinen wildesten Phantasien hätte ich mir je vorgestellt, daß meine Reise auf den Boden eines

Abgrunds in einem Berg auf einer Ägäisinsel führen würde. Und doch hatte ich mich selbst auf diesem Weg geführt, indem ich den goldhaarigen Jungen sah, der die Insel ankündigte, und indem ich in traumwandlerischer Sicherheit den Weg vom Kloster zu den weißen Kreuzen gegangen war. Ich mußte mir selbst die Schuld geben – oder danken; und als ich da stand in dieser Finsternis, war ich nicht sicher, was angemessener war.

»Jetzt mußt du allein weitergehen«, sagte Sabazius.

»Wohin?«

»Da links ist ein Tunnel, der in eine große Kammer führt.«

»Kannst du nicht mitkommen?«

»Die Kammer darf immer nur einer betreten. Gingen zwei Menschen zugleich hinein, dann würde der ganze Berg einstürzen.«

»Was muß ich tun, wenn ich in dieser Kammer bin?«

Sabazius lachte leise und gab mir die Lampe. »In der Kammer gibt es nichts zu tun. Du brauchst sie nur zu erreichen, das genügt.«

»Aber ihr habt doch kein Licht mehr, wenn ich gehe.«

»Hier unten gibt es genügend Licht«, erwiderte er. »Paß auf.«

Er ging nach links und zündete ein Streichholz an. Das gelb aufflammende Licht enthüllte einen weißen Schrein mit an langen Ketten hängenden Lüstern zu beiden Seiten. Es waren Filigranarbeiten aus Messing, besetzt mit farbigen Glasstücken. Sabazius untersuchte die Lampen im letzten Aufflackern des Streichholzes und öffnete sie. Dann zündete er mit einem zweiten Streichholz die kleine Kerze in einer der beiden Lampen an. Erst als die zweite Kerze brannte, konnte ich den Inhalt des Schreins richtig erkennen. Anstelle einer Ikone oder des Kreuzes sah ich zwei wunderschön gearbeitete weiße Marmorfiguren von knapp dreißig Zentimeter Höhe, die einander gegenüberstanden. Die linke Figur war eine Frau, nackt bis auf eine fein herausgearbeitete Schärpe. Mit ihrer ausgestreckten Rechten bot sie der anderen Gestalt, die männlich war, einen Kelch oder Pokal. Diese männliche Gestalt hatte prächtige Hörner, und um die Hüften war eine Schlange gewunden. Zwischen ihnen war eine schwarze, vom Mond verfinsterte Sonne auf den weißen Fels gemalt. Feine Nadeln aus blauem, grünem, gelbem und rotem Licht lagen wie ein versprengter Regenbogen über dem Innern des Schreins. Sabazius ließ mich einige Sekunden hineinschauen, dann nahm er mich beim Arm und führte mich zu dem tintenschwarzen Tunnel, in dessen Finsternis das Licht in sich selbst zurückzukriechen schien. Mit einem sanften Druck in den Rücken schickte er mich auf den Weg. Ich tat ein paar Schritte, bis das Regenbogenlicht mich nicht mehr erreichte, und blieb stehen. Da ich wußte, daß ein falscher Schritt, eine zu heftige Bewegung das Öllicht in meiner Hand verlöschen lassen könnte, beugte ich mich herunter und untersuchte den Boden. Jeder Schritt mußte in vollkommener Sammlung getan werden, denn ich wußte nicht, was mich auf dem Weg zur Kammer noch erwarten mochte.

Schwarze Stille.

Ich drehte mich nicht mehr nach meinen Freunden um, wußte aber, daß sie mir nachschauten, daß sie den Schein des kleinen Lichts verfolgten, bis es von der schweren Stille im Herzen des Berges aufgesogen wurde. Nach wenigen Schritten weitete sich der Gang zu einem vollkommen runden, leicht abfallenden Tunnel; Wände und Boden wurden glatter, so daß ich mich jetzt weniger angestrengt bewegen konnte. Kleine Kristalle in dem Sand, mit dem der Boden bedeckt war, fingen das Licht meiner Lampe ein und gaben es wie eine Unzahl kleiner Katzenaugen zurück. Dadurch konnte ich jetzt erkennen, wo Felsspitzen vor mir aus dem Grund ragten, und richtete mich mehr und mehr zu einer weniger anstrengenden Haltung auf. Über dem Glitzern des Sandes lastete die Dunkelheit immer noch so dicht und schwer, daß mir schwindelte. Eine Stunde mochte so vergangen sein, und ich schätzte, daß ich an die vierhundert Meter zurückgelegt hatte. Ich ging jetzt fast ganz aufrecht. Die Tunnelwände wurden immer glatter und gaben immer mehr Licht zurück, weil jetzt schimmernder Quarz an die Stelle von Sand und Fels trat. Ich staunte darüber, daß eine so kleine Lampe soviel Licht erzeugen konnte. Immer noch sorgsam darauf bedacht, die Lampe geradezuhalten und kein Öl zu verschütten, ging ich langsam weiter. Vor mir wich die Dunkelheit Schritt für Schritt zurück, und von hinten schob sie mich voran wie eine frostige Hand. Und dann sah ich etwas in der Ferne, das meinen Atem ganz fein und leise werden ließ und jeden Gedanken aus mir vertrieb – einen winzigen Fleck von strahlendem Blau. Vorsichtig ging ich darauf zu, hielt den Punkt mit meiner peripheren Aufmerksamkeit fest, während ich mit dem direkten Blick weiter den Tunnelboden beobachtete. Die Quarzwände erzeugten einen seltsamen optischen Effekt; es war, als schössen die Strahlen einer verborgenen Sonne über den Rand eines schwarzen Ringes. Ich wagte kaum noch zu atmen, als ich dem Tunnel in seiner flachen Neigung weiter folgte und mich langsam diesem Farbfleck näherte. Mit jedem Schritt nahmen die Wände mehr von diesem blauen Licht auf und reflektierten es in einem wilden Tanz aufblitzender und zurückweichender Strahlen. Dann kam der Wind, der das Licht in meiner Hand löschte.

Umgeben vom Damaskusblau des Berginneren ging ich die letzten Schritte bis ans Ende des Tunnels und betrat die Kammer. Es war, als schritte ich in das Herz eines riesigen Diamanten. Die Wände der Kammer, aus ineinandergefügten Kristallen bestehend, erhoben sich majestätisch wie zwei Hände, die sich an den Fingerspitzen berühren. Der Boden, poliert wie ein Spiegel und groß wie ein See, gab ein tiefes und getreues Abbild des Darüberliegenden wieder. Ich trat ins Zentrum der Kammer, löste den Knoten in Yarondissas Decke und setze mich. Sofort sank mein Kopf vornüber, wie von einer Hand nach vorn gedrückt. Völlig bewegungslos starrte ich in den Spiegelboden der Kammer. Da sah ich, daß ich selbst kein Spiegelbild hatte. Auf seltsame Weise sah ich durch mich selbst hindurch. Und doch war ich da, völlig wirklich, so wirklich wie das Spiegelbild des Berges, wie die kleine erloschene Lampe in meinen Händen. Während ich noch schaute, verschwamm das klare, scharfe Bild des Berginneren, und dann war es weg. Gleich darauf erschien die Kammer wieder, jetzt aber aus einem anderen Blickwinkel. Anscheinend schaute ich jetzt vom Tunneleingang aus und sah mich selbst in der Mitte der Kammer sitzen. Direkt hinter meiner sitzenden Gestalt stand ein mannshohes weißes Ei in vollkommenem Gleichgewicht und dahinter, ebenfalls ohne jede Stütze, ein Speer. Obgleich ich immer noch keinen Körperteil selbst bewegen konnte, sah ich mich aufstehen und nach dem Ei umwenden; ohne zu zögern ergriff ich den Speer und stieß seine Metallspitze in das Ei. Doch anstatt das Ei zu durchstoßen, ließ der Speer nur die Schale springen und federte zurück. Der Sprung umrundete das Ei vertikal, und die beiden Hälften fielen auseinander. In ihm stand das nackte Duplikat meiner selbst. Diese Gestalt, vollkommen in jeder Hinsicht, trat aus dem zerbrochenen Ei und schaute mich an. Vom Tunneleingang her sah ich, wie Entsetzen über das Gesicht des Mannes kroch, der den Speer hielt. Bevor ich eine Warnung rufen konnte, stieß er zu, um den anderen zu töten.

Metamorphose.

Als der Speer in den Raum drang, den der vollkommene Mensch einnahm, breitete dieser die Arme aus und verwandelte sich in ein unglaubliches Wesen. Dieses Wesen mit dem Körper und Kopf eines Adlers und den vielfarbigen Flügeln eines Schmetterlings erhob sich augenblicklich in die Luft und entschwebte der Reichweite seines Angreifers. Furcht und tiefe Verwunderung im Gesicht, ließ der andere seine Waffe los und fiel auf die Knie. Ein langer Augenblick, in dem nichts geschah. Und dann erfüllte jäh ein millionenfaches Bienensummen brausend die Kammer. Aus dem Spiegelboden schoß ein Strahl weißen Lichts herauf. Es durchdrang den Mann und stieg langsam zum Gipfelpunkt der Kammer auf. Es erreichte die sich berührenden Fingerspitzen, verbreitete sich über die Kristallwände zu einer herabhängenden goldenen Blüte. Während ich und der Mann noch staunend schauten, schwang sich der Schmetterling mit dem Adlerkörper immer höher in diesen Blütenkelch hinauf, verlor langsam den klaren Umriß seiner Gestalt, seine Farben verschwammen – und verschwand. Im selben Moment erstarb auch das ohrenbetäubende Brausen, und an seine Stelle trat glitzernde Stille. Ich schaute zu dem Mann hin, sah, wie er in die Blüte hinaufstarrte, wie er auf etwas wartete, von dem wir beide wußten, daß es geschehen mußte. Und es geschah. Die goldene Blüte sank langsam auf den Spiegelboden herunter, und als sie sich dem Mann näherte, leuchteten sein Gesicht und seine Augen von innen auf wie eine Fackel. Wie fremd und schön er jetzt aussah, sein Haar wie geschmolzenes Feuer, sein Gesicht so weiß und glatt wie ein Kiesel am Strand. Als die Blüte ihn umschloß und mit sich in den Spiegeln hinunternahm, leuchtete die Erinnerung an sein Gesicht in mir auf wie eine frisch geprägte Münze. Ringan war geboren.

Die Stelle, an der ich saß, gab mich wieder frei. Ich stand auf, ging quer über den Spiegel und trat ohne mich noch einmal umzuwenden in den Tunnel. Als das blaue Licht der Kammer schwächer wurde, blieb ich stehen, hielt die Lampe hoch und schaute sie an. Wie auf Kommando lebte die kleine Flamme mit einem leisen Zischen wieder auf. Sie gab jetzt mehr Licht, so daß ich mich schneller fortbewegen konnte. Am Eingang zu einem zweiten Tunnel, den ich auf dem Hinweg nicht bemerkt hatte, hielt ich an. Ich folgte ihm, bis er sich zu einem kleinen, kreisförmigen Raum weitete. In der Mitte dieses Raums, auf einer Erhebung aus glattem Fels, lag eine menschliche Gestalt, die in einen weißen Wollmantel gehüllt war. Nur das Gesicht war erkennbar. Auf dem Boden, den Kopf mit den Hörnern gegen diesen Fels gelehnt, lag eine herrliche weiße Ziege. Als ich vortrat, um in das Gesicht des Liegenden zu schauen, stand die Ziege auf und sah mich an. Ich wußte, daß ich nicht näher herangehen sollte, blieb stehen und starrte in das Gesicht des Mannes. Tiefe Stille und dieses Gesicht, das Gesicht meines Freundes und Gefährten Alexis Sabazius.

Wissen schützt Wissen. Kein Zugang zum Wissen, ohne zuvor wirkliches Wissen zu haben. Ich legte eine Hand zwischen die Hörner der Ziege und stellte meine Lampe hinter den Kopf der liegenden Gestalt. O Sabazius, du bist, was ich bin, und ich bin, was du bist. Sei gestorben! Iß dich selbst auf und spucke dich selbst wieder aus! Wirkliches Wissen stirbt nicht, wird nicht für immer zu Asche. Wirkliches Wissen ist der Phönix, der dem Tod trotzt, der aus der Asche aufsteigt und sich der Sonne entgegenschwingt. Steig auf, du, der Ringan genannt wird. Zeige dich, damit wir den Sinn deines Namens erkennen . . .